数字经济时代下的财税管理创新

季宏宇　张业宏　郝异彩 著

北方联合出版传媒（集团）股份有限公司
辽宁科学技术出版社

图书在版编目（ＣＩＰ）数据

数字经济时代下的财税管理创新 / 季宏宇， 张业宏，
郝异彩著. -- 沈阳 : 辽宁科学技术出版社， 2024. 8.
ISBN 978-7-5591-3806-4

Ⅰ. F810

中国国家版本馆CIP数据核字第2024S1V490号

出版发行：辽宁科学技术出版社
　　　　　（地址：沈阳市和平区十一纬路 25 号　邮编：110003）
印　刷　者：济南大地图文快印有限公司
经　销　者：各地新华书店
幅面尺寸：185mm×260mm
印　　张：25.5
字　　数：520 千字
出版时间：2025 年 3 月第 1 版
印刷时间：2025 年 3 月第 1 次印刷
策划编辑：王玉宝
责任编辑：刘翰林　李　红
责任校对：于　芳

书　　号：ISBN 978-7-5591-3806-4
定　　价：68.00 元

前　言

数字经济时代，科技与经济深度融合，给财税管理带来了新挑战和无限机遇。传统财税模式在应对数字经济的虚拟性、跨境性时显得捉襟见肘。但同时，新技术如大数据、人工智能和区块链为财税管理提供了前所未有的创新工具。创新财税管理，既要适应数字经济的快速变革，确保税收的公平与效率，又要善于利用先进技术提升税收征管的智能化水平。面对这一时代的变革，财税管理的创新势在必行，它将为经济的持续和健康发展注入新的活力。基于此，本书就数字经济时代下的财税管理创新展开深入探讨。

本书共分为二十二章展开论述，具体内容如下。

第一章为数字经济时代对企业财税管理的影响，在阐述数字经济的概念和特点的基础上，分析了数字经济时代对企业财税管理的影响，探讨了企业财税管理在数字经济时代面临的挑战和机遇。

第二章为企业财税管理创新的理念和策略，探讨了企业财税管理创新的概念和意义，并从理念和原则两方面对企业财税管理创新的策略和方法进行了说明。

第三章为数字经济时代下企业财税管理的创新实践，分别从利用信息技术提高财税管理效率、建立新型的财税管理模式、优化企业财税风险管理、创新企业财税筹资和投资管理四个方面进行了详细的论述。

第四章为数字经济时代的税收政策创新，主要探讨了数字经济对传统税收政策的影响，以及如何制定适应数字经济发展的税收政策。

第五章为数字经济时代的财务管理创新，主要探讨了数字经济对传统财务管理的影响，以及如何制定适应数字经济发展的财务管理策略。

第六章为数字经济时代的财务分析创新，探讨了财务分析在数字经济时代的新定位，以及如何利用大数据技术推动财务分析方法的革新。

第七章为数字化转型与企业财务管理流程再造，分析了数字化转型如何重塑企业财务管理流程，并探讨在这一过程中如何应用数字化工具提高效率。

第八章为数字经济时代的成本管理与控制创新，研究如何利用大数据技术优化成本预测与决策支持，以及精益成本管理在数字化环境中的新实践。

第九章为企业绩效评价体系在数字经济时代的创新，探讨如何构建基于大数据的企业绩效评价新模型，并分析数字化工具在企业绩效评价中的应用前景。

第十章为数字经济时代的资金管理创新，探讨如何利用大数据技术实现资金流的精准预测与优化，并构建高效的数字化支付与结算系统。

第十一章为数字经济时代的财务战略规划与决策支持，分别介绍了财务战略规划在数字经济中的重要性、基于大数据的财务决策支持系统、财务战略与业务战略的数字化协同。

第十二章为数字经济时代的企业财务重组与并购策略，分析了数字经济对企业财务重组与并购的影响，阐述了基于大数据的企业估值与并购决策，探讨了数字化工具在企业财务重组与并购中的应用。

第十三章为数字经济时代的审计模式创新，主要探讨了数字经济对传统审计模式的影响，以及如何建立适应数字经济发展的审计模式。

第十四章为数字经济时代的财税风险管理创新，主要探讨了数字经济对传统财税风险管理的影响，以及如何建立适应数字经济发展的财税风险管理体系。

第十五章为数字经济时代的国际财税合作与政策协调创新，主要探讨了数字经济对国际财税合作与政策协调的影响，以及如何建立适应数字经济发展的国际财税合作与政策协调机制。

第十六章为数字经济时代的财税管理体制机制创新，主要探讨了数字经济对传统财税管理体制机制的挑战与问题，以及如何建立适应数字经济发展的财税管理体制机制。

第十七章为数字经济时代的财税管理人才培养与开发创新，主要探讨了数字经济对传统财税管理人才培养与开发的挑战与需求，以及如何建立适应数字经济发展的财税管理人才培养与开发策略。

第十八章至第二十二章分别为基于云计算的财税管理服务模式创新与实践、基于物联网的财税管理优化与创新、基于移动互联网的财税管理应用拓展与创新、基于人工智能的财税风险预测与防范策略研究、基于区块链技术的税收征管模式创新与实践，主要探讨了云计算、物联网、移动互联网、人工智能、区块链等技术在企业财税管理中的应用，以及如何利用这些技术提高企业财税管理的效率和精度。

本书由季宏宇、张业宏、郝异彩等执笔撰写，由于时间仓促，加之水平有限，难免存在纰漏之处，恳请读者提出宝贵意见。

在实践中，主动财税管理需要关注以下几个方面。

（1）预测与规划：主动财税管理要求企业根据历史数据和市场趋势，对未来的财务和税务状况进行预测和规划。这有助于企业提前了解可能面临的问题，并制定相应的策略。

（2）风险防范与控制：主动财税管理需要建立完善的风险防范和控制机制，及时发现和应对潜在的财税风险。通过对财务数据的监控和分析，企业可以提前发现潜在问题并采取措施进行防范。

（3）政策研究与利用：主动财税管理要求企业密切关注财税政策的变化，并深入研究如何利用政策为企业带来利益。这有助于企业合理规划税务结构，降低税负，提高财务效益。

（4）部门协作与沟通：主动财税管理需要与企业的其他部门加强协作和沟通，确保财务和税务策略能够与其他部门保持一致。通过及时沟通和协作，企业可以更好地实现业务目标并提高整体效益。

二、财税管理模式的变革

（一）精细化管理模式

精细化管理模式是一种以精细化为基本特征的管理模式，在财税管理中注重细节和流程的优化。它要求在财务管理和税务管理方面都进行精确、详尽的操作和分析，以确保数据的准确性和可靠性。

在财务管理方面，精细化管理模式强调对财务数据进行精细化的核算和分析。这要求企业建立完善的会计制度和财务报告体系，保证财务数据的真实可信；对于每一笔经济业务，都要进行详细的登记和分类，确保账务的准确性。同时，企业对于财务数据的分析也十分重要，通过对收入、成本、利润等指标的精细化分析，可以更好地把握企业的经营状况和盈利能力，为决策提供科学依据。

在税务管理方面，精细化管理模式要求对税务流程进行精细化的管理和优化，以确保税务处理的合规性和有效性。这需要企业建立健全的税务管理制度和内部控制机制，确保纳税申报的准确性和及时性，同时，要加强对税法、税务政策的研究和了解，准确把握税收政策的调整，合理进行税务规划和避税筹划。此外，对于税务检查和审计，也需要进行精细化的准备和配合，确保企业在税务风险方面能够做到防患于未然。

（二）信息化管理模式

信息化管理模式是一种以信息技术为支撑的管理模式，在财税管理中，企业利用信息技术提高管理效率和质量。它要求建立完善的财务信息系统和税务信息系统，实现自动化处理和信息共享。

在财务管理方面，信息化管理模式要求建立完善的财务信息系统，实现财务数据的自动化处理和信息共享。通过引入财务管理软件和企业资源计划即 ERP 系统，可以实现财务数据的网上登记、分析和报告，提高财务数据的处理效率和准确性，同时，还可以实现与其他部门和供应商的信息互通，加强企业内部的协同工作和沟通，提高整体管理水平。

在税务管理方面，信息化管理模式要求利用税务软件、大数据等技术手段进行税务信息的自动化处理和数据分析。通过建立统一的税务信息系统，实现纳税申报的在线提交和审批，提高税务处理的效率和准确性。同时，还可以通过大数据分析，挖掘税务数据中的有价值信息，为税收政策的制定和税务风险的分析提供科学依据。

信息化管理模式的实施需要企业加强对信息技术的投入和培训，提高员工的信息技术应用能力。同时，还需要加强对信息安全的管理和保护，防止财务和税务信息的泄露和被非法利用。

（三）风险管理型模式

风险管理型模式是一种以风险控制为核心的管理模式，在财税管理中注重风险识别、评估和控制。它要求企业建立完善的风险管理体系，对财务风险和税务风险进行及时的识别和评估。

在财务管理方面，风险管理型模式要求企业建立完善的风险管理体系，通过风险识别、评估和控制，有效降低财务风险。企业可以开展风险评估活动，确定关键风险点和风险等级，制定相应的风险控制措施。同时，还可以建立财务预警机制，及时发现财务风险和问题，采取相应的应对措施，避免财务风险的扩大和蔓延。

在税务管理方面，风险管理型模式要求对税务风险进行有效的识别和控制。企业可以通过分析税收政策和税务法规的变化，评估其对企业的影响，并做好相应的规避策略，同时，还可以加强对税务合规性的监测和自查，确保税务处理的合规性和准确性。此外，还可以与税务机关建立稳定的沟通渠道，及时了解税务风险信息，避免因不当操作而引发的税务风险。

（四）价值创造型模式

价值创造型模式是一种以价值创造为目标的管理模式，在财税管理中注重价值创造和效益最大化。它要求企业通过财务管理和税务管理手段，为企业创造价值、提高经济效益。

在财务管理方面，价值创造型模式要求企业通过有效的财务规划和资金调配，提高企业的盈利能力和经济效益。企业可以通过精细化的成本管理和利润分析，寻找降低成本和提高利润的机会，同时，还可以通过投资分析和财务评估，选择具有良好收益前景的项目，实现投资的价值最大化。

在税务管理方面，价值创造型模式要求通过合理的税务筹划手段降低企业的税务负担，提高企业的经济效益。企业可以通过研究税收政策和税法规定，合理利用税收优惠政策和减免政策，降低企业的税务成本，同时，还可以进行跨地区、跨国家的税务筹划，优化企业的税务布局，实现全球范围内的税务优化和效益最大化。

价值创造型模式的实施需要企业加强对财务和税务管理人员的培训，提高他们的专业水平和创新能力，同时，还需要加强与相关部门和专业机构的合作，获取外部资源和知识支持，提高管理水平和竞争力。

三、财税风险管理的新要求

（一）强化风险意识

随着经济全球化和复杂化程度的加深，企业面临的财税风险也越来越大。这不仅包括财务报表风险、税务风险等内部风险，也包括市场风险、政策风险等外部风险。因此，企业需要强化风险意识，认识到财税风险对企业的重要性，并采取有效的措施进行防范和控制。

首先，企业需要认识到财税风险对企业的重要性。财税风险不仅会影响企业的财务状况和经营成果，还会影响企业的声誉和投资者信心。因此，企业需要将财税风险作为企业管理的重要内容之一，加强风险管理和防范意识。

其次，企业需要建立完善的风险管理体系。这包括建立财务风险预警系统、税务风险控制系统等。通过这些系统，企业可以及时识别、评估和控制财税风险，避免因风险控制不到位而导致的损失。

最后，企业需要加强内部培训和教育，通过对财务人员、税务人员等加强培训和教育，提高他们的专业素养和风险意识，增强他们对财税风险的敏感度和应对能力。

（二）提高信息披露质量

信息披露是企业向外部传递信息的重要途径，也是企业防范和控制财税风险的重要手段。因此，企业需要提高信息披露质量，包括财务报告和涉税信息披露等。

首先，企业需要遵守相关法律法规和会计准则，保证财务报告的真实性、准确性和完整性。同时，企业还需要加强对财务报表的审查和监督，确保财务报表不存在重大错报、漏报和舞弊行为。

其次,企业需要加强对涉税信息的披露。这包括企业的纳税申报表、税收优惠情况、税务稽查情况等。通过加强对涉税信息的披露,可以增强投资者对企业的信任度,降低企业的融资成本和涉税风险。

此外,企业还可以通过建立信息披露管理制度和提高信息披露的透明度等方式来提高信息披露质量。例如,企业可以建立内部审计制度、信息披露责任制等制度来规范信息披露行为。同时,企业还可以通过增加自愿性信息披露等方式来提高信息披露的透明度。

（三）加强内部控制

内部控制是企业防范和控制财税风险的重要手段之一。因此,企业需要加强内部控制,建立完善的内部控制体系,包括财务报告内部控制、税务内部控制等方面。

首先,企业需要建立完善的财务报告内部控制。这包括建立会计凭证制度、内部审计制度、外部审计制度等。通过这些制度,企业可以确保财务报表的真实性、准确性和完整性,避免财务报表出现重大错报、漏报和舞弊行为。同时,企业还需要加强对财务报告内部控制的监督和评价,及时发现和纠正内部控制存在的问题。

其次,企业需要建立完善的税务内部控制。这包括税收征收管理流程、纳税申报流程、税务审计流程等。通过这些流程,企业可以确保纳税申报的真实性、准确性和完整性,避免出现偷税、漏税等违法行为。同时,企业还需要加强对税务内部控制的监督和评价,及时发现和纠正内部控制存在的问题。

此外,企业还可以通过采用先进的财务管理软件和税务管理软件等方式来加强内部控制。这些软件可以帮助企业实现财务和税务管理的自动化和智能化,提高财务管理效率和准确性,同时还可以加强对企业内部各个部门之间的协调和监督作用,避免出现信息不对称等问题给财税风险带来隐患。只有各个部门之间相互监督、相互合作,才能更好地控制财税风险的发生概率,从而实现企业的可持续发展。因此,企业需要加强内部各个部门之间的协调和合作,同时还需要加强对员工的培训和教育,提高员工的专业素养和道德水平,避免因员工操作失误而导致的财税风险。综上所述,企业在面临日益复杂的经济环境和税收政策时,需要强化风险意识、提高信息披露质量和加强内部控制等来防范和控制财税风险,从而保障企业的可持续发展。

第三节　企业财税管理在数字经济时代面临的挑战和机遇

一、面临的挑战

（一）数据安全和隐私保护问题

在数字经济时代，数据已成为企业的重要资产。然而，数据的利用也带来了数据安全和隐私保护的问题。企业需要采取措施来保障数据的安全和隐私，以避免数据泄露和被攻击的风险。同时，企业还需要确保数据的准确性和完整性，以避免由于数据问题导致的不利影响。

要解决数据安全和隐私保护问题，企业可以采取以下措施。

（1）建立完善的数据安全管理体系：企业应制定数据安全管理政策和流程，明确责任分工和权限管理；应加强对员工的数据安全意识培训，提高其对数据安全的重视程度。

（2）使用先进的数据加密和身份验证技术：企业可以采用数据加密技术，对敏感数据进行加密存储和传输，以防止未经授权的访问。此外，企业还可以采用多因素身份验证等技术，提高对数据访问的控制。

（3）建立健全的数据备份和恢复机制：企业应定期对重要数据进行备份，并建立恢复机制，以应对数据丢失或损坏的情况。备份数据应存储在安全的地方，同时要定期测试备份数据的完整性和可用性。

（4）加强网络安全防护：企业应部署有效的防火墙、入侵检测系统和安全监控系统等，及时发现和应对可能的网络攻击行为。此外，企业还应及时更新和升级安全设备和软件，以抵御新型网络安全威胁。

（5）遵守相关法律法规和行业标准：企业应密切关注国家和地区的数据保护法律法规和行业标准，确保自身数据处理行为的合规性。同时，企业还应评估和管理与第三方共享数据的风险，并在合同中明确双方对数据安全和隐私保护的责任和义务。

（二）税务监管和合规问题

随着经济全球化和数字化的发展，税务监管和合规问题变得日益重要。企业需要关注不同国家和地区的税务法规和政策，遵守当地的税务法规和政策，以避免因违规行为导致的税务风险和经济损失。

为了解决税务监管和合规问题，企业可以采取以下措施。

（1）建立有效的税务管理体系：企业应建立健全的税务筹划和管理体系，确保遵守相关的税收法规和政策。企业可以聘请专业的税务服务机构或顾问，获得税务咨询和规划服务，以合理合法地降低税务风险。

（2）加强税务合规意识和培训：企业应加强员工的税务合规意识，确保员工了解和遵守税务法规和政策。此外，企业还应定期组织税务培训，提高员工对税务合规相关内容的理解和处理能力。

（3）积极配合税务机关检查：企业应积极配合税务机关的检查工作，及时提供相关资料和信息，并按照税务机关的要求进行整改。企业应保留相关的税务文件和记录，以备将来税务审计或纠纷处理之需。

（4）合理利用税收优惠政策：企业可以充分利用当地的税收优惠政策，减少税务负担。但企业在利用税收优惠政策时，也要注意规避滥用和虚假申报等行为，以免触犯相关的法律法规。

（5）密切关注税务法规和政策的变化：企业应密切关注税务法规和政策的变化，及时了解最新的税务要求和政策调整。企业要及时调整自身的税务策略和管理措施，以适应新的税收环境。

（三）财务管理和决策支持问题

在数字经济时代，企业的财务管理和决策支持问题面临着新的挑战。传统的财务管理方式和决策支持系统已经不能满足数字化时代的需求，企业需要建立更加智能化、自动化的财务管理和决策支持系统，以更好地应对数字化时代的挑战。

为了解决财务管理和决策支持问题，企业可以采取以下措施。

（1）引入财务管理信息系统：企业可以引入财务管理信息系统，实现财务数据的集中管理和自动化处理。这样可以提高财务数据的准确性和及时性，降低财务处理的成本和风险。

（2）制定合理的财务指标和报告体系：企业应制定合理的财务指标和报告体系，包括财务分析指标、预算指标等，以辅助决策和监控经营绩效。财务指标和报告体系应与企业的战略目标和经营模式相一致，并适时进行调整和优化。

（3）运用大数据和人工智能技术：企业可以运用大数据和人工智能技术，分析海量的财务数据和市场数据，提供更精准的财务预测和决策支持。通过挖掘和分析数据，企业可以发现潜在的商机和风险，并做出相应的决策调整。

（4）强化财务风险管理：企业应建立健全的财务风险管理体系，包括资金风险、汇率风险、信用风险等管理体系。企业应加强对财务风险的识别和评估，制定相应的风险控制措施，以保障企业的财务安全和稳定。

（5）加强财务团队的专业能力培养：企业应注重培养财务团队的专业能力，包括财务分析、会计核算、财务规划等方面的能力。企业可以通过内部培训、外部培训和知识共享等方式，提升财务团队的综合素质和专业水平。

（四）数字化转型和创新能力不足问题

在数字经济时代，企业的数字化转型和创新能力不足也是企业面临的挑战之一。一些企业可能因为缺乏数字化人才、数字化技术和数字化思维，导致数字化转型和创新能力的不足，无法适应数字化时代的发展。

为了解决数字化转型和创新能力不足的问题，企业可以采取以下措施。

（1）建立数字化转型战略和规划：企业应制定明确的数字化转型战略和规划，包括明确的目标、路径和时间表。数字化转型战略应与企业的战略目标相一致，并考虑组织结构、流程优化、技术架构等方面的因素。

（2）招聘和培养数字化人才：企业应积极招聘和培养具备数字化能力的人才，包括数据分析师、人工智能专家、区块链技术开发人员等。同时，企业还应加强内部培训和知识分享，提升员工的数字化素养和技能水平。

（3）加强与科研机构和创新企业的合作：企业可以与科研机构和创新企业建立合作关系，共同开展科研项目和创新实践。通过与外部合作伙伴的合作，企业可以获取新的技术和创新思维，促进自身的数字化转型和创新能力的提升。

（4）鼓励创新思维和文化：企业应培养员工的创新思维和创新能力，搭建创新平台和创新机制，提供多样化的激励措施。企业还应营造积极的创新文化，倡导敢于尝试和失败的精神，为员工提供充分的创新空间和资源支持。

（5）关注行业和市场变化：企业要密切关注行业和市场的变化，及时了解新兴技术和创新趋势。企业可以参加行业会议和展览，参与行业协会和组织的标准制定活动，与同行业的企业进行交流和合作，以保持对行业发展的敏感性和前瞻性。

二、面临的机遇

（一）数字化技术的广泛应用

在数字经济时代，数字化技术已经渗透到各个领域，为企业的财税管理带来了前所未有的机遇。数字化技术的广泛应用，使得企业可以更加高效地处理财税数据、提高决策效率和准确性，同时也能够更好地满足不断变化的监管要求。

1.大数据技术的应用

大数据技术可以帮助企业进行大规模的数据分析和挖掘，从海量数据中提取有价值的信息，为企业的财税管理和决策提供更加准确的支持。例如，企业可以通过对内部财务数据、外部市场数据和行业数据进行深入分析，了解自身的财务状况和市场趋势，为制定经营策略提供依据。

2.人工智能技术的应用

人工智能技术可以帮助企业进行自动化和智能化的财税管理，提高管理效率和准确性。例如，通过利用机器学习和自然语言处理等技术，企业可以自动化处理大量的财务数据和税务信息，减少人工操作和干预，降低错误率和成本。

3.云计算技术的应用

云计算技术可以帮助企业实现灵活、高效的 IT 架构，提高企业的业务敏捷性和适应性。通过采用云计算服务，企业可以快速响应市场变化和业务需求，实现财税数据的实时处理和共享，提高管理效率和决策的准确性。

（二）税务监管的规范化和优化

随着经济全球化和数字化的发展，税务监管的规范化和优化为企业财税管理带来了新的机遇。一些国家和地区正在推动税务监管的规范化和优化，为企业提供更加公平、透明和便捷的税收环境。这些措施可以帮助企业降低税务风险和成本，提高企业的经济效益和市场竞争力。

1.税务监管的规范化

税务监管的规范化是指各国政府在税收征管、税务审计、税务报告等方面制定更加严谨、透明的监管制度。通过规范化的税务监管，企业可以更加清晰地了解自身的税务责任和义务，避免因不规范操作导致的税务风险和成本增加。

2.税务监管的优化

税务监管的优化是指各国政府在税收征管、税务审计、税务报告等方面采取更加高效、便捷的措施，提高企业的办税效率和降低纳税成本。例如，一些国家和地区推行电子发票、电子报税等措施，使得企业可以更加便捷地进行税务申报和缴纳，减少时间和人力成本。

（三）财务管理和决策支持的智能化和自动化

数字经济时代，财务管理和决策支持的智能化和自动化为企业财税管理带来了新的机遇。通过建立智能化、自动化的财务管理和决策支持系统，企业可以提高财务管理效率和准确性，更好地支持企业的战略决策和发展。同时，这些系统还可以帮助企业进行风险管理和内部控制，降低企业的财税风险和成本。

1.智能化财务管理系统

智能化财务管理系统是指利用人工智能、大数据等技术对财务数据进行智能化分析和处理的系统。通过智能化财务管理系统，企业可以实现对财务数据的实时监控和预测，提高决策效率和准确性，例如，利用机器学习算法对财务数据进行建模和分析，这可以帮助企业预测未来的现金流和利润情况，为制定经营策略提供依据。

2.自动化决策支持系统

自动化决策支持系统是指利用人工智能等技术对大量数据和信息进行自动化处理和分析的系统。通过自动化决策支持系统，企业可以快速提取有价值的信息和知识，为决策提供更加全面、准确的支持，例如，利用自然语言处理技术对市场调研报告进行自动化分析，这样可以帮助企业快速了解市场趋势和竞争对手情况，为制定营销策略提供依据。

（四）数字化转型和创新能力的提升

在数字经济时代，数字化转型和创新能力的提升为企业财税管理带来了新的机遇。通过培养数字化人才、引进数字化技术和创新数字化思维，企业可以加快数字化的转型及创新能力的提升，更好地适应数字化时代的发展，同时还可以提高经济效益和市场竞争力，为企业的长远发展打下坚实的基础。数字化转型和创新能力的提升可以增强企业的核心竞争力，使企业在激烈的市场竞争中脱颖而出。以下是数字化转型和创新能力的提升给企业财税管理带来的机遇。

1.培养数字化人才和提高创新能力

培养数字化人才和提高创新能力是企业加快数字化转型和提高财税管理水平的必要条件。企业可以通过引进具有数字化思维和技能的人才，或者对现有员工进行培训和教育等方式来培养数字化人才、提高创新能力，进而推动财税管理的数字化转型和创新能力的提升。只有拥有一支具备数字化思维和技能的人才队伍，才能更好地应用数字化技术和方法，提高财税管理的效率和准确性，适应数字化时代的发展要求。

2.引进数字化技术和创新数字化思维

引进先进的数字化技术和创新数字化思维是企业加快数字化转型和提高财税管理水平的关键举措。通过引进数字化技术如人工智能、大数据、云计算等以及创新数字化思维如数据驱动决策、智能化管理等，企业可以提升财税管理的效率和准确性，降低财税风险和成本，进而提高经济效益和市场竞争力，例如，利用人工智能技术对大量财务数据进行自动化处理和分析，利用大数据技术对市场趋势进行预测和分析，利用云计算技术实现财税数据的实时处理和共享等，都可以提高企业的数字化转型和创新能力的提升效果。未来企业应进一步加大对数字化技术和思维的引进和创新力度，以适应数字经济时代的发展要求。实现财税管理的数字化转型和创新能力的提升是企业适应数字化时代的重要举措，也是提高经济效益和市场竞争力的重要途径。因此，企业在未来的发展中应充分重视并加强数字化技术在财税管理中的应用，创新管理方式和方法，以提高企业的整体运营水平和管理效能。

第二章　企业财税管理创新的理念和策略

第一节　企业财税管理创新的概念和意义

一、企业财税管理创新的概念

企业财税管理创新是指在数字经济时代，企业通过引入先进的数字化技术、创新数字化思维，对财税管理进行改革和升级，以适应数字化时代的发展要求。具体来说，企业财税管理创新包括以下几个方面。

（一）数字化技术的应用

数字化技术的应用是财税管理创新的核心。在数字经济时代，大数据、人工智能、云计算等技术已经成为企业财税管理的重要工具。这些技术的引入可以帮助企业实现对财税数据的智能化处理和分析，提高管理效率和准确性，例如，利用人工智能技术对财务数据进行自动化审核和核算，可以大大缩短数据处理时间，提高核算的准确性，减少人为错误和失误，降低财务风险和成本；利用大数据技术对市场趋势进行预测和分析，可以帮助企业更好地了解市场需求和趋势，及时调整产品和服务策略，提高市场占有率和竞争力；利用云计算技术实现财税数据的实时处理和共享，可以加速企业内部的信息流动和协同作业，提高企业的运营效率和响应速度。

数字化技术的应用还可以帮助企业优化财税管理流程，提高管理效率和质量。例如，通过引入自动化和智能化的财税管理系统，企业可以实现对财税流程的全面优化和再造，减少烦琐的人工操作和重复性劳动，提高管理效率和准确性。同时，数字化技术的应用还可以帮助企业加强对财税风险的监控和管理，及时发现和解决潜在风险和问题，保障企业的稳健运营和发展。

（二）税务监管的规范化和优化

随着经济全球化和数字化的发展，税务监管的规范化和优化为企业财税管理带来了新的机遇。在数字经济时代，各国税务监管机构也面临着新的挑战和要求。为了更好地适应数字化时代的发展，企业需要加强对税务法规和规定的了解和遵守，优化税务结构，降低税务风险和成本。

首先，企业需要加强对国际税务法规和规定的研究和理解。随着经济全球化的深入发展，各国之间的税收政策和法规存在一定的差异和变化。企业需要关注不同国家和地区的税务法规和规定的变化和调整，及时调整自身的税务策略和管理方式。同时，企业还需要加强对税务筹划和管理的研究和实践，合理规划自身的税务结构，降低税务风险和成本。

其次，企业需要与税务部门建立良好的沟通机制。税务部门是负责制定和执行税收政策的重要机构，与企业之间有着密切的联系。企业需要与税务部门建立良好的沟通机制，及时了解和应对税务政策的变化和调整。通过与税务部门建立良好的沟通机制，企业可以更好地了解税收政策和法规的变化和调整，及时调整自身的税务策略和管理方式，降低税务风险和成本。

最后，企业需要加强对税务风险的监控和管理。在数字经济时代，企业面临着越来越多的税务风险和挑战。为了更好地应对这些风险和挑战，企业需要加强对税务风险的监控和管理。通过建立完善的税务风险管理制度和内部控制机制，企业可以及时发现和解决潜在的税务风险和问题，保障企业的稳健运营和发展。

（三）财务管理和决策支持的智能化和自动化

财务管理和决策支持的智能化和自动化是企业财税管理的重要方向。在数字经济时代，智能化和自动化的财务管理和决策支持系统已经成为企业核心竞争力的重要组成部分。这些系统的引入可以帮助企业提高财务管理效率和准确性，更好地支持企业的战略决策和发展。

首先，智能化和自动化的财务管理和决策支持系统可以提高企业的财务管理效率和质量。通过引入自动化和智能化的财务管理系统，企业可以实现对财务数据的全面掌控和管理，减少烦琐的人工操作和重复性劳动，提高管理效率和准确性。同时，这些系统还可以帮助企业进行风险管理和内部控制，降低企业的财税风险和成本。

其次，智能化和自动化的财务管理和决策支持系统可以帮助企业进行科学决策和支持战略发展。在数字经济时代，信息的获取和处理对于企业的战略决策和发展至关重要。通过引入智能化和自动化的财务管理和决策支持系统，企业可以获得更加全面、准确、及时的数据支持和分析，帮助企业做出更加科学、合理的决策和发展规划。同时，这些系统还可以帮助企业实现资源优化配置和成本控制，提高企业的整体运营效率和竞争力。

最后，智能化和自动化的财务管理和决策支持系统可以提高企业的合规性和公信力。在数字经济时代，合规性和公信力是企业的重要竞争力之一。通过引入智能化和自动化的财务管理和决策支持系统，企业可以加强对财务数据的监控和管理，确保数据的真实性和准确性，提高企业的管理合规性和公信力。同时，这些系统还可以帮助企业加强对内部管理和控制的监督和完善，提高企业的治理水平和透明度。

（四）数字化转型和创新能力的提升

数字化转型和创新能力的提升是企业适应数字化时代的重要举措。在数字经济时代，企业需要不断引入和创新数字化技术和管理模式来适应市场的变化和发展趋势。通过培养数字化人才、引进数字化技术和创新数字化思维等方式来加快数字化转型和创新能力的提升是当前企业的重要任务之一。

首先，培养数字化人才是加快数字化转型和创新能力的关键。数字化人才是企业的重要资源之一，对于推动数字化转型和创新能力的提升至关重要。企业需要加强对数字化人才的培养和引进，建立完善的人才管理体系和技术培训机制等来提高数字化人才的素质和能力水平，同时还需要建立激励和创新机制来激发员工的积极性和创造力推动企业的创新发展。

其次，引进数字化技术是加快数字化转型和创新能力的核心。数字化技术是企业实现数字化转型和创新发展的关键支撑，通过引进先进的数字化技术和工具，可以推动企业在产品研发、设计、生产、销售等全流程上的数字化转型和创新能力的提升，促进企业的转型升级和市场竞争力提高，例如，利用人工智能技术实现自动化、智能化生产和服务提供，利用大数据技术实现精准营销和客户管理等。

最后，创新数字化思维是加快数字化转型和创新能力的保障。创新是企业发展的重要驱动力，只有不断创新才能适应市场的变化和发展趋势。数字化思维是一种创新思维，它可以帮助企业在数字化时代更好地应对市场的挑战和发展机遇，通过创新数字化思维可以推动企业在产品研发、设计、市场营销管理等各方面的创新发展，促进企业的可持续发展和提高市场竞争力。

二、企业财税管理创新的意义

企业财税管理创新具有重要的意义，具体表现在以下几个方面。

（一）提高管理效率和准确性

在数字化技术的推动下，企业财税管理可以大幅度提高效率和准确性。通过引入人工智能、大数据分析等技术，企业可以实现财税管理的自动化和智能化，使财税管理更加高效和精准。

首先，数字化技术可以自动化处理财务数据，大大缩短数据处理时间，减少人工干预和错误，提高财务数据的准确性和可靠性。例如，利用机器学习算法对财务数据进行自动化分类和识别，可以快速准确地识别出各类财务数据，提高数据处理效率。

其次，数字化技术可以对财务数据进行实时监测和分析，及时发现和解决财务问题，提高财务管理的时效性和准确性。例如，利用大数据分析技术对企业的财务数据进行实时监测和分析，可以及时发现财务异常和风险，为企业的决策提供更加可靠的支持。

最后，数字化技术还可以对财税流程进行智能化管理，提高财税流程的效率和准确性。例如，利用智能化的税务系统可以自动化处理税务申报和缴纳等流程，减少人工干预和错误，提高税务管理的效率和准确性。

（二）降低财税风险和成本

数字化技术的应用可以帮助企业进行风险管理和内部控制，降低财税风险和成本。例如，利用大数据技术对市场趋势进行预测和分析，可以帮助企业提前做好市场应对措施，减少因市场波动带来的损失。同时，通过规范化和优化的税务监管措施，企业可以降低税务风险和成本，提高企业的经济效益。

首先，数字化技术可以帮助企业进行风险管理。通过引入大数据分析和人工智能等技术，企业可以对市场趋势进行预测和分析，提前发现市场风险和机会，制定相应的应对措施，减少因市场波动带来的损失。同时，数字化技术还可以对企业的财务数据进行实时监测和分析，及时发现财务异常和风险，为企业的决策提供更加可靠的支持。

其次，数字化技术可以帮助企业进行内部控制。通过引入智能化的财税管理系统，企业可以实现财税流程的自动化和规范化，减少人为干预和错误，降低财税风险和成本。同时，数字化技术还可以对企业的财税数据进行实时监测和分析，及时发现和解决财税问题，提高财税管理的时效性和准确性。

最后，数字化技术还可以帮助企业降低税务成本。通过规范化和优化的税务监管措施，企业可以实现税务流程的自动化和规范化，减少人力和物力的投入，降低税务成本和风险。同时，数字化技术还可以帮助企业合理规划税务结构，优化税务管理流程，提高企业的经济效益。

（三）提升企业的市场竞争力

数字化转型和创新能力的提升可以帮助企业提高市场竞争力。通过培养数字化人才和提高创新能力，企业可以不断推出新的产品和服务，满足市场的需求。同时，数字化技术的应用也可以帮助企业提高生产效率和质量，提高企业的整体竞争力。

首先，数字化技术的应用可以帮助企业推出新的产品和服务。通过引入先进的数字化技术和管理模式，企业可以更好地了解市场需求和消费者需求，开发出更加符合市场需求的产品和服务。例如，利用大数据分析技术对市场趋势进行分析和研究，可以帮助企业开发出更加符合市场需求的新产品和新服务。

其次，数字化技术的应用可以提高企业的生产效率和质量。通过引入数字化技术和智能化设备等手段，企业可以实现生产过程的自动化和智能化管理，更加精细化和全面化地掌控生产过程和质量管理体系，能够实现生产效率的提高、产品质量的提升以及生产成本的降低等目标。例如，采用工业互联网技术实现设备之间的互联互通与数据共享，能够优化生产流程、降低能耗并提高产品质量等效益。

最后，数字化技术的应用还可以帮助企业优化供应链管理，提高物流效率等目的。通过将数字化技术应用于供应链管理，能够实现上下游企业的信息共享与协同工作，实现资源的最优配置、库存的最优化利用以及物流的高效运作等目标。例如，利用物联网技术实现仓库的智能化管理，能够实时监控库存情况、自动分配仓储资源以及优化物流运输路径等措施，能够提高仓储和物流效率，降低库存成本等。

（四）推动企业的可持续发展

数字化转型和创新能力的提升确实可以帮助企业实现可持续发展。通过引入先进的数字化技术和管理模式，企业可以更好地适应数字经济时代的发展要求，不断提高自身的核心竞争力和创新能力。同时，数字化技术的应用还可以帮助企业实现资源节约和环保生产，推动企业的绿色发展和社会责任履行。

首先，数字化技术的应用可以帮助企业实现资源节约和环保生产。通过引入先进的数字化技术和管理模式，企业可以更好地了解资源使用情况和环保要求，实现资源的优化配置和高效利用，减少浪费和污染。例如，采用工业互联网技术实现设备的互联互通与数据共享，能够优化资源配置和提高资源利用率，减少能源消耗和环境污染等效益。

其次，数字化技术的应用可以提高企业的核心竞争力和创新能力。通过不断探索和实践新的数字化技术和应用模式，企业可以不断推出新的产品和服务，满足市场的需求，同时不断提高自身的核心竞争力和创新能力，例如，利用人工智能技术对产品进行智能化升级，提高产品的附加值和市场竞争力；不断探索和实践新的应用模式和技术，不断提高自身的核心竞争力和创新能力。

除此之外，数字化技术的应用还可以帮助企业更好地履行社会责任。通过实现资源节约和环保生产，企业可以减少对环境的影响，提高社会责任履行水平。同时，数字化技术的应用可以帮助企业提高生产效率和质量，提高客户满意度和品牌价值，从使企业更好地服务社会和回报股东。

总之，数字化转型和创新能力的提升是企业实现可持续发展的重要途径之一。通过引入先进的数字化技术和管理模式，企业可以提高生产效率和质量，实现资源节约和环保生产，提高核心竞争力和创新能力，更好地履行社会责任，实现经济效益和社会效益的双赢。

第二节　企业财税管理创新的理念和原则

一、企业财税管理创新的理念

（一）以企业战略为导向

企业财税管理创新应当以企业战略为导向，这是企业财税管理创新的基础和关键。企业财税管理作为企业运营管理的重要组成部分，必须紧密围绕企业的战略目标进行，帮助企业实现战略目标，提升企业的竞争力和市场地位。

首先，企业财税管理创新应当理解并贯彻企业的战略目标。企业的战略目标是企业在一定时期内发展的总体方向和愿景，是企业制定经营策略和进行资源配置的基础。财税管理作为企业运营管理的重要环节，必须理解并贯彻企业的战略目标，把握企业的发展方向，合理配置资源，优化企业的财务和税收管理，提高企业的运营效率和经济效益。

其次，企业财税管理创新应当紧密围绕企业的战略目标进行。企业的战略目标是企业发展的总体方向和愿景，财税管理是企业实现战略目标的重要手段之一。因此，财税管理创新应当紧密围绕企业的战略目标进行，从财务和税收的角度出发，制定相应的管理策略和措施，帮助企业实现战略目标。

同时，企业财税管理创新还应当关注企业的可持续发展，促进企业的长期稳定发展。可持续发展是指企业在追求经济效益的同时，也要关注环境保护、社会责任等可持续发展因素，实现企业的长期稳定发展。财税管理作为企业可持续发展的重要手段之一，应当关注企业的可持续发展，优化资源配置，提高资源利用效率，降低环境污染和资源浪费，促进企业的长期稳定发展。

（二）以风险管理为核心

企业财税管理创新应当以风险管理为核心，这是企业财税管理创新的重要环节之一。随着经济全球化和数字化的发展，企业面临的财务风险和税务风险越来越复杂，因此，企业财税管理创新应当建立完善的财务风险和税务风险管理体系，帮助企业有效预防和控制风险。

首先，企业财税管理创新应当加强财务风险的管理和控制。财务风险是指企业在经营活动中由于各种不确定因素而导致的财务状况的不确定性。财税管理作为企业财务风险管理的重要手段之一，应当加强财务风险的管理和控制，建立完善的财务风险管理机制，包括风险评估、风险防范、风险控制等环节。通过对财务风险的管理和控制，企业可以有效预防和控制财务风险的发生，保障企业的财务安全和稳定发展。

其次，企业财税管理创新应当加强税务风险的管理和控制。税务风险是指企业在经营活动中由于违反税收法规或政策而导致的税务处罚、罚款等风险。财税管理作为企业税务风险管理的重要手段之一，应当加强税务风险的管理和控制，建立完善的税务风险管理机制。通过对税务风险的管理和控制，企业可以有效预防和控制税务风险的发生，保障企业的税收安全和合规性。

（三）以数字化技术为手段

企业财税管理创新应当以数字化技术为手段，这是企业财税管理创新的必然趋势和发展方向。数字化技术是指借助大数据、人工智能等技术手段，提高企业的运营效率和管理水平。数字化技术可以帮助企业实现数据的集成和分析，挖掘数据背后的规律和趋势，为企业的决策提供更加精准的支持。

首先，企业财税管理创新应当借助大数据技术提高财税管理的效率和精度。大数据技术是指通过数据采集、存储、处理和分析等技术手段，获取有价值的信息和知识。例如，通过大数据技术对市场行情、竞争对手、政策变化等信息进行分析和处理，可以帮助企业制定更加科学合理的财务和税收策略，提高企业的竞争力和市场地位。

其次，企业财税管理创新应当借助人工智能技术提高财税管理的智能化水平。人工智能技术是指通过计算机程序和算法等技术手段，模拟人类的智能行为和思维过程。在财税管理中，应用人工智能技术可以帮助企业实现自动化、智能化决策和管理，降低人工干预的成本并提高决策的精度。例如，通过人工智能技术对财务数据进行分析和预测，企业可以制订更加科学合理的财务预算和决策方案，提高企业的运营效率和经济效益。

（四）以人才培养为基础

企业财税管理创新应当以人才培养为基础，这是推动企业财税管理创新的重要保障之一。人才培养是指通过教育和培训等手段培养具有专业知识和技能的人才，以适应市场需求和发展趋势。在财税管理中，人才培养是至关重要的，因为财税管理只有具备相关专业知识和技能的人才，才能实现有效的管理和创新。因此，企业应当建立完善的人才培养和引进机制，提高员工的素质和能力，推动企业的财税管理创新。

首先，企业应当建立完善的人才培养机制，通过定期培训和专业培训等手段提高员工的专业知识和技能水平，让他们掌握最新的财税政策和法规，了解最新的财务管理模式和技术手段，让他们具备适应市场需求和发展趋势的能力。此外，企业还应当鼓励员工参加专业认证考试，如注册会计师、税务师等考试，以提高他们的专业水平和竞争力。

其次，企业应当建立完善的人才引进机制，通过招聘和引进高素质的人才来推动企业的财税管理创新。高素质的人才具备丰富的专业知识和技能经验，能够为企业带来新的思路和方法，推动企业的财税管理创新。此外，企业还应当建立完善的人才激励机制，通过晋升、薪酬、奖励等手段激励员工积极投入财税管理创新工作，发挥他们的创造力和创新能力，推动企业的发展和进步。

（五）以优化组织架构为保障

企业财税管理创新应当以优化组织架构为保障，这是推动企业财税管理创新的重要保障之一。组织架构是指企业的组织形式和管理体系，它决定了企业的运营效率和决策效果。在数字化时代，要求企业的组织架构更加灵活、高效、协同，以便更好地适应市场变化和发展趋势。因此，企业应当优化组织架构和管理模式，建立适应数字化时代的组织体系和管理机制，以保障企业的财税管理创新得以顺利实施。

首先，企业应当建立适应数字化时代的组织体系，以支持财税管理的创新和发展。数字化时代要求企业的组织体系更加灵活、高效、协同。因此，企业应当优化组织架构和管理模式，建立适应数字化时代的组织体系，以便更好地支持财税管理的创新和发展。例如，企业可以建立扁平化的组织架构，减少管理层级，提高决策效率，同时建立跨部门协作机制，加强内部沟通协调，提高整体运营效率和管理水平。此外，企业还可以建立网络化组织架构，通过外部合作与协同实现资源共享、优势互补，提升整体竞争力。

其次，企业应当建立科学合理的管理机制以保障财税管理的创新和发展。科学合理的管理机制是保障企业财税管理创新的重要保障之一，它包括科学的决策机制、执行机制、监督机制等方面。例如在决策机制方面，企业可以建立基于数据的科学决策机制，通过数据分析和预测来支持决策的制定，同时还可以建立民主化决策机制，让员工参与决策过程，提高决策的科学性和民主性。此外在执行机制方面，企业可以建立严格的执行程序和标准，确保财税管理的各项工作得以顺利实施，同时还可以建立奖惩制度，激励员工积极投入和支持财税管理的创新和发展。

二、企业财税管理创新的原则

（一）合规性原则

企业财税管理创新必须遵守法律法规和税收法规等规定，保证创新的合法性和合规性。在进行财税管理创新时，企业需要对相关法律法规和税收法规进行深入的了解和研究，并将其纳入创新方案的考虑范畴。同时，企业应建立健全内部合规机制，明确责任分工和流程，确保财税管理的合规性。

合规性原则是企业财税管理创新的基础，也是企业应尽的法定责任。任何违反法律法规的创新行为都会给企业带来严重的后果和损失，包括罚款、经济损失甚至法律责任。因此，企业在开展财税管理创新之前，必须充分了解和遵守法律法规，确保创新行为的合法性和合规性。

（二）稳健性原则

企业财税管理创新应当稳健谨慎，充分考虑各种风险因素，避免因创新带来的不确定性和风险。在创新过程中，企业需要认识到财税管理创新所面临的各种风险，包括市场风险、法律风险、技术风险等，并采取相应的措施进行应对。

稳健性原则要求企业在财税管理创新过程中进行充分的风险评估和方案选择。企业应当充分了解不同创新方案带来的风险和收益，并选择最优方案进行实施。同时，企业还应建立风险应对机制，包括风险预警、风险控制和风险分散等措施，确保在财税管理创新过程中能够有效应对各种风险。

（三）实效性原则

企业财税管理创新应当注重实效性，确保创新方案能够有效地提高企业的管理水平和经济效益。在创新过程中，企业需要充分考虑各种因素，包括企业的实际情况、市场需求、技术条件等，以确保创新方案具有可操作性和可实施性。

实效性原则要求企业在财税管理创新中注重实际应用价值和实际效果。企业应当通过科学的数据分析和实证研究，评估和验证创新方案的实际效果。同时，企业还应建立创新效果的评估机制，及时对创新方案进行评估和调整，以确保创新方案的实效性。

（四）持续性原则

企业财税管理创新应当具有持续性，能够长期有效地支持企业的发展和创新。财税管理创新不是一次性的行为，而是一个连续不断的过程。随着时间和环境的变化，创新方案的有效性也会发生变化。

持续性原则要求企业在财税管理创新中保持持续的动力和创新能力。企业应不断进行创新探索和实践，不断完善和创新方案，以适应不断变化的市场环境和管理需求。同时，企业还应注重创新文化的建设，培养员工的创新意识和创新能力，确保财税管理创新具有持续性的支持作用。

（五）协同性原则

企业财税管理创新应当注重协同性，与企业的其他管理体系和管理方法相互协同、相互促进。财税管理与其他管理体系和方法具有密切的联系并相互影响。因此，企业应注重不同管理体系和方法之间的协同和配合，实现资源共享、优势互补和协同发展。

协同性原则要求企业在财税管理创新中注重整合和协调各类管理资源，实现全面的管理效益。企业应将财税管理创新与其他管理体系和方法相结合，形成有机的管理体系。同时，企业还应加强内外部沟通和协作，与相关利益相关方进行合作，共同推动企业的财税管理创新。

第三节　企业财税管理创新的策略和方法

一、数字化工具的应用策略

（一）利用数字化工具提高财务管理效率

在当今高度信息化的时代，数字化工具已经成为企业提高财务管理效率的重要手段。数字化工具不仅能够快速、准确地处理和分析数据，还可以通过预设的规则和算法进行财务预测和决策，从而提高企业的财务管理效率。

具体来说，企业可以借助 ERP、CRM（客户管理系统）等数字化工具来实现财务管理、销售管理等业务流程的自动化和智能化。这些工具可以帮助企业自动收集和分析数据，减少人工干预和错误率，同时提高数据的质量和准确性。通过这些数字化工具，企业可以更好地掌握市场动态和客户需求，优化产品和服务，提高销售业绩和客户满意度。

此外，数字化工具还可以帮助企业实现财务数据的集中管理和协同办公。例如，使用云存储、云计算等技术，企业可以将财务数据存储在云端，方便各部门之间的数据共享和协同办公。这样不仅可以提高企业内部各部门之间的沟通和协作效率，还可以避免数据不一致和重复录入等问题。

（二）利用数字化工具实现财务数据共享

数字化工具可以帮助企业实现财务数据的共享和协同，提高企业内部各部门之间的沟通和协作效率。在传统的财务管理模式下，财务部门往往需要花费大量时间和精力去收集、整理和分析数据，而这些工作完全可以借助数字化工具来完成。

例如，企业可以使用云存储、云计算等技术来实现财务数据的共享和协同。通过将这些技术应用于财务管理中，企业可以轻松地实现财务数据的集中存储和管理，同时还可以方便各部门之间的数据共享和交流。这样不仅可以提高企业内部数据的一致性和准确性，还可以避免数据重复录入和数据不一致等问题。

此外，数字化工具还可以帮助企业实现财务预测和决策的智能化。通过运用大数据分析技术，数字化工具可以根据企业的历史数据和市场趋势进行预测和分析，帮助企业做出更加科学、合理的决策。这样不仅可以提高企业的决策效率和准确性，还可以帮助企业更好地应对市场变化和风险挑战。

（三）利用数字化工具进行风险管理和内部控制

数字化工具可以帮助企业进行风险管理和内部控制，提高企业的稳健性和可持续发展能力。在财务管理中，应用数字化工具可以实现智能化、自动化的风险管理和内部控制，帮助企业更好地防范和应对潜在的风险和问题。

具体来说，数字化工具可以通过对大量数据的分析和挖掘来进行风险识别和评估。例如，使用人工智能技术、大数据分析技术等数字化工具可以对企业内部的财务数据进行全面、系统的分析，及时发现和解决潜在的风险和问题。同时，数字化工具还可以通过预设的规则和算法来进行内部控制和监督，确保企业各项业务活动的合规性和合法性。

除了进行风险识别和评估之外，数字化工具还可以帮助企业进行风险预警和控制。例如，通过运用实时监测等技术，数字化工具可以对企业内部的财务数据和其他数据进行实时监测和分析，及时发现异常情况和潜在的风险，并采取相应的措施进行控制和解决。这样不仅可以避免潜在的风险和问题对企业造成不良影响，还可以提高企业发展的稳健性和可持续发展的能力。

（四）利用数字化工具实现财务管理创新

数字化工具可以帮助企业实现财务管理创新，提高企业的核心竞争力。在传统的财务管理模式下，财务部门往往只关注日常的核算和监督工作而忽视了财务管理创新对企业发展的重要性。而数字化工具的应用可以帮助企业实现财务管理模式的创新、业务流程的优化等目标，从而更好地满足市场需求和提高企业的核心竞争力。

首先，数字化工具可以帮助企业实现财务管理模式的创新。例如，通过运用人工智能技术、大数据分析技术等数字化工具来进行财务预测和分析，这可以帮助企业更好地掌握市场动态和客户需求，从而优化产品和服务提高销售业绩和客户满意度。此外，数字化工具还可以帮助企业实现财务管理的智能化和自动化，例如，通过运用 ERP、CRM 等数字化工具来实现财务管理、销售管理等业务流程的自动化和智能化，这样可以提高企业的财务管理效率和准确性，同时减少人工干预和错误率。

其次，数字化工具可以帮助企业实现业务流程的优化从而提高企业的核心竞争力。例如，企业运用云计算等技术可以将分散的数据集中存储和管理，方便各部门之间的数据共享和协同办公，从而提高企业内部各部门之间的沟通和协作效率，同时避免数据不一致和重复录入等问题。此外，数字化工具还可以帮助企业优化采购、库存、销售等业务流程，通过运用大数据分析技术，企业可以对市场趋势进行预测和分析，从而制定更加科学、合理的决策，提高企业的运营效率和核心竞争力。

二、智能化决策支持策略

（一）利用大数据技术进行决策支持

在当今数字化时代，大数据技术已经成为企业决策的重要工具。大数据技术可以帮助企业从海量的数据中提取有价值的信息，并通过分析和挖掘数据，为企业的决策提供更准确、更可靠的支持。

首先，大数据技术可以帮助企业进行市场需求分析。通过对市场数据的收集和分析，企业可以了解消费者的需求特点、购买行为等信息，从而更好地把握市场趋势，调整产品研发和营销策略。例如，通过对用户数据的分析，企业可以了解到不同人群的消费习惯和偏好，以便针对性地推出产品和服务，提高市场竞争力。

其次，大数据技术可以帮助企业分析行业趋势和竞争状况。通过对行业数据的挖掘和分析，企业可以了解市场上其他竞争对手的动态和策略，及时调整自己的决策和战略。例如，在电商领域，企业可以通过对销售数据的分析，了解到不同产品的销售趋势和竞争情况，从而调整自己的产品组合和定价策略，提高市场占有率。

另外，大数据技术还可以帮助企业进行供应链管理和风险控制。通过对供应链数据的分析，企业可以了解到供应商的交货能力、供应链的效率等信息，从而优化供应链管理，降低成本和风险。例如，在物流领域，企业可以利用大数据技术实时监控货物的运输状态，监测物流异常情况，及时采取应对措施，保证物流的畅通和准时交货。

（二）利用人工智能技术进行智能预测

人工智能技术是指模拟人类智能行为的计算机系统的技术，具备感知、推理、学习和决策等能力。利用人工智能技术进行智能预测可以帮助企业提高决策的科学性和准确性，进而提高企业的战略执行力和市场竞争力。

首先，人工智能技术可以帮助企业进行销售预测。通过对历史销售数据和市场因素的分析，人工智能技术可以建立销售预测模型，准确预测未来一段时间内的销售情况。例如，在零售行业，企业可以利用人工智能技术分析消费者的购买行为、促销活动等因素，预测不同产品在不同时间段的销售情况，以便确立合理的销售目标并制订销售计划。

其次，人工智能技术可以帮助企业进行库存预测和管理。通过对历史销售数据和供应链数据的分析，人工智能技术可以建立库存预测模型，并根据销售预测结果和库存情况，优化库存管理策略，避免库存过剩或缺货的情况发生。例如，在制造业领域，企业可以利用人工智能技术分析订单量、生产能力等因素，预测未来某一时期的订单量，并根据预测结果调整生产计划和库存策略。

此外，人工智能技术还可以帮助企业进行风险预测和管理。通过对历史数据和市场数据的分析，人工智能技术可以建立风险预测模型，预测各种风险事件的发生概率和影响程度，为企业的风险管理提供科学依据。例如，在金融行业，企业可以利用人工智能技术分析市场数据、客户行为等因素，预测不同金融产品的风险水平，并相应调整投资组合和风险管理策略。

（三）利用智能化决策支持系统进行决策优化

智能化决策支持系统是指基于人工智能技术和决策模型，通过对数据的模拟和分析，为企业提供科学和有效的决策方案的系统。利用智能化决策支持系统进行决策优化可以帮助企业提高决策的质量和效率，降低决策的风险和成本。

首先，智能化决策支持系统可以帮助企业进行战略决策。通过对各种因素的模拟和分析，智能化决策支持系统可以生成多种策略方案，并对这些方案进行评估和比较，从而帮助企业选择最优的战略方向。例如，在新产品开发过程中，企业可以利用智能化决策支持系统分析市场需求、技术水平等因素，评估不同产品方案的潜在市场效果和经济效益，选择最有前景的产品方案。

其次，智能化决策支持系统可以帮助企业进行运营决策。通过对业务流程和操作规则的模拟和分析，智能化决策支持系统可以优化运营决策，提高企业的运营效率和资源利用率。例如，在制造业领域，企业可以利用智能化决策支持系统优化生产计划、物料采购等决策，提高生产效率和供应链的稳定性。

另外，智能化决策支持系统还可以帮助企业进行风险管理和控制。通过对风险因素的模拟和分析，智能化决策支持系统可以预测潜在风险事件的发生概率和影响程度，并提供相应的应对方案。例如，在保险行业，企业可以利用智能化决策支持系统分析保险产品的风险水平和赔付概率，为客户提供合适的保险方案，降低风险和损失。

（四）利用智能化决策支持系统进行组织优化

新型商业模式和业态的发展不仅带来了机遇，也伴随着风险和挑战。为了降低风险和损失，企业需要建立完善的风险防范机制，并加强对组织自身的监管和管理，提高合规性和公信力，实现可持续发展。

首先，建立完善的风险防范机制是非常重要的。例如，在互联网金融行业，企业需要建立风险评估模型，对各种金融风险进行识别、评估和控制，制定相应的风险管理策略，避免金融风险对企业和消费者的财产安全造成影响。同时，企业还需要加强对第三方合作机构和供应商的风险评估和监管，确保合作关系的稳定和可靠。

其次，加强对组织自身的监管和管理是非常重要的。例如，在公司治理方面，企业需要建立健全的内部控制机制，加强对财务、运营等方面的监管和管理，确保组织的规范运行和合规经营。此外，企业还需要注重员工的培训和教育，提高员工的风险意识和合规意识，避免员工的过失和不当行为对组织造成损失。

另外，提高合规性和公信力也是非常重要的。例如，在金融行业，企业需要遵守相关的法律法规，加强对客户隐私和资金安全的保护，提高客户对企业的信任度和满意度。同时，企业还需要加强对自身经营活动的监管和自我约束，提高企业的社会责任感和公众形象，增强消费者对企业的信任和认可。

三、新型商业模式和业态的应对策略

（一）适应新型商业模式和业态的发展需求

随着全球经济和数字化技术的快速发展，商业模式和业态也在不断变革和创新。新型商业模式和业态的出现，为企业提供了更多的发展机会和挑战。为了适应市场需求和发展趋势，企业需要积极探索和创新发展模式，以实现可持续发展。

首先，企业需要了解市场趋势和消费者需求，及时调整自身的战略和业务模式。例如，随着电子商务的快速发展，传统零售企业需要积极转型，开展线上销售业务，实现线上线下的融合和发展。同时，企业还需要通过数据分析和市场调查，了解消费者的购买习惯和需求，为消费者提供更加个性化和优质的产品和服务。

其次，企业需要利用数字化技术，提高自身的业务和管理效率，以适应市场需求和发展趋势。例如，利用云计算、大数据、人工智能等技术，可以实现企业资源的优化配置、生产过程的自动化和智能化管理以及市场预测和分析等。这些技术的应用可以帮助企业提高生产效率和质量，降低成本和风险，实现可持续发展。

最后，企业需要加强人才培养和管理，提高员工的数字化素养和创新能力。通过培训和实践，员工可以掌握数字化技术和应用模式，提高自身的专业素养和创新能力，为企业的发展提供强有力的支持。

（二）利用数字化工具促进商业模式创新

数字化工具的应用可以帮助企业实现业务和管理模式的转型和创新，提高业务敏捷性和适应性，更好地满足市场需求。例如，共享经济平台可以通过数字化工具来实现资源的共享和优化配置,提高平台的运营效率和盈利能力。同时,共享经济平台还可以为消费者提供更加便捷和个性化的服务体验,满足消费者多样化的需求并提高品牌形象。

首先,企业可以利用数字化工具来实现资源的优化配置和高效利用。例如,通过云计算和大数据等技术,企业可以实现资源的动态分配和调度,提高资源的利用效率和盈利能力。同时,数字化工具还可以帮助企业实现生产过程的自动化和智能化管理,提高生产效率和质量。

其次,数字化工具可以帮助企业实现精准营销和个性化服务。通过数据分析和挖掘,企业可以了解消费者的购买习惯和需求,为消费者提供更加精准的营销和服务。同时,数字化工具还可以帮助企业实现产品的智能化升级和个性化定制,提高产品的附加值和市场竞争力。

最后,数字化工具可以帮助企业实现管理和运营的数字化转型。例如,通过对数字化工具的应用,企业可以实现财务、人力资源、采购等管理流程的自动化和智能化管理,提高管理和运营效率和质量。同时,数字化工具还可以帮助企业实现供应链的数字化转型和创新发展,提高供应链的透明度和可控性。

（三）加强与新型商业模式和业态的协同发展

加强与新型商业模式和业态的协同发展可以帮助企业实现互利共赢的发展。通过合作与共赢的方式来实现业务和管理模式的转型和创新发展是当前企业发展的重要趋势之一。例如,智能制造企业可以与互联网企业合作实现数字化转型和创新发展,提高生产效率和质量,同时还可以为消费者提供更加智能化和个性化的产品和服务体验,满足消费者多样化的需求、提高品牌形象。

首先,企业可以加强与供应商、销售商等上下游企业的合作与协同发展,实现资源的最优配置和高效利用。例如,通过建立供应链协同发展的机制,供应商、生产商、销售商等之间可实现信息共享和协同工作,提高整个供应链的运营效率和盈利能力,同时还可以降低成本并提高质量。

其次,企业可以加强与互联网企业的合作,实现数字化转型和创新发展。例如,通过在互联网平台开展在线销售、智能化升级等服务,企业可以提高销售效益和市场竞争力,同时还可以为消费者提供更加便捷和个性化的购物体验,提高消费者满意度和忠诚度。

最后,企业可以加强与其他新型商业模式和业态的合作,实现互补优势和发展,例如,通过与共享经济平台合作,实现资源的共享和优化配置,同时还可以为消费者提供更加便捷和个性化的服务体验,满足消费者多样化的需求并提高品牌形象。

（四）建立新型商业模式和业态的风险防范机制

建立完善的风险防范机制可以帮助企业降低风险和损失，保障企业的稳健发展。建立新型商业模式和业态的风险防范机制主要包括以下几个方面。

（1）建立完善的风险评估和管理机制：企业应对新型商业模式和业态进行全面的风险评估，包括市场风险、技术风险、财务风险等，并制定相应的风险应对措施，建立完善的风险管理体系，提高企业的风险防范能力和应对能力。

（2）建立完善的内部控制机制：企业应加强内部控制和管理，包括财务管理、人力资源管理、采购管理等流程的规范化和标准化，建立完善的内部控制体系，降低企业的财务风险和管理风险，同时还要注意防范内部人控制等道德风险。

（3）建立完善的市场监管机制：加强对新型商业模式和业态的监管力度，制定相应的监管政策和法规，建立完善的市场监管体系，维护市场的公平竞争秩序，降低企业的市场风险和维护企业的品牌形象。

（4）建立完善的风险预警机制：通过对市场数据和企业数据的监测和分析，建立完善的风险预警机制，及时发现和处理潜在的风险，保障企业的稳健发展。

（5）建立完善的风险沟通和协调机制：加强企业内部各部门之间的沟通和协调，以及与外界相关机构之间的沟通和协调，及时了解市场动态和技术发展趋势，为企业的决策提供有力的支持，保障企业的稳健发展。

四、数据安全和隐私保护策略

（一）加强数据安全防护措施

随着信息技术的迅猛发展和应用范围的不断扩大，数据安全问题越来越受到人们的关注。数据泄露事件频繁发生，给企业和个人带来了巨大的经济损失和声誉损失。因此，加强数据安全防护措施已经成为企业和社会关注的焦点之一。

对于企业来说，数据安全防护是一项非常重要的工作。首先，企业需要建立完善的数据安全管理制度，明确各部门和员工的职责和权限，制定严格的数据安全标准和管理流程。其次，企业需要采用先进的数据加密技术来保护数据的机密性，防止数据被非法获取和泄露，例如，可以采用对称加密算法或非对称加密算法来对数据进行加密，确保数据的安全性和可靠性。

同时，企业还需要建立完善的数据备份和恢复机制，确保数据不会因为意外情况而丢失或损坏，可以采用在线备份和离线备份相结合的方式，定期对数据进行备份，并对备份数据进行校验和维护，确保备份数据的完整性和可靠性。在数据恢复方面，企业需要建立完善的应急响应机制，确保在数据泄露或损坏时能够及时地进行恢复和处理，减少损失。

此外，企业还需要建立完善的防火墙和入侵检测系统，防止非法入侵和恶意攻击，可以采用包过滤技术、代理技术等手段来对网络进行保护，同时加强对服务器的管理和维护，防止服务器被攻击和入侵。

在加强数据安全防护措施方面，企业还需要注重对员工的安全教育和培训，提高员工的数据安全意识和技能水平，可以采用定期培训、安全讲座、模拟演练等方式来提高员工的安全意识和技能水平，增强员工对数据安全的重视程度。

（二）建立隐私保护机制

随着信息技术的迅猛发展和应用范围的不断扩大，人们越来越关注个人隐私的保护问题。在互联网和大数据时代下，如何保护个人隐私已经成为了一个全球性的难题。对于企业来说在处理客户个人信息时建立完善的隐私保护机制是非常重要的。这不仅可以保护客户的隐私权，还可以提高企业的信誉度和竞争力，实现可持续发展。

首先，企业需要加强对客户个人信息的收集、存储和使用的管理。在收集客户个人信息时，企业应该明确告知客户收集的目的、方式和范围，并征得客户的同意。在存储和使用客户个人信息时，企业应该采用加密技术、访问控制等安全措施，来保护客户的信息不被泄露和使用不当。同时，企业应该加强对内部员工的管理，防止员工非法使用和泄露客户信息。

其次，企业需要建立完善的隐私保护政策和技术措施。在制定隐私保护政策时，企业应该明确规定对客户个人信息的保护措施和使用条件，并告知客户相应的权利和义务。同时，企业应该采用匿名化处理技术来保护客户的姓名、地址等敏感信息，避免信息泄露。在技术措施方面，企业可以采用加密技术、匿名化处理技术、差分隐私技术等手段来保护客户的个人信息不被非法获取和使用。

此外，企业还需要加强对合作伙伴和第三方应用程序的管理，防止客户信息泄露和使用不当。在选择合作伙伴和第三方应用程序时，企业应该仔细审查其信誉度和资质，并与其签订保密协议，明确双方的权利和义务。同时，企业应该加强对合作伙伴和第三方应用程序的监督和管理，防止其不当使用客户信息或将信息泄露给不法分子。

最后，企业还需要建立完善的隐私保护机制，并严格执行。在建立机制时，企业应该明确各部门和员工的职责和权限，制定严格的标准和管理流程，并采用技术手段来监测和评估机制的有效性，及时发现和处理隐私泄露事件，保障客户的个人信息安全和隐私权，实现可持续发展。

五、组织架构优化和管理水平提升策略

（一）优化组织架构提高管理效率

企业可以通过优化组织架构提高管理效率，降低成本实现可持续发展。在当今竞争激烈的市场环境中，企业要想取得成功，必须不断提高自身的运作效率和管理水平。优化组织架构是提高管理效率的重要手段之一。扁平化组织架构可以减少管理层级，缩短决策周期，提高管理效率，使企业更加灵活应对市场变化。同时，扁平化组织架构还可以促进员工之间的交流和协作，加强企业内部的信息流通和知识共享，提高企业的创新能力市场竞争力。

在优化组织架构的过程中，企业还需要注意以下几个方面。

（1）权责明确：企业应该对各个部门和岗位的职责和权力进行明确的规定和划分，确保每个员工都能够清楚地了解自己的职责范围和工作权限。这样可以避免出现权力交叉、责任不明等问题，提高管理效率。

（2）流程优化：企业应该对各项业务流程进行优化和梳理，去除冗余环节，缩短流程周期，提高工作效率。通过流程优化，企业可以降低内部成本，提高响应速度和客户满意度。

（3）人才选拔与培养：企业应该重视人才的培养和管理，选拔具有优秀能力和素质的人才担任重要岗位。同时，企业还应该建立完善的人才培养机制，不断提高员工的专业技能和管理能力，以适应市场变化和企业发展的需要。

（4）信息技术应用：企业应该充分利用信息技术手段，建立完善的信息管理系统和沟通平台，提高企业内部的信息共享和沟通效率。这样可以减少信息传递过程中的失真和误解，提高企业的决策效率和执行力。

通过以上措施的实施，企业可以优化组织架构，提高管理效率，降低成本，实现可持续发展。

（二）引进先进的管理理念和方法

企业可以通过引进先进的管理理念和方法，来提高管理水平，促进企业的发展。随着市场竞争的加剧和客户需求的多样化，传统的管理理念和方法已经难以适应企业的需求。因此，引进先进的管理理念和方法对于企业的可持续发展至关重要。

其中，精益化管理是一种高效、精细的管理理念和方法。它强调在生产、管理、销售等各个环节上不断改进、精益求精，以实现资源的优化配置、提高企业的生产效率和质量水平。同时，精益化管理还可以降低成本，提高企业的盈利能力。

企业可以采取以下措施来引进精益化管理。

（1）培训与学习：企业应该组织员工参加精益化管理培训和学习活动，掌握精益化管理的核心理念和方法。同时，企业还可以邀请精益化管理领域的专家和学者进行现场指导和学习交流，帮助员工深入理解精益化管理的实践应用。

（2）流程优化与再造：企业应该对现有的业务流程进行全面梳理和分析，找出存在浪费和低效的环节，进行优化和改进。同时，企业还可以借鉴先进的流程再造方法，如六西格玛等，对关键流程进行重新设计和改造，以提高生产效率和质量水平，降低成本。

（3）数据分析与改进：企业应该建立完善的数据收集和分析系统，对生产过程和质量数据进行实时监测和分析，找出问题点和改进点，制定针对性的改进措施，并持续改进，提高生产效率和产品质量水平，降低成本，实现可持续发展。

除了精益化管理外，企业还可以引进其他先进的管理理念和方法，如全面质量管理、敏捷管理等，以适应市场变化和客户需求，促进企业的发展。需要注意的是，企业在引进先进的管理理念和方法时，应该结合自身实际情况进行选择和应用，以避免出现"水土不服"的情况。同时，企业还需要建立与之相适应的企业文化和制度体系，以支持先进管理理念和方法的落地实施，实现可持续发展。

（三）加强员工培训和管理

企业可以通过加强员工培训和管理，提高员工的素质和工作能力，促进企业的发展。员工是企业的核心资源之一，只有不断提高员工的素质和工作能力，才能使企业不断适应市场需求的变化并提高市场竞争力。因此，加强员工培训和管理对于企业的可持续发展至关重要。

在加强员工培训和管理的过程中，企业应该采取以下措施。

（1）制订完善的培训计划，制定管理制度：企业应该根据自身的发展战略和市场环境分析，制订符合实际需要的培训计划，制定管理制度，明确培训的目标、内容、方式、时间、地点等要素，确保培训工作的有效开展和管理水平的提升。

（2）建立多层次的培训体系：企业应该建立多层次的培训体系，包括新员工培训、岗位技能培训、管理培训等，以满足不同层次员工的需求，同时还可以针对不同员工的特点和需求进行个性化的定制培训方案，提高培训效果和质量。

（3）重视培训效果的评估和管理：企业应该建立完善的培训效果评估和管理体系，对培训的过程和结果进行全面评估和分析，找出存在的问题和不足，进行改进和提高，还可以将培训结果与员工的绩效评估、晋升等挂钩，激发员工参与培训的积极性和主动性，提高员工的素质和工作能力，实现可持续发展。

（4）加强内部导师制度建设：企业可以建立内部导师制度，由经验丰富的老员工担任导师，指导和帮助新员工快速适应工作环境和工作内容，提高新员工的工作能力和素质，还可以促进员工之间的交流和团队协作，实现共同进步和发展。

（5）营造良好的企业文化氛围：企业应该营造良好的企业文化氛围，包括尊重知识、鼓励创新、倡导分享等，鼓励员工不断学习和进步，同时还可以通过开展丰富多彩的文化活动，增强员工的凝聚力和归属感，提高企业的整体素质和市场竞争力，实现可持续发展。

通过以上措施的实施，企业可以加强员工培训和管理，提高员工的素质和工作能力，促进企业的发展。同时还可以增强企业的核心竞争力，实现可持续发展。

（四）建立科学的绩效评估体系

企业可以通过建立科学的绩效评估体系来激励员工的工作热情和创新精神，促进企业的发展。绩效评估体系是企业管理中不可或缺的一环，它通过对员工的工作表现进行评估和反馈，激励员工努力工作，实现个人和企业的目标。

在建立科学的绩效评估体系的过程中，企业应该采取以下措施。

（1）设立明确的绩效指标：企业应该根据自身的发展战略和目标设立明确的绩效指标，包括定量指标和定性指标，对员工进行全面、客观的评估，以充分发挥员工的潜力，提高企业的整体效益和市场竞争力，实现可持续发展。

（2）建立多维度的评估体系：企业应该建立多维度的绩效评估体系，从多个角度对员工进行评估，包括工作业绩、能力提升、团队合作等方面，确保评估结果的全面性和公正性，同时还可以针对不同岗位的特点制订个性化的评估方案，以提高评估的针对性和有效性。

（3）及时反馈与沟通：企业应该及时将绩效评估结果反馈给员工并进行沟通，帮助员工了解自己的优点和不足，制订改进计划和提高方案，同时还可以根据绩效评估结果对员工进行奖励或惩罚，激发员工的积极性和创造性，提高员工的工作热情和创新精神，实现可持续发展。

（4）与薪酬挂钩：企业可以将绩效评估结果与员工的薪酬挂钩，通过薪酬的差异来激励员工努力工作，提高自己的绩效水平，同时还可以根据绩效评估结果对员工的晋升、调岗等方面进行决策，促进员工的个人发展和企业的长远发展，实现可持续发展。

（5）定期评估与调整：企业应该定期对绩效评估体系进行评估和调整，确保其与企业的战略目标和市场环境相适应，同时还可以根据实际运行情况进行相应的调整和完善，以提高绩效评估体系的科学性和有效性，促进企业的发展，实现可持续发展。

通过以上措施的实施，企业可以建立科学的绩效评估体系，激励员工的工作热情和创新精神，促进企业的发展，同时还可以提高企业的执行力和市场竞争力，实现可持续发展。

（五）加强内部沟通和协作

企业可以通过加强内部沟通和协作提高企业的执行力和市场竞争力。在当今竞争激烈的市场环境中，企业内部沟通和协作的顺畅与否直接关系到企业的运营效率和整体效益。加强内部沟通和协作对于企业的可持续发展至关重要。

在加强内部沟通和协作的过程中，企业应该采取以下措施：

（1）定期召开部门会议：企业可以定期召开部门会议，由各个部门的负责人介绍本部门的工作进展情况、存在的问题及需要协助的事项，通过部门之间的交流和沟通，促进工作的协调开展。同时还可以及时发现存在的问题，及时采取措施加以解决，提高企业的执行力和市场竞争力，实现可持续发展。

（2）建立沟通平台：企业可以建立内部沟通平台，如内部网站、邮件系统等，方便员工之间的信息共享和交流，加强内部沟通和协作，实现可持续发展。通过沟通平台，员工可以及时了解企业的发展动态、政策制度等信息，也可以提出自己的建议和意见，促进企业内部的信息流通和知识共享，提高企业的整体素质和市场竞争力，实现可持续发展。

（3）加强团队建设：企业可以加强团队建设，通过开展各种形式的团队活动，如拓展训练、文艺演出等，增强团队凝聚力和合作精神，培养员工的团队合作精神，实现可持续发展。团队建设可以加强员工之间的相互了解和信任，促进工作中的协作与配合，提高企业的执行力和市场竞争力，实现可持续发展。

（4）鼓励内部竞争与合作：企业可以鼓励员工之间的竞争与合作，通过竞争激发员工的积极性和创造性，提高工作效率和质量水平，同时还可以通过合作实现资源共享和技术创新，促进企业的发展，实现可持续发展。在鼓励内部竞争与合作的过程中，企业应该建立完善的激励机制，鼓励员工积极参与竞争与合作，推动企业的创新与发展，实现可持续发展。

加强企业文化建设：企业应该加强企业文化建设，营造积极向上、团结协作的企业文化氛围，培养员工的归属感和忠诚度，增强企业的凝聚力和向心力，实现可持续发展。通过企业文化建设可以树立企业的良好形象，提高企业的社会声誉和市场竞争力，实现可持续发展。

综上所述，组织架构优化和管理水平提升策略是企业财税管理的重要方面之一。通过优化组织架构、引进先进的管理理念和方法、加强员工培训和管理、建立科学的绩效评估体系以及加强内部沟通和协作等措施的实施，企业可以提高管理水平、降低成本、增强市场竞争力并实现可持续发展。

第三章　数字经济时代下企业财税管理的创新实践

第一节　利用信息技术提高财税管理效率

一、建立财税管理信息系统

在数字经济时代，信息的收集、分析和利用对企业财税管理至关重要。通过建立财税管理信息系统，企业可以有效地提高财税管理的效率和精度。系统的建立首先需要考虑企业的实际需求和目标，同时要确保系统的可扩展性和灵活性，以适应企业未来的发展需要。

（一）系统应具备信息整合能力

在当今这个数字化、信息化的时代，信息的整合能力对于一个企业来说至关重要。财税管理系统需要能够收集、整理和分析来自企业内部和外部的大量信息，包括财务数据、税务政策、市场动态等，从而为企业提供全面、准确的财税信息。这种信息整合的能力可以帮助企业更好地了解自身的财务状况和税务风险，同时也可以帮助企业及时掌握市场动态和竞争对手的情况，从而做出更明智的决策。

为了实现信息整合的能力，财税管理系统需要具备良好的数据接口和数据存储功能，能够处理海量的数据并保证数据的可靠性。此外，该系统还需要具备强大的数据处理和分析能力，能够对收集到的数据进行有效的处理和分析，提取出对企业有用的信息。

（二）系统应具备信息共享功能

财税管理系统的信息共享功能可以提高企业各部门之间的协作效率，避免出现信息孤岛现象。通过建立财税管理信息平台，企业可以实现信息的实时共享，使各部门之间的信息流通更加畅通，从而更好地支持企业的各项业务活动。

具体而言，财税管理系统应该能够提供方便快捷的信息查询和共享功能，使企业的各个部门和员工都能够及时获取到所需的信息。此外，该系统还应该具备权限控制功能，确保信息的安全性和保密性。

（三）系统应具备决策支持能力

财税管理系统应该具备决策支持能力，通过对大量数据的分析和挖掘，为企业提供数据支持和预测性分析，帮助企业做出更加科学、合理的决策。

为了实现决策支持能力，财税管理系统需要具备以下功能。

（1）数据可视化功能：财税管理系统通过图形、图表等方式将数据呈现出来，使企业能够更加直观地了解数据背后的信息和趋势。

（2）数据分析功能：财税管理系统通过对数据的深入分析，提取出对企业有用的信息，帮助企业了解自身的财务状况和税务风险，预测未来的发展趋势。

（3）预测性分析功能：财税管理系统通过对历史数据和市场趋势的分析，预测未来的市场变化和企业的发展方向，为企业的战略决策提供支持。

（4）决策支持工具：财税管理系统提供各种决策支持工具，如风险评估工具、成本效益分析工具等，帮助企业做出更加科学、合理的决策。

二、利用大数据技术，提高数据分析和利用效率

大数据技术的兴起为企业财税管理带来了新的机遇和挑战。通过利用大数据技术，企业可以更高效地处理和分析海量数据，挖掘出更多的商业价值。

（一）利用大数据技术提高数据处理效率

在传统的企业财税管理中，数据处理主要依靠人力和传统的计算机系统进行处理，这种方式在面对海量数据时往往显得力不从心，处理效率低下，甚至可能出现数据遗漏和分析结果不准确的情况。而大数据技术的出现，改变了这一现状。

大数据技术采用了分布式计算和并行处理等技术，能够高效地处理海量数据。分布式计算技术将大量数据分散到不同的计算机节点上进行处理，并行处理技术则可以同时处理多个数据片段，从而大大提高了数据处理的速度和效率。企业可以利用大数据技术对财务数据进行快速地收集、整理、分析和报告，为决策提供及时、准确的数据支持。

例如，企业可以通过大数据技术对市场数据进行实时监测和分析，及时发现市场变化和趋势，为制定营销策略提供数据支持，同时，企业还可以通过大数据技术对内部运营数据进行全面的分析和挖掘，发现潜在的瓶颈和优化空间，为优化业务流程和提高运营效率提供数据支持。

（二）利用大数据技术进行数据挖掘和分析

大数据技术除了可以提高数据处理效率外，还可以帮助企业从海量数据中挖掘出更多的有用信息。传统的数据处理方法往往只关注数据的表面信息，而忽略了数据背后的深层信息和规律。而大数据技术则可以利用数据挖掘和机器学习等技术，深入挖掘数据背后的信息和规律，为决策提供更加深入的洞察。

例如，企业可以利用大数据技术对客户的购买行为和偏好进行深入地挖掘和分析，发现客户的真实需求和偏好，为产品设计和营销策略的制定提供数据支持。同时，企业还可以利用大数据技术对员工的行为和绩效进行全面地分析和评估，发现员工的潜力和不足之处，为人力资源管理制度的制定提供数据支持。

（三）利用大数据技术优化业务流程

大数据技术还可以帮助企业优化业务流程，提高运营效率。在传统的业务流程中，各个环节之间的信息传递和协同往往存在瓶颈和低效的问题，而大数据技术的出现则可以有效地解决这些问题。

例如，在销售环节中，企业可以利用大数据技术对市场数据进行实时监测和分析，及时发现市场变化和趋势，为制定营销策略提供数据支持。这样不仅可以提高销售业绩，还可以优化产品设计和服务质量。

在生产环节中，企业可以利用大数据技术对生产数据进行全面的分析和挖掘，发现潜在的瓶颈和优化空间，为生产流程的优化和成本的降低提供数据支持。这样不仅可以提高生产效率和质量，还可以降低成本和提高员工满意度。

三、应用人工智能技术，实现自动化和智能化财税管理

人工智能技术的快速发展为企业的财税管理带来了更多的可能性。通过应用人工智能技术，企业可以实现财税管理的自动化和智能化，提高管理效率和精度。

（一）利用大数据技术提高数据处理效率

传统的数据处理方法，如 Excel、Access 等工具，在处理大量数据时往往显得力不从心，无法在有限的时间内高效地完成数据处理和分析任务。而大数据技术的出现，使得企业可以借助分布式计算、并行处理等技术手段，对海量数据进行快速、高效的处理和分析。这不仅大大缩短了数据处理的时间，还提高了数据处理的准确性，为企业的决策提供了更加及时、可靠的数据支持。

在具体实践中，企业可以利用大数据技术对各种来源的数据进行收集、清洗、整合和分类，以便后续的分析和处理。例如，通过爬虫技术获取网络上的信息，通过数据接口获取内部系统的数据等。这些数据的来源和格式可能各不相同，但通过大数据技术的处理，可以将其转化为统一、规范的数据格式，便于后续的数据分析和挖掘。

同时，大数据技术还可以对数据进行实时监测和分析，以便及时发现数据的变化和异常情况。例如，通过分析客户的行为数据和消费数据，企业可以及时发现客户的购买偏好和消费习惯的变化，从而快速调整产品设计和营销策略，提高销售业绩。

（二）利用大数据技术进行数据挖掘和分析

大数据技术可以帮助企业从海量数据中挖掘出更多的有用信息，为企业决策提供更加深入的洞察。通过使用数据挖掘、机器学习等技术手段，企业可以对大量数据进行关联分析、趋势预测、分类聚类等操作，从而发现数据背后的规律和趋势，为企业的决策提供更加准确、深入的支持。

例如，在市场营销方面，企业可以通过对客户的购买行为和偏好的分析，发现不同客户群体的特点和需求，从而策划更加精准的营销策略和推广活动。同时，通过对市场趋势的分析和预测，企业可以及时调整产品设计和生产计划，避免库存积压和产能过剩等问题。

在人力资源管理方面，企业可以通过对员工的工作表现和职业背景等数据的分析，发现员工的特点和优势，为员工的职业发展和培训计划提供更加个性化的建议和支持。同时，通过对员工离职率和招聘数据的分析，企业可以及时发现员工管理和企业文化等方面存在的问题，从而采取相应的措施加以改进。

此外，大数据技术还可以帮助企业进行风险管理、供应链优化、客户关系管理等方面的分析和挖掘。这些方面的分析和挖掘都需要对大量的数据进行处理和分析，而大数据技术的应用可以大大提高数据处理的效率和准确性。

（三）利用大数据技术优化业务流程

大数据技术不仅可以提高数据处理和挖掘的效率和分析质量，还可以帮助企业优化业务流程和管理流程。例如，在生产制造领域，企业可以通过对生产过程中产生的数据进行分析和处理，发现生产工艺和设备运行中存在的问题和瓶颈，从而优化生产流程和提高设备的运行效率。同时，通过对产品设计和制造数据的分析，企业可以及时了解市场和客户需求的变化趋势，从而优化产品设计方案、改进产品质量。

在客户服务领域，企业可以通过对客户反馈和投诉等数据的分析，发现服务中存在的问题和不足之处，从而及时改进服务质量和服务流程。同时，通过对客户行为数据的分析，企业可以了解客户的偏好和需求变化趋势，从而推出更加符合客户需求的产品和服务方案。

在财务管理领域，企业可以通过对财务报表和财务数据的分析，发现财务风险和管理漏洞等，从而及时采取措施加以改进和完善。同时，通过对市场和经济数据的分析，还可以帮助企业制订更加科学合理的财务计划，并确立市场策略，从而降低成本、提高效益。

第二节 建立新型的财税管理模式

一、以财务为核心的管理模式

在传统的企业财税管理中，财务往往被视为企业的核心，因为它是企业运营效果和经济效益的最直接体现。在数字经济的推动下，企业的财务管理工作也在逐渐发生改变。这种变化主要体现在以下几个方面。

（一）财务与业务的一体化

随着数字化进程的推进，企业的财务和业务之间的界限逐渐模糊，二者的联系更加紧密。企业的财务管理工作不再仅仅停留在账务处理和财务报告的层面，而是延伸至企业的各个业务环节。通过数字化工具，如大数据、人工智能等，企业可以实现实时的财务数据获取和分析，从而更好地指导业务决策。

在过去，财务部门只需关注资金的流入和流出、账户的余额等，但在数字经济时代，企业的财务部门需要更深入地了解业务的运营情况，包括市场销售、供应链管理、产品研发等。通过数字化工具的支持，财务部门可以直接获取业务数据，并进行深度分析，从而更好地理解业务背后的财务状况和风险。

例如，企业可以借助大数据分析工具对销售数据进行挖掘，从中找出销售额最高的产品或地区，有针对性地调整生产和销售策略，提升盈利能力。另外，财务部门还可以通过分析供应链数据，优化采购流程、降低库存成本，提高现金流转速度。通过将财务数据与业务数据有机结合，企业可以更好地把握市场需求、优化资源配置，实现财务和业务的良性互动。

（二）精细化财务管理

在数字经济的推动下，企业的财务管理越来越精细化。通过对大量数据的分析和挖掘，企业可以获取关于其运营的详细信息，包括成本结构、利润率、现金流等。这有助于企业更好地理解自身的业务状况，为决策提供更有价值的信息。

传统的财务管理注重核算和报表，而精细化财务管理则更注重运用数据分析手段，深入了解财务数据背后的含义。企业可以通过大数据分析工具对海量的财务数据进行整理和分析，发现隐藏在数据中的规律和趋势。例如，通过对成本数据的深入挖掘，企业可以找出生产成本较高的环节，进一步优化生产过程，降低成本，提高利润。

此外，通过精细化财务管理，企业还可以更好地掌握现金流状况，及时发现资金周转不畅的问题，并采取相应措施解决。通过对客户信用、销售账期等财务数据的分析，企业可以更准确地预测现金流的变动情况，做好资金安排，确保企业的正常运营和发展。

（三）风险管理的重要性提升

随着企业面临的风险类型和来源的多样化，风险管理在企业财税管理中的地位日益提升。数字化工具可以帮助企业更好地识别和评估风险，同时制定相应的应对策略。这有助于企业在数字经济时代保持稳健的运营。

在数字经济时代，企业面临的风险变得更加复杂多样化，包括市场竞争风险、技术变革风险、供应链风险等。传统的风险管理方法已无法满足企业的需求，因此需要借助数字化工具来帮助企业更好地管理风险。

企业可以借助大数据分析工具对内外部数据进行整合和分析，快速发现潜在的风险点。例如，通过对市场销售数据的分析，企业可以预测某个产品或服务的需求变化，及时调整生产和销售策略，避免库存积压和滞销。同时，企业还可以利用大数据分析工具对供应链数据进行监控，及时发现潜在的供应风险，如物流延迟、供应商破产等，采取相应的措施减轻风险影响。

此外，企业还可以借助人工智能技术和机器学习算法来构建风险预警模型，实现对风险的预测和监测。这些技术可以通过对历史数据的学习和分析，识别出不同类型的风险模式，提前发现潜在的风险信号，并预测其可能带来的影响。这有助于企业及时调整战略和应对措施，降低风险带来的损失。

（四）以价值创造为导向的管理模式转变

虽然财务仍然是企业财税管理的重要内容，但在数字经济时代，仅仅关注财务已经无法满足企业的长远发展需求。为了更好地应对数字化带来的挑战，企业需要将财税管理的重点转移到价值创造上来。这意味着企业需要更加关注市场和客户需求，通过创新商业模式和优化业务流程来提升自身的竞争力。同时，企业还需要关注员工的培训和发展，提升员工的价值创造能力。通过这些措施，企业可以更好地实现自身的价值创造目标。

在数字经济时代，企业面临的竞争压力和市场变化都加大了对价值创造的要求。传统的财务报表只反映了企业过去的财务状况，而无法预测未来的发展趋势。因此，企业需要更多地关注客户的需求和市场的变化，通过产品创新、服务优化等方式提供更有价值的解决方案。

例如，企业可以通过数字化工具进行客户需求分析，并基于分析结果进行产品或服务的改进。企业还可以运用市场营销工具，如社交媒体、数据分析等，精准定位目标客户，并提供个性化的产品或服务。通过增加客户的满意度和忠诚度，企业可以提高销售量和市场份额，实现价值创造的目标。

此外，企业还可以通过优化业务流程，降低成本，提高效率，从而增加企业的价值创造能力，例如，借助大数据分析工具对业务流程进行优化，识别出低效环节，并采取相应措施改进。同时，企业还可以关注员工的培训和发展，提升员工的专业能力和创新能力，激发他们的工作潜力，为企业的价值创造贡献更多。

二、以价值创造为导向的管理模式

在数字经济时代，企业需要更加注重价值的创造和实现。这需要企业转变传统的以成本为中心的管理模式，建立以价值创造为导向的新型财税管理模式。这种模式的建立需要考虑以下几个方面。

（一）以客户需求为导向的价值创造

在数字经济时代，客户的需求日益多样化，对企业的产品和服务提出了更高的要求。为了满足客户的需求，企业需要从客户的角度出发，深入挖掘其需求和偏好，并以此为基础进行产品和服务的设计和优化。

首先，企业需要进行市场调研，了解客户的需求和潜在问题。通过采集和分析市场数据，企业可以了解客户对产品和服务的实际需求，包括产品功能、价格、品质、售后服务等方面的要求，同时，还可以通过定期的客户反馈和满意度调查等方式，获取客户的意见和建议，及时调整和改进产品和服务。

其次，企业需要建立良好的客户关系管理机制。这包括建立客户档案，详细记录客户的基本信息、偏好和购买历史等，以便为客户提供个性化的产品和服务。同时，企业还可以通过客户关系管理系统（CRM）等工具，优化客户管理流程，提高客户满意度和忠诚度，例如，可以通过定期的客户回访和关怀活动，加强与客户的沟通和互动，增强客户黏性。

另外，企业可以通过创新和改进产品和服务，提升客户的体验感和附加值。这包括从产品功能、设计、质量、包装等方面对产品进行优化，使其更符合客户的需求和期望，同时，可以通过增值服务、定制化等方式，提供个性化的解决方案，满足客户特定的需求。

（二）优化业务流程和管理流程

为了提升企业的价值创造能力，需要对企业的业务流程和管理流程进行优化。这包括对生产、销售、采购等各个环节的流程进行再造和优化，消除浪费和低效的部分，提高企业的整体运营效率。

首先，企业可以通过引入信息化技术，实现业务流程的数字化和自动化，例如，可以利用物联网技术实现设备的远程监控和管理，提高生产效率和质量控制水平；可以利用大数据分析技术对销售数据进行挖掘和分析，优化销售策略和促销活动。

其次，企业需要重视流程再造和精益管理，通过对现有业务流程的分析和评估，发现并消除其中的瓶颈和浪费，优化工作流程，提高工作效率，同时，引入精益管理理念，通过持续改进和团队协作，不断提高业务流程和管理流程的质量和效率。

另外，建立完善的内部控制体系也是优化业务流程和管理流程的重要步骤。企业需要建立明确的岗位职责和权限制度，规范各级管理层和员工的行为准则，确保业务流程和管理流程的合规性和有效性，同时，还需要加强内部审计和风险管理，及时发现和解决潜在的问题和风险，保护企业的利益和声誉。

（三）创新商业模式

在数字经济时代，商业模式的创新对于企业价值的创造和实现至关重要。企业需要不断尝试新的商业模式，如平台经济、共享经济等，以实现价值的最大化。

首先，企业可以通过构建平台经济模式来实现价值创造。平台经济依托互联网和信息技术，通过连接供需双方，实现交易、分享和合作。企业可以将自身转变为平台提供商，为各类服务提供商和消费者之间搭建桥梁，实现价值的最大化，例如，可以通过共享经济模式，在线平台上组织闲置资源的共享和利用，降低资源浪费，提高资源利用效率。

其次，企业还可以通过开展跨界合作和创新，打破传统行业壁垒，实现商业模式的创新。通过与其他企业或组织进行合作，共享资源和专业知识，可以拓展市场和产品线，增加收入来源，实现协同效应，例如，可以通过与科技公司合作，在传统产品中添加智能化技术，实现产品的差异化和附加值。

另外，企业还可以关注新兴技术的应用，探索新的商业模式。随着人工智能、物联网、区块链等技术的不断发展，企业可以利用这些技术创新，开拓新的商机，例如，可以通过人工智能技术实现个性化推荐，提供更符合客户需求的产品和服务；可以利用区块链技术建立可信的交易平台，降低交易成本和风险。

三、以数字化为支撑的管理模式

在数字经济时代，数字化技术是推动企业财税管理创新的重要支撑。通过引入数字化技术，企业可以实现财税管理的智能化、精细化和个性化。这主要包括以下几个方面。

（一）数字化工具的应用

在企业财税管理中，数字化工具如大数据和人工智能等已成为不可或缺的趋势。这些工具可以帮助企业实现数据的自动化处理和分析、风险的智能化监控和管理等。通过数字化工具的应用，企业可以提高财税管理的效率和精度，更好地支持企业的决策和发展。

大数据技术可以帮助企业收集和处理海量的财税数据，例如公司的财务报表、交易数据、客户行为数据等。通过对这些数据进行挖掘和分析，企业可以获取有价值的信息，并做出更明智的决策。此外，大数据还可以帮助企业发现潜在的财税问题和趋势，提前采取相应的措施。

人工智能技术也在财税管理中发挥着重要作用。通过机器学习和自然语言处理等技术，人工智能可以自动化处理和分析财税数据，提供准确的预测和建议。例如，企业可以利用人工智能技术来预测销售额、优化税务筹划、自动识别风险等。这些工具可以帮助企业节省时间和人力成本，提高工作效率。

（二）数据驱动的决策支持

在数字化技术的支持下，企业可以获取大量的数据信息，包括财务数据、业务数据和市场数据等。通过对这些数据的分析和挖掘，企业可以获取有价值的洞察和信息，为决策提供更有价值的支持。通过数据驱动的决策支持，企业可以提高决策的准确性和有效性。

数据驱动的决策支持可以帮助企业更好地理解市场和客户需求。通过分析市场数据和客户行为数据，企业可以了解市场趋势、竞争对手情况以及客户喜好和购买偏好等信息。基于这些信息，企业可以制定更有效的销售和营销策略，提高市场竞争力。

此外，数据驱动的决策支持还可以帮助企业优化财务管理和风险控制。通过对财务数据的分析，企业可以发现潜在的风险和机会，并做出相应的调整和决策。同时，企业还可以利用数据分析来优化财务流程，提高财务的效率和精度。

（三）智能化风险管理

随着企业面临的风险日益复杂和多样化，风险管理在企业财税管理中的地位更加重要。数字化技术可以帮助企业实现智能化风险管理，包括风险的自动识别、评估和应对。通过智能化风险管理，企业可以更好地应对风险，保护自身的利益和价值。

通过人工智能技术，企业可以实现风险的自动识别和监控。例如，企业可以利用机器学习算法来分析财务数据，自动检测异常情况和潜在的风险。同时，企业还可以利用人工智能技术进行风险评估和预测，帮助企业及时采取相应的风险控制措施。

此外，数字化技术还可以帮助企业建立风险管理系统和流程，提高风险管理的效率和准确性。例如，企业可以利用数字化工具来集中管理、跟踪各类风险事件和控制措施。通过智能化风险管理，企业可以及时应对风险，减少损失并提升竞争力。

（四）个性化财税服务

在数字化技术的支持下，企业可以提供更加个性化的财税服务。通过对客户需求和偏好的深入了解，企业可以为客户提供定制化的财税解决方案，满足客户的特殊需求。同时，企业还可以通过数字化渠道为客户提供更加便捷的服务体验，提升客户满意度和忠诚度。

个性化财税服务可以帮助企业更好地满足客户的需求。通过分析客户数据和行为，企业可以了解客户的特点和偏好，从而针对性地提供财税解决方案。例如，企业可以为不同行业和规模的客户提供特定的财务指导和税收筹划方案，帮助他们优化财务管理和降低税负。

此外，数字化技术还可以为企业提供更加便捷和高效的财税服务。例如，企业可以通过互联网平台或手机应用程序获得在线咨询和申报服务，减少传统纸质办理的时间和成本。通过个性化财税服务，企业可以增强客户的满意度和忠诚度，进而提升市场竞争力。

第三节　优化企业财税风险管理

一、加强数据管理和隐私保护

在数字经济时代，数据已经成为一种重要的资产，同时也可能成为财税风险的重要来源。因此，企业必须高度重视数据管理和隐私保护，防止数据泄露和滥用。

（一）强化数据安全保护意识

在当今这个信息化的时代，数据已经成为企业的重要资产，而数据安全保护意识则是企业数据安全的基础。因此，企业应该通过多种方式来提高员工的数据安全保护意识，让员工明白数据保护的重要性，了解如何在日常工作中防止数据泄露和滥用。

首先，企业可以通过内部培训的方式，向员工传授数据安全知识和技能，让员工了解如何在工作中保护数据的安全。培训内容可以包括数据泄露的危害、数据保护措施、密码管理等方面，使员工更加全面地了解数据安全保护的重要性和方法。

其次，企业可以通过宣传和教育的方式，增强员工的数据安全保护意识，可以在企业内部发布相关宣传资料、举办数据安全知识竞赛等活动，使员工更加深入地了解数据安全保护的重要性和方法。

同时，企业还应该建立完善的数据安全管理制度，明确员工的数据使用和保护责任，确保数据的保密性、完整性和可用性。在制度中，可以规定员工在使用数据时的权限和责任，以及违反数据安全规定的后果，以此来约束员工的行为。

（二）建立完善的数据管理体系

建立完善的数据管理体系是保障企业数据安全的重要措施之一。企业应该根据自身的业务特点和数据特点，制定相应的数据管理体系。

首先，企业应该对数据进行分类管理，根据数据的敏感性和重要性，将数据进行分类，如重要核心数据、普通数据等；针对不同类型的数据，采取不同的保护措施，确保数据的保密性和完整性。

其次，企业应该建立完善的数据备份机制。备份是保障数据安全的重要措施之一，企业应该根据数据的类型和重要程度，选择合适的备份方式和技术，如本地备份、远程备份等，同时，应该制订相应的备份策略和恢复计划，确保数据在遭受攻击或损坏后能够及时恢复。

再次，企业应该采用合适的数据加密技术。对于重要和敏感的数据，企业应该采用加密技术进行保护；根据数据的敏感性和重要性，选择合适的加密算法和加密强度，确保数据的机密性和安全性；应该对加密密钥进行妥善保管，防止密钥被非法获取和滥用。

此外，企业还应该建立完善的数据访问控制机制。对于需要访问敏感和重要数据的员工，企业应该进行身份认证和权限管理，只允许经过授权的员工才能访问相应的数据，并且定期更换密码并进行身份验证等措施。

（三）加强数据监管和合规性检查

企业应该建立专门的数据监管和合规性检查机制，对内部数据使用和外部数据共享进行监管和约束。通过有效的监管和检查措施，企业可以及时发现并纠正不规范的数据使用和共享行为，防止因不合规导致的数据泄露或滥用等事件发生。

首先，企业应该制定明确的数据使用和共享规定，明确员工及合作伙伴等各方在数据使用和共享过程中的权利和义务；同时要建立相应的监管流程，对数据使用和共享行为进行审批和管理。审批流程应包括确定明确的审批权限及责任人，审批完成后记录相关信息并留存备查。此外，还要定期对数据使用和共享行为进行审查，及时发现并纠正不合规的行为。

其次，企业应定期进行数据安全和隐私保护的合规性检查，确保企业数据的合规性和安全性。检查范围应涵盖所有涉及数据安全的环节，包括数据的收集、存储、处理、传输及销毁等过程；同时要定期评估企业的数据处理活动是否符合相关法律法规及标准的要求，如发现违规行为应立即进行处理，并对相关责任人进行严肃处理，保证企业的数据处理活动始终在合规的范围内进行，从而保障企业的数据安全。

二、适应新型商业模式和业态的财税风险

随着数字经济时代的到来，新型商业模式和业态不断涌现，这给企业财税管理带来了新的挑战和风险。为了适应这一变化，企业必须不断更新财税管理理念和方法，防范和控制财税风险。

（一）了解新型商业模式和业态的财税特点

随着科技的进步和市场的变化，越来越多的新型商业模式和业态开始涌现。这些新型的模式和业态不仅改变了企业的经营方式和盈利模式，也对财税管理提出了新的挑战和要求。因此，企业需要深入了解这些新型商业模式和业态的财税特点，以便更好地应对相关的风险和挑战。

以互联网销售为例，这种新型商业模式需要企业在互联网上进行商品的销售活动。由于互联网销售的全球化特点，企业需要面对复杂的税收政策和跨国税收问题。首先，对于不同的国家和地区，其税收政策可能存在差异，企业需要了解并遵守当地的税收法规。其次，跨国税收问题也需要企业进行深入的研究和分析，例如，如何避免双重征税、如何处理跨国税务纠纷等等。

再以共享经济和平台经济为例，这些新型业态需要企业在互联网平台上进行资源共享和交易活动。在这种模式下，企业需要合理分配收入和费用，避免财税风险。一方面，企业需要明确自身的业务模式和盈利模式，合理确定收入和费用的来源和归属。另一方面，企业也需要建立完善的内部控制制度，加强内部监督和管理，防范和控制财税风险。

（二）建立新型商业模式和业态的财税管理制度

针对新型商业模式和业态的财税特点，企业应建立相应的财税管理制度。一方面，要规范业务流程，明确各个环节的财税管理要求和操作规范。以互联网销售为例，企业需要建立完善的采购、销售、收款等业务流程，明确各个环节的财税管理要求和操作规范。同时，企业还需要加强对供应商和客户的资质审核和管理，避免出现虚假交易和税务问题。

另一方面，要建立完善的内部控制制度，加强内部监督和管理。以共享经济和平台经济为例，企业需要建立完善的内部控制制度，包括财务管理、税务管理、法律风险管理等方面的制度，同时，还需要加强对员工的培训和管理，提高员工对财税管理制度的认知和理解，防范和控制财税风险。

此外，针对新型商业模式和业态的特点，企业还需要建立相应的税务风险预警机制，通过对税务风险的监测和分析，及时发现并解决潜在的税务问题，避免因税务问题而导致的经济损失和信誉损失。

（三）加强财税政策学习和人员培训

随着财税政策的不断变化和完善，企业应加强财税政策学习和人员培训，要了解并掌握最新的财税政策和规定，及时调整和完善财税管理制度。这包括对国家税收法规、进出口税收政策、企业所得税等相关法律法规的学习和研究，同时，还需要加强与税务部门的沟通和联系，及时了解最新的税收政策和规定，确保企业的财税管理符合国家法律法规的要求。

除了对财税政策的学习和研究之外，企业还需要加强人员培训和管理。这包括对财务人员、税务人员等相关人员进行专业知识和技能的培训和管理。通过提高人员的专业素质和管理能力，企业可以更好地应对新型商业模式和业态带来的挑战和风险，同时，还可以提高企业的整体竞争力，为企业的可持续发展提供有力的保障。

三、建立数字化风险监控和预警机制

在数字经济时代下，企业应建立数字化风险监控和预警机制，通过数字化手段及时发现和防范财税风险。

（一）建立数字化风险监控系统

在当今数字化时代，企业面临着多种多样的财税风险，如税务违规、财务欺诈等。为了有效监控并管理这些风险，企业应建立一套完善的数字化风险监控系统。该系统应运用大数据、人工智能等技术手段，对企业的财务数据进行实时收集、整合、分析和报告。通过这种方式，企业可以及时发现潜在的财税风险问题，并采取相应的措施加以解决。

具体而言，数字化风险监控系统可以包括以下功能。

（1）数据采集：系统能够自动从企业的财务、税务等系统中获取数据，并进行清洗和整合，确保数据的准确性和一致性。

（2）数据分析：系统利用大数据分析和人工智能技术，对采集的数据进行深入分析，例如，通过财务比率、趋势分析等方法，评估企业的财务风险；通过税务数据的分析，发现可能的税务风险。

（3）风险评估：根据数据分析的结果，系统对企业的财税风险进行评估。这包括确定风险的性质、程度和影响范围，以便企业能够采取相应的应对措施。

（4）预警机制：通过设定风险阈值和预警指标，系统能够在发现超过阈值的风险时自动触发预警机制，提醒相关人员及时处理。

（5）应对策略：系统根据风险评估的结果，制定相应的应对策略，例如，对于财务风险，可以采取调整资本结构、优化运营成本等措施；对于税务风险，可以采取合规操作、合理避税等措施。

通过建立数字化风险监控系统，企业不仅可以提高财税风险管理的效率和准确性，还可以帮助企业在不断变化的市场环境中保持竞争优势。

（二）建立财税风险预警机制

在数字化风险监控的基础上，企业还应建立财税风险预警机制。预警机制是指通过对各类财税数据的分析和评估，设定相应的风险预警指标和阈值，并设定相应的应对措施。当出现超过预警阈值的风险问题时，系统会自动预警并触发相应的应对措施，以便相关人员及时采取处理措施，降低企业的财税风险。

具体而言，财税风险预警机制可以包括以下步骤。

（1）确定预警指标：根据企业的实际情况和市场环境，企业确定相应的财税风险预警指标，例如，对于财务风险，可以关注负债率、流动比率等指标；对于税务风险，可以关注税负率、税收违规记录等指标。

（2）设置预警阈值：根据预警指标的性质和范围，设定相应的预警阈值。当预警指标的值超过阈值时，系统应自动触发预警机制。

（3）制定应对措施：针对不同的预警指标和阈值，企业应制定相应的应对措施。这些措施应明确责任人、处理流程和时间要求，以确保在出现风险问题时能够迅速响应。

（4）自动预警系统：通过数字化风险监控系统的自动化功能，企业可以在出现超过预警阈值的风险问题时自动触发预警机制。相关人员将收到提醒通知，以便及时采取处理措施。

（5）定期评估与更新：企业应定期对财税风险预警机制进行评估和更新。这包括检查预警指标的有效性、阈值的合理性以及应对措施的执行效果，并根据实际情况进行必要的调整。

通过建立财税风险预警机制，企业可以更加及时和有效地应对财税风险问题，降低潜在损失，并为未来的发展提供更加稳定和可靠的基础。

（三）加强与外部利益相关者的沟通与合作

在数字化风险监控和预警机制的基础上，企业还应加强与外部利益相关者的沟通与合作。这些外部利益相关者包括但不限于税务机关、审计机构、供应商、客户等。与这些机构的密切沟通和合作可以帮助企业更好地了解最新的财税政策和规定，避免出现财税风险问题。

具体而言，企业可以采取以下措施加强与外部利益相关者的沟通与合作。

（1）与税务机关保持密切联系：企业应与当地税务机关保持密切的联系和沟通。这包括参加税务机关组织的培训和会议，及时了解最新的税收政策和规定，并按照其要求进行税务操作。通过与税务机关的沟通，企业可以确保自身的税务处理符合法规要求，避免因违规操作而引发的税务风险。

（2）与审计机构建立合作关系：企业可以与专业的审计机构建立合作关系。审计机构可以帮助企业进行财务和税务的合规性审查，并提供相关的咨询和建议。通过与审计机构的合作，企业可以及时发现并纠正潜在的财税风险问题，提高财务和税务管理的规范性和有效性。

（3）与供应商和客户保持良好沟通：企业应与供应商和客户保持密切的沟通和合作。这可以帮助企业及时了解供应链中的财税风险问题，并采取相应的措施进行规避。同时，与客户的沟通还可以帮助企业了解市场需求和趋势，为企业的经营决策提供参考。

（4）参与行业协会和商会活动：企业可以积极参与所在行业协会和商会的相关活动。这些活动通常会涉及财税政策、行业动态等方面的信息和建议。通过参与这些活动，企业可以获取更多的财税风险管理经验和知识，并与同行进行交流、分享经验。

（5）建立信息共享平台：企业可以与合作伙伴共同建立一个信息共享平台，通过该平台可以分享最新的财税政策信息、行业动态以及风险案例等资料，各参与方能够相互学习和借鉴先进的财税风险管理实践，提升整个供应链的财税风险管理水平，降低潜在的风险损失，同时还可以加强各方的战略合作，实现共同发展和共赢。

通过加强与外部利益相关者的沟通与合作，企业可以更好地了解外部环境的变化并采取相应的措施进行应对，同时还可以借助外部专家的知识和经验提高自身的财税风险管理能力。

（四）持续优化数字化风险监控和预警机制

随着企业内外部环境的变化，财税风险也会不断发生变化，因此企业应持续优化数字化风险监控和预警机制。这包括定期对数字化风险监控和预警机制进行评估更新，确保其有效性；积极引进新的技术和方法，提高数字化风险监控和预警机制的准确性和及时性；降低企业的财税风险；提高风险防范能力和应对能力。具体而言可以从以下几个方面展开工作。

（1）评估现有系统和流程的有效性：企业应定期评估现有数字化风险监控系统和预警机制的有效性，分析其优点和不足之处，识别需要改进的领域。这有助于确保系统的持续性和可靠性。

（2）更新系统和流程：根据评估结果，企业应定期更新数字化风险监控系统和预警机制的流程、算法和技术工具。这包括引入新的数据分析工具、增加新的指标或模型以及调整现有流程，以更好地适应变化的环境。

（3）培训员工和提高其技能：随着系统和流程的更新，企业应加强对员工的培训，提高他们使用新工具和分析数据的能力。这有助于确保员工能够有效地利用数字化风险监控系统和预警机制进行风险管理。

（4）监测结果并调整策略：企业应定期监测数字化风险监控系统和预警机制的结果，分析其提供的数据和建议，并根据实际情况调整策略。这有助于确保系统的准确性和有效性，同时也可以提高企业的风险管理水平，降低潜在损失。

（5）加强信息安全管理：在优化数字化风险监控和预警机制的过程中，企业应加强信息安全管理，保护数据的安全性和隐私性，确保系统和流程的可靠性和稳定性。

综上所述，持续优化数字化风险监控和预警机制是企业有效应对不断变化的财税风险的必要步骤之一。通过定期评估、更新、员工培训、监测结果调整策略及加强信息安全管理等工作，企业可以提高风险管理水平，降低潜在损失并为未来的发展提供更加稳定可靠的基础。

第四节　创新企业财税筹资和投资管理

一、利用数字化工具拓展筹资渠道，提高筹资效率和成功率

（一）利用互联网金融平台

随着互联网金融的快速发展，企业可以通过众筹、P2P借贷等方式来获取资金，这种方式不仅减少了对传统金融机构的依赖，还提高了筹资效率和成功率。

首先，众筹平台为企业提供了一种新的筹资渠道。传统的筹资方式往往面临银行和其他金融机构的审批和限制。而在众筹平台上，企业可以直接面向大众发布项目，吸引个人和机构投资者的关注和参与。这不仅扩大了企业的融资渠道，还能够提高融资的成功率。

其次，P2P借贷平台也给企业提供了更加快捷和灵活的融资方式。传统的商业贷款往往需要较长的审批流程，并受到信用评级和担保要求的限制。而在P2P借贷平台上，企业可以直接向个人和机构借款，避免了烦琐的银行审批程序，同时也降低了融资的成本。

此外，互联网金融平台还采用了新的风险控制和信用评估手段。通过大数据分析技术，平台可以更全面地了解借款企业的信用状况、还款能力等重要信息，从而更准确地进行风险评估。这为投资者提供了更多信心，也增加了企业融资的成功率。

（二）引入区块链技术

区块链技术作为一种去中心化、可信任的交易模式，为企业提供了更多筹资渠道和灵活性。

首先，企业可以通过发行数字货币来进行融资。传统的股权融资往往需要经过烦琐的股份转让和证券交易程序，而引入区块链技术后，企业可以通过发行代币的方式实现股权融资，从而更方便地吸引投资者的关注和参与。同时，通过智能合约的机制，企业可以更快速地完成融资过程，提高融资的效率。

其次，区块链技术还可以为企业提供更灵活的融资方式。传统融资往往需要依赖于银行或其他金融机构的担保和审批，而引入区块链技术后，企业可以通过智能合约直接与投资者进行交易，消除了中间环节的限制和成本，提高了融资的灵活性。

此外，引入区块链技术还能够增强融资交易的安全性和透明度。区块链作为一个分布式账本，记录了所有交易的信息，确保了交易的可追溯性和不可篡改性。这为投资者提供了更高的信任度，也为企业筹集资金提供了更好的保障。

（三）利用大数据分析

大数据分析技术可以帮助企业准确把握市场需求和投资机会，从而提高筹资效率和成功率。

首先，通过对海量数据的分析，企业可以深入了解目标市场的需求和趋势。通过收集和分析用户行为数据、社交媒体数据、市场竞争数据等多维度信息，企业可以得出更准确的市场状况和需求分析，从而有针对性地制订筹资方案，提高融资的成功率。

其次，大数据分析还可以帮助企业识别潜在投资机会。通过挖掘数据中的关联性和趋势，企业可以发现新的市场领域和发展机会，并及时调整筹资战略，提高融资的效率。

此外，大数据分析还可以为投资者提供更准确的风险评估。通过对企业历史数据、财务数据、经营数据等进行分析，投资者可以更全面地了解企业的信用状况和潜力，从而帮助投资者做出更明智的投资决策，提高筹资的成功率。

（四）跨境融资创新

借助数字化工具和跨境支付系统，企业可以更便捷地进行跨境融资，并拓展海外市场。

首先，数字化工具为企业提供了更高效的跨境融资途径。随着互联网的发展，企业可以通过在线支付、电子汇票等方式实现快速的资金转移，避免了传统跨境融资的烦琐程序和时间成本，提高了融资的效率。

其次，跨境支付系统的建立为企业提供了更安全可靠的资金清算和结算机制。传统的跨境支付过程需要通过银行的中转通道，费用较高且速度较慢。而跨境支付系统则采用了更加高效的数字化技术，能够实现实时清算和结算，为企业的跨境融资提供了更可靠和便捷的支付渠道。

此外，跨境融资创新还可以帮助企业拓展海外市场。通过借助数字化平台的力量，企业可以直接面向全球投资者发布融资项目，吸引海外投资者的关注和参与，从而为企业的国际化发展提供了新的机遇和渠道。

（五）人工智能（AI）评估

利用人工智能技术对企业的信用、风险等进行评估，可以帮助投资者更准确地评估企业的筹资需求和潜力，提高筹资成功率。

首先，利用人工智能技术可以更精准地评估企业的信用状况。传统的信用评估依赖于人工的主观判断和有限的数据样本，容易出现误差。而人工智能可以通过对大量的历史数据和多维度特征的分析，建立更准确的信用评估模型，帮助投资者了解企业的还款能力和信誉水平。

其次，人工智能技术可以帮助投资者识别企业的风险因素。通过对企业财务数据、市场数据和行业数据的分析，人工智能可以快速发现风险信号和异常情况，帮助投资者做出更明智的投资决策，提高筹资的成功率。

此外，人工智能技术还可以帮助投资者评估企业的潜力和价值。通过对企业的商业模式、市场前景等进行分析，人工智能可以提供更客观和全面的评估结果，为投资者提供更准确的参考和决策依据。

二、通过大数据分析优化投资决策，提高投资收益和风险控制效果

（一）构建数据仓库

构建数据仓库是投资决策中非常重要的一环。数据仓库是一个集成、统一、历史数据导向的数据存储系统，可以将来自不同数据源的数据进行整合和转换，为投资决策提供全面的信息支持。

首先，企业需要收集和整合内外部的相关数据。内部数据包括公司财务报表、市场销售数据、经济指标等。外部数据包括宏观经济数据、行业报告、竞争对手数据等。通过收集这些数据并建立相应的数据模型，企业可以获得全面的市场和行业信息，为投资决策提供更准确的基础。

其次，数据仓库需要具备强大的数据处理和分析能力。企业可以使用 ETL（Extract，Transform， Load）技术将原始数据提取出来，并进行清洗和转换，以确保数据的准确性和一致性。同时，数据仓库还可以应用数据挖掘和分析技术，如机器学习和统计模型，从大量的历史数据中发现投资规律和趋势，为投资决策提供有力的支持。

最后，数据仓库需要具备良好的查询和报表功能。用户可以通过各种方式访问数据仓库，如使用查询语言、运行预定义报表或者通过仪表板进行数据分析和可视化展示。这样，投资决策者可以方便地获取所需的信息，做出准确、及时的决策。

（二）运用数据挖掘技术

数据挖掘技术是投资决策中的重要工具，可以帮助企业从大量的历史数据中发现隐藏的投资规律和趋势，提高投资决策的准确性和预测能力。

首先，在数据挖掘之前，企业需要对数据进行准备和清洗。这包括数据去重、填充缺失值、处理异常值等处理。只有经过数据清洗和预处理后的数据才能准确地反映真实情况。

其次，企业可以应用各种数据挖掘算法来分析数据。常用的数据挖掘算法包括聚类、分类、关联规则挖掘、时间序列分析等。通过这些算法，企业可以识别出不同的投资规律和趋势，如市场周期、股票走势等。同时，数据挖掘还可以帮助企业发现影响投资决策的关键因素，如经济指标、行业发展等。

最后，企业需要评估数据挖掘结果的准确性和稳定性。这可以通过模型评估和验证来实现。企业可以将历史数据分成训练集和测试集，通过比较模型预测结果与实际情况的一致程度，来评估模型的准确性和预测能力。同时，企业还可以使用交叉验证等方法，评估模型的稳定性和鲁棒性。

（三）风险控制模型

在投资决策中，风险控制是至关重要的一环。基于大数据分析建立风险控制模型，可以帮助企业及时发现和应对潜在风险，保护投资者的利益。

首先，建立风险识别模型。通过分析历史数据和市场信息，企业可以识别出不同类型和程度的风险，如市场风险、信用风险、操作风险等。通过建立相应的模型，企业可以对这些风险进行量化评估，为投资决策提供参考。

其次，建立风险监控模型。风险监控模型可以帮助企业实时监测市场和投资组合的风险状况。通过监控关键指标、设置预警线等方式，企业可以及时发现潜在风险，并采取相应的措施进行风险控制。

最后，建立风险应对模型。当面临风险时，企业需要根据实际情况采取相应的措施进行应对。风险应对模型可以帮助企业评估不同应对策略的风险和收益，选择最优方案进行实施。同时，风险应对模型还可以帮助我们制订风险管理和应急预案，以应对突发事件和不可预测的风险。

（四）智能化投资决策

引入人工智能算法，构建智能化投资决策系统，可以根据市场变化和数据分析结果自动调整投资组合，提高投资收益和风险控制效果。

首先，企业需要建立智能化投资模型。通过分析市场数据和历史投资绩效，企业可以构建预测模型和优化模型，以预测市场走势和寻找最优投资组合。同时，我们还可以利用机器学习算法对模型进行训练和优化，提高模型的准确性和泛化能力。

其次，建立智能化决策系统。在智能化决策系统中，企业可以将投资模型与实时市场数据进行结合，利用算法自动化地进行投资决策。系统可以根据预先设定的投资策略和风险偏好，自动调整投资组合，以达到最优的投资收益和风险控制效果。

最后，建立智能化风险控制机制。智能化决策系统应具备风险控制的能力，能够根据市场风险和投资组合的实时情况，自动调整投资仓位和风险限制。系统可以根据预设的风险模型和风险阈值进行风险评估和预警，及时做出相应的调整和决策。

三、探索新型的商业模式和业态，拓展企业的盈利空间和创新能力

（一）数字化商业模式

数字化商业模式是指通过将传统的商业活动转变为数字化服务或产品，以拓展新的盈利空间和满足消费者的需求。以下是几种常见的数字化商业模式。

（1）共享经济模式：共享经济是一种通过共享闲置资源或提供个人技能与需求相匹配的服务，从而实现资源的最大化利用和效益最大化的商业模式。共享经济平台通过数字化技术将消费者和提供者连接起来，使其可以共享资源、时间和能力，例如共享单车、共享汽车和共享办公空间等。这种模式能够提高资源利用率，降低成本，并且使得更多人可以享受到便捷的服务。

（2）电子商务模式：电子商务是一种利用互联网和数字技术进行交易的商业模式。通过电子商务平台，企业可以在线销售产品或提供服务，消费者可以方便地选择和购买商品。电子商务模式不受时间和地域限制，可以实现全天候、全球化的交易，促进了商业活动的发展和消费者的便利。

（3）订阅服务模式：订阅服务模式是一种通过提供订阅服务来获取稳定收入的商业模式。企业可以将产品或服务打包成订阅服务的形式，消费者按照一定频率支付费用获得连续的服务。这种模式可以增加企业的稳定性和可预测性，并且提高客户忠诚度。

（4）平台模式：平台模式是指企业通过建立数字化平台，将买家和卖家、服务提供者和用户等不同参与方连接起来。平台可以提供各种功能和服务，例如交易撮合、支付结算、评价反馈等，以促进交易和增加价值。平台模式能够带动更多的交易和创造更多的价值，同时也为参与者提供便利和机会。

（二）创新科技应用

创新科技应用是指企业采用人工智能、物联网、大数据等前沿科技来提升产品或服务的附加值，增强竞争力。以下是几种常见的创新科技应用。

（1）人工智能：人工智能是一种让机器能够模仿人类智能和行为的技术。通过使用人工智能技术，企业可以自动化处理和分析数据、提供个性化的推荐、改善客户服务等。例如，在电子商务领域，企业可以利用人工智能算法对用户的购买记录和行为进行分析，从而提供更精准的推荐和个性化的购物体验。

（2）物联网（IoT）：物联网是指通过互联网连接各种设备和对象，实现数据交互和协同工作的网络。物联网技术可以将传感器、智能设备和云计算等结合起来，使得企业能够实时监测和控制物理设备。在生产制造领域，企业可以利用物联网技术实现设备的远程监控和维护，提高生产效率和降低成本。

（3）大数据分析：大数据分析是指通过对大量的数据进行挖掘和分析，以获取有价值的信息和洞察。企业可以利用大数据分析技术来了解市场趋势、消费者需求等，从而做出更明智的决策。例如，在市场营销领域，企业可以利用大数据分析来进行精准营销，根据消费者的兴趣和行为进行定向广告投放和个性化推送。

（4）区块链技术：区块链是一种去中心化的数据库技术，可以实现信息的安全存储和可追溯性。企业可以利用区块链技术来建立可信的交易系统，提高交易的透明度和安全性。例如，在供应链管理领域，企业可以利用区块链技术实现产品流通信息的实时记录和验证，减少信息不对称和欺诈等问题。

（三）开放合作模式

开放合作模式是指企业与其他企业、平台进行合作，实现资源共享和优势互补，以开拓新的业务领域和市场机会。以下是几种常见的开放合作模式。

（1）跨界合作：企业可以与不同行业或领域的企业合作，共同开发新产品或提供综合化服务。例如，一家银行可以与一家科技公司合作，共同开发出数字化支付解决方案，满足消费者的支付需求。

（2）平台合作：企业可以与互联网平台进行合作，利用平台的用户资源和技术能力，拓展自身的市场和服务范围。例如，一家酒店可以与在线旅游平台合作，将自身的房间资源发布在平台上，吸引更多的客户。

（3）数据共享：企业可以与其他企业共享数据，以获取更全面的信息和更准确的洞察。通过数据共享，企业可以更好地了解市场和消费者需求，优化产品和服务。例如，一家电信运营商可以与一家电子商务平台共享用户数据，从而更好地为用户提供个性化的推荐和服务。

（4）创新孵化器：企业可以与创新孵化器合作，支持创业企业的发展，并获取创新的技术和业务模式。通过与创业企业的合作，企业可以获取新的思路和创新的能量，推动自身的创新和发展。

开放合作模式可以帮助企业整合资源、降低成本、提高效率，并且在竞争激烈的市场中获得更多的机会和竞争优势。

第四章　数字经济时代的税收政策创新

第一节　税收政策概述

一、税收政策的概念和意义

（一）税收政策的概念

税收政策是政府利用税收手段，对经济活动进行干预和调节，以实现一定的经济和社会发展目标的一种政策工具。税收政策是国家宏观经济政策的重要组成部分，对于调节经济活动、促进社会公平和可持续发展具有重要意义。

税收政策的制定和实施需要依据一定的原则和标准，这些原则和标准通常由政府根据国家经济和社会发展的需要制定，并随着经济形势的变化而进行调整。税收政策的实施需要通过各种税收手段，包括税率、税种、税收优惠政策等，对经济活动进行干预和调节。

税收政策的实施需要与其他宏观经济政策相配合，如货币政策、产业政策等，以实现更好的政策效果。同时，税收政策的制定和实施也需要考虑公平和效率的原则，既要保证税收的公平性，又要保证税收的效率性。

（二）税收政策的意义

1.促进经济发展

税收政策可以通过减税、免税、退税等措施，降低企业成本，增加企业利润，从而激发市场活力，促进经济发展。例如，政府可以通过对高科技企业实行税收优惠政策，鼓励企业进行科技创新和技术转化，推动经济发展方式的转变。

2.调节收入分配

税收政策可以通过个人所得税、企业所得税等税种的设置和调整，对收入分配进行调节，促进社会公平和稳定。例如，政府可以通过提高个人所得税的税率，减少低收入人群的税负，增加高收入人群的税负，以实现收入的再分配和社会公平。

3.维护国家财政收入

税收是国家财政收入的主要来源之一，税收政策的制定和实施可以保障国家财政收入的稳定和增长。例如，政府可以通过加强对增值税的征收管理，提高财政收入的质量和稳定性。

4.促进环境保护

税收政策可以通过对环保行为进行鼓励和惩罚，促进环境保护和可持续发展。例如，政府可以通过对环保企业实行税收优惠政策，鼓励企业进行环保技术创新和环保行为实践，推动可持续发展。

5.推动产业升级

税收政策可以通过对新兴产业和传统产业的不同待遇，推动产业升级和转型升级。例如，政府可以通过对新兴产业实行税收优惠政策，鼓励企业进行科技创新和技术转化，推动新兴产业的发展和壮大；同时可以通过加强对传统产业的监管和管理，推动传统产业的转型升级。

二、税收政策的制定和实施

（一）税收政策的制定

税收政策的制定是整个税收体系中的重要环节，它需要遵循一定的程序和原则，以确保政策的合理性和可行性。

1.科学决策

在制定税收政策时，政府需要以科学的态度进行决策，尽可能地减少主观臆断和盲目性。要对经济、社会、文化等多种因素进行全面分析，综合考虑各方利益和影响，制定出符合实际情况的税收政策。

2.民主参与

税收政策的制定涉及广大企业和公众的利益，因此需要广泛听取各方意见和建议，让广大企业和公众参与政策制定过程。民主参与可以增强政策的透明度和公正性，避免少数人或部门的主观臆断。

3.专家论证

在制定税收政策时，政府需要充分发挥专家的作用，对政策进行深入研究和论证。专家可以从专业角度出发，对政策进行全面、客观的分析和评估，提出有针对性的意见和建议，为政策制定提供科学依据。

4.公开透明

在制定税收政策时，政府需要坚持公开透明的原则，及时向社会公布政策的制定背景、目的、内容等相关信息。这样可以增强公众对政策的了解和信任，同时也可以更好地接受社会监督。

（二）税收政策的实施

税收政策的实施是政策目标得以实现的关键环节，它需要通过各种渠道和手段进行宣传和解释，让企业和公众了解政策的具体内容和要求，同时，还需要建立健全的监管机制，确保政策的贯彻执行。

1.宣传解释

在实施税收政策前，政府需要通过各种渠道和手段向企业和公众进行宣传解释，可以通过官方网站、新闻媒体、宣传册等方式进行宣传，解释政策的背景、目的、具体内容等相关信息。这样可以增强企业和公众对政策的了解和认识，减少误解和抵触情绪。

2.监管机制

在实施税收政策时，政府需要建立健全的监管机制，确保政策的贯彻执行。税务部门需要对企业的纳税行为进行监督和管理，及时发现和处理违规行为，同时，还需要建立完善的税务稽查制度，对企业的纳税行为进行定期检查和评估，确保企业遵守税收政策规定。

3.处罚措施

对于违反税收政策规定的企业和行为，政府需要采取相应的处罚措施。这些处罚措施可以根据违规行为的性质和情节轻重进行设定，包括罚款、加收滞纳金、降低信用等级等。这样可以对企业起到震慑作用，确保税收政策的严格执行。

（三）税收政策的效果评估

在税收政策实施后，政府需要对其实施效果进行评估和反馈，以便及时进行调整和完善。评估的方法包括定量评估和定性评估，评估的结果可以为未来制定税收政策提供参考。

1.定量评估

定量评估是通过数据分析和统计方法对税收政策的实施效果进行评估，可以通过收集相关数据和信息，如税收收入、企业数量、行业产值等，对政策的实施效果进行量化和分析。这样可以更加客观地评估政策的实际效果和影响。

2.定性评估

定性评估是通过调查研究和专家评估等方法对税收政策的实施效果进行评估，可以通过对企业和公众进行调查访问、召开座谈会等方式了解他们对政策的看法和建议，同时还可以邀请专家学者对政策的实施效果进行分析和评估，提出改进意见和建议。这些意见和建议可以为未来制定税收政策提供参考和借鉴。

3.反馈调整

通过对税收政策的实施效果进行评估和反馈，可以及时发现政策存在的问题和不足之处。针对这些问题和不足之处，政府需要及时进行调整和完善，可以通过对政策进行调整优化、出台补充规定等方式对政策进行完善和优化。这样可以确保税收政策更好地适应经济和社会发展的需要，为企业和公众提供更好的服务。

三、税收政策对企业财税管理的影响

（一）对企业的投资决策的影响

税收政策可以通过对不同行业的税收优惠或者限制，影响企业的投资决策。对于高新技术企业，国家可以通过减免企业所得税等措施来鼓励企业进行科技创新和技术转化。对于传统行业，国家可以通过增加税收或者限制税收优惠等措施来控制其发展规模和速度。因此，企业的投资决策需要充分考虑税收政策的影响。

例如，对于高新技术企业来说，如果国家实行了减免企业所得税的政策，那么这些企业就可以减少一部分税负，从而有更多的资金用于科技创新和技术转化。而对于传统行业的企业来说，如果国家增加了税收或者限制了税收优惠，那么这些企业就需要承担更高的税负，从而减少了可用于投资或者技术升级的资金。因此，企业在制定投资决策时，必须充分考虑税收政策的影响，以便更好地制定投资策略、规划企业的发展方向。

（二）对企业的财务状况的影响

税收政策可以通过对企业的收入、成本、费用等方面影响企业的财务状况。例如，对于企业所得税的征收，如果税率过高或者存在大量的税务负担，将会增加企业的成本支出，减少企业的净利润，进而影响企业的财务状况。因此，企业需要合理规划和管理税务成本，以提高企业的经济效益。

具体来说，如果企业所得税的税率过高，企业就需要支付更多的税款，这就会增加企业的成本支出。同时，过高的税率也会减少企业的净利润，从而影响企业的盈利能力和发展潜力。此外，一些税收政策还可以通过影响企业的费用来影响企业的财务状况。例如，一些国家对于企业研发费用的税收优惠可以降低企业的研发成本，从而提高企业的盈利能力。因此，企业需要密切关注税收政策的变化，以便及时调整财务管理策略，优化企业的财务状况。

（三）对企业的风险管理的影响

税收政策的调整和变化可能会带来一定的风险，例如税务稽查、纳税评估等。如果企业不能很好地应对这些风险，将会面临经济损失和信誉损失的风险。因此，企业需要加强税务风险管理，及时了解税收政策的调整和变化，并做好相应的应对措施。

具体来说，税务稽查和纳税评估等税收政策的调整和变化可能会对企业产生以下风险：首先，如果税收政策发生了变化，企业如果没有及时调整自身的税务管理策略，可能会导致企业无法及时缴纳应交的税款或者无法享受应有的税收优惠，从而面临罚款或者信誉损失的风险。其次，一些税收政策的变化可能会影响企业的税务合规性，例如税务稽查可能会发现企业存在偷税、逃税等问题，这也会给企业带来一定的法律风险和经济损失。因此，企业需要加强税务风险管理，及时了解税收政策的变化并做好相应的应对措施。例如，企业可以建立完善的税务管理制度和内部控制机制来防范税务风险的发生。同时，企业也可以通过加强与税务部门的沟通和协调来降低自身的税务风险。

（四）对企业的战略发展的影响

税收政策可以影响企业的战略规划和发展方向。例如，国家对于某些新兴产业的税收优惠和扶持政策，可以鼓励企业进入这些领域并加快其发展速度。同时，某些高污染、高能耗产业的限制性税收政策，可以促使企业转向更加环保和可持续发展的领域。因此，企业在制定战略规划时，需要充分考虑税收政策的影响，以便更好地适应市场环境和政策环境。

具体来说，如果国家对于某些新兴产业实行了税收优惠和扶持政策，那么这些产业就会成为企业战略规划的重点方向。同时，一些限制性税收政策也可以促使企业转向更加环保和可持续发展的领域。例如，一些国家对于高污染、高能耗产业实行了较高的税率限制，这就会促使这些产业的企业转向更加环保和可持续发展的领域。此外，一些税收政策还可以鼓励企业进行科技创新和技术转化等方面的投入。例如，一些国家对于企业研发费用的税收优惠可以鼓励企业加大研发投入并推动科技创新和技术转化等方面的发展。因此，企业在制定战略规划时需要充分考虑税收政策的影响并做出相应的战略调整和规划。

（五）对企业的国际竞争力的影响

税收政策还可以影响企业的国际竞争力。在国际市场上，不同国家的税收政策存在差异。如果企业能够合理利用这些政策，可以降低自身的税收负担，提高国际竞争力。同时，一些国家对于进口商品采取高税率政策，这也会影响企业在国际市场上的表现。因此，企业需要关注不同国家的税收政策差异，以便更好地适应国际市场。

具体来说，不同国家的税收政策存在差异。如果企业能够合理利用这些政策，就可以降低自身的税收负担，提高国际竞争力。同时，一些国家对于进口商品采取高税率政策，这也会影响企业在国际市场上的表现。因此，企业需要关注不同国家的税收政策差异，以便更好地适应国际市场。例如，一些国家对于进口商品采取了高税率政策，这就会增加企业在这些国家销售产品的成本，从而降低企业的国际竞争力。因此，企业需要关注不同国家的税收政策差异，并根据自身的情况合理制定出口策略和规划，以便更好地适应国际市场，提高自身的国际竞争力。

第二节　数字经济对传统税收政策的挑战

一、传统税收政策的局限性

（一）税收征管困难

在数字经济时代，企业的经营模式和交易方式发生了巨大的变化，传统的税收征管方式已经无法满足数字经济的需求。传统的税务部门通常以企业财务报表为依据进行税收征管，而在数字经济中，企业的交易信息以电子形式存在，且可能跨越不同的国家和地区，使得税务部门难以获取和核实相关的税务信息。

首先，传统税收征管方式主要依靠企业提交的财务报表来核算纳税义务，但在数字经济中，企业的交易信息以电子形式记录，无法像传统经济那样简单直接。企业通过互联网进行线上销售，交易信息具有去中心化的特点，可能存在于多个平台和系统中。同时，数字经济的企业可能跨越国界开展业务活动，导致税务部门需要与其他国家的税务机构进行合作才能获取完整的交易信息，增加了征管的困难度。

其次，数字经济涉及的交易方式多样化、复杂化，例如电子商务、在线广告等。这些新兴商业模式与传统经济有所不同，税务部门对其纳税原则的明确规定认知相对较少，征管过程中存在缺乏可操作性的问题。此外，企业可能利用数字技术进行跨境交易结构的优化，以避免相关税收义务，加大了税务部门获取和核实信息的难度。

为了解决税收征管困难，税务部门可以采取以下措施。

（1）引入大数据和人工智能技术：税务部门可以建立强大的数据分析平台，利用大数据和人工智能技术对海量的交易数据进行分析和筛选，以快速发现异常交易和漏税行为。

（2）加强国际合作：税务部门应与其他国家的税务机构加强合作，共享税务信息和经验，在全球范围内建立起信息共享和协作机制，提高跨境征管的效率和准确性。

（3）制定适应数字经济的税法法规：税务部门应根据数字经济的特点和发展趋势，

制定适应性强、可操作性高的税法法规，明确税收征管的原则和方式，使其与数字经济相适应。

（二）税收公平性受损

在数字经济中，不同类型的经营活动和商业模式所面临的税收政策可能存在差异，这可能导致不公平的现象。一些传统企业可能因为无法享受数字经济带来的便利和优势而处于不利的竞争地位，而一些新兴的数字企业则可能因为其业务模式和交易方式的特殊性而获得不公平的竞争优势。

首先，传统企业往往在实体经济领域从事生产和销售等活动，其纳税义务相对稳定和清晰。而数字经济中的新兴企业可能通过互联网平台进行业务拓展，具有更大的灵活性和创新性，可以采用更为复杂的业务模式和税务规避手段，以减少纳税义务。这使得传统企业与数字企业之间存在不公平的竞争状况，对市场公平竞争形成阻碍。

其次，数字经济中的一些新兴商业模式与传统经济模式有所不同，其纳税原则与方式有别于传统企业。例如，在线广告和共享经济平台的纳税方式可能与传统企业存在差异，这可能导致数字经济企业在纳税方面享有优势，而传统企业则相对不利。这种差异化的税收政策可能导致市场上的不公平竞争，并影响经济的可持续发展。

为了解决税收公平性受损问题，可以采取以下措施：

（1）确立公平纳税原则：税务部门应在制定税收政策时，坚持公平原则，确保不同类型的企业在纳税义务上享有公平待遇。税收政策应根据企业的规模、所处行业和纳税能力等因素进行区分，避免对不同类型企业的造成税负不公平的影响。

（2）加强信息公开透明：税务部门应加强对数字经济企业的税务信息公开透明度，通过公开透明的税务信息，促使企业按规定纳税，避免出现不公平竞争的现象。

（3）完善税收监管机制：税务部门应加强对数字经济企业的税收监管，建立健全的税收征管机制，严禁和打击各类偷税漏税行为，加强对数字经济企业的风险识别和排查，以维护税收公平性。

（三）税收资源配置不合理

传统的税收政策通常以产业和行业为分类依据，而在数字经济中，不同行业之间的界限逐渐模糊，行业之间的融合和交叉现象越来越普遍。因此，传统的税收政策在资源配置方面可能存在不合理之处，无法充分体现税收的公平性和有效性。

首先，数字经济的发展使得行业之间的界限变得模糊，传统的产业分类和税收政策可能无法准确反映企业所属行业的特点和纳税能力。例如，一些数字经济企业可能涉及多个行业，传统的产业分类无法准确界定其纳税义务，导致税收资源配置不合理。

其次，在数字经济中，高新技术产业和创新型企业的发展得到了广泛关注和支持，但传统的税收政策对这些行业的支持力度相对较低。这些高新技术产业和创新型企业往往需要大量的研发投入和资金支持，但当前的税收政策在支持创新和研发方面存在欠缺，无法满足数字经济产业快速发展的需求。

为了解决税收资源配置不合理的问题，可以采取以下措施。

（1）优化税收政策设计：税务部门应根据数字经济的特点，重新审视和调整税收政策，确保资源配置的公平和合理。在制定税收政策时，税务部门应考虑数字经济中行业的融合和交叉现象，避免传统产业分类对数字经济企业的不准确划定。

（2）加强对高新技术产业的支持：税务部门应加大对高新技术产业和创新型企业的支持力度，在税收政策上给予相应的优惠措施，例如，可以提供研发费用的税前扣除或加计抵减等政策，鼓励企业增加研发投入，促进创新型企业的发展。

（3）引导产业转型升级：税务部门可以通过税收政策引导传统产业向数字经济转型升级，例如，可以对数字经济相关技术和设备实施减免或优惠税收政策，鼓励传统企业利用数字技术提高生产效率和产品质量，推动产业的转型升级。

（四）税收政策与经济发展不协调

传统的税收政策在制定和实施过程中往往缺乏与经济发展的协调性。在数字经济时代，经济发展日新月异，而税收政策的制定和实施往往需要一定的时间和程序，这会导致税收政策与经济发展之间存在不协调的现象。

首先，传统税收政策的制定过程相对较长，无法及时适应数字经济的快速发展和变化。经济发展带来的新业态、新模式和新技术可能在税收政策制定之前就已经形成并被广泛应用，但税收政策往往需要一定的时间来调整和适应这些变化，这会导致经济与税收政策之间出现不协调。

其次，传统税收政策常常关注税源和税收收入的稳定性和可靠性，忽视了数字经济的动态性和变化性。数字经济的发展速度快、创新力强，部分企业利用数字技术进行商业模式创新，可能导致税源和税收收入的动态变化，但传统税收政策往往没有及时适应这些变化，导致税收政策与经济发展不协调。

为了解决税收政策与经济发展不协调的问题，可以采取以下措施。

（1）加强税收政策的敏捷性：税务部门应建立快速响应机制，加快税收政策的制定和调整速度，以适应数字经济发展的需要，可以设立专门的数字经济税收政策研究机构或专家组，及时研究和提出相关政策建议。

（2）推动税收政策与经济发展相互促进：税务部门应加强与其他相关部门的沟通与

协调，共同制定和实施税收政策，确保税收政策与经济发展的一致性和协调性。同时，税务部门还应与企业和行业协会等进行密切合作，了解数字经济发展的趋势和需求，及时调整税收政策。

（3）引导数字经济健康发展：税务部门可以通过税收政策的引导，促进数字经济的健康发展，例如，可以对符合环保和社会责任要求的数字经济企业给予税收优惠，鼓励企业在创新和发展中注重可持续发展和社会责任。

二、数字经济带来的税收新问题

（一）数字产品和服务的税收界定不明确

在数字经济中，数字产品和服务的性质和定义往往不明确，导致税务部门难以确定其税收管辖权和具体的税收政策。数字产品包括软件、音乐、电影等，而数字服务则涉及云计算、在线广告等。这些数字产品和服务存在一些特殊性，使得传统的税收规定不再适用。

以数字产品为例，由于其可以被复制和传播，很难确定其销售数量和销售额度，进而影响了税务部门对其征收增值税或所得税的准确性。在数字经济时代，数字产品的交易方式也多样化，例如通过在线渠道进行销售，这使得税务部门很难追踪和核实交易信息。

对于数字服务，其提供的方式和传统产业有所不同，例如云计算服务提供商可以通过远程服务器向用户提供服务，而在线广告服务也不需要地理位置限制。这些特点使得数字服务的收入来源、计算方式与传统产业有所不同，这给税务部门的税收征管带来了挑战。

在解决这一问题上，税务部门需要与相关行业和专家合作，共同研究和制定明确的税收界定和政策，同时，可以借鉴国际经验，关注国际组织（如 OECD）在数字经济税收问题上的研究成果，了解全球范围内的最佳实践。

（二）跨国数字交易的税收管辖权争议

随着数字经济的发展，跨国数字交易的数量和规模不断扩大，这给各国税务部门带来了新的挑战。在跨国数字交易中，税收管辖权的确定存在争议，因为数字产品和服务的提供往往没有地域限制，可以轻易地在不同的国家和地区之间产生/发生。这可能导致跨国数字交易的税收流失和双重征税问题。

为解决这一问题，需要加强国际合作和协调。各国税务部门可以通过税收信息交换机制，分享涉及跨国数字交易的数据和信息，以便更准确地确定税收管辖权。此外，可以通过建立共享税收科技平台，利用先进的技术手段对跨国数字交易进行监控和分析，提高税收征管的效率和准确性。

另外，针对跨国数字交易可能存在的国际避税和反避税问题，税务部门可以加强国际合作，制定更加严格的税收规则和监管机制，防止利润转移和避税行为的发生，此外，还可以探索建立全球一体化的数字经济税收体系，确保各国税务部门能够公平、合理地分享和分配跨国数字交易的税收。

（三）数字经济中个人所得税征收困难

在数字经济中，个人所得税的征收也面临着挑战。随着数字经济的发展，越来越多的人通过互联网平台提供劳务或从事其他经营活动，这使得个人所得税征收的范围和对象发生了变化。然而，许多互联网平台的交易记录往往难以获取和核实，这给税务部门的个人所得税征收带来了困难。

解决这一问题的关键在于建立健全的信息共享和合作机制。税务部门可以与互联网平台合作，共享相关数据和信息，确保个人所得税的征收与核算的准确性。同时，税务部门还应加强对互联网平台的监管，确保其合法纳税和配合税务部门履行征收职责。

此外，个人所得税的征收还涉及个人信息保护和隐私权的问题。因此，在征收个人所得税时，税务部门需要制定相关的法律法规和政策，平衡税收征管和个人权益之间的关系，确保在保证税收公平性的同时保护个人隐私。

（四）数字经济对传统税制的冲击和改革需求

数字经济对传统税制带来了冲击和挑战。首先，传统税制以实体经济为基础，而数字经济的发展使得传统税制的适用范围缩小。数字产品的无实体形态、数字服务的虚拟化等特点，使得传统税制中的很多规定不再适用，无法准确反映数字经济的特性和交易模式。

其次，传统税制中的一些规定已经过时或不合理。例如，对于数字广告的征税方式可能与实际情况不符，难以对数字广告平台和广告主进行有效的纳税监管。

因此，数字经济对传统税制提出了改革需求。税务部门需要与相关行业和专家深入研究数字经济的特点和发展趋势，根据实际情况制定新的税收政策和规定。在制定新的税收政策时，税务部门需要充分考虑数字经济的特殊性，平衡税收征管和促进数字经济发展之间的关系。

同时，税务部门还应加强技术手段的应用，利用大数据、人工智能等先进技术，提高税收征管的效率和准确性。此外，税务部门还可以与国际组织和其他国家开展合作，共同推动数字经济税收规则的制定和改革，为数字经济发展提供有力支持。

三、税收政策面临的调整和改革需求

（一）完善数字产品和服务的税收政策

在完善数字产品和服务的税收政策方面，税务部门需要采取以下措施：首先，明确数字产品和服务的定义和范围，以便于税务部门确定其管辖权和具体的税收政策。数字产品包括软件、电子书籍、音乐、视频等数字内容，数字服务包括云计算、电子商务平台、在线广告等；其次，研究制定科学的计税方法和税率，以反映数字产品和服务的实际价值和特点，例如，可以考虑采用增值税和营业税相结合的方式征税，根据不同类型的数字产品和服务进行分类征税，确保税收公平性和合理性；最后，还应加强国际合作，共同制定、完善数字产品和服务的国际税收政策，避免跨境数字产品和服务的税收纠纷。

（二）加强跨国数字交易的税收管理和合作

为了加强对跨国数字交易的税收管理和合作，税务部门可以采取以下措施：首先，明确跨国数字交易的税收管辖权和征管规则，避免双重征税和税收流失问题。税务部门可以与其他国家税务部门签订双边税收协定或参与多边税收合作组织，明确征税权和避免税收重复征收；其次，加强国际合作和信息共享，共同打击跨国避税行为。税务部门可以与其他国家税务部门建立信息交换机制，共享涉及跨国数字交易的信息，以便更好地跟踪和核实涉税信息，遏制跨国避税行为；最后，还需要建立健全的国际税收协调机制，促进各国之间的合作和协商，解决税收争议和纠纷。

（三）优化个人所得税征收制度和管理措施

为了应对个人所得税征收的困难和挑战，税务部门可以采取以下措施：首先，完善个人所得税的征收范围和对象的规定，使其适应数字经济的特点，同时保证个人隐私权的保护，税务部门可以将个人在数字平台上获得的收入纳入个人所得税征收范围，并明确征税的计算方法和税率；其次，建立健全的信息收集和管理制度，以便于税务部门获取和核实个人交易信息，税务部门可以与数字平台合作，建立数据接口，获取个人在数字平台上的收入和交易信息，加强对个人所得税的征收管理；此外，还需要加强宣传教育和监管力度，提高公众对个人所得税的认识和理解，同时防止逃税行为的发生；最后，还需要优化纳税服务，提高纳税效率，便利纳税人，同时增强纳税人的获得感和认同感。通过以上措施可以提高个人所得税的征收质量和效率，维护税收公平性和合法权益，保护纳税人的权益。

（四）推进税收征管数字化和智能化

在数字经济时代，税务部门需要推进税收征管的数字化和智能化。首先，可以利用

大数据、云计算等先进技术提高税收征管的效率和准确性，通过数字化技术的应用，税务部门可以更好地获取和核实企业的交易信息，防止税收逃漏和虚假申报等问题；其次，可以加强智能化技术的应用，包括人工智能、机器学习等，提高税务部门的自动化和智能化水平，通过智能化技术的应用，税务部门可以更好地发现和解决税收风险和异常情况，提高税收征管的准确性和公正性；最后，还可以推动数字化纳税服务，如电子申报、电子缴税等，提升纳税人的便利程度和满意度。

（五）加强国际税收合作和协调

在数字经济时代，国际税收合作和协调显得尤为重要。各国税务部门需要加强合作，共同应对数字经济带来的挑战。通过国际税收合作，可以共同打击跨国避税行为，维护税收公平性和合法权益。此外，还需要加强与其他国家和地区的税务合作，共同研究和制定数字经济的国际税收规则和标准。国际税收合作和协调可以促进数字经济的健康发展，维护各国的税收利益和权益。同时，各国税务部门需要加强国际税收交流和合作机制的建设，例如国际税收论坛、税收信息共享平台等，促进税收政策的协调和经验的共享。

综上所述，数字经济对传统税收政策带来了挑战和机遇。税务部门需要积极应对数字经济带来的变化和问题，不断完善和调整税收政策和管理措施，通过加强数字化和智能化技术的应用、优化个人所得税征收制度和管理措施、推进税收征管数字化和智能化以及加强国际税收合作和协调等措施，可以更好地应对数字经济带来的挑战，同时也可以促进数字经济的健康发展，维护各国的税收利益和权益。

第三节　基于大数据的税收政策优化与创新

一、利用大数据技术提高税收政策制定的科学性和精准性

（一）利用大数据进行税收政策需求分析

在制定税收政策之前，了解社会和企业的实际需求是至关重要的。通过利用大数据技术，税务部门可以收集和分析各种来源的数据，包括财务数据、税务数据、市场数据等，从而了解社会和企业的税收政策需求。大数据分析可以帮助税务部门识别不同群体和行业的税收痛点和需求，为政策制定提供科学依据。

在进行税收政策需求分析的过程中，税务部门首先需要确定收集何种数据，例如企业的纳税信息、财务报表以及涉税经济指标等；其次，还需要收集包括市场供需情况、产业周期、经济增长预测等相关市场数据。通过对这些数据进行深入分析，可以了解不同行业、地区以及规模企业的税收需求特点，进而精确制定相应的税收政策。

通过大数据技术进行税收政策需求分析，税务部门可以发现潜在税收优惠和减免的需求，为制定有针对性的税收政策提供依据。此外，大数据还可以辅助税务部门进行对比分析，对不同国家、地区的税收政策进行比较，借鉴他国经验，提高我国税收政策制定的科学性和可行性。

（二）利用大数据进行税收政策模拟和预测

利用大数据技术进行税收政策的模拟和预测对于确定最合适的政策具有重要意义。通过收集和分析历史数据，税务部门可以建立模型，对不同的税收政策进行模拟，预测其对企业和个人的影响，从而选择最合适的政策方案。

税收政策模拟和预测需要考虑多方面的因素，例如税基变化、税率调整、减免政策等对经济和企业的影响。通过建立合理的数学模型，并结合大数据分析，可以对不同政策方案的效果进行评估，包括税收收入、企业盈利、就业情况等指标。这样可以帮助税务部门预测不同税收政策的影响程度，为政策制定提供科学依据。

此外，大数据技术还可以预测未来的税收趋势。通过对宏观经济指标、市场变化、社会发展趋势等数据进行分析，可以为税务部门提供未来税收收入和税基变化的预测，帮助政府及时调整税收政策，应对可能出现的挑战。

（三）利用大数据进行税收政策效果评估

税收政策制定后，需要对其效果进行评估。大数据技术可以帮助税务部门收集和分析各种数据，包括财务数据、税务数据、市场数据等，以评估税收政策的实际效果。通过大数据分析，税务部门可以了解税收政策的实施情况和效果，及时调整政策，提高政策的科学性和精准性。

税收政策效果评估需要考虑多个方面的指标，例如税收收入增长情况、企业盈利状况、就业情况、经济增长速度等。通过与历史数据和可比数据进行对比分析，税务部门可以评估税收政策对经济和企业的影响程度，发现政策的不足之处，并及时进行修正和优化。

此外，大数据技术还可以帮助税务部门进行成本效益分析，评估税收政策对税务部门自身的影响。通过综合考虑社会效益和管理成本，税务部门可以为税务部门提供决策支持，优化税收政策的实施效果。

（四）利用大数据进行税收风险预警和管理

在数字经济时代，税收风险越来越复杂，如何进行有效预警和管理成为税务部门面临的重要挑战。大数据技术可以帮助税务部门收集和分析各种数据，包括财务数据、税务数据、市场数据等，从而识别和预警潜在的税收风险。

通过大数据分析，税务部门可以运用机器学习，用数据挖掘算法，对纳税人的数据进行智能分析，及时发现异常情况和风险信号，如虚开发票、偷漏税等行为。同时，税务部门还可以结合社交媒体数据和网络舆情分析，了解企业和个人的经营状况和信用评价，进一步评估潜在风险。

基于大数据分析的税收风险预警和管理可以提高税务部门的应对能力和工作效率。早期发现和及时干预可以有效防控潜在风险，减少税收损失。同时，大数据技术还可以辅助税务部门进行风险评估和预测，为税务部门制定风险防范策略提供科学依据，从而提高税收征管的质量和效率。

二、建立数字化税收监管体系，提高税收征管效率和质量

（一）数字化税收监管体系的构建

数字化税收监管体系是利用大数据技术对税收征管进行全面数字化管理和监控的体系。该体系包括数字化税务登记、数字化税务申报、数字化税务审核、数字化税务稽查等环节。数字化税收监管体系的构建可以提高税收征管的效率和质量，减少人为错误和漏洞。

数字化税收监管体系的构建主要涉及以下几个方面。

（1）数字化税务登记：传统的税务登记主要依靠纸质材料和人工操作，效率较低且容易出现错误。数字化税务登记通过建立电子登记系统，实现纳税人信息的在线填报和自动验证，大大减少了人工操作和错误率。纳税人只需在系统中输入相关信息，即可完成税务登记，提高了登记效率和准确性。

（2）数字化税务申报：传统的税务申报流程烦琐，需要纳税人填写大量表格、提交纸质申报材料，时间周期较长。数字化税务申报系统通过建立在线申报平台，实现纳税人在线填写申报信息，并自动生成正确的申报表格，减少了纳税人的申报负担和错误率。同时，系统还能实时监控申报情况，及时发现异常情况，提高了税务管理和监控的效果。

（3）数字化税务审核：传统的税务审核主要依靠人工操作，效率低下且容易出现主观判断和漏报情况。数字化税务审核系统基于大数据技术，通过对纳税人的申报信息进行自动分析和比对，辅助税务人员进行审核工作。系统能够自动识别异常情况和风险点，

并生成审核报告，提高了审核效率和准确性。

（4）数字化税务稽查：传统的税务稽查主要依靠人工调查和抽查，耗时耗力且容易出现遗漏。数字化税务稽查系统通过整合多源数据，建立纳税人的数据档案和风险评估模型，实现全面、精准的税务稽查。系统能够自动识别异常情况和风险线索，并生成稽查报告，为税务部门提供更多的信息和线索，提高了稽查效果和公正性。

（二）数字化税务登记和申报系统的建立

数字化税务登记和申报系统是数字化税收监管体系的基础。该系统可以实现自动化登记和申报，减少人工操作，提高效率和准确性。同时，该系统还可以实现实时监控和预警，及时发现和处理潜在的问题。

数字化税务登记和申报系统的建立主要包括以下几个方面。

（1）系统架构设计：基于云计算、大数据和人工智能等技术，税务部门构建稳定可靠的系统架构；采用分布式架构，实现数据的快速存储和处理，支持大规模并发访问和实时监控。

（2）信息集成和共享：系统整合各级税务部门的数据资源，建立纳税人的数据档案，实现信息的共享和交换。确保纳税人只需输入一次相关信息，即可在各个业务环节中复用，避免了重复填写和冗余数据。

（3）在线填报和自动生成：系统提供用户友好的在线填报界面，引导纳税人按照规定完成申报信息的填写，通过预设规则和逻辑验证，自动生成正确的申报表格，减少了纳税人的操作负担和错误率。

（4）实时监控和预警：通过建立实时监控系统，系统对纳税人的申报情况进行实时跟踪和监控。系统能够自动识别异常情况和风险点，并生成预警信息，及时通知税务部门进行处理。

（三）数字化税务审核和稽查系统的建立

数字化税务审核和稽查系统是数字化税收监管体系的核心。该系统可以实现自动化审核和稽查，减少人为干预，提高准确性和公正性。同时，该系统还可以实现数据分析和挖掘，为税务部门提供更多的信息和线索。

数字化税务审核和稽查系统的建立主要包括以下几个方面。

（1）数据整合和清洗：该系统整合多源数据，建立纳税人的数据档案，清洗数据中的噪声和冗余，确保数据的准确性和完整性。

（2）自动化审核和稽查：该系统基于大数据技术和智能算法，对纳税人的申报信息进行自动化审核和稽查。通过建立风险评估模型和规则引擎，系统能够自动识别异常情况和风险点，并生成审核报告和稽查清单。

（3）数据分析和挖掘：该系统利用数据挖掘和机器学习等技术，对海量数据进行深入分析和挖掘，通过发现数据的关联性和模式，为税务部门提供更多的信息和线索，辅助决策和侦查工作。

（4）可视化展示和报告生成：该系统通过建立数据可视化平台，将复杂的数据转化为直观、易懂的图表和报告，帮助税务人员快速理解数据的意义和趋势。

（四）数字化涉税服务和管理系统的建立

数字化涉税服务和管理系统是数字化税收监管体系的重要补充。该系统可以实现自动化服务和管理工作，包括税务咨询、税务培训、税务审计等环节。通过数字化涉税服务和管理系统的建立，该系统可以提高服务和管理水平，增强纳税人的满意度和信任度。

数字化涉税服务和管理系统的建立主要包括以下几个方面。

（1）在线咨询和办税指导：该系统提供在线咨询平台，为纳税人解答疑问和提供办税指导。通过人工智能技术，实现智能问答和语音识别等功能，提高咨询效率和准确性。

（2）电子税务培训：该系统建立电子税务培训平台，提供在线培训课程和教材，通过多媒体和互动方式，增强培训效果，提高参与度，帮助纳税人了解税法政策和操作流程。

（3）自动化审计工具：该系统开发自动化审计工具，为税务人员提供辅助审计功能，通过数据挖掘和分析技术，帮助审计人员快速发现异常情况和风险点，提高审计效率和准确性。

（4）投诉举报管理：该系统建立投诉举报管理系统，实现在线提交和处理投诉举报事项，通过建立追溯机制和信用评估体系，加强对不诚信行为的惩戒和监管，维护公平竞争的市场环境。

数字化涉税服务和管理系统的建立将进一步提升税收征管的效率和质量，促进税收监管工作的现代化和智能化发展，同时，也能够增强纳税人的满意度和信任度，促进纳税人的合规意识和主动申报行为。

三、探索新的税收模式和政策，适应数字经济的发展需求

（一）探索适应数字经济的税收模式

在数字经济时代，传统的以商品和劳务交易为基础的税收模式已经面临着诸多挑战。数字经济的特征在于数据的广泛使用和流转，这给传统税收模式带来了许多难题，例如数据跨境流动、数字产品定价困难等。因此，探索适应数字经济的税收模式成为当务

之急。

一种可行的税收模式是以数据流为基础的税收模式。这种模式将数据视为交易的标的物，并对数据的产生、使用和流转进行征税。通过建立数据交易平台或其他机构，对数据交易进行监管和征税，可以实现收入的合理分配和税收的公平征收。

另一种税收模式是以用户参与为基础的税收模式。在数字经济中，用户参与互联网平台经济活动已成为常态。该模式通过对用户参与的各种行为进行征税，例如购物、点赞、评论等，可以实现对数字经济的税收。这种税收模式的好处是可以更加精确地捕捉到数字经济的交易活动，并有助于推动数字经济的健康发展。

（二）制定适应数字经济的税收优惠政策

为了鼓励数字经济相关产业的发展，税务部门可以制定适应数字经济的税收优惠政策。这些政策可以通过减免所得税、增值税等税种，降低企业和个人的税负水平，以促进数字经济相关产业的投资和创新。

具体而言，税务部门可以考虑对数字经济企业的所得税给予一定的减免，特别是对于创新企业和高新技术企业，可以进一步降低税率或延长税收优惠期限。此外，对于数字经济相关产业的研发费用，税务部门可以实行加计扣除政策，鼓励企业加大研发投入。

此外，税务部门还可以考虑对数字经济相关产业进行投资退税政策，通过给予投资者一定比例的税收退还，可以吸引更多的资金流入数字经济领域，推动数字经济产业的快速发展。

（三）加强数字经济相关产业的国际合作与协调

数字经济已经超越了国界的限制，政府需要加强国际合作与协调来共同应对挑战。首先，政府可以加强与国际组织和其他国家的合作，共同制定数字经济相关产业的税收规则和标准。通过制定统一的国际税收原则，可以避免双重征税和税收争端，为数字经济的跨国交易提供一个稳定和可预测的税收环境。

其次，政府可以加强与其他国家的情报共享和联合行动，打击数字经济相关产业的逃税和洗钱等违法行为，通过建立信息共享机制和加强国际合作，可以提高对跨境税收规避行为的识别和打击效果，维护数字经济的公平竞争环境。

此外，政府还可以加强国际间的培训和经验交流，共同提升数字经济相关产业的税务管理水平，通过分享最佳实践和成功案例，可以推动各国在数字经济税收领域的发展，共同应对数字经济时代带来的挑战。

四、加强国际合作与协调，共同应对数字经济带来的税收挑战

（一）加强国际组织在数字经济税收领域的合作与协调

国际组织如经济合作与发展组织（OECD）、联合国贸易和发展会议（UNCTAD）等在数字经济税收领域发挥着重要的协调作用。这些组织不仅具有丰富的税务经验和专业知识，还汇聚了全球各国的税务专家和学者，能够为数字经济税收政策的制定和实施提供宝贵的建议和指导。

为了更好地发挥国际组织在数字经济税收领域的协调作用，各国应积极参与这些组织的活动，共同探讨数字经济税收的国际解决方案，通过加强政策对话和经验分享，促进各国在数字经济税收领域的相互理解和合作，从而推动数字经济健康有序发展。

同时，各国要关注数字经济税收政策在国际层面上的协调与合作。随着数字经济的快速发展，各国之间的税收利益冲突和争议也日益增多。为了解决这些问题，国际组织应发挥关键作用，推动各国在数字经济税收领域的协商与合作，制定符合各方利益的国际税收规则。

（二）加强国家之间在数字经济税收领域的交流与合作

数字经济具有全球性特征，各国之间在数字经济税收领域的合作至关重要。国家之间应加强交流与合作，这样可以促进经验分享、取长补短，避免因信息不对称而产生不必要的误解和冲突。

首先，各国应建立定期的税务交流机制，分享在数字经济税收领域的政策制定、征管实践和经验教训。通过互相学习、交流经验，各国可以共同提高税务管理和政策制定的水平。

其次，各国要充分发挥国际组织的作用，推动各国在数字经济税收领域的合作与对话。加强国家之间在相关国际组织中的配合与协作，共同应对数字经济带来的挑战，尤其要加强与发达国家在数字经济领域的合作与对话，共同应对数字经济带来的挑战并实现共同发展。

同时，各国要积极推动与发展中国家的合作与援助。由于发展中国家在数字经济发展中相对落后，面临着更多的挑战。通过向发展中国家提供技术援助、培训和其他支持，各国可以帮助其应对数字经济带来的挑战并实现共同发展。这种合作不仅可以促进数字经济的平衡发展，还有助于维护发展中国家的利益和权益。

（三）积极参与国际税收规则的制定和调整

随着数字经济的快速发展，现有的国际税收规则已经面临诸多挑战。为了适应数字

经济的发展趋势和特点，各国制定合理、公平、有效的国际税收规则至关重要。

首先，我国要关注数字经济对国际税收规则的影响。数字经济改变了传统经济活动的模式和特点，对税收规则产生了深刻的影响。我国应认真分析数字经济对国际税收规则的影响，提出合理化建议和解决方案。

其次，我国要积极参与国际组织的活动，推动建立更加公平、合理的国际税收体系；要关注现行国际税收规则的不足之处，提出改进建议和方案，为国际社会提供中国智慧和中国方案；要积极响应和支持发展中国家的合理诉求，加强与发展中国家的团结合作，共同维护发展中国家的利益。

（四）加强国际税务执法合作共同打击数字经济逃税行为

数字经济逃税行为已经成为国际社会共同关注的焦点问题。为了维护公平公正的国际税收秩序，各国应加强国际税务执法合作，共同打击数字经济逃税行为。

首先，各国要加强与其他国家的情报共享和联合行动，建立数字经济逃税行为的预警机制和快速响应机制，及时发现并处理逃税行为，通过加强信息共享和协作强化对数字经济逃税行为的打击力度确保税收权益不被侵犯。

其次，各国要积极参与国际反避税合作，推动建立更加透明、公正、有效的反避税体系，防止数字经济企业利用规则漏洞进行逃税和洗钱等违法活动，维护正常的国际税收秩序和国家利益。

总之，数字经济时代的税收政策创新是一个复杂而又紧迫的课题。在数字经济快速发展的背景下，各国应积极探索适应数字经济的税收模式和政策，加强国际合作与协调，共同应对数字经济带来的挑战。只有这样，才能促进数字经济的健康发展，实现公平、合理、有效的税收秩序。

第五章　数字经济时代的财务管理创新

第一节　财务管理概述

一、财务管理的概念和意义

财务管理是指企业或组织对其财务活动进行管理的过程，包括对资金流入和流出的规划、控制、协调和决策等。在数字经济时代，财务管理更加重要，它不仅是对企业资金流动的管理，更是对企业战略发展、资源配置和决策的重要支撑。

（一）财务管理的概念

财务管理是一种对企业资金流动和资产配置进行全面、客观、有效管理的过程。它不仅涉及企业日常运营中的资金收支、成本核算、收益分配等方面，还涉及企业长期发展中的投资决策、融资决策、资产重组等多个方面。简单来说，财务管理就是对企业财务活动进行计划、组织、协调和控制的一系列活动。

财务管理的核心是对企业的财务状况进行全面、客观、有效的管理。这种管理既包括对资金流入流出的控制，也包括对各种财务风险的防范和应对。在数字经济时代，财务管理还需要应对数字化带来的挑战，如数据安全、信息安全等问题。

（二）财务管理的意义

财务管理对于企业的运营和发展具有重要的意义。以下是一些具体的方面。

1. 帮助企业实现资金的有效配置

财务管理通过对企业资金流入流出的控制和管理，可以实现资金的有效配置。通过对企业各项业务的收益和成本进行准确核算和评估，可以确定各项业务的投资回报率和优先级，从而为企业决策者提供更加科学、合理的决策依据。同时，财务管理还可以通过对企业现金流量的监测和分析，及时发现和解决企业面临的财务问题，确保企业的正常运营和发展。

2. 提高企业的资产质量和运营效率

通过财务管理，企业可以实现对各类资产的合理配置和有效利用。通过对资产的投资决策、融资决策和风险管理等方面进行科学合理的规划和运作，企业可以提高资产质量和运营效率。同时，财务管理还可以通过对企业成本和收益的核算和分析，为企业节约成本、提高效率提供有效的支持和保障。

3. 为企业提供决策支持

财务管理通过对企业各项财务数据的收集、整理和分析，可以为企业决策者提供更加全面、准确的决策支持。对市场环境、竞争对手和企业自身情况进行深入的分析，可以帮助企业决策者更加准确地了解市场状况和企业发展趋势，从而做出更加科学、合理的决策。同时，财务管理还可以通过对企业投资项目的前期评估和风险控制等方面进行科学合理的规划和运作，为企业投资决策提供有效的支持和保障。

4. 帮助企业提高其风险防范和应对能力

财务管理通过对企业各类风险的识别、评估和控制，可以帮助企业提高其风险防范和应对能力。对企业财务风险、市场风险、操作风险等方面进行深入的分析和评估，可以为企业制定更加科学、合理的风险管理策略和应对措施提供有效的支持和保障。同时，财务管理还可以通过对企业内部控制和审计等方面进行科学合理的规划和运作，进一步加强对企业风险的监控和管理。

二、财务管理的目标和原则

财务管理的目标和原则是指导财务管理实践的重要基础。在数字经济时代，财务管理的目标和原则也需要根据新的经济环境和市场需求进行调整和拓展。

（一）财务管理的目标

财务管理的目标是指企业进行财务管理所期望达到的目的或结果。在通常情况下，财务管理的目标包括以下几个方面。

1. 实现企业价值的最大化

企业价值最大化是指通过合理的财务管理手段和方法，将企业的资金、人力、物力等资源进行优化配置，提高企业的生产效率和经济效益，以实现企业价值的最大化。这一目标通常被认为是最重要的目标，因为它可以为企业带来长期的经济利益和竞争优势。在数字经济时代，企业需要更加注重数字化带来的挑战和机遇，通过数字化手段提高企业的生产效率和经济效益，实现企业价值的最大化。

2. 保持企业的财务稳健性

企业的财务稳健性是指企业的财务状况稳定、健康，具有足够的偿债能力和抵御风险的能力。保持企业的财务稳健性是财务管理的基本要求之一，也是企业长期稳定发展的关键。在数字经济时代，企业需要更加注重财务稳健性，通过合理的资金配置和风险管理，确保企业的财务状况稳定、健康。

3.实现企业的战略发展目标

企业的战略发展目标是企业在长期发展中制定的战略目标和规划。财务管理作为企业管理的重要部分，需要与战略目标相协同，通过制定符合企业战略发展的财务策略和措施，帮助企业实现其战略发展目标。在数字经济时代，企业需要更加注重数字化与战略目标的结合，通过数字化手段提高企业的战略执行能力和竞争力。

在数字经济时代，财务管理还需要更多地关注数字化带来的挑战和机遇。具体来说，财务管理需要关注以下几个方面。

（1）数据的获取和分析：在数字经济时代，数据成为企业的重要资产之一。财务管理需要更加注重数据的获取和分析，通过数据的分析和挖掘，为企业提供决策支持和优化建议。同时，财务管理还需要关注数据的合规性和安全性，确保数据不被泄露和滥用。

（2）数字化工具的应用：数字化工具的应用可以帮助企业提高财务管理效率和准确性。例如，财务管理可以通过引入云计算、大数据、人工智能等技术手段，实现财务管理的自动化、智能化和数字化。同时，数字化工具的应用还可以帮助企业提高风险管理能力和合规意识。

（3）数字化与业务的融合：数字经济时代，数字化与业务的融合是必然趋势。财务管理作为企业管理的重要部分，需要更加注重数字化与业务的融合，通过数字化手段提高企业的综合竞争力和市场占有率。例如，财务管理可以通过对客户需求的数字化分析，优化产品设计和服务流程，提高客户满意度和忠诚度。

（二）财务管理的原则

财务管理的原则是在进行财务管理实践时需要遵循的基本准则。这些原则通常包括以下几个方面。

1. 合规性原则

合规性原则是指财务管理活动必须符合国家法律法规和企业内部规章制度的要求。任何财务管理活动都不能违反国家法律法规和企业内部规章制度的规定，必须合法合规地进行。在数字经济时代，财务管理需要更加注重合规性原则的贯彻执行，确保数字化手段的应用符合相关法律法规的规定。

2. 真实性原则

真实性原则是指财务管理活动必须真实反映企业的财务状况和经营成果。财务管理活动必须基于真实、准确的财务数据和信息进行决策和支持，不能虚假或误导信息的使用者。在数字经济时代，财务管理需要更加注重数据的质量和准确性，确保数据的真实性和可靠性。

3. 效益性原则

效益性原则是指财务管理活动必须注重经济效益和社会效益的统一。任何财务管理活动都必须考虑其成本和收益之间的关系，以实现效益最大化。在数字经济时代，财务管理需要更加注重数字化手段的成本效益分析和评估，以实现数字化手段的有效利用和管理优化。

三、财务管理对企业财税管理的影响

财务管理与企业财税管理之间存在着密切的联系。财务管理不仅直接影响着企业的财务状况和经营成果，还对企业财税管理产生着重要的影响。

（一）对企业财税管理的基础工作提出了更高的要求

在数字经济发展的背景下，企业财税管理的基础工作面临着新的挑战。财税管理不仅需要保证日常的财务核算、税务申报等基础工作，还需要更加深入地挖掘和分析数据，以支持企业的战略决策和业务运营。这要求财税管理人员具备更加扎实的知识和技能，能够熟练掌握和应用各种财税政策和法规，同时还需要具备一定的信息技术能力，以便更好地应对数字经济带来的变化。

首先，财税管理人员需要具备更加敏锐的数据意识和数据分析能力。他们需要从海量的数据中提取有用的信息，并运用各种数据分析工具和技术，对数据进行处理和分析。通过对数据的深入挖掘和分析，可以发现潜在的风险和机会，为企业的战略决策提供有力的支持。

其次，财税管理人员需要更加注重对信息系统的建设和应用。在数字经济时代，信息技术的广泛应用已经改变了传统的工作方式和方法，财税管理人员需要熟练掌握和应用各种信息系统和软件，以提高工作效率和质量。同时，他们还需要关注信息系统的安全性和可靠性，保障企业财务信息的安全和保密性。

最后，财税管理人员需要不断更新知识和技能，以适应数字经济的发展。财税政策和法规的变化以及信息技术的不断更新换代，要求财税管理人员不断学习和掌握新的知识和技能。他们需要参加各种培训和学习活动，了解最新的财税政策和法规，掌握最新的信息技术和工具，以保持自身专业素养和能力的不断提升。

（二）对企业财税管理的效率和精度提出了更高的要求

随着数字经济的发展，市场变化和企业发展的速度越来越快，这就对企业财税管理的效率和精度提出了更高的要求。财税管理人员需要更加快速地处理各种数据和信息，

并更加准确地分析和预测市场的变化和企业的发展趋势。只有不断提高财税管理的效率和精度，才能更好地支持企业的决策和发展。

为了提高财税管理的效率和精度，企业可以采取以下措施。

（1）建立完善的财税管理体系和流程：企业需要制定科学合理的财税管理流程和制度，明确各项工作的责任和分工，避免出现重复工作和无效工作。同时，企业还需要建立有效的内部控制机制，确保财税工作的规范化和标准化。

（2）借助先进的信息技术手段：信息技术手段的应用可以大大提高财税管理的效率和精度。例如，企业可以引入各种财务管理软件、税务管理软件、风险管理系统等，使财税管理人员能够更加快速地处理数据和信息，并提高数据分析的准确性和可靠性。

（3）加强人才队伍建设：高素质的人才队伍是提高财税管理效率和精度的关键。企业需要加强对财税管理人员的培训和教育，提高他们的专业素养和能力水平。同时，企业还需要引进优秀的人才，以优化人才队伍的结构和素质。

（4）建立有效的绩效评估机制：企业需要建立有效的绩效评估机制，对财税管理人员的工作质量和效率进行评估和考核。通过对优秀员工的奖励和激励，企业可以激发员工的工作积极性和创造性，提高整个团队的绩效和质量。

（三）对企业财税风险管理和防范提出了更高的要求

在数字经济时代，随着企业业务的不断扩张和市场的不断变化，财税风险也变得越来越复杂和多样化。各种内部和外部因素都可能给企业带来财务风险和税务风险，如资金流动风险、汇率风险、税务检查风险等。因此，财税管理人员需要更加注重对风险的识别、评估和控制，并建立更加完善的风险管理和防范机制。只有这样才能够有效地规避和应对各种财税风险，保障企业的稳健发展。

为了加强财税风险管理和防范，企业可以采取以下措施。

（1）建立完善的风险管理制度：企业需要建立完善的风险管理制度和体系，明确各项风险的管控目标和责任人，通过对风险的识别、评估和控制等环节进行规范化和标准化管理，在很大程度上能够有效地规避和应对各种财税风险的发生。

（2）借助先进的信息技术手段进行风险管理和防范：通过引入各种财税管理系统、风险管理系统等技术手段，企业可以对财税风险进行实时监测和分析，预测市场的变化和企业的发展趋势，并进行风险预警以及制定相应的应对措施，从而有效地规避和应对各种财税风险的发生，保障企业的稳健发展。

（3）加强内部审计和检查工作，进行风险管理和防范：内部审计和检查工作是有效防范和控制财税风险的重要手段之一，通过内部审计可以发现存在的问题和风险隐患，并及时采取措施加以纠正和完善，在一定程度上能够防止重大风险的产生和发展，同时也有利于企业的长期稳健发展。

第二节　数字经济对传统财务管理的挑战

一、传统财务管理的局限性

（一）财务管理理念滞后

传统的财务管理理念往往将企业视为一个封闭的系统，注重内部管理和控制，强调财务数据的准确性和规范性。这种管理理念在数字经济时代显得滞后和不足，无法适应外部环境的变化和挑战。在数字经济时代，企业需要更加注重开放性和创新性，关注外部环境和资源整合，以适应市场的快速变化和竞争的激烈程度。

随着数字经济的快速发展，各行各业都面临着新的挑战和机遇。传统的财务管理理念主要注重企业内部的财务数据和指标，忽视了外部环境和市场的影响。然而，在数字经济时代，市场环境的变化速度加快，竞争日益激烈，企业必须更加注重市场需求和消费者行为的变化，以及供应链的管理和整合。传统的封闭式管理模式已经无法满足这些需求。

在数字经济时代，企业需要更加注重开放性和创新性的财务管理理念。开放性的管理理念强调与外部环境的联系和合作，鼓励企业与其他企业、供应商、客户以及相关政府部门之间建立良好的合作关系，共同寻求发展机遇。创新性的管理理念强调不断推动财务管理的创新和变革，积极应用新技术和新方法，提高管理效率和决策的准确性。

在数字经济时代，企业的竞争力越来越依赖于资源的整合和创新能力。财务管理也不能仅仅局限于对内部流程和数据的管理，还需要关注外部资源的整合和利用。企业需要敏锐捕捉市场机会，灵活运用资金和资源，加强与供应商、客户以及其他合作伙伴之间的合作，实现多方共赢。

（二）财务管理手段落后

传统的财务管理手段主要以手工为主，依靠财务人员的手工操作和记录来进行财务信息的收集、整理和分析。这种管理手段在数字经济时代显得效率低下，难以实现数据的实时处理和智能化分析。同时，传统财务管理的风险控制手段也较为单一，难以全面有效地防范和控制风险。

传统的财务管理手段主要依赖于手工操作和纸质记录，这不仅效率低下，还容易出现人为错误。在数字经济时代，企业面对大量的数据和信息，需要更快速、准确的财务管理手段来处理这些信息。传统手工操作和纸质记录已经无法满足企业的需求。数字化的财务管理工具和系统能够提高数据处理的效率和准确性，实现财务数据的实时收集和分析。

此外，传统财务管理的风险控制手段较为单一，主要集中在内部控制和审计方面，难以全面有效地防范和控制风险。在数字经济时代，企业面临着更多的风险挑战，包括网络安全风险、金融风险、市场风险等。传统的财务管理手段无法满足对这些新型风险的应对需求。数字化的财务管理手段可以提供更全面、实时的风险监控和控制功能，帮助企业及时识别和应对各种风险。

因此，在数字经济时代，企业需要借助先进的信息技术手段，实现财务管理的智能化和自动化。例如，企业可以引入财务管理软件和系统，利用大数据和人工智能技术来分析和预测数据，提高决策的准确性和效率。同时，企业需要加强对新型风险的管理和控制，建立全面的风险管理体系，包括内部控制、风险评估和风险防范等方面。

（三）财务管理范围有限

传统的财务管理主要关注企业的财务数据和指标，对企业内部的业务流程和资源整合等方面关注不足。这种管理范围限制了财务管理的全面性和有效性，难以实现企业内部资源的优化配置和协同发展。在数字经济时代，企业需要更加注重财务与业务的融合，将财务管理贯穿到企业的各个业务领域和流程中，以实现整体资源的优化配置和高效利用。

传统的财务管理主要关注企业的财务报表、会计核算和财务分析等方面，忽视了企业内部的业务流程和相关资源的整合。在数字经济时代，企业需要将财务管理与业务管理有机结合起来，以实现资源的优化配置和协同发展。例如，企业可以运用成本管理、绩效管理等财务管理工具和方法，与业务流程的优化和业务目标的达成相结合，提高整体业务的效率和竞争力。

此外，在数字经济时代，企业发展迅猛，业务范围不断扩大，涉及多个领域和多个业务环节，传统的财务管理往往只关注财务数据和指标，无法全面了解和管理这些复杂的业务流程和资源。因此，在数字经济时代，企业需要建立起全面的财务管理体系，将财务管理贯穿于企业的各个业务领域和流程中，实现财务与业务的紧密结合。

（四）财务管理安全意识不强

传统的财务管理对信息安全的认识不足，往往存在信息泄露和安全隐患。在数字经济时代，企业的财务信息和其他重要信息都存储在数字化系统中，面临着来自网络攻击和内部人员泄露等风险。这种安全意识的不足给企业带来了巨大的信息安全隐患和法律风险。

在数字经济时代，企业的财务信息和其他重要信息都以电子形式存储和传输，因此面临着更加复杂和严峻的信息安全风险。传统的财务管理往往没有足够的安全意识，对信息安全的重要性认识不足，容易出现信息泄露和安全漏洞。

为了保护企业的财务信息安全，企业需要加强对信息安全的管理和控制：首先，建立健全的信息安全管理体系，包括安全策略、安全组织和安全技术等方面；其次，加强对员工的安全教育和培训，提高员工的安全意识和防范能力；最采用先进的信息安全技术和工具，对财务系统进行安全监控和防御，及时发现和应对各种安全威胁。

（五）财务管理缺乏全球化视野

传统的财务管理往往只关注本国或本地区的经济环境和政策法规，缺乏全球化视野和国际化的管理手段。在数字经济时代，企业的业务范围逐渐扩大到全球范围，需要应对不同国家和地区的税收政策、法律法规和文化差异等挑战。缺乏全球化视野和国际化管理手段的财务管理难以适应这种全球化的趋势和需求。

在数字经济时代，企业的业务范围已经不再局限于本国或本地区，而是面向全球市场。企业需要面对不同国家和地区的经济环境和政策法规，制定相应的财务管理策略、制订计划。然而，传统的财务管理往往只关注本国的经济环境和政策法规，缺乏对全球化市场的了解和应对能力。

为了适应全球化的趋势和需求，企业需要加强对国际财务管理的学习和研究，提升全球化视野和国际化管理能力，同时，建立跨国财务管理团队，加强与国际财务机构和专家的合作，共同解决全球化过程中的财务管理问题。

二、数字经济带来的财务管理新需求

（一）强化信息化管理手段

在数字经济时代，企业需要具备更强大的数据处理和分析能力，以应对日益增长的信息流量和各类财务、非财务信息的处理需求。为此，财务管理需要更加注重信息化管理手段的运用，以提高数据处理和分析的效率与准确性。企业通过引入先进的信息技术和管理软件，建立数字化管理系统和平台，实现财务管理的智能化和自动化。

首先，企业可以利用大数据、人工智能等技术来进行财务数据挖掘和分析，以发现更准确的商业洞察并预测趋势。其次，在财务管理过程中，企业可以借助电子化的财务报表、会计软件和 ERP 系统等工具，实现财务数据的实时采集、整理和分析，提高数据处理的效率与精度，同时，可以利用云计算和移动技术，实现财务管理的远程访问和实时监控，方便管理层随时随地获取财务信息并做出决策。

此外，企业通过利用区块链技术确保财务数据的安全性和真实性，有效防止数据篡改和信息泄露，还可以利用机器学习和自然语言处理等技术，对海量的财务和非财务数据进行智能化的分析和判断，为企业的财务决策和风险控制提供有力支持。

（二）推进业财融合和管理协同

在数字经济时代，企业需要更加注重业务与财务的融合和管理协同，以实现资源的优化配置和高效利用。财务管理需要从传统的事后核算向全过程管理转变，将财务信息与业务信息相互贯通，实现企业内部各项活动的协同和协调。

首先，企业可以通过建立跨部门、跨业务的协作机制和管理体系，促进业务与财务之间的信息交流和共享。例如，财务人员可以与销售团队紧密合作，共同制定销售策略和价格政策，并及时了解销售情况和客户需求，以便进行财务预测和资源调配。同时，财务部门还可以与供应链管理团队合作，优化供应链运营，降低库存成本和运输成本，提高资金使用效率。

其次，财务管理需要更加关注业务过程中的财务风险和控制问题，通过建立全面的风险管理体系和内控机制，识别、评估和控制市场风险、技术风险、信息安全风险等各类风险，确保企业在经营过程中能够稳健运行。

此外，财务管理还需要与企业的战略管理和绩效管理相结合，形成统一的目标体系和评价体系。财务目标应与业务目标相一致，财务绩效应成为业务绩效的重要衡量指标之一。企业通过有效的财务分析和报告机制，及时掌握企业的财务状况和业绩变化，为管理层的决策提供可靠的依据。

（三）加强风险控制和合规管理

数字经济时代给企业的风险控制和合规管理带来了新的挑战。由于数字化交易的复杂性和网络攻击的风险性，企业需要更加注重风险控制和合规管理，以确保企业的稳健经营和可持续发展。

首先，财务管理需要加强对市场风险、技术风险、信息安全风险等的识别、评估和控制。企业通过建立全面的风险管理体系，对各类风险进行分类和量化分析，确定适当的风险阈值和控制策略，同时，利用先进的风险管理工具和技术，对关键业务流程和系统进行监控和预警，及时发现和应对潜在的风险事件。

其次，财务管理还需要加强对企业内部的合规管理，确保企业在遵守法律法规和企业制度的前提下开展各项业务活动，通过建立健全的内部控制制度和合规管理机制，明确各级管理职责和权限，加强对关键业务环节和风险点的监管和审计，提高企业的合规意识和执行力度。

此外，财务管理还需要加强与监管机构和行业协会的合作与沟通，及时了解并遵守相关法律法规和会计准则的更新、变化，确保财务报告的准确性和透明度，同时，积极参与行业自律和标准制定活动，提高企业在行业内的声誉和竞争力。

（四）提升全球化和国际化管理能力

数字经济时代要求企业具备全球化和国际化的管理能力，以应对不同国家和地区的税收政策、法律法规和文化差异等挑战。财务管理需要加强对全球税收政策、外汇市场动态、国际会计准则等方面的了解和学习，提高全球化和国际化管理能力。

首先，财务管理需要关注国际间的税收政策和税务规划。企业在跨境交易和投资中需要了解不同国家和地区的税法法规，遵守相关规定并进行有效的税务规划，通过建立专业的税务团队和合作伙伴网络，及时获取和分享全球税收政策的更新和变化，为企业的全球化战略提供支持。

其次，财务管理需要关注外汇市场的波动和风险。企业在海外业务和投资中会面临不同国家货币之间的兑换风险，需要进行外汇风险管理和对冲操作。通过建立有效的外汇管理制度和工具，财务管理及时把握外汇市场动向，制定合理的外汇风险管理策略和操作方案，减少由于汇率波动带来的财务损失。

此外，财务管理还需要关注国际会计准则和报告要求。随着国际会计准则的逐步推广和采用，企业需要了解并遵守国际准则的要求，进行财务报表的准确编制和披露。通过建立与国际会计准则接轨的财务管理制度和流程，企业可以提高财务报告的国际可比性和透明度。

总之，提升全球化和国际化管理能力是企业在数字经济时代保持竞争优势的重要举措。通过加强对全球税收政策、外汇市场动态、国际会计准则等方面的了解和学习，建立专业的税务团队和合作伙伴网络，制定有效的外汇风险管理策略和操作方案，企业可以提升在全球范围内的竞争力，实现可持续发展。

第三节　基于大数据的财务数据挖掘、分析创新与实践

一、利用大数据技术提高财务数据的质量和利用效率

（一）数据集成与标准化

通过利用大数据技术，企业可以实现跨部门、跨业务、跨系统的数据集成，将分散、异构的数据整合到一起，形成统一的数据标准，便于数据的共享与利用。通过数据集成与标准化，企业可以提高财务数据的完整性和准确性，减少数据冗余和错误。

在企业运营过程中，各个部门和业务系统产生的数据往往存在着分散的情况，不同的系统使用着各自的数据规范和格式。这种数据孤岛的存在给数据的集成和共享带来了困难，也阻碍了数据的综合分析和利用。大数据技术能够帮助企业将这些分散的数据进行集成，将不同来源的数据整合为统一的数据源，打破"数据孤岛"，消除数据障碍。

同时，通过数据标准化，企业可以将不同格式和规范的数据转化为统一的标准形式，使各类数据具备相同的结构和属性，方便数据的管理和处理。标准化后的数据可以有效提高财务数据的完整性和准确性，避免由于数据格式不一致导致的数据错误和缺失问题。此外，数据标准化还有利于财务数据的比较和分析，为企业决策提供准确可靠的数据支持。

（二）数据清洗与预处理

大数据技术可以帮助企业进行大规模的数据清洗和预处理，去除无效、错误、重复的数据，对数据进行格式化和标准化。这有助于提高财务数据的可信度和质量，为后续的数据分析提供准确的基础。

在实际应用中，数据往往存在着噪声和异常值，这些数据会对财务数据的分析和决策产生负面影响。通过数据清洗，企业可以识别和处理这些数据问题，去除噪声和异常值，提高数据的可信度和准确性，同时，通过数据预处理，可以对原始数据进行格式化和标准化，使其适应后续分析的需求，并减少数据处理的复杂性。

数据清洗和预处理涉及数据的清理、去重、转换、规范化等过程。在进行清洗时，可以使用各种数据挖掘和机器学习算法，自动识别和处理异常值和错误数据。在预处理过程中，企业可以进行数据格式转换、缺失值填充、数据平滑等操作，以确保数据完整、一致、可靠。

通过数据清洗和预处理，企业可以得到高质量的财务数据，提高数据的可信度和精

确性，为后续的数据分析和应用提供准确的基础。

（三）数据存储与备份

利用大数据技术，企业可以实现数据的分布式存储和备份，提高数据存储的可靠性和安全性，通过采用高效的数据压缩和存储技术，可以降低数据的存储成本，提高数据存储的效率。

传统的数据库存储方式往往无法满足海量数据的存储需求，而大数据技术可以通过分布式存储的方式将数据存储在多个节点上，实现数据的高可靠性和可扩展性。分布式存储可以分散数据的存储负载，提高数据的读写性能和响应速度，同时，通过数据的冗余存储，还可以提供数据的容灾备份，确保数据不会因为硬件故障等原因丢失。

此外，大数据技术还可以利用数据压缩和存储优化技术，减少数据存储的空间占用和成本。对数据进行压缩和编码，可以降低数据存储的空间需求，提高存储的效率和经济性。同时，数据存储优化还包括了对数据索引、分区、归档等方面的优化，以提高数据的查询和访问效率。

通过大数据技术的存储与备份，企业可以实现高可靠性、高性能的数据存储方案，同时降低数据存储成本，提高数据存储的效率。

（四）数据查询与处理

大数据技术提供了强大的数据查询和处理能力，可以实现大规模数据的快速查询和处理。这有助于提高财务数据的利用效率，便于企业进行快速决策和响应市场变化。

传统的数据查询和处理方式往往无法满足海量数据的高效处理需求，而大数据技术可以通过并行计算和分布式处理的方式，提供快速、高效的数据查询和处理能力。分布式计算框架和并行算法可以将大规模数据划分为多个子任务并行处理，充分利用集群资源，提高数据处理的速度和效率。

此外，大数据技术还提供了丰富的数据查询和分析工具，如数据挖掘、机器学习、统计分析等，可以对财务数据进行深入的分析和挖掘。通过这些工具，企业可以从财务数据中发现潜在的规律和趋势，为决策提供科学依据。

通过大数据技术的数据查询和处理，企业可以实现对海量财务数据的快速查询和分析，提高数据利用效率，为决策和业务优化提供有力支持。

二、开展财务数据的挖掘与分析，发现潜在风险和价值创造机会

（一）财务数据分析

通过采用大数据分析技术，企业可以对财务数据进行深入的分析，从而全面了解企

业的财务状况、经营绩效、现金流情况等。大数据分析能够帮助企业有效整合和处理海量的财务数据，提供全面、准确的财务信息，为企业决策提供重要参考。

首先，大数据分析可以对企业的财务状况进行全面评估。企业通过对资产负债表、利润表、现金流量表等财务报表的分析，可以了解企业的财务稳定性、偿债能力和盈利能力等关键指标。同时，通过对历史财务数据进行趋势分析，企业可以发现财务数据的发展变化，帮助企业及时调整战略和经营方向。

其次，大数据分析可以揭示企业的经营绩效情况。通过对财务数据的比较分析，企业可以了解在同行业内的竞争地位，发现存在的差距和潜在风险。另外，结合其他外部数据，如市场数据、用户数据等，还可以探索与企业经营绩效相关的因素，为企业提供优化经营策略的建议。

此外，大数据分析还可以帮助企业深入了解现金流情况。通过对企业现金流数据的监测和分析，企业可以及时发现现金流问题和潜在的经营风险，例如，对应收账款和应付账款的分析可以帮助企业预测和管理资金流动情况，防范资金链断裂的风险。

需要注意的是，在进行财务数据分析时，企业需要保证数据的准确性和完整性，同时，还需建立有效的数据安全机制，保护敏感财务信息的安全性和隐私性。

（二）市场趋势预测

利用大数据技术，企业可以对市场数据进行实时监测和分析，从而了解市场趋势和竞争对手的动态。大数据分析能够帮助企业把握市场变化，为企业制定相应的市场策略提供支持。

首先，大数据分析可以帮助企业实时监测市场信息。通过对各种来源的数据进行采集和整理，企业可以及时掌握市场的需求变化、竞争态势、消费者偏好等信息，并将其转化为有价值的市场智能。

其次，大数据分析可以利用机器学习和预测模型对市场趋势进行预测。通过历史数据和市场现状的比较分析，企业可以发现市场的变化规律和趋势，进而预测未来的发展方向。这样，企业可以及时调整产品定位、制定营销策略，以应对市场的变化和挑战。

另外，通过大数据分析，企业还可以深入了解竞争对手的动态，通过对竞争对手的产品、价格、渠道等数据进行收集和分析，可以了解他们的市场策略和行动，以制定相应的竞争策略提供参考。

需要注意的是，在进行市场趋势预测时，企业需要综合考虑多个因素，如宏观经济环境、政策法规变化、消费者需求变化等，同时，还需保持数据的准确性和实时性，并建立起有效的数据分析模型和算法，以提高预测的准确性和可靠性。

（三）价值创造机会发现

通过大数据分析，企业可以发现市场、客户、供应商等外部因素的变化带来的价值创造机会。大数据分析能够帮助企业从海量数据中发现隐藏的商机，实现价值创造和业务增长。

首先，大数据分析可以帮助企业了解市场变化和客户需求。通过对市场数据、用户行为数据等的分析，企业可以深入了解消费者的喜好和偏好，发现新的市场需求。在此基础上，企业可以开发新的产品和服务，满足客户需求的同时创造新的价值。

其次，大数据分析可以帮助企业发现供应链的优化机会。通过对供应链各环节数据的分析，企业可以了解供应商的绩效情况、物流成本等因素，并寻找供应链优化的空间。例如，通过分析物流数据，企业可以发现运输路线的瓶颈和成本控制的机会，从而提高供应链的效率和成本竞争力。

另外，大数据分析还可以帮助企业挖掘内部管理的优化机会。企业通过对企业内部各个环节数据的分析，如生产过程、人力资源管理等，可以发现潜在的效率提升和成本优化机会。例如，通过对生产线数据的分析，企业可以发现生产效率低下的环节和设备，及时采取措施进行改进和优化。

需要注意的是，在发现价值创造机会时，企业需要确保数据的准确性和完整性，同时，还需建立起有效的数据分析和挖掘模型，提高数据分析和挖掘的效果和价值。

（四）风险预警与控制

通过大数据分析，企业可以及时发现潜在的风险和危机，进行预警和控制。大数据分析能够帮助企业对风险进行全面的监测和分析，提前采取措施，以降低风险对企业的影响。

首先，大数据分析可以帮助企业对财务风险进行预警。通过对企业财务数据的分析，如应收账款数据、应付账款数据等，可以发现潜在的违约风险和资金链断裂的风险。及时采取措施，如催收、风险控制等，可以减少损失并维护企业的财务稳定性。

其次，大数据分析可以帮助企业对市场风险进行预警。通过对市场数据、竞争对手数据等的分析，企业可以发现市场供需关系变化、竞争压力增加等风险因素。企业可以根据预警信息，及时调整市场策略、产品定位等，以应对市场风险。

另外，大数据分析还可以帮助企业对供应链风险进行预警。通过对供应链各环节数据的分析，如供应商绩效数据、物流数据等，企业可以发现供应商违约、物流延误等潜在风险。企业可以及时采取措施，如寻找替代供应商、优化物流方案等，以降低供应链风险。

需要注意的是，在进行风险预警与控制时，企业需要确保数据的准确性和实时性。同时，还需建立起有效的风险监测和分析模型，提前识别和评估风险，并制定相应的风险应对和控制措施。

三、创新财务报告的编制与披露方式，提高信息披露的透明度和质量

（一）实时财务报告

在数字经济时代，信息的及时性和准确性对于企业的决策和发展至关重要。实时财务报告是企业利用大数据技术实现信息披露的重要手段之一。通过与业务系统的实时对接，企业可以实时获取业务数据并进行报告编制，从而及时准确地反映企业的财务状况和经营绩效。

实时财务报告的意义在于，它可以使企业及时了解自身的财务状况和经营绩效，发现和解决潜在的问题，同时也可以使企业更好地把握市场机遇，做出更加科学、合理的决策。此外，实时财务报告还可以提高企业信息披露的透明度，增强利益相关者对企业的信任和认可。

（二）多维度财务报告

随着企业业务的复杂性和多样性不断增加，单一维度的财务报告已经无法满足企业决策和发展的需求。多维度财务报告是指企业通过大数据分析和技术支持，编制多维度的财务报告，从不同角度展示企业的财务状况和经营绩效。

多维度财务报告可以采用图表、仪表盘等方式展示关键绩效指标（KPI），使管理层和利益相关者更加直观地了解企业的财务状况和经营绩效。同时，多维度财务报告还可以从不同角度对企业的财务状况进行深入分析，发现潜在的风险和机遇，为企业决策提供更加全面、准确的信息支持。

（三）个性化财务报告

不同利益相关者对于企业财务报告的需求也存在差异。为了更好地满足不同利益相关者的需求，企业可以利用大数据技术编制个性化的财务报告。

个性化财务报告可以根据不同利益相关者的需求，定制符合其需求的信息披露内容和格式。例如，针对投资者，可以重点披露企业的投资回报率、盈利能力等关键指标；针对债权人，可以重点披露企业的偿债能力、现金流等关键指标；针对监管机构，可以按照相关法规要求编制符合监管要求的财务报告。

个性化财务报告的意义在于，它可以更好地满足不同利益相关者的需求，提高信息披露的针对性和有效性。同时，个性化财务报告还可以使企业更好地展现自身的特点和

优势，增强利益相关者对企业的认知和信任。

（四）数据可视化展示

数据可视化技术是指将复杂的数据转化为直观易懂的图表和图像，便于利益相关者进行理解和分析。数据可视化展示对于企业财务报告的质量和透明度具有重要意义。

通过采用数据可视化技术，企业可以将财务报告中的数据以图表、图像等形式展示出来，使利益相关者更加直观地了解企业的财务状况和经营绩效。同时，数据可视化展示还可以提高数据的可读性和易用性，使利益相关者更容易发现数据中的规律和趋势，从而更好地支持企业决策和发展。

数据可视化展示的意义在于，它可以提高企业财务报告的质量和透明度，使利益相关者更加深入地了解企业的财务状况和经营绩效。同时，数据可视化展示还可以增强利益相关者对企业的信任和认可，提高企业的市场形象和声誉。

四、加强财务管理的数字化建设，提高企业财务管理的效率和水平

（一）数字化办公

在数字经济时代，数字化办公已成为企业提高工作效率和降低成本的重要手段。通过采用数字化办公方式，企业可以实现财务管理的无纸化办公和远程协同办公。这不仅可以提高财务管理的工作效率，还可以降低办公成本和时间成本。

数字化办公意味着企业可以通过网络和数字化设备实现财务数据的处理、分析和存储。这种方式可以减少纸张的使用，降低办公成本，并且可以远程协同办公，提高工作效率。数字化办公还可以实现财务数据的实时更新和共享，使企业能够更快地响应市场变化和业务需求。

数字化办公还具有安全性和可靠性的优势。通过数字化存储和加密技术，企业可以保护财务数据的安全和隐私，避免数据泄露和损坏。同时，数字化办公还可以实现数据的备份和恢复，确保企业能够随时获取可靠的财务信息。

（二）智能化决策支持

在数字经济时代，智能化决策支持是企业实现战略发展和竞争优势的重要手段。利用大数据技术和人工智能技术，企业可以为管理层提供智能化的决策支持，以更好地应对市场变化和业务挑战。

智能化决策支持可以通过数据挖掘和分析来实现。通过收集和分析大量的财务数据和非财务数据，企业可以深入了解市场需求、客户行为和业务趋势，从而制定更加精准的商业决策。例如，通过采用预测模型和算法，企业可以自动生成对未来的预测和建议，

便于管理层进行决策和战略规划。

智能化决策支持还可以通过人工智能技术实现自动化决策。例如，利用机器学习算法，企业可以对市场数据进行实时监测和分析，自动识别市场机遇和风险，并生成相应的建议和策略。这种方式可以大大提高企业的决策效率和准确性。

（三）自动化财务流程

自动化财务流程是企业提高财务管理效率和降低成本的重要手段。通过自动化流程和机器人技术，企业可以实现财务流程的自动化处理和管理。这不仅可以减少人为错误和失误，还可以提高财务流程的处理效率和质量。

例如，通过自动化对账系统实现账务的自动核对和纠正。这种系统可以通过对账数据自动比对和分析，快速发现账务中的异常和错误，并自动进行纠正和处理。这可以大大减少人工对账的时间和精力，提高对账的准确性和效率。

又如，通过机器人流程自动化实现报销、付款等流程的自动化处理。这种机器人可以自动完成报销单据的填写、审核、批准、付款等流程，并自动进行账务处理。这可以大大缩短报销和付款的时间周期，提高工作效率。

（四）风险管理数字化

在数字经济时代，风险管理是企业实现长期发展和稳健经营的重要手段。利用大数据技术和风险管理系统，企业可以实现财务风险的数字化管理。这可以帮助企业更好地理解和把握市场的风险变化从而抓住市场机遇创造更多的价值。

风险管理数字化可以通过建立风险管理数据库和监测模型来实现。企业可以利用大数据技术收集和分析市场数据、行业数据、竞争对手数据等，以及企业的财务数据和非财务数据。通过对这些数据的分析和挖掘，企业可以及时发现潜在的风险因素，并采取相应的措施进行防范和应对。同时，企业可以通过采用压力测试等技术对潜在风险进行模拟和评估，以更好地应对可能的风险事件。

第六章 数字经济时代的财务分析创新

第一节 财务分析在数字经济中的新角色

一、财务分析的角色转变与重要性提升

（一）从历史记录者到未来预测者

在数字经济时代，财务分析的角色正在经历着深刻的转变，从传统的历史记录者逐渐演变为未来的预测者。这一转变背后，是市场环境、技术发展和企业需求等多重因素的共同驱动。

传统的财务分析主要聚焦于企业过去的财务状况和经营成果，通过整理、分析和解读财务报表，来评估企业的盈利能力、偿债能力以及运营效率。这种分析方式在稳定的市场环境中具有一定的有效性，能够帮助企业了解自身的经营情况，并为未来的决策提供参考。

然而，在数字经济时代，市场环境的变化速度日益加快，竞争也日趋激烈。仅仅依靠历史数据来进行决策已经无法满足企业的需求。因此，财务分析必须更多地关注未来的发展趋势和潜在的风险，利用大数据、人工智能等先进技术来预测企业的未来财务状况和经营成果。

为了实现这一转变，财务分析人员需要不断提升自身的专业素养和技能水平，掌握先进的数据分析技术和预测模型。同时，他们还需要更加深入地了解企业的业务模式和市场环境，以便更准确地把握未来的发展趋势和潜在风险。

此外，财务分析还需要与其他部门进行更紧密的合作与沟通。在数字经济时代，企业的各个部门之间都是相互联系、相互影响的。财务分析人员需要与销售、市场、研发等部门保持密切的合作与沟通，共同分析市场趋势、客户需求以及竞争对手的动态，从而为企业的战略规划和决策提供更有力的支持。

（二）从单一分析到多元综合分析

随着数字经济时代的到来，财务分析正逐渐从单一分析向多元综合分析转变。这一转变不仅提升了财务分析在企业决策中的地位和作用，也为企业带来了更全面、更深入

的洞察。

传统的财务分析往往局限于财务报表中的几个关键指标，如收入、利润、资产负债率等。这种单一的分析方式虽然能够直观地反映企业的财务状况和经营成果，但忽略了其他重要因素的影响。在数字经济时代，企业的财务状况和经营成果受到多种因素的影响，如市场需求、竞争格局、技术创新、政策法规等。因此，单一的分析方式已经无法满足企业的需求。

为了更全面地评估企业的财务状况和经营成果，财务分析需要综合考虑各种因素，进行多元综合分析。这种分析方式不仅关注财务报表中的关键指标，还结合企业的战略目标和市场环境，考虑其他非财务因素的影响。通过这种方式，财务分析能够为企业提供更全面、更深入的洞察，帮助企业更好地把握市场机遇和应对挑战。

同时，多元综合分析还有助于企业制定更科学合理的财务策略和措施。通过对各种因素的综合考虑和分析，企业能够更准确地识别自身的优势和劣势，明确未来的发展方向和目标。在此基础上，企业可以制定更具针对性和可操作性的财务策略和措施，以支持自身的可持续发展。

（三）从静态分析到动态实时监控

在数字经济时代，市场变化迅速，企业竞争日益激烈。这就要求财务分析不仅要能够提供历史数据的分析结果，更要能够实时监控企业的财务状况和经营成果，以便及时发现潜在的风险和问题，并采取相应的措施进行应对。因此，财务分析正在从静态分析向动态实时监控转变。

传统的财务分析往往是基于历史数据进行的静态分析。这种分析方式虽然能够对企业过去的财务状况和经营成果进行详细的剖析和评价，但无法及时反映企业当前的财务状况和经营成果。当市场环境发生变化时，静态分析的结果可能已经不再适用，甚至可能误导企业的决策。

而动态实时监控则强调对企业财务状况和经营成果的实时跟踪和监控。通过利用大数据、云计算等先进技术，财务分析人员可以实时获取企业的财务数据和非财务数据，并对这些数据进行实时分析和处理。这样，他们就能够及时发现企业潜在的财务风险和经营问题，为企业提供及时的预警和建议。

动态实时监控不仅可以提高财务分析的时效性和准确性，还可以帮助企业更好地应对市场变化和竞争挑战。当企业面临潜在的风险和问题时，如果能够及时发现并采取相应的措施进行应对，就可以避免或减少损失，甚至可能转化为新的机遇。

二、数字经济下财务数据的特性与挑战

（一）数据量的爆炸式增长

在数字经济时代，随着企业业务规模的扩大和市场化程度的提高，财务数据量呈现出爆炸式增长的趋势。这种增长不仅体现在数据的数量上，还体现在数据的复杂性和多样性上。如何有效管理和利用这些海量数据，成为财务分析面临的重要挑战。

首先，数据量的爆炸式增长对财务分析的处理能力提出了更高的要求。传统的财务分析方法和工具已经难以应对如此大规模的数据处理需求。企业需要借助先进的大数据技术和云计算平台，提升数据处理和分析的效率。同时，财务分析人员也需要不断学习和掌握新的数据分析技能，以适应数据处理需求的变化。

其次，数据量的增长也带来了数据质量的挑战。在海量数据中，难免会存在错误、重复或不一致的数据。这些数据质量问题会对财务分析的准确性和可靠性产生不良影响。因此，企业需要建立完善的数据质量管理体系，确保数据的准确性和完整性。同时，在数据分析过程中，也需要采用合适的数据清洗和预处理技术，消除数据质量问题对分析结果的影响。

最后，数据量的爆炸式增长也为财务分析带来了更多的机遇。通过深度挖掘和分析海量数据，企业可以发现更多有价值的业务信息和市场趋势，为企业的战略决策和业务发展提供有力支持。因此，财务分析人员需要积极应对数据量增长的挑战，充分利用大数据技术的优势，为企业创造更大的价值。

（二）数据类型的多样性和复杂性

在数字经济时代，财务数据类型的多样性和复杂性不断增加，给财务分析带来了新的挑战。传统的财务分析主要依赖于结构化数据，如财务报表、凭证等。然而，在数字经济环境下，非结构化数据（如文本、图像、音频、视频等）和半结构化数据（如 XML、JSON 等）也变得越来越重要。这些数据类型不仅包含了丰富的业务信息，还能为企业提供更全面的市场洞察和竞争分析。

首先，处理这些多样性和复杂性的数据需要新的技术和方法。例如，自然语言处理（NLP）技术可以用于分析文本数据中的情感倾向、关键词提取等；图像识别技术可以用于处理和分析图像数据；数据挖掘和机器学习技术则可以帮助企业从海量数据中提取有价值的信息和模式。

其次，整合这些不同类型和来源的数据也是一个巨大的挑战。由于数据结构、格式和标准的差异，以及数据来源的多样性（如内部系统、外部数据库、社交媒体等），数据

整合过程往往需要大量的数据清洗、转换和标准化工作。此外，还需要确保数据的准确性和一致性，以避免数据质量问题对分析结果的影响。

最后，在利用这些多样性和复杂性的数据时，还需要注意数据安全和隐私保护的问题。随着数据共享和交换的日益普遍，如何确保敏感信息不被泄露、滥用或篡改成了一个亟待解决的问题。企业需要建立完善的数据安全管理体系和隐私保护机制，以确保数据的安全性和可信度。

（三）数据质量的不确定性和风险性

在数字经济时代，财务数据质量的不确定性和风险性日益凸显，给财务分析工作带来了严峻的挑战。这种不确定性和风险性主要来源于数据采集、处理、存储等多个环节，可能导致数据失真、缺失或误导等问题。

首先，数据采集环节的不确定性可能导致原始数据就存在偏差。例如，手工录入错误、传感器故障等都可能导致数据不准确。此外，数据来源的多样性也可能导致数据之间存在不一致性。这些问题都需要在数据采集阶段进行严格的控制和校验。

其次，数据处理环节的风险性也不容忽视。在数据处理过程中，可能会因为算法错误、程序故障等原因导致数据失真或丢失。同时，数据清洗和转换过程中的操作也可能引入新的误差。因此，在数据处理阶段需要采用科学的方法和工具，确保数据的准确性和完整性。

最后，数据存储环节的安全性也是数据质量的重要保障。如果数据存储不当或遭受攻击，可能导致数据泄露、篡改或损坏等严重后果。这不仅会影响财务分析的准确性和可靠性，还可能给企业带来重大的经济损失和声誉风险。因此，企业需要加强数据存储的安全管理，采用加密、备份等技术手段确保数据的安全性。

为了应对数据质量的不确定性和风险性，企业需要建立完善的数据质量管理体系和风险防控机制。通过制定严格的数据采集、处理和存储标准，加强数据校验和审核工作，及时发现和纠正数据质量问题。同时，还需要加强员工的数据意识和技能培训，提高全员对数据质量的重视程度和操作能力。

（四）数据安全和隐私保护的挑战

在数字经济时代，数据安全和隐私保护对财务分析工作提出了前所未有的挑战。随着大数据、云计算等技术的广泛应用，企业财务数据在采集、存储、处理和传输过程中面临着诸多安全风险。同时，由于涉及敏感信息和商业机密，财务数据的隐私保护也显得尤为重要。

首先，在数据安全方面，企业需要应对外部攻击和数据泄露的风险。黑客攻击、恶意软件侵入以及内部人员的不当操作都可能导致财务数据被非法获取或篡改。为了防范这些风险，企业需要建立完善的信息安全体系，包括加强网络防御、定期漏洞扫描、实施访问控制等措施。此外，还需要制定应急响应计划，以便在发生安全事件时能够及时响应和处理。

其次，在隐私保护方面，企业需要确保财务数据的合规性和保密性。随着全球数据保护法规的不断完善，如欧盟的《通用数据保护条例》（GDPR）等，企业需要遵守相关法律法规的要求，确保用户隐私得到充分保护。这要求企业在收集、处理和使用财务数据时遵循最小化原则、目的限制原则和数据安全原则等。同时，还需要加强员工对隐私保护政策的培训和教育，提高全员对隐私保护的重视程度。

为了应对数据安全和隐私保护的挑战，企业需要采取一系列措施。首先，加强技术研发和投入，提升数据安全和隐私保护的技术水平。其次，建立完善的信息安全管理制度和隐私保护政策，确保各项措施得到有效执行。最后，加强与政府、行业组织等合作与交流，共同推动数据安全和隐私保护事业的发展。

三、当今时代财务分析的核心任务与价值创造

（一）为战略决策提供有力支持

当今时代财务分析的核心任务之一，就是为企业的战略决策提供有力支持。这不仅仅是对历史数据的简单回顾和总结，更是对未来趋势的深入洞察和预判。财务分析人员需要紧密结合企业的实际情况，通过深入挖掘财务数据背后的信息，揭示出企业的经营规律和市场动态，为企业制定科学合理的战略目标提供重要依据。

在战略决策过程中，财务分析可以发挥至关重要的作用。首先，通过对企业历史财务数据的梳理和分析，可以帮助企业了解自身的财务状况和经营成果，明确自身的优势和劣势，从而确定符合企业实际情况的战略方向和发展目标。其次，财务分析还可以结合市场环境和发展趋势，对企业未来的发展前景进行预测和评估，为企业制定科学合理的战略规划提供重要参考。最后，在战略执行过程中，财务分析还可以实时监控企业的财务状况和经营成果，及时发现潜在的风险和问题，并采取相应的措施进行应对和调整，确保企业战略目标的顺利实现。

为了实现这一目标，财务分析人员需要不断提升自身的专业素养和分析能力。他们需要熟练掌握各种财务分析工具和方法，能够准确识别和分析财务数据中的关键信息；同时，他们还需要具备敏锐的市场洞察力和判断力，能够及时发现和把握市场机遇。此外，财务分析人员还需要与企业内部其他部门和外部相关机构进行密切沟通和协作，共

同为企业的战略决策提供有力支持。

通过财务分析的深入参与和有力支持，企业可以更加科学合理地制定战略目标和发展规划，提高决策的准确性和有效性；同时，在战略执行过程中，财务分析还可以帮助企业及时发现和解决问题，确保战略目标的顺利实现。这样不仅可以为企业创造更大的价值，还可以提升企业的市场竞争力和可持续发展能力。

（二）优化资源配置与提升运营效率

在快速变化的市场环境中，企业要想保持竞争优势并实现持续发展，必须不断优化资源配置并提升运营效率。当今时代财务分析在这一过程中扮演着至关重要的角色。通过深入分析企业的财务状况和经营成果，财务分析可以帮助企业了解各项资源的配置情况和利用效率，从而为企业优化资源配置提供有力支持。

具体来说，财务分析可以从以下几个方面入手来优化资源配置：首先，通过对企业资产、负债和权益等财务数据的分析，可以了解企业的资金结构和使用效率，进而优化资金配置，提高资金使用效率；其次，通过对企业收入、成本和利润等经营数据的分析，可以了解企业的盈利能力和成本控制水平，进而优化产品或服务结构，提高盈利能力；最后，通过对企业人力资源、技术资源等非财务数据的分析，可以了解企业的核心竞争力和创新能力，进而优化人力资源配置和技术创新投入，提升企业的整体竞争力。

在提升运营效率方面，财务分析同样可以发挥重要作用。首先，通过对企业生产流程、供应链管理等关键环节的分析，可以发现运营中的瓶颈和问题，进而提出改进建议和优化措施，提高生产效率和供应链协同效率；其次，通过对企业销售数据、客户反馈等市场信息的分析，可以了解市场需求和竞争态势，进而优化销售策略和客户服务体系，提高市场响应速度和客户满意度；最后，通过对企业内部管理流程、信息化水平等方面的分析，可以发现管理上的不足和提升空间，进而推动企业内部管理变革和信息化升级，提高管理效率和决策水平。

为了实现这些目标，财务分析人员需要不断提升自身的专业素养和分析能力。他们需要熟练掌握各种财务分析工具和方法，能够准确识别和分析财务数据中的关键信息；同时，他们还需要具备跨部门沟通和协作的能力，能够与企业内部其他部门和外部相关机构进行有效合作。此外，随着大数据、人工智能等技术的不断发展，财务分析人员还需要积极拥抱新技术，利用大数据分析和智能算法等手段来优化分析流程和提高分析效率。

通过财务分析的深入参与和有力支持，企业可以更加科学合理地配置资源并提升运营效率。这不仅可以提高企业的市场竞争力和盈利能力，还可以为企业的可持续发展奠定坚实基础。

（三）加强风险管理与防范财务风险

在数字经济时代，企业面临着更加复杂和多变的市场环境和竞争态势，财务风险也随之增加。因此，当今时代财务分析需要加强风险管理与防范财务风险，确保企业的财务安全和稳定发展。

首先，财务分析是识别财务风险的重要手段。通过对企业的财务报表、经营数据等进行深入分析，可以及时发现企业存在的财务风险点，如资产负债率过高、应收账款周转率下降等。这些风险点可能对企业的经营成果和财务状况产生不利影响，甚至威胁到企业的生存。因此，财务分析人员需要密切关注这些风险点，及时向企业管理层报告，并提出相应的风险防范和应对措施。

其次，财务分析有助于建立完善的风险管理体系。通过对企业历史财务数据的分析，可以了解企业过去面临的风险类型和发生频率，从而为企业制定风险应对策略提供依据。同时，财务分析还可以帮助企业建立风险预警机制，当某些财务指标出现异常波动时，及时发出预警信号，提醒企业管理层关注并采取相应措施。这样可以将风险控制在萌芽状态，避免造成更大的损失。

此外，财务分析在防范财务风险方面也具有重要作用。一方面，通过对企业内部控制制度的评估和改进建议的提出，可以帮助企业加强内部控制，规范财务管理流程，降低财务风险的发生概率。另一方面，财务分析还可以为企业提供合理的融资建议和投资决策支持，避免企业因盲目扩张或投资失误而陷入财务困境。

为了实现这些目标，财务分析人员需要不断提升自身的风险意识和风险管理能力。他们需要熟练掌握各种风险识别、评估和控制方法，能够准确识别和分析企业面临的财务风险；同时，他们还需要与企业内部其他部门和外部相关机构进行密切沟通和协作，共同构建完善的风险管理体系和内部控制机制。此外，随着市场环境的不断变化和技术的不断进步，财务分析人员还需要持续学习和更新知识，以适应新的风险挑战和防范需求。

（四）推动数字化转型与智能化升级

随着数字经济的快速发展和智能化技术的广泛应用，企业需要不断适应新的市场环境和竞争态势，加快数字化转型和智能化升级的步伐。在这个过程中，财务分析可以发挥重要作用，推动企业的数字化转型和智能化升级进程。

首先，财务分析可以利用大数据和智能算法等技术手段来优化分析流程和方法。传统的财务分析往往依赖于手工操作和简单的数据处理工具，效率低下且容易出错。而通过引入大数据技术和智能算法，企业可以实现财务数据的自动采集、清洗、整合和分析，提高分析效率和准确性，同时，还可以利用数据挖掘和机器学习等技术来发现数据中的潜在规律和趋势，为企业提供更加深入和全面的财务监测信息。

其次，财务分析可以为企业提供更加智能化、个性化的财务解决方案和服务。随着市场竞争的加剧和客户需求的多样化，企业需要更加灵活和定制化的财务解决方案来应对不同场景和需求。通过利用大数据和人工智能技术，财务分析可以根据企业的实际情况和市场环境，为企业提供量身定制的财务规划、预算控制、风险管理等解决方案，同时，还可以利用智能化技术来优化企业的财务管理流程和服务体验，提高客户满意度和忠诚度。

最后，财务分析在推动企业数字化转型和智能化升级过程中还需要关注数据安全和隐私保护问题。随着数字化程度的提升和数据量的增加，数据安全和隐私保护成为企业面临的重要挑战。财务分析人员需要严格遵守相关法律法规和伦理规范，确保数据的安全性和隐私性，同时，还需要采取有效的技术手段和管理措施来加强数据保护和风险控制，确保企业的数字化转型和智能化升级进程的安全稳定进行。

综上所述，当今时代财务分析在推动企业数字化转型和智能化升级方面具有重要作用。利用大数据、人工智能等技术手段来优化分析流程和方法，提供智能化、个性化的财务解决方案和服务，并关注数据安全和隐私保护问题，可以推动企业的数字化转型和智能化升级进程取得更大的成功。

第二节　大数据驱动下的财务分析方法变革

一、传统财务分析方法的局限性

（一）数据获取的限制

传统财务分析方法在数据获取方面存在显著的局限性。在过去，由于技术条件的限制和数据处理手段的不足，大部分财务数据的收集都依赖于手工录入。这种方式不仅效率低下，容易因为人为因素导致数据录入错误，而且在数据量庞大的情况下，手工录入的难度和工作量都会显著增加。此外，传统财务分析方法往往只能处理结构化数据，如数字、表格等，而对于非结构化数据，如文本、图像、音频等，则难以进行有效的整合和利用。这导致传统财务分析方法在分析企业财务状况时，只能依赖于有限的、经过处理的结构化数据，而无法充分利用大量的、原始的非结构化数据，从而使得分析结果具有片面性。

随着企业规模的扩大和业务的多样化，财务数据的复杂性和多样性也在不断增加。传统财务分析方法在处理这些数据时，往往需要进行大量的数据预处理工作，如数据清洗、数据转换等，以使得数据符合分析的要求。然而，这些预处理工作不仅耗时耗力，而且容易因为处理不当而导致数据失真或丢失，从而影响分析结果的准确性。

（二）分析维度的局限

传统财务分析方法在分析维度方面也存在明显的局限性。它们通常只关注历史数据，通过对历史数据的分析来评估企业的财务状况和经营成果。然而，历史数据只能反映企业过去的经营情况，而无法揭示企业未来的发展趋势和潜在风险。因此，传统财务分析方法在预测企业未来财务状况和制定相应决策方面存在较大的局限性。

此外，传统财务分析方法往往只关注企业内部的财务数据，而忽视了外部环境对企业财务状况的影响。在现代经济中，企业的财务状况不仅受到内部因素的影响，还受到外部环境如市场、竞争对手、政策法规等多种因素的影响。如果忽视这些因素，只从内部数据进行分析，那么得出的结论很可能是片面的，甚至可能误导企业的决策。

（三）实时性的不足

在快速变化的市场环境中，企业需要及时了解自身的财务状况，以做出迅速且有效的反应。然而，传统财务分析方法往往存在滞后性，无法为企业提供实时的财务信息。这主要归因于传统财务分析方法的处理流程和数据更新频率的限制。通常情况下，企业需要经过一段时间的财务数据处理和汇总后，才能进行财务分析。这个过程可能需要数天甚至数月的时间，导致企业无法及时了解自身的财务状况。当企业面临突发事件或市场变化时，这种滞后性可能导致企业无法做出及时、有效的应对，从而错失商机或面临更大的风险。

二、大数据在财务分析中的应用场景

（一）数据整合与清洗

大数据技术为企业从海量数据中提取有价值的信息提供了可能。通过数据整合与清洗技术，企业可以将来自不同来源、不同格式的数据转化为统一、可用的格式，为后续的分析工作奠定基础。这不仅可以提高数据的质量和可用性，还可以节省大量的人力物力。在过去，企业可能需要花费大量的时间和人力进行数据的收集、整理和清洗工作。而现在，借助大数据技术，这些工作可以自动化地完成，大大提高了工作效率。

此外，大数据技术还可以帮助企业整合非结构化数据，如文本、图像等。这些非结构化数据在过去往往被忽视或难以利用，而现在却可以被有效地整合到财务分析中，为企业提供更全面、更深入的信息。例如，企业可以通过分析社交媒体上的用户评论和反馈，了解用户对产品的满意度和需求，从而为产品改进和营销策略提供依据。

（二）多维度分析

大数据技术使得企业可以从多个维度对财务数据进行深入分析。除了传统的财务指标外，企业还可以利用非财务指标来全面评估企业的财务状况。这些非财务指标可能包括客户满意度、市场份额、创新能力等，它们可以从不同的角度反映企业的经营情况和竞争力。通过对这些指标的分析，企业可以更全面地了解自身的优势和不足，为制订更合理的战略计划提供依据。

此外，大数据技术还可以帮助企业挖掘和分析外部数据。通过对市场趋势、竞争对手动态等外部数据进行分析，企业可以更好地了解市场环境的变化和竞争态势的发展，从而为决策提供更有力的支持。例如，企业可以通过分析竞争对手的财务数据和市场策略，了解其在市场中的定位和优势，从而制定针对性的竞争策略。

（三）实时分析与监控

大数据技术能够实现财务数据的实时分析和监控。通过构建实时分析系统，企业可以及时了解自身的财务状况和运营情况，发现潜在的问题并采取相应的措施。这种实时性不仅可以提高企业的决策效率，还可以帮助企业避免不必要的损失。例如，在金融市场交易中，实时分析系统可以帮助企业及时发现市场异常波动和风险事件，从而迅速做出决策以规避风险。

此外，实时分析系统还可以为企业提供实时的业务监管和预警功能。通过对业务数据的实时监控和分析，企业可以及时了解业务发展的动态和趋势，发现潜在的机会和挑战。同时，当企业面临潜在的风险或问题时，实时分析系统可以迅速发出预警信号，提醒企业及时采取措施以应对风险。

（四）预测与决策支持

大数据技术还具有强大的预测功能，可以为企业提供更准确的预测和决策支持。通过对历史数据的挖掘和分析，企业可以建立预测模型来预测未来的财务状况和运营情况。这些预测结果可以为企业制订战略计划、进行投资决策等提供有力的支持。例如，在市场需求预测方面，企业可以利用大数据技术对市场趋势进行准确预测，从而制订更合理的生产计划并制定销售策略。在投资决策方面，企业可以利用大数据技术对投资项目的收益和风险进行准确评估，从而做出更明智的投资决策。

　　同时，大数据技术还可以帮助企业优化资源配置、降低成本、提高盈利能力等。通过对企业运营数据的深入分析，企业可以发现资源利用的不足和浪费情况，从而优化资源配置以提高效率。此外，通过对成本数据的挖掘和分析，企业可以找到降低成本的途径和方法，提高企业的盈利能力。这些应用场景都充分展示了大数据在财务分析中的巨大潜力和价值。

三、基于大数据的财务预测与决策支持

（一）销售预测与市场趋势分析

　　在数字经济时代，大数据技术的应用已经渗透到企业管理的各个方面，尤其在财务预测与决策支持领域，其重要性日益凸显。销售预测作为企业财务预测的重要组成部分，对于指导企业生产、库存、资金等各方面的资源配置具有至关重要的作用。利用大数据技术，企业可以对历史销售数据进行深入挖掘和分析，通过建立销售预测模型，结合市场趋势、季节性因素、消费者行为等多维度信息，来预测未来的销售趋势。这种基于数据的预测方法，相比传统的经验判断或简单统计，更具科学性和准确性。

　　同时，大数据技术还可以帮助企业更好地了解市场的发展趋势和竞争对手的动态。通过对市场数据的收集、整合和分析，企业可以洞察到市场的消费热点、新兴需求以及竞争格局的变化，从而为制定销售策略提供有力支持。这种以数据为驱动的市场洞察能力，有助于企业在激烈的市场竞争中保持敏锐的市场触觉和快速的响应能力。

（二）成本控制与优化

　　成本控制是企业财务管理中的关键环节，直接影响到企业的盈利能力和竞争力。大数据技术为企业实现成本控制的精细化提供了有力支持。通过对生产、采购、库存等环节的实时监控和分析，企业可以获取到各个环节的详细成本数据，包括原材料消耗、人工成本、设备折旧等各个方面。这些数据的获取和分析，有助于企业及时发现成本异常，如原材料浪费、设备效率低下等问题，并采取相应的措施进行调整和优化。

　　此外，大数据技术还可以帮助企业对成本结构进行深入剖析。通过对历史成本数据的挖掘和分析，企业可以了解到各项成本的构成和变动趋势，找到降低成本的潜力点。例如，通过优化生产流程、提高设备效率、降低库存水平等方式，企业可以实现成本的持续优化和降低。这种以数据为驱动的成本控制方法，不仅可以帮助企业实现成本的精细化管理，还可以提高企业的整体盈利能力和市场竞争力。

（三）投资决策支持

　　投资决策是企业财务管理中的重要环节，直接关系到企业的资金运用和未来发展。

大数据技术可以为企业提供全面的投资决策支持。通过对投资项目的历史数据进行分析和评估，企业可以了解到项目的盈利能力、风险水平以及未来发展潜力等关键信息。这些信息对于企业制定投资策略和进行投资决策具有至关重要的参考价值。

同时，大数据技术还可以帮助企业对市场环境、竞争对手等因素进行综合考虑。通过对市场数据的收集和分析，企业可以了解到行业的发展趋势、竞争格局以及潜在的市场机会等关键信息。这些信息对于企业把握市场机遇、规避潜在风险以及制定科学合理的投资策略具有重要意义。这种以数据为驱动的投资决策方法，不仅可以提高企业的投资决策效率和准确性，还可以帮助企业更好地应对市场变化和不确定性因素。

四、大数据驱动的财务风险识别与管理

（一）风险识别与预警

在财务管理领域，大数据技术的应用为企业风险识别与预警提供了全新的视角和手段。传统的财务风险识别方法往往依赖于财务报表和事后分析，具有一定的滞后性和局限性。而大数据技术通过对海量数据的实时采集、处理和分析，能够帮助企业及时发现潜在的财务风险并进行预警。

具体来说，企业可以利用大数据技术对财务数据进行实时监控和分析，通过构建风险识别模型来识别异常情况并进行报警。这些异常情况可能包括异常的交易行为、异常的账户变动、异常的资金流动等。一旦发现这些异常情况，企业可以立即采取相应的措施进行调查和处理，从而避免财务风险的发生或扩大。这种基于大数据的风险识别与预警方法，不仅提高了企业风险管理的及时性和准确性，还为企业赢得了宝贵的风险应对时间。

（二）风险评估与量化

除了风险识别与预警外，大数据技术还可以帮助企业对财务风险进行评估和量化。通过构建风险评估模型，企业可以对不同风险因素的影响程度进行量化分析，从而更加准确地评估财务风险的大小和可能造成的损失。这种量化分析方法相比传统的定性分析方法更具客观性和科学性。

在风险评估过程中，企业可以利用大数据技术对市场环境、竞争对手、政策法规等外部因素进行全面分析，以确定这些因素对企业财务风险的影响程度。同时，企业还可以利用大数据技术对内部运营数据、财务数据等进行深入挖掘和分析，以发现潜在的风险点和风险因素。通过对这些内外部因素的综合考虑和量化分析，企业可以更加准确地评估财务风险的大小和可能造成的损失，为制定风险管理策略提供依据。

（三）风险应对策略制定

基于大数据的风险识别与评估结果，企业可以制定相应的风险应对策略。这些策略可以包括风险规避、风险降低、风险转移等多种方式，具体取决于企业的风险偏好和实际情况。例如，对于某些高风险的投资项目或业务领域，企业可以选择规避策略，即放弃或退出这些项目或领域，以避免潜在的风险损失；对于某些可以通过采取措施降低风险的项目或业务领域，企业可以选择降低策略，即通过加强内部控制、优化业务流程等方式来降低潜在的风险损失；对于某些可以通过保险或合约等方式转移风险的项目或业务领域，企业可以选择转移策略，即与保险公司或其他合作伙伴签订合约来转移潜在的风险损失。

通过制定科学合理的风险应对策略，企业可以有效地应对各种财务风险挑战。这种以数据为驱动的风险管理方法不仅提高了企业的风险管理水平，还为企业提供了更加全面和深入的风险管理视角。同时，通过与外部合作伙伴的紧密合作和信息共享，企业还可以进一步提升自身的风险管理能力和市场竞争力。

（四）持续优化与改进

最后，大数据技术还可以帮助企业持续优化和改进财务风险管理体系。通过对历史风险事件的分析和总结，企业可以不断完善风险识别、评估、应对等方面的流程和方法。例如，企业可以定期对已发生的风险事件进行回顾和分析，以发现风险管理体系中存在的不足和漏洞，并及时进行改进和优化。同时，企业还可以利用大数据技术的实时性和动态性特点，对正在发生的风险事件进行实时监控和分析，以及时调整和完善风险管理策略。

此外，随着市场环境和企业业务的变化和发展，财务风险管理体系也需要不断地进行更新和调整。利用大数据技术，企业可以实时跟踪、分析市场环境和业务变化对财务风险的影响，以及时调整和完善风险管理策略和方法。这种持续优化与改进的方法不仅可以帮助企业更好地应对财务风险挑战，还可以为企业的长期稳定发展提供有力保障。

第三节　实时财务报告系统的构建与应用

一、实时财务报告系统的需求与背景

（一）市场快速变化的需求

在全球化和数字化的时代背景下，企业面临的市场环境日益复杂且变化迅速。竞争对手、客户需求、政策法规以及技术革新等诸多因素都在不断地对企业产生着影响。为了在这个瞬息万变的市场中立足，企业需要更加灵活和敏捷地应对各种挑战。实时财务报告系统应运而生，成为企业应对市场变化的重要工具。

实时财务报告系统能够为企业提供及时、准确的财务信息，帮助企业迅速做出决策。通过实时了解企业的财务状况和运营情况，企业可以更加精准地把握市场机遇，及时调整战略和业务模式。同时，实时财务报告系统还可以为企业提供实时的风险预警和监控，帮助企业及时发现潜在的风险和问题，从而采取有效的措施进行防范和应对。

此外，随着数字化和互联网技术的不断发展，企业对于数据的需求也日益增长。实时财务报告系统不仅可以为企业提供实时的财务数据，还可以通过对这些数据的挖掘和分析，为企业提供更加深入的业务洞察服务和市场趋势预测。这些信息对于企业的决策和发展都具有重要的意义。

（二）投资者和监管机构的要求

随着资本市场的不断发展和完善，投资者和监管机构对企业的财务状况和运营情况有着越来越高的要求。他们需要更加及时、透明的财务信息来评估企业的价值和风险，以便做出更加明智的投资和监管决策。

实时财务报告系统能够满足这些要求，提高企业的透明度和公信力。通过实时披露企业的财务信息，企业可以更加全面地展示自身的运营情况和业绩表现，增强投资者和监管机构的信任。同时，实时财务报告系统还可以提供更加准确和可靠的数据支持，帮助投资者和监管机构更加科学地评估企业的价值和风险。

此外，实时财务报告系统还可以提高企业的治理水平。通过实时的财务监控和风险管理，企业可以更加有效地防范和应对各种风险和挑战，保障企业的稳健运营和持续发展。这对于维护投资者利益、保障市场稳定以及推动资本市场的健康发展都具有积极的意义。

（三）企业内部管理的需要

随着企业规模的扩大和业务的多样化，内部管理变得更加复杂。企业需要更加全面、准确地掌握各个部门和业务的财务状况和运营情况，以便进行更加有效的资源配置和决策支持。实时财务报告系统能够为企业提供实时的财务数据和分析报告，帮助企业加强内部控制，提高管理效率。

通过实时财务报告系统，企业可以实时了解各个部门和业务的收入、成本、利润等关键财务指标，以及各项业务的运营情况和业绩表现。这些信息可以帮助企业更加精准地把握市场动态和业务机会，及时调整战略和业务模式。同时，实时财务报告系统还可以为企业提供实时的风险预警和监控，帮助企业及时发现潜在的风险和问题，从而采取有效的措施进行防范和应对。这对于保障企业的稳健运营和持续发展具有重要的意义。

此外，实时财务报告系统还可以帮助企业优化资源配置和提高决策效率。通过对实时财务数据的挖掘和分析，企业可以更加科学地评估各项业务的盈利能力和发展前景，从而进行更加合理的资源配置和投资决策。同时，实时财务报告系统还可以为企业提供各种定制化的分析报告和决策支持工具，帮助企业更加快速、准确地做出决策。这对于提高企业的竞争力和市场地位具有重要的推动作用。

二、实时财务报告系统的架构设计

为了满足上述需求，实时财务报告系统需要设计一个合理、高效的架构。以下是一个可能的架构设计。

（一）数据采集层

数据采集层是实时财务报告系统的基础，负责从企业的各个业务系统中实时收集财务数据。这些业务系统可能包括销售系统、采购系统、库存系统等，它们产生的数据是实时财务报告系统的重要来源。

为了确保数据的准确性和完整性，数据采集层需要采用可靠的数据采集技术和方法。例如，可以利用 ETL 工具从各个业务系统中抽取数据，并进行清洗和转换，以确保数据的格式和质量符合实时财务报告系统的要求。同时，数据采集层还需要考虑数据的实时性和性能要求，确保能够及时地获取和处理数据。

（二）数据处理层

数据处理层是实时财务报告系统的核心部分，负责对收集到的数据进行清洗、整合和加工。由于原始数据可能存在噪声、重复或不一致等问题，因此需要进行清洗和整合，以确保数据的准确性和一致性。同时，为了满足企业的业务需求，数据处理层还需要根据预设的规则和算法对数据进行加工和处理，生成各种财务指标和分析报告。

为了实现这些功能，数据处理层可以利用大数据技术和算法进行实时处理，例如，可以利用分布式计算框架（如 Hadoop、Spark 等）对海量数据进行并行处理和分析，提高处理效率，同时，还可以利用数据挖掘和机器学习算法对数据进行深入的分析和挖掘，发现数据中的潜在规律和趋势。

（三）数据存储层

数据存储层负责将处理后的数据存储在高性能的数据库中，以便后续的查询和分析。由于实时财务报告系统需要处理大量的实时数据和高并发的查询请求，因此对数据存储的性能和稳定性有很高的要求。

为了满足这些要求，数据存储层可以选择高性能的关系型数据库（如 Oracle、MySQL 等）或分布式数据库（如 HBase、Cassandra 等）进行存储。这些数据库需要支持高速的读写操作和大容量的数据存储，以确保实时财务报告系统的性能。同时，数据存储层还需要考虑数据的安全性和备份策略，防止数据丢失或损坏，例如，可以采用加密技术对数据进行加密存储和传输，以及定期备份数据到远程存储设备等措施来保障数据的安全性。

（四）报告生成与展示层

报告生成与展示层是实时财务报告系统的最终输出部分，负责根据企业的需求生成各种财务报告，并将其展示给相关的用户。这些报告可能包括资产负债表、利润表、现金流量表等传统的财务报告，也可能包括各种定制化的分析报告和图表等。

为了确保报告的准确性和可读性，报告生成与展示层需要利用可视化技术和工具对数据进行可视化和展示，例如，可以利用表格、图表、仪表盘等形式展示数据和分析结果，帮助用户更加直观地了解企业的财务状况和运营情况。同时，报告生成与展示层还需要考虑用户的权限和角色设置，确保不同用户只能访问其权限范围内的数据和报告。这可以通过用户认证和授权机制来实现。

三、数据集成、处理与报告生成的实时化

（一）数据集成

在数字化时代，企业的运营和管理越来越依赖于各种业务系统产生的数据。为了实现实时财务报告，企业首先需要将各个业务系统的数据进行集成。数据集成是一个复杂而关键的过程，它涉及数据格式的转换、数据质量的校验以及不同数据的合并等多个环节。

数据格式的转换是为了确保不同业务系统产生的数据能够统一到一个标准的格式中，便于后续的处理和分析。由于各个业务系统可能采用不同的数据格式和标准，因此需要进行格式转换，以消除数据之间的差异。

数据质量的校验是为了确保集成后的数据是准确、完整和可靠的。在数据集成过程中，系统可能会遇到数据缺失、数据异常或数据重复等问题。通过数据质量校验，系统可以及时发现并纠正这些问题，确保数据的准确性和一致性。

数据的合并是将来自不同业务系统的数据进行整合，形成一个完整、统一的数据集。在合并过程中，需要考虑数据的关联性、一致性和时效性等因素，以确保合并后的数据

能够真实反映企业的财务状况和经营成果。

通过数据集成，企业可以确保财务数据的完整性和一致性，为后续的处理和报告生成提供可靠的基础。同时，数据集成还可以提高数据的可用性和可维护性，降低数据管理的复杂性和成本。

（二）数据处理

在数据集成的基础上，企业需要对收集到的数据进行实时处理。数据处理是实时财务报告生成的关键环节之一，它涉及数据的清洗、整合和计算等多个方面。

数据清洗是为了消除数据中的噪声、异常值和重复值等问题，提高数据的质量和可用性。在数据清洗过程中，系统需要对数据进行筛选、过滤和转换等操作，以确保数据的准确性和一致性。

数据整合是将清洗后的数据进行整合和归纳，形成一个结构化、易于分析的数据集。在数据整合过程中，需要考虑数据的关联性、层次性和时序性等因素，以便于后续的分析和报告生成。

计算是数据处理的核心环节之一。通过利用大数据技术和算法，企业可以使用整合后的数据进行各种计算和分析操作，如求和、平均值计算、趋势分析等。这些计算结果可以为企业的决策提供有力的支持。

通过实时处理大量的财务数据，企业可以生成各种财务指标和分析报告。这些处理结果不仅可以帮助企业及时了解自身的财务状况和经营成果，还可以为企业的战略规划和决策提供重要的参考依据。

（三）报告生成

基于处理后的数据，实时财务报告系统可以生成各种财务报告。这些报告可以根据企业的需求进行定制，包括报表的格式、内容以及展示方式等。与传统财务报告相比，实时财务报告具有更高的时效性和灵活性。

实时财务报告的生成过程是一个自动化的过程。通过预先设定好的规则和模板，实时财务报告系统可以自动从数据库中提取数据、进行计算和分析，并生成相应的报告。这种自动化的报告生成方式不仅提高了工作效率，还减少了人为错误和干预的可能性。

通过报告生成功能，企业可以及时地向投资者、监管机构以及内部管理人员提供准确、全面的财务信息。这些信息可以帮助投资者做出更明智的投资决策，帮助监管机构更好地履行监管职责，帮助内部管理人员更好地了解企业的财务状况和经营成果。

（四）实时化的挑战与对策

实现实时财务报告面临着诸多挑战。首先，数据的质量问题是一个重要的挑战。由于数据来源于不同的业务系统，可能存在数据不一致、数据缺失或数据异常等问题。这些问题会对实时财务报告的准确性和可信度产生不良影响。为了克服这一挑战，企业需要加强数据质量管理，建立完善的数据校验和审核机制，确保数据的准确性和完整性。

其次，系统的性能瓶颈也是一个重要的挑战。由于实时财务报告需要处理大量的数据并进行复杂的计算和分析操作，因此对系统的性能要求较高。如果系统性能不足或存在瓶颈问题，可能会导致报告生成速度缓慢或系统崩溃等问题。为了克服这一挑战，企业需要优化系统架构、提高系统的处理能力和稳定性。

最后，安全性风险也是一个需要关注的挑战。由于实时财务报告涉及企业的敏感财务信息，因此存在被非法访问、篡改或泄露等风险。为了保障实时财务报告的安全性，企业需要加强系统的安全防护措施、建立完善的权限管理和访问控制机制，并定期对系统进行安全审计和漏洞扫描等操作。

为了克服这些挑战并实现实时财务报告的长期稳定运行，企业需要持续投入资源对系统进行维护和升级。这包括定期对系统进行性能评估和优化、修复系统漏洞、更新系统版本和补丁等操作。同时，企业还需要建立完善的技术支持和服务体系，确保在系统出现问题时能够及时得到解决和支持。

四、实时财务报告的质量保证与监管要求

（一）数据准确性保证

数据准确性是实时财务报告的生命线。为了确保实时财务报告的准确性，企业需要建立完善的数据校验和审核机制。这包括对数据来源的可靠性进行验证、对数据进行定期的校对和修正，以及建立异常数据的监控和报警机制等。通过这些措施，企业可以最大限度地减少数据错误和偏差，提高实时财务报告的准确性和可信度。

具体来说，企业可以通过以下方式来保证数据的准确性：首先，建立严格的数据采集和录入标准，确保从源头控制数据的质量；其次，利用先进的数据清洗和校验技术，对收集到的数据进行自动化清洗和校验；最后，建立数据质量监控体系，定期对数据进行抽样检查或全面审核，及时发现并纠正数据错误。

（二）符合监管要求

实时财务报告需要符合相关的监管要求和标准。这些要求和标准可能涉及会计准则、披露要求以及数据保护法规等多个方面。企业需要了解并遵守这些要求和标准，确保实时财务报告的内容和格式符合监管机构的期望和要求。

为了满足监管要求，企业需要与监管机构保持密切的沟通与合作。通过与监管机构建立良好的沟通渠道，企业可以及时了解监管政策的最新动态和变化，确保实时财务报告的编制符合最新的监管要求。同时，企业还需要积极配合监管机构的审查和检查工作，提供必要的支持和协助。

（三）内部审计与监控

为了保证实时财务报告的质量，企业还需要建立完善的内部审计和监控机制。内部审计是对实时财务报告系统进行定期的审查和评估，以确保其运行的有效性和合规性。通过内部审计，企业可以及时发现并纠正存在的问题和不足，确保实时财务报告的准确性和完整性。

除了内部审计外，企业还需要对关键业务流程进行监控。这些关键业务流程可能涉及数据采集、处理、报告生成等多个环节。通过对这些环节的监控，企业可以确保实时财务报告的生成过程符合既定的规范和标准。

此外，企业还需要对内部控制的有效性进行测试。内部控制是企业保证财务报告质量的重要手段之一。通过测试内部控制的有效性，企业可以评估其是否能够防止或发现并纠正财务报告中的错误和舞弊行为。如果发现内部控制存在缺陷或不足，企业需要及时采取措施进行改进和完善。

第七章　数字化转型与企业财务管理流程再造

第一节　数字化转型对企业财务管理的影响

一、数字化转型背景下企业财务管理的变革趋势

（一）数据驱动的决策模式

在数字化转型的大背景下，企业财务管理的首要变革趋势是数据驱动的决策模式。这一模式的出现，源于数字化技术的飞速发展和普及，使得企业能够实时生成、收集和分析海量的财务数据。这些数据不仅涵盖了企业的财务状况、经营成果，还反映了市场变化、客户需求和业务动态等多方面的信息。

传统的财务管理多依赖于静态的财务报告和人工分析，往往存在时效性差、准确性不足等问题。而在数字化时代，通过运用大数据、云计算等先进技术，企业可以实现对财务数据的实时监控和动态分析，从而为战略决策提供更为及时、准确的支持。这种数据驱动的决策模式，不仅大大提高了决策的时效性和准确性，还使得企业能够更敏锐地洞察市场变化和业务动态，把握先机，赢得竞争优势。

此外，数据驱动的决策模式还有助于提升企业的风险管理水平。通过对财务数据的深入挖掘和分析，企业可以及时发现潜在的财务风险和异常情况，并采取相应的应对措施，从而降低损失，保障企业的稳健发展。

（二）自动化和智能化的财务流程

随着人工智能、机器学习等技术的不断发展，财务管理的自动化和智能化水平也在不断提高。许多烦琐的财务流程，如账目记录、发票处理、费用报销等，都可以通过自动化工具来完成，这大大提高了工作效率。这些自动化工具能够自动处理大量的财务数据和信息，减少人工操作的时间和错误率，从而显著提升财务管理的准确性和效率。

同时，智能化的财务分析工具也为企业提供了更加全面和深入的支持。这些工具运用机器学习、数据挖掘等技术，能够自动识别出数据中的异常模式、关联关系和趋势变化，为企业的决策提供更为精准的依据。例如，通过智能化的财务分析工具，企业可以及时发现销售数据的异常波动，深入剖析其原因，并制定相应的市场策略并制订产品调

整方案。

此外，自动化和智能化的财务流程还有助于提升企业的风险管理水平。这些工具可以实时监控和分析企业的财务数据，及时发现潜在的财务风险和异常情况，并为企业提供相应的风险预警和应对措施。这可以帮助企业更加及时地应对风险挑战，保障企业的财务安全稳定。

（三）云计算和共享服务的广泛应用

云计算技术的发展为企业的财务管理带来了革命性的变化。通过云计算平台，企业可以轻松地实现财务数据的集中存储、共享和访问，打破了时间和空间的限制。这意味着，无论身处何地，财务人员都可以随时访问最新的财务数据和信息，进行实时监控和分析。这不仅提高了财务管理的便捷性和时效性，还加强了企业内部各部门之间的沟通和协作。

此外，共享服务模式的兴起也使得企业可以将部分财务职能外包给专业的服务提供商。这些服务提供商拥有先进的技术和专业的团队，能够为企业提供高效、准确的财务管理服务。通过共享服务模式，企业可以降低成本、提高效率，并专注于核心业务的发展。同时，共享服务模式还有助于提升企业的财务管理水平，引入行业最佳实践和标准，推动企业财务管理的不断创新和发展。

二、数字化转型对财务管理效率与准确性的提升

（一）实时财务监控与报告

数字化转型使得企业能够实现实时的财务监控和报告，这是对传统财务管理模式的一次重大革新。通过数字化工具的应用，财务人员可以随时随地访问最新的财务数据，了解企业的财务状况和经营成果。这种实时性不仅消除了信息滞后带来的决策风险，还使得企业能够更加准确地把握市场机遇和应对挑战。

实时财务监控的实现，得益于数字化技术的支持。企业可以利用大数据、云计算等技术，构建实时的财务监控系统，对各项财务数据进行实时监控和分析。这样，一旦出现异常情况或风险隐患，企业可以迅速做出反应，采取相应的措施进行应对。

同时，实时财务报告也是数字化转型的重要成果之一。通过数字化工具，企业可以实时生成各种财务报告，如资产负债表、利润表、现金流量表等，为内外部信息使用者提供及时、准确的信息支持。这不仅增强了企业的透明度和公信力，还为企业的决策提供了更为可靠的依据。

（二）自动化减少人为错误

财务管理的自动化大大减少了发生人为错误的可能性。在传统的财务管理模式下，人为失误是难以避免的，如数据录入错误、计算错误等。这些错误不仅会影响财务数据的准确性，还可能给企业带来不必要的财务风险。

而数字化转型通过引入自动化工具，实现了财务管理的自动化处理。这些工具能够自动完成数据录入、计算、审核等烦琐的工作，大大减少了人为操作的空间和时间。同时，自动化工具还具有校验和审核功能，可以及时发现并纠正数据中的异常和错误，从而确保财务数据的准确性和完整性。

此外，自动化还有助于提高财务管理的效率。通过自动化工具的应用，企业可以快速地处理大量的财务数据和信息，减少人工操作的时间和成本。这样，财务人员可以将更多的时间和精力投入到分析、决策等更有价值的工作中，为企业的发展提供更为有力的支持。

（三）智能分析提升决策质量

智能化的财务分析工具可以帮助企业更加深入地挖掘财务数据的价值，这是数字化转型在财务管理决策质量方面起到重要的提升作用。在传统的财务管理模式下，财务分析往往依赖于人工经验和主观判断，存在较大的局限性和不确定性。而智能化的财务分析工具则运用机器学习、数据挖掘等技术，能够自动识别出数据中的异常模式、关联关系和趋势变化，为企业的决策提供更为全面和深入的支持。

通过智能化的财务分析工具，企业可以更加准确地评估自身的财务状况和经营成果，发现潜在的市场机会和风险因素。同时，这些工具还可以提供多种决策方案和优化建议，帮助企业更加科学地制订决策计划。这样，企业的决策质量将得到显著提升，为企业的长期发展奠定坚实基础。

（四）协作办公提高整体效率

数字化转型还促进了企业内部各部门之间的协作办公，这是对传统财务管理模式的一次重要改进。在传统的财务管理模式下，各部门之间往往存在信息壁垒和沟通障碍，导致工作效率低下和资源浪费。而数字化转型通过引入数字化平台和协作工具，实现了企业内部各部门之间的实时共享、沟通和协作。

通过数字化平台，财务人员可以与其他部门实时共享数据、沟通信息、协同处理问题等。这种协作办公的模式不仅打破了部门之间的信息壁垒和沟通障碍，还提高了整体的工作效率和质量。同时，协作办公还有助于加强企业内部的团队协作和凝聚力，推动企业的持续发展和创新。

三、数字化转型带来的财务数据安全与合规性挑战

（一）数据泄露风险增加

随着企业财务数据的不断增多和集中存储，数据泄露的风险也在与日俱增。在数字化转型的浪潮中，企业的财务数据已成为黑客和不法分子攻击的重点目标。黑客攻击、恶意软件入侵、内部人员泄露等都可能导致企业的财务数据被非法获取和利用。一旦数据泄露，不仅可能导致企业的财务损失，还可能影响企业的声誉和客户信任度，甚至面临法律诉讼和监管处罚。

为了应对这一挑战，企业需要采取一系列措施加强数据安全防护。首先，企业需要建立完善的数据安全管理制度和流程，明确数据的访问、使用、存储和传输等方面的要求。其次，企业需要加强网络安全防护，采用先进的防火墙、入侵检测等技术手段，防止外部攻击和恶意软件入侵。同时，企业还需要加强内部人员的安全意识和培训教育，防止因人为因素导致的数据泄露。

（二）合规性要求更加严格

数字化转型使得企业的财务管理面临着更加严格的合规性要求。随着全球监管环境的不断变化和法规的更新，企业需要确保其财务数据和流程符合相关法规和标准的要求。这要求企业不仅要建立完善的合规性管理制度，还要加强内部培训和监督，确保所有员工都能够遵守合规性要求。

为了满足合规性要求，企业需要密切关注相关法规和标准的变化，及时调整财务管理流程和制度。同时，企业还需要建立完善的内部审计和监督机制，定期对财务管理进行自查和审计，确保财务数据和流程的合规性。此外，企业还需要加强与监管机构的沟通和合作，及时了解监管要求和政策变化，确保企业的财务管理符合监管要求。

（三）技术更新带来的挑战

数字化转型涉及的技术更新速度非常快，新的安全漏洞和威胁也不断涌现。企业需要不断跟进最新的安全技术和管理方法，以确保其财务系统的安全性和稳定性。然而，由于技术更新速度较快，企业往往面临着技术落后、系统不兼容等问题，给财务管理带来了一定的挑战。

为了应对技术更新带来的挑战，企业需要加强与技术供应商的合作和沟通，及时获取技术支持和更新服务。同时，企业还需要建立完善的技术更新机制，定期对财务系统进行升级和维护，确保系统的安全性和稳定性。此外，企业还需要加强员工的技术培训和教育，提高员工的技术水平和应对能力。

（四）跨境数据传输的复杂性

对于跨国经营的企业来说，跨境数据传输也是数字化转型中面临的一个重要挑战。不同国家和地区的数据保护法规和标准可能存在差异，企业需要确保其跨境数据传输符合相关法规和标准的要求。这要求企业不仅要了解并遵守各个国家和地区的法规要求，还要建立完善的跨境数据传输管理机制和流程。

为了应对跨境数据传输的复杂性，企业需要加强对不同国家和地区法规的学习和了解，确保企业的跨境数据传输符合相关要求。同时，企业还需要建立完善的跨境数据传输管理机制和流程，明确数据的传输方式、加密措施、存储位置等方面的要求。此外，企业还需要加强与合作伙伴和供应商的沟通和协作，共同应对跨境数据传输的挑战。

四、数字化转型对财务人员角色与技能的新要求

（一）从记录者到分析者的转变

在数字化转型的背景下，财务人员的角色正在从传统的记录者转变为分析者。过去，财务人员的主要工作是记录和整理企业的财务数据，而现在他们需要更多地参与企业的战略决策制定，为企业的发展提供有力支持。这一转变要求财务人员不仅要掌握基本的财务知识和技能，还需要具备数据分析和解读的能力。

为了实现从记录者到分析者的转变，财务人员需要加强对数据分析工具和方法的学习和应用。他们需要熟悉并掌握各种数据分析工具和技术，如数据挖掘、机器学习等，以便对财务数据进行深入地挖掘和分析。同时，他们还需要加强对业务知识的了解和学习，以便更好地理解和分析财务数据背后的业务逻辑和市场趋势。通过对财务数据的深入分析，财务人员可以发现企业存在的问题和机遇，为企业的战略决策提供有力支持。

（二）技术能力的提升

数字化转型还要求财务人员具备一定的技术能力。随着数字化工具和技术在财务管理中的广泛应用，财务人员需要熟悉并掌握与财务管理相关的数字化工具和技术。这些技术包括自动化工具、智能化分析工具、云计算平台等。掌握这些技术可以帮助财务人员更好地完成日常工作任务，提高工作效率和质量。

为了提升技术能力，财务人员需要积极参加各种培训和学习活动，了解并掌握最新的数字化工具和技术。同时，他们还需要加强与技术人员的沟通和协作，共同推动财务管理数字化进程。此外，企业也需要为财务人员提供必要的技术支持和培训资源，帮助他们更好地适应数字化转型的要求。

（三）业务知识的拓展

为了更好地支持企业的业务发展，财务人员还需要拓展自己的业务知识。他们需要了解企业的业务模式、市场情况、竞争态势等，以便更好地理解和分析财务数据。同时，他们还需要与其他部门保持密切沟通合作，共同推动企业的业务发展。通过拓展业务知识，财务人员可以更好地理解企业的业务需求和挑战，为企业的战略决策提供更有针对性的建议和支持。

为了拓展业务知识，财务人员需要积极参加各种业务培训和学习活动，了解企业的业务模式和市场动态。同时，他们还需要主动与其他部门保持联系和沟通，了解各部门的业务需求和挑战。此外，企业也需要为财务人员提供必要的业务支持和培训资源，帮助他们更好地了解企业的业务情况和发展趋势。

（四）持续学习和适应能力

在数字化转型的时代背景下，持续学习和适应能力也是财务人员必备的重要素质。随着技术的不断发展和市场环境的不断变化，财务人员需要不断跟进最新的财务管理理念和方法，学习新的技术和工具，以适应不断变化的市场环境和企业需求。同时，他们还需要具备较强的适应能力和创新精神，以应对各种挑战和变化。只有具备持续学习和适应能力的财务人员才能在数字化转型的时代背景下立于不败之地，为企业的发展提供有力支持。

为了提升持续学习能力和适应能力，财务人员需要保持积极的学习态度和创新精神。他们需要密切关注财务管理领域的最新动态和趋势，及时了解新的理念和方法。同时，他们还需要积极参加各种培训和学习活动，不断提高自己的知识水平和技能水平。此外，企业也需要为财务人员提供良好的学习环境和培训资源，帮助他们不断提升自己的能力和素质。

第二节 财务管理流程的再造与优化策略

一、现有财务管理流程的诊断与分析

（一）流程效率评估

在诊断现有财务管理流程时，首当其冲的是对流程效率的全面评估。财务管理流程的效率直接关系到企业财务管理的水平和质量，因此，对流程效率的评估是优化和改进现有流程的重要前提。

流程效率评估涉及从流程启动到结束的各个环节，这包括财务数据的收集、处理、分析以及报告的生成等。在评估过程中，企业需要关注时间、成本和质量三个维度。时间维度主要考察流程的执行速度，即完成一项财务管理任务所需的时间长度；成本维度关注流程执行过程中的资源消耗，包括人力、物力等成本；质量维度则衡量流程输出的结果是否符合预期标准，如财务报告的准确性、完整性等。

通过这三个维度的评估，企业可以清晰地识别出哪些环节存在冗余、哪些步骤需要加速，例如，在数据收集环节，可能存在重复收集或无效收集的情况，导致时间成本增加；在数据处理环节，可能存在手工操作过多、自动化程度低的问题，影响处理效率和质量；在报告生成环节，可能存在报告格式不统一、数据口径不一致等问题，导致报告使用效果不佳。这些问题都需要在后续的流程优化中加以解决。

（二）风险控制点识别

财务管理流程中蕴含着诸多风险，如数据错误、欺诈行为、合规性问题等。这些风险不仅可能导致企业财务损失，还可能影响企业的声誉和长期发展。因此，对现有流程进行风险控制点的识别是至关重要的。

风险控制点识别要求企业对每个环节进行细致的风险分析，找出可能的风险点，并评估其潜在影响。例如，数据收集环节可能存在数据来源不可靠、数据质量不高等风险点；数据处理环节可能存在数据泄露、数据篡改等风险点；报告生成环节可能存在报告失真、报告延误等风险点。针对这些风险点，企业需要制定相应的控制措施和应急预案，以降低风险发生的概率和影响程度。

（三）信息技术应用现状

信息技术在财务管理中的应用已经越来越广泛，从基本的电算化到高级的智能化分析，信息技术的运用能够极大提升财务管理流程的效率和准确性。然而，在现有流程中，信息技术的应用可能并不充分或存在瓶颈。

为了充分发挥信息技术在财务管理流程中的作用，需要评估现有信息技术的应用状况。这包括了解企业当前使用的财务管理系统、数据分析工具等信息技术产品的性能和功能，分析信息技术在流程中的应用广度和深度，以及评估信息技术对流程效率和准确性的提升效果。通过评估，企业可以找出信息技术应用的不足之处和提升空间，为后续的信息技术升级和流程优化提供依据。

（四）员工参与度与满意度

财务管理流程的成功与否不仅取决于流程本身的设计和执行，还与员工的参与度和满意度密切相关。员工是流程的直接执行者，他们的态度和行为直接影响着流程的效果。如果员工对流程不认同、不投入或者存在抵触情绪，那么即使流程设计得再完美也难以取得预期的效果。

因此，需要通过调查和访谈等方式了解员工对现有流程的看法和建议。这包括了解员工对流程复杂度、工作量、操作便捷性等方面的感受，收集员工对流程改进的意见和建议，以及评估员工对流程执行的满意度和忠诚度。通过了解员工的真实想法和需求可以在后续的再造和优化中更加贴近员工的实际需求，提升他们的参与度和满意度，从而确保流程再造的成功实施。

二、财务管理流程再造的目标与原则

（一）提升流程效率

财务管理流程再造的首要目标是提升流程效率。在激烈的市场竞争中，效率往往决定着企业的成败。通过简化流程、优化步骤、减少冗余等方式，企业可以缩短流程执行时间、降低流程成本并提高流程输出的质量。这不仅可以提升企业的财务管理水平，还可以为企业的战略决策提供更为及时、准确的数据支持。

为了实现这一目标，企业需要对现有流程进行深入的剖析和重构。这包括分析每个环节的必要性和合理性，识别并消除流程中的瓶颈和浪费，优化流程步骤和顺序以提高执行效率，以及引入先进的信息技术来提升流程的自动化和智能化水平。通过这些措施，企业可以找出提升效率的最佳路径，实现财务管理流程的高效运转。

（二）强化风险控制

在提升效率的同时，财务管理流程再造还必须强化风险控制。财务管理涉及企业的资金运作、成本控制、收益分配等关键环节，这些环节一旦出现风险将可能给企业带来严重的经济损失，甚至危及企业的生存。因此，在新的流程设计中需要充分考虑各种风险因素，设置必要的风险控制措施，确保流程的安全性和稳定性。

具体来说，强化风险控制需要从以下几个方面入手：加强内部审计，建立完善的审计机制和流程，确保财务数据的真实性和完整性；完善合规机制，确保企业的财务管理活动符合相关法律法规和行业标准的要求；提升数据安全性，加强财务数据的加密、备份和恢复工作，防止数据泄露和丢失等风险事件的发生。这些措施可以为企业的财务管理提供坚实的风险保障，确保企业的稳健发展。

（三）充分利用信息技术

信息技术的发展为财务管理流程再造提供了强大的支持。企业通过引入先进的信息技术如大数据分析、人工智能、云计算等可以极大地提升财务管理流程的智能化水平和自动化程度。这不仅可以进一步提高流程效率，还可以减少人为错误、降低欺诈行为的风险，为企业的财务管理提供更加全面、准确和及时的数据支持。

具体来说，在新的流程设计中，企业可以考虑引入以下信息技术：利用大数据分析技术对海量的财务数据进行挖掘和分析，发现数据中的关联和趋势，为企业的决策提供更为准确的数据支持；利用人工智能技术，实现财务管理的自动化和智能化处理，如自动化账务处理、智能化风险预警等；利用云计算技术，实现财务数据的集中存储和共享，打破时间和空间的限制，方便企业随时随地进行财务管理活动。这些信息技术的引入和应用可以极大地提升财务管理流程的效率和准确性，为企业的财务管理带来革命性的变革。

（四）注重员工体验

在财务管理流程再造的过程中，企业还需要注重员工的体验。员工是流程的直接执行者，他们的操作习惯和需求直接影响着流程的执行效果。如果新的流程设计不符合员工的操作习惯或者增加了员工的学习成本和使用难度，那么即使流程设计得再先进也难以得到员工的认可和支持。

因此，在新的流程设计中应该充分考虑员工的操作习惯和需求。这包括提供便捷、友好的用户界面和操作指引，以降低员工的学习成本和使用难度；建立完善的员工反馈机制以便及时收集员工的意见和建议持续改进和优化流程；加强员工的培训和教育，提高他们对新流程的认知和接受程度。注重员工的体验可以让员工更加积极地参与到财务管理流程中来，提高流程的执行效果和质量，确保流程再造的成功实施。

三、关键流程节点的优化与重组

（一）数据收集与处理节点

在财务管理流程中，数据收集与处理是一个至关重要的节点。财务数据的准确性和完整性对于企业的决策和运营具有举足轻重的影响。因此，优化这一节点对于提高整个财务管理流程的效率和质量具有重要意义。

为了优化数据收集与处理节点，企业可以考虑引入自动化数据收集工具。这些工具，如爬虫技术、API 接口等，能够自动从各个数据源抓取所需数据，并将其整合到一个统一的平台中。通过自动化数据收集，企业可以大大减少手动输入的工作量，提高数据收集的效率。同时，自动化工具还能够降低人为错误的可能性，提高数据的准确性。

除了自动化数据收集工具外，企业还可以利用数据清洗和整合技术对收集到的数据进行预处理和标准化处理。数据清洗的目的是去除重复、错误或无效的数据，确保数据的准确性和一致性。数据整合则是将来自不同数据源的数据进行合并和转换，使其形成一个统一、可用的数据集。通过数据清洗和整合，企业可以为后续的数据分析提供高质量的数据源。

（二）风险评估与决策节点

风险评估与决策是财务管理流程中的另一个核心节点。在这个节点上，企业需要对各种财务风险进行量化和定性分析，以便为决策者提供科学、准确的决策依据。优化这一节点对于降低财务风险、提高决策效率具有重要意义。

为了优化风险评估与决策节点，企业可以利用先进的风险评估模型和方法。这些模型和方法能够综合考虑各种风险因素，如市场风险、信用风险、操作风险等，对财务风险进行全面、客观的分析。通过风险评估，企业可以及时发现潜在的风险点，并采取相应的措施进行防范和控制。

同时，建立完善的风险管理机制和应急预案也是优化这一节点的重要措施。风险管理机制包括风险识别、风险评估、风险应对和风险监控等环节，能够确保企业在面对财务风险时能够迅速做出反应。应急预案则是在风险事件发生时，为企业提供一套明确的应对方案和措施，以降低损失并尽快恢复正常运营。

（三）报告生成与传递节点

报告生成与传递是财务管理流程的输出环节，也是企业与外部利益相关者沟通的重要桥梁。优化这一节点对于提高报告的准确性和时效性、增强企业的透明度和公信力具有重要意义。

为了优化报告生成与传递节点，企业可以利用自动化报告生成工具，如 BI 工具、模板化报告等。这些工具能够根据预设的模板和格式，自动从数据源中提取所需数据并生成报告。通过生成自动化报告，企业可以大大提高报告的生成效率和准确性，减少人为干预和错误的可能性。

同时，建立完善的报告传递机制也是优化这一节点的重要措施。企业需要确保报告能够及时、准确地传递给相关利益相关者，以便他们能够及时了解企业的财务状况和经营成果。为此，企业可以利用电子邮件、在线平台等多样化的传递方式，确保报告的及时性和可达性。此外，企业还可以考虑利用可视化技术，将复杂的数据和信息以直观、易懂的方式呈现出来，提高报告的可读性和易用性。

（四）持续改进与监督节点

财务管理流程的优化是一个持续的过程，需要不断地进行改进和监督。因此，建立一个专门的持续改进与监督节点对于确保流程的持续优化和高效运行具有重要意义。

持续改进与监督节点的主要职责是监控流程的执行情况、收集员工的反馈意见、分析流程中的瓶颈和问题，并提出改进方案。这个节点可以与企业的质量管理体系和持续改进机制相结合，形成一个闭环的优化循环。通过持续改进与监督节点的工作，企业可以及时发现并解决流程中存在的问题和不足，确保流程始终保持在最佳状态。

四、财务管理流程再造的实施步骤与风险控制

（一）实施步骤

（1）项目启动与团队组建：明确项目目标、范围和时间表是项目成功的关键。企业需要组建一个由跨部门成员组成的项目团队，确保团队成员具备相关的专业知识和技能，同时，指定项目负责人对项目进行全面管理和协调。

（2）现有流程评估与分析：在项目开始阶段，企业需要通过流程图、访谈、问卷调查等方式对现有财务管理流程进行全面评估和分析。这一步骤的目的是识别出流程中存在的问题和改进点，为后续的优化工作提供基础。

（3）新流程设计与开发：根据评估结果和目标原则，设计新的财务管理流程。新流程应该更加简洁、高效和灵活，能够适应企业不断变化的需求。同时，企业开发必要的支持系统和工具，如自动化数据收集工具、风险评估模型等，以支持新流程的实施。

（4）试运行与调整：在小范围内进行新流程的试运行是非常重要的。通过试运行，企业可以及时发现并解决新流程中存在的问题和不足。同时，收集员工的反馈意见并进行必要的调整和优化，确保新流程更加符合企业的实际需求。

（5）全面推广与实施：在试运行成功后，新流程将被全面推广到整个企业。这一步骤需要对企业的所有相关员工进行培训和指导，确保他们能够熟练掌握新流程的操作方法和要求。同时，建立相应的激励机制和考核机制，推动员工积极参与新流程的实施和改进工作。

（6）持续改进与监督：新流程的实施并不意味着优化工作的结束。企业需要建立持续改进与监督机制，对新流程的执行情况进行持续监控和优化。企业通过收集员工的反馈意见、分析流程中的瓶颈和问题以及定期进行评估和审计等方式，确保新流程始终保持在最佳状态并为企业创造更大的价值。

（二）风险控制

在财务管理流程再造的实施过程中，风险控制是至关重要的。以下是一些建议的风险控制措施。

（1）加强项目管理和团队沟通：确保项目按照既定的时间表和计划进行是非常重要的。企业需要加强团队成员之间的沟通和协作，防止因信息不畅或误解而导致的风险。同时，建立定期的项目进展报告和会议制度，及时了解项目的进展情况和存在的问题，并采取相应的措施进行解决。

（2）建立风险控制指标体系：根据财务管理的特点和要求建立一套完善的风险控制指标体系是非常重要的。这些指标应该涵盖新流程中的各个环节和关键节点，并能够对新流程中的风险进行量化和定性评估。通过定期对这些指标进行监控和分析，企业可以及时发现并解决潜在的风险问题。

（3）强化内部审计和合规性检查：定期对新流程进行内部审计和合规性检查是确保流程执行符合相关法规和规章制度的重要手段。企业需要建立完善的内部审计和合规性检查机制，明确审计和检查的范围、频率和方法，并对发现的问题进行及时整改和纠正，同时，加强与外部审计机构和监管机构的沟通和协作，共同维护企业的合规性和稳健运营。

（4）建立应急预案和危机管理机制：针对可能出现的风险事件和危机情况提前制定应急预案和危机管理机制是非常重要的。这些预案和机制应该包括风险事件的识别、评估、应对和监控等环节，并能够确保企业在风险事件发生时能够迅速做出反应并降低损失。同时，对员工进行必要的风险意识和危机应对能力的培训和教育也是提高风险控制能力的重要手段。

第三节　数字化工具在财务管理流程中的应用

一、自动化工具在财务数据处理中的应用

（一）自动化工具提高数据处理效率

在财务管理领域，自动化工具的应用已经变得日益重要，其能够显著提高数据处理的效率，为企业带来实质性的好处。传统的财务数据处理方式往往依赖于人工操作，不仅耗时耗力，而且容易出错。然而，随着自动化工具的发展和应用，这些问题得到了有效的解决。

自动化工具通过预设的规则和流程，能够自动地处理大量的财务数据。例如，在发票处理方面，自动化工具可以快速识别发票上的信息，并将其自动录入到财务管理系统

中。这大大减少了财务人员手动录入的时间和工作量，提高了数据处理的效率。此外，自动化工具还可以对财务数据进行自动分类、整合和分析，使财务人员能够更加方便地获取所需的信息，为企业的决策提供及时、准确的数据支持。

除了发票处理外，自动化工具还可以应用于其他多个财务数据处理场景。例如，在薪资计算方面，自动化工具可以根据员工的薪资标准和考勤数据，自动计算出每个员工的应发工资，并生成相应的工资报表。这不仅提高了薪资计算的准确性，还大大节省了财务人员的时间和精力。在库存管理方面，自动化工具可以实时监控库存数量，并根据销售数据和采购计划，自动计算出需要采购的物资数量和种类，为企业的采购决策提供支持。

（二）自动化工具确保数据准确性

在财务管理中，数据的准确性至关重要。任何微小的错误都可能导致严重的财务后果。因此，确保数据的准确性是财务管理的核心任务之一。自动化工具在数据处理过程中具有独特的优势，可以确保数据的准确性。

首先，自动化工具通过预设的规则和算法对数据进行校验和审核。这些规则和算法可以根据企业的实际需求和业务场景进行定制，以确保数据的合规性和准确性。例如，在发票处理中，自动化工具可以校验发票上的金额、税率、购买方信息等关键数据，确保其符合企业的财务规定和税法要求。如果发现异常或错误数据，自动化工具会及时提示财务人员进行处理，避免错误数据的进一步传播和影响。

其次，自动化工具还可以减少人为因素对数据准确性的影响。在传统的财务数据处理方式中，人为因素往往是导致数据错误的主要原因之一。例如，手动录入数据时可能会出现键盘输入错误、数据理解错误等问题。然而，自动化工具通过自动识别和录入数据，避免了这些人为错误的发生，提高了数据的准确性。

最后，自动化工具还可以实现数据的实时更新和共享。通过与其他系统的集成和接口对接，自动化工具可以实时获取最新的财务数据，并将其更新到财务管理系统中。这确保了数据的实时性和准确性，避免了因数据滞后或不一致而导致的财务问题。同时，自动化工具还可以实现数据的共享和访问控制，确保不同部门和人员能够及时获取所需的财务数据，提高了协同工作的效率。

（三）自动化工具实现数据实时更新与共享

在财务管理中，数据的实时性和共享性对于企业的决策和运营至关重要。自动化工具通过与其他系统的无缝对接和数据交换，实现了财务数据的实时更新和共享，为企业提供了更加及时、准确的数据支持。

首先，自动化工具可以与其他业务系统进行集成，如销售系统、采购系统、库存系统等。通过这些集成，自动化工具可以实时获取业务系统中的最新数据，并将其同步到财务管理系统中。这确保了财务数据的实时性，使企业的决策者能够随时了解最新的财务状况和业务动态，做出更加及时、准确的决策。

其次，自动化工具还可以实现数据的共享和访问控制。通过设定不同的权限和角色，自动化工具可以确保不同部门和人员只能访问和修改其被授权的数据。这既保护了数据的安全性，又实现了数据的共享和协同工作。例如，销售部门可以及时查看最新的销售数据和客户信息，为销售策略的调整提供依据；财务部门则可以实时掌握企业的财务状况和资金流动情况，为企业的财务管理和风险控制提供支持。

此外，自动化工具还可以提供数据可视化功能，将复杂的财务数据以直观、易懂的图表和报告形式展现出来。这降低了财务数据的理解难度，使企业的决策者能够更加快速地获取关键信息，做出更加明智的决策。同时，数据可视化还可以帮助企业发现数据中的潜在趋势和关联，为企业的战略规划和业务发展提供有力支持。

二、智能分析工具在财务决策支持中的作用

（一）智能分析工具提供深入的数据洞察服务

在财务管理中，智能分析工具的应用为企业提供了深入的数据洞察能力。这些工具利用先进的数据挖掘和机器学习技术，能够深入挖掘财务数据的内在规律和趋势，为企业决策者提供更加全面、准确的信息支持。

智能分析工具可以对大量的财务数据进行深度分析和挖掘，发现数据之间的关联性和趋势性。例如，通过对历史销售数据的分析，智能分析工具可以揭示出不同产品、不同市场、不同客户群体之间的销售规律和趋势，为企业制定更加精准的市场营销策略提供依据。同时，智能分析工具还可以对财务数据进行异常检测，及时发现数据中的异常值和离群点，为企业的风险管理和内部控制提供支持。

此外，智能分析工具还可以结合企业的业务场景和实际需求，提供定制化的数据分析解决方案。这些解决方案可以针对企业的特定问题或挑战，进行深入的数据分析和建模，为企业提供更加精准、可行的决策建议。例如，针对企业的成本控制问题，智能分析工具可以对各项成本进行深入剖析和比较，找出成本控制的关键点和优化方向，为企业的成本管理提供支持。

（二）智能分析工具优化资源配置

智能分析工具在优化资源配置方面也发挥着重要作用。通过对财务数据的全面分析，

企业可以更加准确地评估各项业务的盈利能力和风险水平，从而更加合理地分配资源和预算。这不仅可以提高企业的资源利用效率，降低运营成本，还可以帮助企业更好地应对市场变化和竞争挑战。

具体来说，智能分析工具可以通过对各项业务的财务数据进行分析和比较，评估出不同业务的盈利能力和增长潜力。这为企业制定业务发展战略和优先级提供了重要依据。同时，智能分析工具还可以根据历史数据和业务趋势，预测未来一段时间内的资源需求和预算分配情况。这使企业能够更加合理地安排人力、物力、财力等资源，确保各项业务的顺利开展和运营目标的顺利实现。

此外，智能分析工具还可以帮助企业进行风险管理。通过对财务数据的实时监控和分析，智能分析工具可以及时发现潜在的财务风险和异常情况，为企业提供风险预警和应对措施。这有助于企业及时应对风险挑战，保障财务安全稳定。同时，通过对历史风险事件的分析和总结，智能分析工具还可以帮助企业建立完善的风险管理体系和内部控制机制，提高企业的风险管理水平和抵御风险的能力。

（三）智能分析工具支持预测与决策

智能分析工具在支持预测与决策方面也具有显著优势。通过对历史数据的深入分析和建模，智能分析工具可以预测企业未来的财务状况和经营成果，为企业的战略决策提供有力支持。这种预测能力使企业能够更加准确地把握市场趋势和业务机会，制订出更加科学、合理的决策方案。

具体来说，智能分析工具可以利用时间序列分析、回归分析、机器学习等技术手段，对历史数据进行深入挖掘和建模。通过对历史数据的分析和学习，智能分析工具可以识别出影响企业财务状况和经营成果的关键因素和变量，并建立起相应的预测模型。这些模型可以根据企业的实际情况和业务需求进行定制和优化，以提高预测的准确性和可靠性。

在实际应用中，智能分析工具可以为企业提供多种决策方案和优化建议。例如，在投资决策方面，智能分析工具可以根据企业的财务状况和投资目标，评估不同投资项目的风险和收益情况，并为企业推荐最优的投资组合和策略。在库存管理方面，智能分析工具可以根据历史销售数据和市场需求预测，计算出最佳的库存水平和补货策略，以降低库存成本和缺货风险。这些决策方案和优化建议都是基于大量的数据分析和建模得出的，具有很高的科学性和可行性。

（四）智能分析工具提升风险管理水平

在风险管理方面，智能分析工具同样发挥着举足轻重的作用。传统的风险管理方法往往依赖于人工监控和事后分析，难以做到实时、全面的风险管理。然而，智能分析工具通过实时监控和分析财务数据，可以及时发现潜在的财务风险和异常情况，为企业提供风险预警和应对措施，从而提升企业的风险管理水平。

智能分析工具可以对企业的财务数据进行全面、深入的分析，识别出可能存在的风险点和异常情况。例如，通过对企业的资产负债表、利润表、现金流量表等财务报表的分析，智能分析工具可以发现企业的偿债能力、盈利能力、运营能力等方面的异常情况，及时提醒企业进行风险应对。此外，智能分析工具还可以对企业的业务数据进行实时监控和分析，发现业务数据中的异常波动和趋势变化，为企业的业务风险管理提供支持。

除了实时监控和分析外，智能分析工具还可以利用大数据和机器学习等技术手段进行风险预测和建模。通过对历史风险事件的分析和学习，智能分析工具可以识别出影响企业财务风险的关键因素和变量，并建立起相应的风险预测模型。这些模型可以根据企业的实际情况和业务需求进行定制和优化，以提高风险预测的准确性和可靠性。这使企业能够更加主动地应对风险挑战，降低风险损失。

三、协同工具在财务沟通与协作中的价值

（一）协同工具促进部门间沟通与合作

协同工具在促进企业内部各部门之间的沟通与合作方面发挥着至关重要的作用。在传统的企业运营模式中，各部门之间往往存在信息孤岛和沟通壁垒，导致工作效率低下和决策失误。然而，通过引入协同工具，这些问题可以得到有效解决。

协同平台为企业内部各部门提供了一个共同的工作空间，财务人员可以与其他部门实时共享数据、沟通信息、协同处理问题等。这种实时互动的工作模式打破了部门之间的隔阂，使得各部门能够更加紧密地协作，共同推动企业的业务发展。同时，协同工具还支持多种沟通方式，如即时消息、邮件、语音通话等，满足了不同部门之间多样化的沟通需求。

此外，协同工具还可以通过任务分配、进度跟踪等功能，帮助各部门更好地协同完成工作任务。财务人员可以将需要其他部门配合的工作任务通过协同平台分配给相应部门，并实时跟踪任务进度，确保工作按时完成。这种协同办公的模式不仅提高了工作效率和质量，还加强了企业内部的团队协作和凝聚力。

（二）协同工具优化财务管理流程

协同工具在优化企业的财务管理流程方面也发挥着重要作用。在传统的财务管理流程中，各环节之间往往存在烦琐的手工操作和重复的数据录入，这导致工作效率低下且

容易出错。然而，通过引入协同工具，这些问题可以得到有效解决。

协同平台可以帮助企业更加清晰地梳理财务管理流程中的各个环节和职责分工。通过定义标准化的工作流程和审批流程，实现流程的标准化和规范化。这不仅可以减少手工操作和重复数据录入的工作量，还可以提高工作效率和准确性。同时，协同工具还支持流程监控和优化的功能，帮助企业及时发现并解决流程中存在的问题和瓶颈。

此外，协同工具还可以通过自动化模块和智能算法的应用，进一步简化财务管理流程，例如，通过自动化模块实现财务数据的自动采集、整理和分析，减少人工干预和错误发生的可能性；通过智能算法对财务数据进行预测和分析，为企业的决策提供科学依据。这些功能的应用不仅可以提高财务管理流程的效率和准确性，还可以为企业带来更多的商业价值。

（三）协同工具提升决策效率与准确性

在决策支持方面，协同工具同样具有显著的作用。在传统的决策过程中，企业往往需要花费大量时间和精力收集、整理和分析来自不同部门和人员的意见和建议。然而，通过引入协同工具，这些过程可以得到大大简化。

协同平台为企业提供了一个集中的信息收集和整理平台。通过该平台，企业可以更加快速地收集、整理和分析来自不同部门和人员的意见和建议。这些意见和建议可以以数据、图表、报告等形式直观展示在协同平台上，方便决策者进行查看和分析。同时，协同工具还支持多人在线编辑和讨论功能，使得决策者可以更加便捷地与相关部门和人员进行沟通和协商。

此外，协同工具还可以提供决策模拟和优化的功能。通过构建决策模型并输入相关参数和数据，协同工具可以帮助企业更加科学地制订决策方案。这些方案可以基于不同的假设和场景进行模拟和优化，从而为企业提供更加全面和准确的决策支持。这种基于数据的决策方式不仅可以提高决策的准确性和科学性，还可以降低决策风险并提升企业的竞争力。

（四）协同工具增强信息透明度与可追溯性

协同工具在增强企业财务管理的透明度和可追溯性方面也发挥着重要作用。在传统的财务管理模式下，由于信息孤岛和沟通壁垒的存在，往往导致财务信息的不透明和难以追溯。然而，通过引入协同工具，这些问题可以得到有效解决。

协同平台可以实时记录和跟踪财务管理过程中的各项操作和决策。这些记录和跟踪信息可以以日志、报告等形式保存在协同平台上，方便企业进行查看和审计。通过查看这些记录和跟踪信息，企业可以更加清晰地了解财务管理过程中的各项操作和决策情况，确保信息的真实性和完整性。同时，协同工具还支持权限管理和访问控制功能，确保不同的部门和人员只能访问其被授权的数据和信息。这可以保护财务数据的安全性和机密性，防止数据泄露和滥用。

此外，协同工具还支持全面的审计和追溯功能。通过审计和追溯功能，企业可以对财务管理过程进行全面的监督和检查。这不仅可以提供完整的审计线索和证据支持，还可以帮助企业及时发现并纠正财务管理中的错误和不规范行为。这种基于协同工具的审计和追溯方式不仅可以提高企业的财务管理水平，还可以增强企业的透明度和公信力。

四、数字化工具在提升财务管理透明度与可追溯性中的应用

（一）数字化工具实现数据实时更新与监控

数字化工具在提升财务管理透明度与可追溯性方面发挥着至关重要的作用。首先，数字化工具可以实现财务数据的实时更新和监控，确保数据的准确性和时效性。通过数字化平台，企业可以实时获取最新的财务数据，包括现金流、订单处理、销售数据等，从而进行实时监控和分析。这种实时性不仅提高了数据的透明度，使决策者能够基于最新信息进行决策，还有助于及时发现数据异常和问题，如欺诈行为或错误的录入，从而能够迅速采取纠正措施。

（二）数字化工具强化权限管理与访问控制

数字化工具还通过强化权限管理和访问控制来增强财务管理的安全性和可追溯性。在数字化环境中，企业可以实施严格的权限设置，确保只有经过授权的人员才能访问和修改财务数据。此外，通过访问控制机制，企业可以追踪和记录谁访问了数据、何时访问以及进行了哪些操作。这种详细的审计线索不仅提高了数据的可追溯性，还有助于在发生问题时迅速定位责任人。

（三）数字化工具支持全面审计与追溯功能

数字化工具为财务管理提供了全面的审计和追溯功能。通过数字化平台，企业可以轻松地保存和管理所有与财务相关的文档和记录，如发票、合同、支付凭证等。这些电子化的文档不仅易于存储和检索，还提供了完整的审计线索，支持对财务管理过程的全面监督和检查。在需要时，企业可以迅速找到相关文档并追溯其来源和处理过程，从而确保财务管理的合规性和准确性。

（四）数字化工具提升信息报告与披露质量

数字化工具在提升企业的信息报告和披露质量方面发挥着重要作用。通过数字化平台，企业可以更加便捷地生成各种财务报告和统计报表，如资产负债表、损益表、现金

流量表等。这些报告和报表可以实时更新并自动进行数据分析，为内外部信息使用者提供准确、及时的信息支持。同时，数字化工具还可以确保报告数据的准确性和一致性，避免人为错误和欺诈行为的发生。这有助于提高企业的信息披露质量和信誉度，增强投资者和利益相关者之间的信任。

综上所述，协同工具和数字化工具在提升财务管理透明度与可追溯性方面发挥着重要作用。它们通过促进部门间沟通与合作、优化财务管理流程、提升决策效率与准确性，以及增强信息透明度与可追溯性等方面的应用，为企业带来了显著的商业价值。未来随着技术的不断发展和创新，这些工具将在企业财务管理中发挥更加重要的作用。

第八章 数字经济时代的成本管理与控制创新

第一节　成本管理在数字经济时代的新挑战

一、数字经济环境下成本结构的变化与复杂性

（一）成本构成的多元化

在数字经济蓬勃发展的大背景下，企业的成本构成已不再是单一的、线性的结构，而是呈现出多元化、交织复杂的面貌。这一转变并非偶然，而是技术革新、市场需求、竞争格局等多方面因素共同推动的结果。

传统的成本构成主要集中在原材料采购、生产制造、劳动力投入等环节，这些成本占据了企业总成本的绝大部分。然而，在数字经济时代，这一切正在悄然发生变化。除了传统成本之外，一系列新兴成本逐渐崭露头角，如信息技术费用、数据分析成本、网络安全投入等。这些新兴成本在企业运营中发挥着越来越重要的作用，它们不仅是企业保持竞争力的关键，也是企业在日益复杂的市场环境中稳定发展的基石。

信息技术费用的增加是一个典型的例子。随着企业对信息技术的依赖程度不断加深，从硬件设施的购置到软件系统的开发，再到专业人才的引进与培训，无一不需要投入大量资源。数据分析成本的上升同样不容忽视。在大数据的时代背景下，数据已成为企业决策的重要依据。为了从海量数据中提炼出有价值的信息，企业需要借助先进的数据分析工具和方法，这无疑会增加相应的成本支出。在网络安全方面的成本投入的增加也是大势所趋。随着网络安全威胁的日益严重，企业需要投入更多资源来构建坚固的网络防御体系，以确保数据的机密性、完整性和可用性。

这些新兴成本的增加对企业成本管理提出了更高的要求。企业需要重新审视和调整传统的成本管理策略，以适应成本构成的多元化趋势。例如，企业可以通过加强信息化建设来提高生产效率和管理水平；通过深化数据分析来挖掘潜在商机并优化决策流程；通过加大网络安全投入来降低风险并提升企业形象。这些举措不仅有助于企业在数字经济时代保持竞争优势，也是企业实现可持续发展的重要保障。

（二）成本结构的动态性

数字经济时代为企业带来了前所未有的发展机遇，但同时也对企业的成本管理提出了新的挑战。在这一背景下，企业的成本结构呈现出了更加动态和灵活的特点。这一变化主要源于市场需求、技术进步和竞争格局的不断演变。

首先，市场需求的快速变化是影响企业成本结构的重要因素之一。随着消费者偏好的转变和新兴市场的崛起，企业可能需要调整产品组合、改变生产策略或拓展新的销售渠道，这些都将对成本结构产生影响。例如，随着电子商务的迅猛发展，消费者对于线上购物的需求激增，企业可能需要增加物流配送、在线支付等方面的投入，这将导致相关成本的上升。

其次，技术进步也是推动企业成本结构变化的关键因素。新的生产技术和工艺往往能够带来更高的生产效率和更低的生产成本。例如，智能制造技术的应用可以实现生产过程的自动化和智能化，降低对人工的依赖，从而减少劳动力成本。然而，与此同时，企业也需要投入大量资源进行技术研发和人才培养，以确保能够跟上技术进步的步伐。这些投入同样会反映在企业的成本结构中。

最后，竞争格局的变化也会对企业的成本结构产生影响。在激烈的市场竞争中，企业为了保持或提升市场地位，可能需要加大在广告、营销和客户服务等方面的投入。这些费用在总成本中的占比将随着市场竞争的加剧而上升。

面对成本结构的动态性，企业需要保持敏锐的市场洞察力和灵活的成本管理能力。一方面，企业要密切关注市场需求和技术进步的变化趋势，及时调整产品策略和生产策略，以应对潜在的市场机会或威胁。另一方面，企业也需要建立一套灵活的成本管理机制，以便能够根据竞争态势的变化快速调整成本结构。例如，企业可以通过引入先进的成本管理理念和方法来提高成本管理的效率和准确性；通过加强与供应商和客户的合作来降低采购成本和销售成本；通过内部挖潜和创新来降低生产成本和运营成本等。

（三）成本信息的复杂性

在数字经济时代，企业所面对的成本信息愈发呈现出复杂性的特点，这一趋势无疑加大了企业成本管理的难度。由于信息技术的广泛应用以及业务流程的自动化处理，大量的成本数据被实时生成并储存于各种信息系统中。这些数据不仅数量庞大，而且形式多样，既有结构化数据如财务报表和库存记录，又有非结构化数据，如文本文件和社交媒体信息。要从这些数据中准确提取并分析出有用的成本信息，对企业来说是一项极具挑战性的任务。

首先，企业需要建立高效的数据收集和处理机制。这意味着企业不仅要能够从各个业务系统和数据源中实时收集到相关数据，还要能够对这些数据进行清洗、整合和格式化等预处理工作，以便后续的分析和挖掘。这一过程不仅需要借助先进的信息技术和数据处理工具，还需要有专业的数据分析师和数据科学家进行指导和操作。

其次，企业需要对成本信息的来源和去向进行深入的剖析和理解。在数字经济环境下，企业的价值链和业务模式变得更加复杂多变。从原材料的采购到产品的生产、销售和服务，每一个环节都可能产生大量的成本信息。同时，这些信息还可能与其他企业、合作伙伴或外部市场环境产生紧密的联系和影响。因此，企业需要对这些信息进行全面的追踪和分析，以确保能够准确掌握每一项成本的来源和去向。

最后，企业还需要利用先进的信息技术和数据分析工具对成本信息进行深入挖掘和分析。例如，通过利用数据挖掘技术，企业可以从海量数据中发现隐藏在背后的规律和趋势；通过利用预测分析模型，企业可以对未来的成本走势进行科学的预测和规划；通过利用决策支持系统，企业可以基于实时数据进行快速、准确的决策等。这些技术和工具的应用无疑将极大地提升企业成本管理的效率和准确性。

然而，要实现以上目标，并非易事。企业不仅需要投入大量资源用于信息技术和数据分析方面的建设和培训，还需要建立起一套科学完善的成本管理制度和流程。同时，企业还需要培养一支具备高度专业素养和创新精神的成本管理团队，以应对数字经济时代带来的各种挑战和机遇。

（四）成本控制的新挑战

随着数字经济的深入发展，传统的成本控制方法在面对新的市场环境和业务模式时显得捉襟见肘，无法满足企业对成本精细管理和有效控制的需求。在成本构成多元化、成本结构动态化和成本信息复杂化的背景下，成本控制面临着前所未有的新挑战。

传统的成本控制方法，如标准成本法和本量利分析法等，主要以历史数据和产量为基础，进行成本控制和决策。然而，在数字经济时代，这种方法的局限性愈发明显。例如，标准成本法可能难以准确反映快速变化的市场价格和技术进步对成本的影响，导致成本控制失真；本量利分析法在面对个性化需求和定制化生产的新趋势时，可能无法准确预测和控制成本，使企业陷入决策困境。

为了应对这些挑战，企业需要探索和实施新的成本控制方法和技术手段。一方面，企业可以借助先进的信息技术，如大数据分析、云计算等，对成本信息进行实时监控和动态分析，以提高成本控制的时效性和准确性。另一方面，企业也可以引入先进的成本管理理念和方法，如作业成本法、目标成本法等，以更加全面和深入地控制成本。这些新方法不仅能够帮助企业更加准确地预测和控制成本，还能够揭示成本背后的业务逻辑和价值驱动因素，为企业的战略决策提供有力支持。

同时，企业还需要强化成本意识，提升全员的成本控制能力，通过培训和教育，使员工充分认识到成本控制的重要性，并掌握有效的成本控制方法和工具。此外，企业还应建立完善的成本控制体系和激励机制，明确成本控制的目标和责任，将成本控制融入企业的日常经营活动，实现全员、全过程、全方位的成本控制。

二、数据驱动的成本管理要求与实时性挑战

（一）数据驱动的成本管理要求

在数字经济蓬勃发展的今天，数据已然跃升为企业最宝贵的资产之一，其重要性不言而喻。传统的成本管理模式，多依赖于经验和直觉，但在信息爆炸式增长的新时代，这种方式已显得捉襟见肘。为了与时俱进，企业的成本管理亟须从经验主义向数据驱动转变，这也是企业在激烈的市场竞争中立于不败之地的关键。

数据驱动的成本管理，其核心在于通过收集、整理和分析海量的数据，从而揭示出隐藏在数据背后的规律和趋势。这些数据涵盖了企业内部的运营数据、外部的市场数据以及竞争对手的数据等。通过对这些数据的深入挖掘和分析，企业可以更加清晰地了解自身的成本结构、成本来源以及成本变动的原因，进而为制定更加科学、合理的成本管理策略提供有力的数据支撑。

以生产过程中的实时数据为例，通过对这些数据的监控和分析，企业可以实时掌握生产线的运行状况、原材料的消耗情况、设备的运行效率等关键信息。一旦发现生产异常或浪费现象，企业可以迅速做出反应，及时调整生产计划，优化生产流程或更换更高效的设备，从而有效降低生产成本、提高生产效率。这种基于实时数据的成本管理模式，不仅提高了企业决策的准确性和时效性，也为企业带来了实实在在的经济效益。

此外，数据驱动的成本管理还要求企业具备强大的数据处理和分析能力。在数字经济时代，数据量的激增对数据处理和分析技术提出了更高的要求。企业需要借助先进的数据分析工具和技术，如大数据平台、数据挖掘算法、机器学习等，对海量数据进行高效的处理和分析。同时，企业还需要培养一支具备数据分析能力和业务知识的专业团队，以确保数据分析结果的准确性和有效性。

（二）实时性挑战与应对策略

在数字经济时代，企业面临的实时性挑战日益严峻。随着市场竞争的加剧和客户需求的多样化，企业对于信息的实时性要求越来越高。无论是生产过程中的成本控制、销售过程中的价格调整，还是供应链中的库存管理，都需要企业能够快速、准确地获取和

处理相关信息。然而，实现信息的实时性并非易事，企业需要克服诸多挑战。

首先，数据来源的多样性给实时性带来了挑战。企业的数据可能来自于多个不同的系统、平台和设备，这些数据源之间可能存在格式不统一、更新频率不一致等问题。为了实现数据的实时性，企业需要对这些数据源进行有效的整合和标准化处理，确保数据能够在第一时间被准确无误地获取和使用。

其次，数据处理和分析的复杂性也是实时性面临的一大挑战。由于数据量的激增和数据类型的多样化，传统的数据处理和分析方法已经难以满足实时性的要求。企业需要借助先进的信息技术和数据分析工具，如物联网、云计算、大数据等，构建实时、动态的成本管理系统。这些技术和工具可以帮助企业快速处理和分析海量数据，提取出有价值的信息，为企业的决策提供有力支持。

为了应对实时性挑战，企业还需要加强内部沟通与协作。各部门之间需要建立紧密的联系和沟通机制，确保数据信息能够在第一时间被共享和传递。同时，企业还需要培养员工的数据意识和协作精神，鼓励员工积极参与数据收集、处理和分析工作，共同推动成本管理水平的提升。

（三）数据质量与成本决策的准确性

在数字经济时代，数据质量对于成本决策的准确性具有至关重要的影响。数据质量的高低直接关系到企业能否做出正确、科学的决策。然而，在实际操作中，企业往往面临着数据质量不高、数据失真等问题，这些问题可能源于多个方面，如数据采集过程中的误差、数据传输过程中的丢失或损坏、数据存储过程中的错误等。

数据质量不高可能导致成本决策失误或偏离实际情况。例如，如果企业采集的生产数据不准确，那么基于这些数据制订的生产计划就可能存在偏差，导致生产过剩或不足。同样地，如果销售数据失真，企业可能无法准确掌握市场需求和竞争态势，从而做出错误的定价决策或市场策略。因此，提高数据质量是确保成本决策准确性的关键。

为了提高数据质量，企业需要采取一系列措施。首先，加强数据质量管理，建立完善的数据质量管理体系和流程。这包括制定数据采集、传输、存储和使用的标准和规范，确保数据在各个环节都能够得到准确、完整的记录和保存。其次，建立数据校验和审核机制，对数据进行定期或实时的检查和验证。这可以通过设置数据范围、逻辑规则等方式来实现，以确保数据的合理性和一致性。最后，加强员工的数据意识和培训教育。企业需要培养员工对数据质量的重视程度，提高他们的数据处理和分析能力，防止因人为因素导致的数据失真或误用。

（四）数据安全与隐私保护

在数字经济时代，数据安全和隐私保护已经成为企业不可忽视的重要问题。随着数据的不断生成和共享，企业面临着越来越多的安全威胁和风险挑战。一旦数据发生泄露或被非法利用，将可能给企业带来严重的经济损失和声誉损害。

数据安全是企业信息安全的重要组成部分。企业需要建立完善的数据安全管理制度和技术防范措施，确保数据在采集、传输、存储和使用过程中都能够得到充分的保护。这包括采用加密技术、访问控制、数据备份恢复等措施来防止数据被未经授权的人员访问、篡改或破坏。同时，企业还需要定期对数据安全状况进行评估和审计，及时发现和修复潜在的安全漏洞和隐患。

除了数据安全外，隐私保护也是企业必须重视的问题。在收集和使用个人数据时，企业需要严格遵守相关法律法规和道德规范，确保个人数据的合法性和正当性。同时，企业还需要建立完善的数据脱敏和匿名化处理机制，防止因数据泄露而导致的个人隐私泄露风险。此外，企业还需要加强员工对隐私保护的培训和教育，提高员工的隐私保护意识和能力。

在数字经济时代，数据已经成为企业最宝贵的资产之一。为了充分发挥数据的价值并保障数据的安全与隐私，企业需要采取一系列措施来加强数据管理和保护工作。通过建立完善的数据质量管理体系、加强数据安全管理和隐私保护措施，以及提高员工的数据意识和能力等方式，企业可以更好地应对数字经济时代带来的挑战和机遇。

三、新型业态与商业模式对成本管理的影响

（一）新型业态带来的成本管理变革

在数字经济时代，随着技术的不断革新和市场的日益开放，新型业态如雨后春笋般不断涌现和发展。电子商务、共享经济、智能制造等新型业态以其独特的商业模式和运营方式，打破了传统的产业边界和商业模式，引领着经济发展的新潮流。这些新型业态的崛起，不仅改变了人们的生活方式和消费习惯，也给企业的成本管理带来了深刻的变革。

电子商务通过互联网平台实现了商品和服务的在线交易，大大降低了企业的交易成本和市场开拓成本。在传统模式下，企业需要投入大量的人力、物力和财力来建立实体店铺、拓展销售渠道和进行市场推广。然而，在电子商务模式下，企业可以通过网络平台直接面对消费者，省去了中间环节和烦琐的市场开拓过程，从而降低了交易成本和市场开拓成本。同时，电子商务平台还提供了丰富的数据资源和分析工具，帮助企业更好地了解市场需求和消费者行为，为精准营销和成本控制提供了有力支持。

共享经济通过整合社会闲置资源，提高了资源的利用效率和降低了闲置成本。在传统模式下，许多资源由于信息不对称和供需不匹配而被闲置浪费。然而，在共享经济模式下，企业可以通过互联网平台将闲置资源进行整合和优化配置，让更多的人分享使用，从而提高资源的利用效率。这种模式的出现不仅降低了企业的运营成本，还为消费者提供了更加便捷、经济的服务体验。

智能制造则是通过引入先进的技术和设备，实现了生产过程的自动化和智能化，降低了生产成本和提高了生产效率。在传统制造模式下，企业需要投入大量的人力和物力来进行生产管理和过程控制。然而，在智能制造模式下，企业可以通过引入自动化生产线、智能机器人等先进设备和技术手段来替代人工操作和管理决策，从而降低了生产成本并提高了生产效率。同时，智能制造还提供了更加精准的数据分析和预测功能，帮助企业更好地把握市场动态和客户需求变化。

面对新型业态带来的成本管理变革，企业需要密切关注新型业态的发展趋势和特点，及时调整自身的成本管理策略和方法。一方面，企业需要积极拥抱新技术和新模式，将先进的数字化工具和手段引入到成本管理中来，提高成本控制的精准度和效率；另一方面，企业也需要加强内部管理和团队协作，形成适应新型业态发展的组织结构和文化氛围。

（二）商业模式创新对成本管理的新要求

随着数字经济的深入发展，市场竞争日益激烈，越来越多的企业开始尝试商业模式创新以获取竞争优势。商业模式创新是指企业通过重新设计自身的价值主张、客户关系、收入来源和关键活动等要素来实现盈利增长和市场竞争优势的过程。这种创新往往涉及价值链重构、盈利模式转变等方面，对企业的成本管理提出了新的要求。

在定制化生产模式下，企业需要更加关注客户需求和个性化差异对成本的影响。传统的大规模生产模式往往追求标准化和规模化，以降低生产成本，然而随着消费者需求的日益多样化和个性化，定制化生产逐渐成为市场的新趋势。在定制化生产模式下，企业需要根据每个客户的具体需求进行生产设计和制造安排，这无疑增加了生产的复杂性和成本控制的难度。因此，企业需要建立更加灵活和精准的成本管理体系来应对定制化生产带来的挑战。

在平台经济模式下，企业需要更加关注平台运营成本和网络效应对成本的影响。平台经济是指通过搭建一个连接多边市场的平台来实现价值创造和收益获取的经济模式。在平台经济模式下，企业的成本结构发生了显著变化，平台运营成本和网络效应成为影响成本控制的关键因素。一方面，企业需要投入大量资源来建设和维护平台基础设施、吸引用户并保持用户黏性；另一方面，企业也需要充分利用网络效应来降低边际成本和提高收益水平。因此，在平台经济模式下，企业需要建立更加全面和动态的成本管理体系来平衡各项成本要素并实现整体优化。

面对商业模式创新对成本管理的新要求，企业需要积极探索适应商业模式创新的成本管理方法和技术手段。一方面，企业需要加强市场调研和客户需求分析，准确把握市场趋势和消费者行为变化对成本的影响；另一方面，企业也需要引入先进的数字化工具和手段来实现成本控制的精准化和智能化。同时，企业还需要加强内部管理和团队协作，形成适应商业模式创新的组织结构和文化氛围。

（三）跨界融合与成本管理的协同创新

在数字经济时代，跨界融合已经成为一种不可逆转的趋势。随着技术的不断进步和市场的日益开放，不同行业、不同领域的企业开始相互渗透和融合，形成新的产业生态和商业模式。这种跨界融合不仅打破了传统的行业界限和竞争格局，也给企业的成本管理带来了更高的挑战和机遇。

跨界融合要求企业打破传统的行业界限和思维定式，以更加开放和包容的心态来面对市场变化和竞争挑战。在跨界融合的过程中，企业需要与来自不同行业、不同领域的企业进行合作与交流，共同研究跨界融合下的成本管理问题和方法。通过资源共享、优势互补等方式实现协同创新，共同推动成本管理水平的提升和行业发展。

在跨界融合的背景下，企业需要建立更加全面和动态的成本管理体系来应对各种复杂多变的成本因素。一方面，企业需要加强跨部门的沟通与协作，形成统一的成本管理目标和策略；另一方面，企业也需要引入先进的数字化工具和手段来实现成本数据的实时采集、分析和预测。同时，在跨界融合的过程中，企业还需要关注不同行业、不同领域的成本特点和管理经验，积极借鉴和学习先进的成本管理理念和方法。

通过跨界融合与成本管理的协同创新，企业可以不断提升自身的成本管理水平和竞争力。一方面，跨界融合为企业带来了更多的市场机会和合作伙伴选择；另一方面，协同创新也为企业提供了更加广阔的创新空间和发展前景。因此，在数字经济时代，企业需要积极拥抱跨界融合与成本管理的协同创新机遇，不断推动自身的转型升级和可持续发展。

（四）持续学习与成本管理的动态优化

在数字经济时代，持续学习已经成为企业生存和发展的关键能力之一。由于市场环境和技术进步的不断变化，企业需要不断学习新知识、掌握新技术、适应新趋势，这样才能保持竞争优势并实现可持续发展。在成本管理方面也是如此，企业需要不断学习先进的成本管理理念和方法，掌握新的成本控制技术和工具以实现成本管理的动态优化和持续改进。

持续学习要求企业建立一种开放、包容和创新的学习氛围和文化环境。在这种氛围下，员工可以积极分享彼此的知识和经验、相互学习和借鉴先进的成本管理理念和方法；企业可以鼓励员工勇于尝试新事物、接受新挑战并承担相应的风险责任。通过持续学习和实践探索，企业可以不断提升自身的成本管理水平和竞争力并适应市场变化和技术进步带来的挑战。

为了实现成本管理的动态优化和持续改进，企业需要引入先进的数字化工具和手段来支持成本管理决策和执行过程。这些数字化工具和手段可以帮助企业实时采集和分析成本数据、预测未来成本趋势并制定相应的成本控制策略，同时，还可以帮助企业优化生产流程、提高资源利用效率并降低不必要的浪费和损耗。通过引入这些先进的数字化工具和手段，企业可以实现成本管理的精细化、智能化和自动化并提高整体运营效率和盈利能力。

除此之外，企业还需要加强与其他企业或机构的合作与交流，以实现资源共享和优势互补。通过与其他企业或机构的合作与交流，企业可以了解不同行业或领域的成本管理经验和实践案例，并借鉴其优点和特色；可以共同研究跨界融合下的成本管理问题和方法并推动行业标准的制定和完善。通过合作与交流，企业可以不断拓展自身的视野和思路并实现成本管理的创新与发展。

第二节　基于大数据的成本预测与决策支持

一、大数据在成本管理中的应用价值与场景

（一）大数据的应用价值

在成本管理领域，大数据技术的应用已经显示出其巨大的潜力和价值。通过收集、整合和分析海量的成本数据，企业能够以前所未有的精度和效率来管理其成本，从而为企业的盈利能力和竞争力提供强大的支持。

首先，大数据可以显著提高成本计算的准确性。传统的成本计算方法往往基于有限的样本数据和简化的假设，导致计算结果存在一定的误差。而大数据技术可以处理海量的、多样化的成本数据，包括结构化和非结构化数据，从而得到更加准确和全面的成本

信息。这有助于企业更精确地掌握各项成本的发生情况，为决策提供更有力的依据。

其次，大数据可以加强成本控制的实时性。通过实时收集和处理成本数据，企业可以及时发现成本异常和偏差，并采取相应的措施进行调整和优化。这种实时成本控制能力有助于企业更好地应对市场变化和竞争压力，避免不必要的成本浪费和损失。

此外，大数据还可以优化成本结构。通过对历史成本数据的深入分析和挖掘，企业可以发现成本结构中的不合理之处以及潜在的优化空间。这有助于企业重新调整资源配置和业务流程，实现成本的持续优化和降低。

最后，大数据可以提升成本决策的效率和效果。基于大数据的分析结果，企业可以更加科学和合理地进行成本决策，如定价策略、产品组合、市场定位等。这些决策将更加符合市场需求和消费者偏好，从而为企业创造更大的价值。

（二）大数据在成本管理中的具体场景

1. 实时成本监控

在实时成本监控场景中，大数据平台可以实时收集、处理和分析企业各项成本数据。这些数据包括原材料采购价格、生产过程中的成本消耗、员工工资支出、设备折旧费用等。通过实时监控和预警机制，当某项成本超出预设阈值时，系统能够自动报警并提示相关人员进行处理。这种实时成本监控能力有助于企业确保成本控制在合理范围内，避免成本超支和浪费现象的发生。

2. 历史成本分析

在历史成本分析场景中，利用大数据技术对企业历史成本数据进行深入挖掘和分析。通过对历史数据的回溯和比对，企业可以发现成本结构中的不合理之处以及成本控制的薄弱环节。这些发现有助于企业找到成本优化的潜在空间和方向，为未来的成本控制和决策提供有力支持。同时，历史成本分析还可以帮助企业评估过去的成本控制效果，总结经验教训，不断完善和优化成本管理策略。

3. 预测性成本建模

预测性成本建模是基于大数据的预测性建模技术的一种应用。通过建立成本预测模型，企业可以根据历史数据和市场趋势预测未来一段时间内的成本走势。这种预测能力有助于企业在制订生产计划、制定采购策略以及销售策略时充分考虑成本因素，做出更加合理和科学的决策。同时，预测性成本建模还可以帮助企业提前发现潜在的成本风险和挑战，为应对未来市场变化做好充分准备。

4. 供应链成本优化

在供应链成本优化场景中，大数据技术可以发挥重要作用。通过对供应链中的成本数据进行全面分析和优化，包括供应商选择、采购价格谈判、库存管理、物流配送等环节，企业可以降低采购成本、库存成本和物流成本等，提高整体供应链的效率和竞争力。例如，通过利用大数据技术对供应商的历史供货数据、价格水平、质量表现等进行分析和评估，企业可以选择更优质、更经济的供应商进行合作；通过对库存数据的实时监控和分析，企业可以实现库存水平的精准控制，避免库存积压和浪费现象的发生。

二、基于大数据的成本预测模型与方法

（一）成本预测模型构建

基于大数据的成本预测模型进行构建是一个复杂而系统的过程，包括数据收集与预处理、特征选择与提取、模型训练与验证以及模型应用与评估四个主要步骤。

首先，数据收集与预处理是构建成本预测模型的基础。在这一阶段，系统需要从各个相关系统中收集大量的成本数据，并进行清洗、转换和标准化等预处理操作。数据清洗的目的是去除重复、错误或无效的数据，确保数据的准确性和一致性；数据转换则是将原始数据转换为适合模型训练的格式和类型；数据标准化则是将数据按照一定的比例进行缩放，以消除不同特征之间的量纲差异和数值范围差异。这些预处理操作有助于提高数据的质量和可用性，为后续的特征选择和模型训练奠定良好的基础。

其次，特征选择与提取是构建有效成本预测模型的关键步骤。在这一阶段，系统需要根据业务需求和预测目标选择合适的特征进行提取和选择。特征选择的目的是从原始数据中挑选出对预测目标具有显著影响的特征，以简化模型并提高预测精度；特征提取则是通过一定的算法或技术从原始数据中提取出新的、更有意义的特征，以增强模型的表达能力和泛化能力。常用的特征选择和提取方法包括相关性分析、主成分分析、因子分析等。

接下来是模型训练与验证阶段。在这一阶段，系统需要利用机器学习算法对成本预测模型进行训练和验证。首先，将处理好的数据划分为训练集和验证集（或测试集），其中训练集用于训练模型，验证集用于评估模型的性能并调整模型参数。然后，选择合适的机器学习算法对训练集进行训练，得到初步的预测模型。常用的机器学习算法包括线性回归、决策树回归、神经网络等。在训练过程中，系统需要不断调整模型参数以优化模型的性能。最后，使用验证集对训练好的模型进行验证，计算预测误差并评估模型的精度和稳定性。如果模型的性能达到预期要求，则可以将其应用于实际业务场景中，进行成本预测；否则，需要继续调整模型参数或尝试其他算法以提高预测精度。

最后是模型应用与评估阶段。在这一阶段，系统将训练好的成本预测模型应用于实

际业务场景中进行成本预测，并对预测结果进行评估和优化。通过将实际成本与预测成本进行比较和分析，系统可以评估模型的预测精度和稳定性，还可以根据实际业务需求对模型进行优化和改进，以提高其在实际应用中的性能和效果。例如，系统可以定期对模型进行重新训练和更新以适应市场变化和业务需求的变化；还可以引入新的特征或算法来增强模型的表达能力和泛化能力等。

（二）常用的成本预测方法

在基于大数据的成本预测中，常用的方法主要包括时间序列分析法、回归分析法、机器学习算法以及组合预测法等。这些方法各有优缺点，适用于不同的预测场景和数据类型。

1. 时间序列分析法

时间序列分析法是一种基于时间序列数据的预测方法，系统通过对历史成本数据的时间序列进行分析和建模来预测未来一段时间内的成本走势。这种方法适用于具有明显时间趋势和季节性的成本数据。常用的时间序列分析模型包括移动平均模型、指数平滑模型、ARIMA 模型等。这些模型可以根据历史数据的统计规律来推断未来数据的可能取值范围和趋势方向，从而为企业的成本控制和决策提供有力支持。

2. 回归分析法

回归分析法是一种通过建立成本与其他相关因素之间的回归模型来预测未来成本的方法。这种方法适用于多因素影响的成本预测场景，可以综合考虑多种因素对成本的影响程度以及它们之间的相互作用关系。常用的回归模型包括线性回归模型、多元回归模型、逻辑回归模型等。这些模型可以根据历史数据和市场趋势来预测不同因素变化对成本的影响程度以及未来的成本水平，为企业制定科学合理的成本控制策略提供有力依据。

3. 机器学习算法

机器学习算法是一种基于数据驱动的预测方法，通过对历史成本数据进行学习和挖掘来自动发现数据中的规律和模式，并构建预测模型。常用的机器学习算法包括决策树、神经网络、支持向量机等。这些算法可以根据数据的特征和分布来自动调整模型的参数和结构，以适应不同的预测场景和数据类型。与传统的统计方法相比，机器学习算法具有更强的自适应能力和泛化能力，可以处理更复杂的非线性关系和高维数据。

4. 组合预测法

组合预测法是一种将多种单一的预测方法进行组合和优化以提高预测精度和稳定性的方法。这种方法可以综合利用各种方法的优点并弥补单一方法的不足，从而提高整体预测性能。常用的组合预测方法包括加权平均法、最小二乘法、神经网络集成等。这些方法可以根据不同方法的预测结果和误差水平来动态调整权重和参数，以实现更准确的成本预测。同时，组合预测法还可以降低单一方法可能存在的偏差和风险，提高预测结果的稳定性和可靠性。

三、大数据驱动的成本决策支持与优化

（一）成本决策支持系统的构建

基于大数据的成本决策支持系统主要包括数据仓库、决策分析模型、可视化展示以及用户交互四个部分。数据仓库负责存储和管理大量的成本数据和相关业务数据；决策分析模型则根据用户需求和数据特点构建相应的分析模型，为决策提供科学依据；可视化展示将分析结果以直观易懂的方式呈现给用户；用户交互则允许用户根据分析结果进行反馈和调整，实现决策过程的持续优化。

（二）大数据在成本决策中的应用

（1）多维度成本分析：通过利用大数据技术对成本数据进行多维度的分析和挖掘，包括产品维度、客户维度、地区维度等，企业可以全面了解不同维度下的成本结构和特点，为制定差异化的成本控制和优化策略提供有力支持。

（2）风险识别与预警：企业可以利用大数据技术对成本数据中的异常值和波动进行实时监测和预警，及时发现潜在的成本风险和隐患，同时，通过对历史数据的回溯和分析，企业还可以识别出可能导致成本风险的关键因素和环节，为风险防范和应对提供有力支持。

（3）决策方案优化与选择：企业基于大数据的决策支持系统可以在多个可行的决策方案中进行比较和选择。通过对不同方案下的成本预测结果、风险控制能力以及预期收益等方面进行综合评估和优化选择，企业能够做出最佳的成本决策方案。同时，大数据还可以帮助企业实时监控决策方案的执行情况，并根据实际情况进行及时调整和优化。

第三节　精益成本管理在数字化环境中的实践

一、精益成本管理理念的数字化解读

（一）数字化环境下的成本透明性

在数字化时代，企业面临着前所未有的数据获取和处理能力。通过先进的信息系统，企业可以实时追踪和分析成本数据，将原本模糊、难以捉摸的成本变得清晰透明。这种

透明性不仅意味着企业能够准确地了解每一笔成本的去向，更重要的是，它为企业提供了一种全新的视角来审视和优化自身的成本结构。

精益成本管理强调消除浪费、降低成本，而数字化工具为此提供了强有力的支持。通过精细化的数据分析和挖掘，企业能够精确地识别和定位成本中的不必要部分，进而采取有针对性的措施进行改进。这种基于数据的精益成本管理方式，不仅提高了成本控制的准确性和有效性，也为企业带来了更大的竞争优势。

此外，数字化环境下的成本透明性还有助于增强企业内部的信任和协作。当每个部门、每个员工都能够清楚地了解企业的成本状况和自身的成本责任时，他们就更有可能形成共同的目标和行动，共同为降低成本、提高效率而努力。这种内部的协同效应，无疑是企业实现精益成本管理的重要推动力。

（二）数据驱动的决策制定

数字化强调数据的重要性，而在精益成本管理中，数据更是成了决策制定的核心。传统的成本管理方式往往依赖于经验和直觉，但这种方式在复杂多变的商业环境中越来越难以应对。相比之下，基于数据的决策制定方式更加科学、准确和可靠。

在精益成本管理中，所有的决策都应基于翔实的数据分析。从采购到生产，再到销售和服务，每一个环节的成本数据都被详细记录和分析。这些数据不仅反映了企业当前的成本状况，更揭示了成本背后的深层次原因和影响因素。通过对这些数据的深入挖掘和分析，管理层可以获得制定成本优化策略的可靠依据。

此外，数据驱动的决策制定方式还有助于提高企业的灵活性和适应性。在商业环境不断变化的情况下，企业需要及时调整自身的成本管理策略以应对各种挑战。而基于数据的决策制定方式可以为企业提供更加及时、准确的信息反馈，帮助企业快速做出决策调整，保持竞争优势。

（三）持续改进的文化

数字化技术为企业提供了持续收集反馈和改进的机会。在传统的成本管理方式下，企业往往只能在事后对成本进行核算和分析，这种方式存在很大的滞后性，不利于及时发现问题并进行改进。而在数字化环境下，企业可以通过实时数据采集和监控系统持续跟踪和评估成本管理的效果，及时发现并解决问题。

精益成本管理鼓励企业形成一种持续改进的文化。这种文化强调不断追求卓越、寻求改进的机会，并利用数字技术不断跟踪和评估成本管理的效果。通过持续改进，企业可以不断优化自身的成本结构，提高成本控制的效率和准确性，实现长期的成本优化。

此外，持续改进的文化还有助于激发员工的创新精神和积极性。当员工意识到他们的努力和贡献可以得到及时的反馈和认可时，他们就更有可能积极参与改进活动，提出有价值的建议和想法。这种员工的参与和贡献，无疑是企业实现精益成本管理的重要动力来源。

（四）客户价值与成本关联

在数字化市场环境中，客户的需求和行为模式更加多变。为了满足客户的个性化需求并保持竞争优势，企业需要紧密地将客户价值与成本联系起来。精益成本管理要求企业从客户的角度出发，分析客户数据以确定哪些成本投入能够带来最大的客户价值。

通过深入分析客户数据，企业可以了解客户的消费习惯、偏好和需求特点，进而确定哪些产品或服务能够为客户创造最大的价值。在此基础上，企业可以优化自身的成本结构，将更多的资源投入能够创造高客户价值的产品或服务上，实现成本的高效利用。

同时，将客户价值与成本关联起来还有助于企业制定更加精准的市场策略。通过了解不同客户群体的价值需求和成本敏感度，企业可以制定差异化的定价策略、促销策略和服务策略，以最大限度地满足客户需求并提高市场竞争力。

二、数字化工具在精益成本管理中的应用

（一）成本分析和模拟软件

随着数字化技术的不断发展，越来越多的企业开始利用专门的成本分析和模拟软件来辅助精益成本管理的实施。这些软件具有强大的数据处理和分析能力，可以在不同场景下对成本进行模拟和预测，帮助企业更好地理解自身的成本结构并发现潜在的成本节约点。

通过成本分析和模拟软件，企业可以对各项成本进行详细的分解和分析，了解每一项成本的来源和影响因素。这有助于企业发现成本中的不必要部分和浪费现象，进而制定相应的成本管理策略进行优化。同时，这些软件还可以根据企业的历史数据和业务特点构建成本模型，对未来的成本走势进行预测和模拟。这为企业制定长期的成本管理规划和预算提供了可靠的依据。

（二）实时数据采集和监控系统

实时数据采集和监控系统是数字化工具在精益成本管理中应用的又一重要体现。这些系统通过传感器、物联网等技术手段实时追踪和分析企业各个环节的成本数据，为企业提供实时的成本信息和反馈。这不仅有助于企业及时发现和解决成本异常问题，避免不必要的损失和浪费，还能为企业提供实时的决策支持。

通过实时数据采集和监控系统，企业可以实时了解各项成本的发生情况和变化趋势，及时发现潜在的成本风险和隐患。同时，这些系统还可以对企业的生产过程、设备状态等进行实时监控和分析，帮助企业优化生产流程、提高设备利用率、降低能耗等，从而实现成本的降低和效率的提升。

（三）大数据和人工智能分析

大数据和人工智能技术是近年来发展最为迅猛的数字化技术之一，它们在精益成本管理中也发挥着越来越重要的作用。通过应用大数据和人工智能技术，企业可以对海量的成本数据进行深度分析和挖掘，发现隐藏在数据中的模式和趋势，为企业提供更精确的成本预测和更优的成本管理建议。

通过大数据分析技术，企业可以对历史成本数据进行深入挖掘和分析，发现成本结构中的不合理之处以及成本控制的薄弱环节。同时，人工智能技术还可以利用机器学习算法对历史数据进行学习和训练，构建出更加精确的成本预测模型。这些模型可以根据企业的业务特点和市场环境对未来的成本走势进行预测和分析，为企业制定更加科学合理的成本管理策略提供有力支持。

（四）云计算和协同平台

云计算和协同平台是数字化时代企业实现高效成本管理的重要工具。通过云计算技术，企业可以将海量的成本数据存储在云端进行集中管理和处理，这大大提高了数据处理的效率和安全性。同时，协同平台则为企业提供了在分布式环境下的高效协作工具，使得不同部门和团队可以更好地协同工作、共享信息、共同实现精益成本管理的目标。

通过云计算和协同平台的应用，企业可以实现成本数据的实时共享和更新，确保各个部门都能够及时获取到最新的成本信息。这有助于消除信息孤岛和沟通障碍，提高企业内部协作的效率和准确性。同时，协同平台还可以支持多人在线编辑、审批等功能，使得成本管理流程更加简洁高效。这些数字化工具的应用无疑为企业实现精益成本管理提供了强有力的支持。

三、精益成本管理与企业绩效的关联分析

（一）成本节约与盈利能力提升

精益成本管理的核心理念在于通过系统性的方法，识别并消除在企业运营过程中产生的各种浪费，从而实现成本的有效降低。这种浪费可能表现为生产过剩、库存积压、不必要的运输、过度加工、等待时间、员工动作浪费以及产品缺陷等多种形式。通过精准识别这些浪费并采取针对性措施进行消除，企业能够在不牺牲产品质量和客户满意度

的前提下，显著降低生产成本，进而提升盈利能力。

盈利能力的提升是企业持续发展的基础，也是投资者和股东最为关注的指标之一。在激烈的市场竞争中，能够通过精益成本管理实现成本节约的企业，往往能够获得更高的利润空间，从而有更多的资源进行研发投入、市场拓展和品牌建设等关键领域，进一步巩固和提升市场地位。

（二）市场竞争力增强

优化成本结构是精益成本管理的重要目标之一。通过深入分析成本构成，企业可以发现哪些成本是必要的，哪些成本是可以通过改进和管理降低的。在保持产品质量不变的前提下，通过降低成本来降低产品价格，企业能够为客户提供更具竞争力的产品或服务，从而在市场中获得更大的份额。

在数字化环境中，精益成本管理的实施更加便捷和高效。借助先进的信息技术和数字化工具，企业可以实时收集、分析和监控成本数据，快速发现成本异常和浪费现象，并采取相应的改进措施。这种快速响应市场变化的能力，使得企业在面对客户需求变化、原材料价格波动等市场不确定性时，能够迅速调整策略，保持市场竞争优势。

（三）资源利用效率提升

精益成本管理强调企业应以最小的资源投入获得最大的产出效益。这就要求企业在运营过程中，必须高效利用各类资源，包括原材料、能源、设备、人力等。通过数字化工具的应用，企业可以建立资源消耗的实时监控系统，准确掌握各部门、各环节的资源使用情况，及时发现资源浪费现象，并采取改进措施进行优化。

资源利用效率的提升，不仅有助于降低企业运营成本，还能够减少对环境的影响，实现绿色可持续发展。在当前全球资源日益紧缺、环境保护意识日益增强的背景下，提高资源利用效率已成为企业不可或缺的社会责任。通过精益成本管理和数字化工具的应用，企业能够在追求经济效益的同时，积极履行社会责任，树立良好的企业形象。

（四）可持续发展能力构建

精益成本管理不是一次性的活动，而是一种持续改进的文化和理念。通过长期的精益成本管理实践，企业能够培养出一支具备成本意识和改进思维的员工队伍，形成积极向上的企业氛围。在这种氛围中，员工会自发地关注身边的浪费现象，提出改进建议，并积极参与改进活动，从而推动企业不断降低成本、提升效率、增强市场竞争力。

这种持续改进的文化和理念，是企业构建可持续发展能力的重要基础。在激烈的市场竞争中，只有不断创新、不断进步的企业才能够保持领先地位并实现长期稳定的发展。通过精益成本管理的持续实施和改进，企业能够不断提升自身实力和市场竞争力，为股东创造持续的价值回报，为社会创造更多的就业机会和税收贡献。

四、数字化环境中精益成本管理的实施策略与案例

（一）实施策略

（1）明确成本优化目标：企业在实施精益成本管理之初，应首先明确清晰的成本优化目标。这些目标应该既具有挑战性又切实可行，能够激发员工的积极性和创造力。目标可以包括降低生产成本、提高生产效率、优化产品设计等多个方面。明确的目标能够为后续的成本管理工作指明方向，确保各项改进措施都围绕着降低成本、提升效率这一核心目标展开。

（2）建立完善的数据收集和分析系统：精益成本管理的实施需要大量的数据支持。企业应建立完善的数据收集和分析系统，确保数据的准确性、完整性和及时性。通过收集生产过程中的各种成本数据，包括原材料消耗、设备运行时间、员工工时等，企业可以深入分析成本构成和成本动因，找出成本浪费的根源，为后续的改进措施提供有力依据。

（3）培养员工的成本意识：精益成本管理的成功实施离不开员工的积极参与和支持。企业应通过定期的培训和教育活动，提升员工的成本意识和改进思维，使员工充分认识到降低成本对于企业和个人发展的重要性。同时，企业还应建立相应的激励机制，鼓励员工积极参与成本管理活动，提出改进建议，分享成功经验，从而形成全员参与、持续改进的良好氛围。

（4）持续改进和评估：精益成本管理是一个持续不断的过程。企业应定期对成本管理效果进行评估和审查，发现存在的问题和不足，并及时采取改进措施进行纠正。同时，企业还应关注行业发展趋势和市场竞争态势，不断调整和优化成本管理策略，确保成本管理工作始终与市场需求和企业发展战略保持一致。

（二）案例分析

（1）某制造业企业案例：该制造业企业在生产过程中面临着高成本、低效率的问题。为了提升市场竞争力，企业决定引入精益成本管理和数字化工具进行改进。通过应用实时数据采集和监控系统，企业追踪了生产线上的各项成本数据，包括原材料消耗、设备运行时间、员工工时等。分析发现，生产线上存在着大量的等待时间和动作浪费现象。针对这些问题，企业采取了优化生产布局、调整生产计划、提高员工操作技能等多项改进措施。经过一段时间的实施，企业成功降低了生产成本，提高了生产效率，产品质量也得到了显著提升。这一成功案例表明，精益成本管理和数字化工具的应用对于制造业

企业降低成本、提升效率具有重要意义。

（2）某电商平台案例：该电商平台在营销过程中面临着营销成本高、客户转化率低下的问题。为了优化营销策略、提高客户满意度和忠诚度，企业决定引入精益成本管理的理念和方法进行改进。通过大数据分析客户购买行为、浏览记录等数据，企业精准地投放了广告和促销活动，实现了营销成本的高效利用。同时，企业还注重提升客户体验和服务质量，通过优化网站界面、提高客服响应速度等措施提升客户满意度。经过一段时间的实施和评估，企业发现营销策略更加精准有效，客户满意度和忠诚度得到了显著提升。这一成功案例表明，将精益成本管理的理念应用于营销领域同样可以取得显著成效。

第九章　企业绩效评价体系在数字经济时代的创新

第一节　数字经济对企业绩效评价的影响

一、数字经济时代企业绩效评价的新要求

（一）数据驱动的决策与评价

在数字经济时代，数据已经成为企业决策和评价的基石。传统的企业绩效评价往往依赖于财务报表、销售数据等结构化数据，但在数字经济环境下，企业需要更广泛、更深入地挖掘和利用数据资源。这包括社交媒体数据、用户行为数据、市场趋势数据等非结构化数据，它们为企业提供了更全面的视角和更深入的洞察。

数据驱动的决策与评价要求企业建立强大的数据收集、存储、处理和分析能力。企业需要利用先进的大数据技术，从海量的数据中提取有价值的信息，为决策提供有力支持。同时，企业还需要建立科学的数据评价体系，确保数据的准确性、完整性和时效性，从而提高决策的质量和效率。

此外，数据驱动的决策与评价还要求企业培养一支具备数据素养的专业团队。这支团队需要具备数据收集、处理、分析和解读的能力，能够将数据转化为对企业有价值的洞察和建议。通过这支团队的努力，企业可以更好地利用数据资源，提升绩效评价的科学性和有效性。

（二）实时性与动态性的评价

数字经济时代的企业运营环境具有高度的不确定性和快速变化性。市场需求、竞争格局、技术趋势等因素都在不断变化，要求企业能够实时地监控和评估绩效，以便及时调整战略和行动。因此，实时性与动态性的评价成为数字经济时代企业绩效评价的重要要求。

为了实现实时性与动态性的评价，企业需要建立灵活的绩效评价体系。这个体系需要能够快速响应市场变化，及时调整评价指标和方法，确保评价结果的时效性和准确性。同时，企业还需要利用先进的技术手段，如实时数据分析工具、动态监控系统等，实现绩效数据的实时采集、处理和分析，为决策提供及时有效的支持。

此外，实时性与动态性的评价还要求企业建立一种开放、包容、创新的文化氛围。在这种氛围中，员工能够积极参与绩效评价过程，提出改进意见和建议，推动评价体系的不断完善和优化。同时，企业还需要鼓励员工不断学习和创新，以适应快速变化的市场环境和技术趋势。

（三）关注创新与发展的评价

在数字经济时代，创新是企业发展的核心动力。无论是产品创新、服务创新还是商业模式创新，都能为企业带来竞争优势和市场机会。因此，关注创新与发展的评价成为数字经济时代企业绩效评价的重要方面。

关注创新与发展的评价要求企业建立全面的创新评价体系。这个体系需要涵盖研发能力、新产品或服务的市场表现、技术进步等多个方面，以全面评估企业的创新绩效和发展潜力。同时，企业还需要关注员工的创新能力、创新文化等因素，以激发员工的创新精神和创造力。

此外，关注创新与发展的评价还要求企业建立一种开放、合作、共享的创新生态。在这个生态中，企业可以与合作伙伴、客户、研究机构等共同开展创新活动，分享创新资源和成果，推动整个行业的进步和发展。通过这种合作与共享的方式，企业可以不断提升自身的创新能力和市场竞争力。

二、数字经济对企业绩效评价体系的挑战

（一）数据质量与处理能力的挑战

在数字经济时代，数据是企业绩效评价的基础。然而，数据的收集、整理和分析面临着诸多挑战。

首先，数据质量参差不齐是一个普遍存在的问题。由于数据来源的多样性、数据格式的复杂性以及数据采集和处理过程中的误差等因素，数据可能存在不准确、不完整或过时的问题。这些问题会严重影响数据分析的结果和质量，进而影响企业绩效评价的准确性和有效性。

为了应对数据质量的挑战，企业需要建立严格的数据质量管理制度和流程。这包括制定数据质量标准、建立数据质量监控机制、开展数据清洗和校验工作等。通过这些措施，企业可以确保数据的准确性、完整性和时效性，提高数据分析的可靠性和有效性。

其次，随着数据量的爆炸式增长，企业需要具备强大的数据处理能力。这包括数据存储、清洗、挖掘和分析等多个环节。企业需要利用先进的大数据技术和工具，如分布式存储系统、数据挖掘算法、机器学习模型等，对海量的数据进行高效的处理和分析。

同时，企业还需要培养一支具备数据素养的专业团队，他们需要具备数据处理和分析的技能和经验，能够为企业提供高质量的数据服务。

（二）评价体系适应性的挑战

数字经济时代的企业运营环境和市场需求变化迅速，这就要求企业绩效评价体系具备高度的适应性。然而，传统的绩效评价体系往往过于僵化，难以适应这种快速变化的环境。它们可能过于注重财务指标和短期业绩，而忽视了非财务指标和长期发展潜力；或者过于注重内部流程和管理效率，而忽视了外部市场和客户需求。这些问题使得传统的绩效评价体系难以全面、准确地评估企业的绩效和发展潜力。

为了应对评价体系适应性的挑战，企业需要不断地调整和优化绩效评价体系。首先，企业需要关注非财务指标和长期发展潜力，如客户满意度、市场份额、研发投入等。这些指标能够更全面地反映企业的绩效和发展潜力，帮助企业更好地应对市场变化和技术趋势。其次，企业需要建立一种开放、包容、创新的评价氛围和文化。在这种氛围中，员工能够积极参与绩效评价过程，提出改进意见和建议；企业能够鼓励员工不断学习和创新，以适应快速变化的市场环境和技术趋势。最后，企业还需要利用先进的技术手段和方法，如动态监控系统、实时数据分析工具等，实现绩效评价体系的实时性和动态性。通过这些措施，企业可以确保绩效评价体系与实际运营环境、市场需求保持同步。

（三）利益相关者多元化的挑战

在数字经济时代，企业的利益相关者变得更加多元化。除了股东和管理层等传统利益相关者外，还包括客户、员工、合作伙伴、社会公众等新兴利益相关者。这些利益相关者对企业的绩效评价有着不同的期望和要求，如客户关注产品质量和服务水平；员工关注工作环境和职业发展；合作伙伴关注合作效益和风险控制等。因此，在构建绩效评价体系时，企业需要充分考虑这些利益相关者的诉求和期望。

为了应对利益相关者多元化的挑战，企业需要建立一种平衡各方利益的绩效评价机制。首先，企业需要明确各利益相关者的期望和要求，并将其纳入绩效评价体系中。通过设立相应的评价指标和权重，企业可以平衡各方利益并满足其期望。其次，企业需要建立一种公开透明的沟通机制，与各利益相关者保持密切联系和沟通。通过这种机制，企业可以及时了解各利益相关者的反馈和意见，并对其进行积极响应和处理。最后，企业还需要关注社会责任和可持续发展等议题，在绩效评价中体现企业的社会价值和长远发展目标。通过这些措施，企业可以确保绩效评价结果的公正性和客观性，并赢得各利益相关者的信任和支持。

（四）法律法规与伦理道德的挑战

随着数字经济的发展和普及，相关的法律法规和伦理道德问题也日益凸显。在收集和使用数据时，企业需要遵守相关的法律法规和伦理规范，尊重用户的隐私权和知情权。例如，在欧盟等地区已经实施了严格的数据保护法规，要求企业在收集和使用用户数据时必须获得用户的明确同意，并确保数据的安全性和保密性。同时，在绩效评价过程中，企业还需要遵循公正、公平、公开的原则，避免任何形式的歧视和偏见。例如，在员工绩效评价中，企业需要建立公正透明的评价机制，确保评价结果的客观性和准确性；在合作伙伴选择中，企业需要遵循公平竞争的原则，避免任何形式的不正当竞争和利益输送。

为了应对法律法规与伦理道德的挑战，企业需要加强法律意识和道德建设。首先，企业需要建立完善的法律合规体系，确保在收集和使用数据时遵守相关法律法规和伦理规范。这包括制定数据保护政策、建立数据安全管理制度、开展员工法律培训等。其次，企业需要建立公正透明的绩效评价机制和文化氛围。这包括制定明确的评价标准和方法、建立公开透明的评价过程和结果反馈机制等。最后，企业还需要积极参与行业自律和社会监督活动，推动整个行业的健康发展和规范运营。通过这些措施，企业可以提升自身的法律合规水平和道德形象，为数字经济时代的可持续发展做出贡献。

三、数字经济环境下企业绩效评价的新趋势

（一）基于大数据和人工智能技术的智能评价

随着大数据和人工智能技术的持续进步与深度融合，企业绩效评价正迈入一个全新的智能化时代。在过去，企业绩效评价往往依赖于有限的数据和人工分析，这不仅限制了评价的准确性和时效性，还难以发现深层次的问题和机会。然而，在大数据和人工智能技术的支持下，企业可以实时地收集、整理和分析海量的数据，包括结构化和非结构化数据，从而更全面地了解企业的运营情况和市场环境。

通过运用先进的算法和模型，企业可以实时地监控关键绩效指标的变化，预测未来的趋势，并及时发现潜在的问题和机会。例如，利用机器学习技术，企业可以对历史数据进行深度学习，识别出影响绩效的关键因素，并据此优化业务流程和决策。此外，人工智能技术还可以帮助企业模拟不同的业务场景和策略，评估其对企业绩效的影响，从而为企业的决策提供更有力的支持。

这种基于大数据和人工智能技术的智能评价，不仅提高了企业绩效评价的准确性和时效性，还提升了企业的决策效率和灵活性。它使企业能够更好地应对市场变化和挑战，

抓住机遇，实现可持续发展。

（二）关注非财务指标的综合评价

在数字经济时代，企业的成功不再仅仅取决于财务指标的优劣，非财务指标在企业绩效评价中的地位逐渐提升。这些非财务指标涵盖了客户满意度、员工满意度、品牌知名度、创新能力、市场份额等多个方面，它们共同构成了企业综合实力的重要组成部分。

客户满意度反映了企业对客户需求的理解和满足程度，是衡量企业市场竞争力的重要指标。通过定期调查和分析客户满意度，企业可以及时了解客户的需求变化和市场趋势，从而调整产品和服务策略，提升市场竞争力。员工满意度则体现了企业内部管理水平和员工激励机制的有效性。高员工满意度可以带来更高的工作效率和更低的员工流失率，为企业创造更大的价值。

品牌知名度和创新能力则是衡量企业在市场中的影响力和发展潜力的重要指标。在数字经济时代，品牌已经成为企业最重要的资产之一。通过加强品牌建设和推广，企业可以提升品牌知名度，增强消费者对品牌的认知和信任。同时，创新能力也是企业保持竞争优势的关键。只有不断创新，企业才能不断推出新产品和服务，满足消费者的多样化需求。

因此，在数字经济时代的企业绩效评价中，非财务指标已经成为不可或缺的重要组成部分。通过将这些非财务指标纳入绩效评价体系中，并赋予适当的权重，企业可以实现更全面的评价，更准确地反映企业的综合实力和发展潜力。

（三）强调可持续发展和社会责任的评价

随着全球环境问题的日益严重和社会对企业社会责任的期望不断提高，可持续发展和社会责任已经成为企业绩效评价中不可忽视的重要因素。这意味着企业不仅需要关注经济效益的提升，还需要注重环境效益和社会效益的实现。

在可持续发展方面，企业需要关注资源利用效率、环境保护和生态平衡等问题。通过采用环保技术和清洁能源，降低废弃物排放和能源消耗，企业可以减少对环境的负面影响，实现可持续发展。同时，在社会责任方面，企业需要积极履行对员工、消费者、社区和环境的责任。通过提供安全健康的工作环境、优质的产品和服务、支持社区发展和公益活动等方式，企业可以树立良好的社会形象，赢得公众的信任和支持。

为了将可持续发展和社会责任纳入绩效评价体系中，企业需要建立相应的指标和评价体系。这些指标可以包括资源利用率、废弃物排放量、员工满意度、消费者权益保护情况等。通过定期评估这些指标的表现情况，企业可以及时了解自身在可持续发展和社会责任方面的表现，并采取积极的改进措施。

　　强调可持续发展和社会责任的企业绩效评价有助于推动企业实现经济效益与社会效益的双赢。它不仅可以提升企业的品牌形象和市场竞争力，还可以为企业的长期发展奠定坚实的基础。

　　（四）注重内部流程优化和管理的评价

　　在数字经济时代，企业内部流程的优化和管理对企业绩效的影响越来越大。随着市场竞争的加剧和客户需求的多样化，企业需要更加灵活和高效地应对市场变化。这就要求企业注重内部流程的优化和管理，提高运营效率和降低成本。

　　通过深入分析业务流程，企业可以发现潜在的瓶颈和问题，并采取有效的措施进行改进，例如，利用信息技术和自动化设备优化生产流程，提高生产效率和产品质量；通过改进供应链管理，降低库存成本和物流成本；加强内部沟通和协作，提高工作效率和员工满意度等。这些改进措施不仅可以帮助企业提高运营效率，还可以为企业创造更大的价值。

　　同时，建立相应的绩效评价体系也是非常重要的。企业需要制定明确的评价指标和标准，以评估内部流程的效率和效果。这些指标可以包括生产效率、成本控制水平、客户满意度等。通过定期收集和分析数据，企业可以及时了解内部流程的表现情况，并采取针对性的改进措施。这种以数据为驱动的绩效评价方式不仅可以提高评价的客观性和准确性，还可以帮助企业更好地发现问题并进行改进。

四、数字经济时代企业绩效评价的价值导向

　　（一）以客户为中心的价值导向

　　在数字经济时代，客户的需求和满意度成为企业竞争的核心。企业必须将客户的需求放在首位，通过提供优质的产品和服务来满足客户的期望，从而赢得客户的信任和忠诚。这种以客户为中心的价值导向不仅有助于提升企业的市场竞争力，还有助于实现企业的可持续发展。

　　为了贯彻以客户为中心的价值导向，企业需要深入了解客户的需求和期望，通过市场调研和数据分析等手段，挖掘客户的潜在需求和行为模式。同时，企业还需要建立完善的客户服务体系，提供个性化的产品和服务解决方案，以满足客户多样化的需求。在绩效评价方面，企业需要关注客户满意度、客户忠诚度等指标，以此来衡量企业在满足客户需求方面的表现，并据此优化业务流程、提升服务质量。

　　（二）创新驱动的价值导向

　　数字经济时代是一个充满变革和创新的时代。企业必须具备强大的创新能力，才能

在激烈的市场竞争中立于不败之地。因此，建立创新驱动的价值导向至关重要。这意味着企业需要鼓励员工积极创新，营造开放包容的创新氛围，为创新提供充足的资源和支持。

为了实现创新驱动的价值导向，企业需要建立完善的创新机制，包括研发投入、人才培养、技术合作等方面。同时，企业还需要关注市场趋势和技术发展动态，及时调整创新战略和方向。在绩效评价方面，企业需要关注研发能力、新产品或服务的市场表现等指标，以此来衡量企业在创新方面的成果和贡献。通过激励和奖励创新成果突出的员工和团队，企业可以进一步激发员工的创新热情和创造力。

（三）协同共享的价值导向

在数字经济时代，企业之间的竞争已经逐渐转变为供应链和生态系统之间的竞争。企业需要与合作伙伴、供应商等建立紧密的合作关系，实现资源共享和优势互补，共同应对市场挑战。这种协同共享的价值导向有助于提升企业整体的竞争力和抗风险能力。

为了践行协同共享的价值导向，企业需要积极拓展合作伙伴关系，构建稳定可靠的供应链和生态系统。同时，企业还需要加强内部部门之间的沟通与协作，打破信息壁垒和利益隔阂，实现资源的优化配置和高效利用。在绩效评价方面，企业需要关注合作能力、资源共享程度等指标，以此来衡量企业在协同共享方面的表现。通过加强合作伙伴关系管理和内部协作机制建设，企业可以进一步提升协同共享能力和整体绩效水平。

（四）社会责任的价值导向

在数字经济时代，企业的成功不再仅仅取决于经济效益的提升，更在于其对社会和环境的影响。企业需要积极履行社会责任，推动可持续发展和环境保护事业。这种社会责任的价值导向有助于提升企业的品牌形象和公众认可度，实现企业与社会的共赢发展。

为了贯彻社会责任的价值导向，企业需要关注环境保护、社会公益等方面的问题，通过采用环保技术和清洁能源降低废弃物排放和能源消耗；通过支持社区发展和公益活动回馈社会；通过加强员工权益保护和企业道德建设树立良好的企业形象。在绩效评价方面，企业需要关注环境保护投入、社会公益项目效果等指标来衡量企业在履行社会责任方面的表现。通过将这些指标纳入绩效评价体系并赋予适当的权重，企业可以引导员工更加关注社会责任的履行情况并积极采取行动进行改进和提升。

第二节　基于大数据的企业绩效评价新模型

一、大数据在企业绩效评价中的应用价值

（一）全面性与多维度的评价数据

在当今信息爆炸的时代，大数据无疑为企业绩效评价提供了前所未有的机会。大数据的核心价值在于其全面性和多维度性，使企业能够摆脱传统评价方法的束缚，让企业从更广阔的视角审视自身的绩效表现。

过去，企业在进行绩效评价时，往往只能依赖财务报表或单一的业绩指标，如销售额、利润等。然而，这些传统的评价方法往往只能反映企业过去的经营成果，而无法全面揭示企业当前和未来的真实状况。此外，这些方法还容易受到会计政策、市场环境等多种因素的影响，导致评价结果的失真。

相比之下，大数据的应用使得企业能够获取更为全面和多维度的评价数据。除了传统的财务数据外，大数据还涵盖了企业的内部运营数据（如生产、库存、供应链等）、外部市场数据（如消费者行为、竞争对手动态、行业趋势等）以及社交媒体等新型数据源。这些数据的融合使得企业能够从多个角度、多个层面对自身的绩效进行全面深入的分析和评价。

这种全面性和多维度的评价数据不仅增强了评价的准确性，还有助于企业发现传统方法难以察觉的问题和机会。例如，通过对消费者行为数据的分析，企业可以发现消费者的需求和偏好变化，从而及时调整产品策略和市场策略；通过对供应链数据的监控，企业可以及时发现供应链中的瓶颈和风险点，从而采取有效的应对措施。

（二）实时性与动态性的绩效评价

在传统的企业绩效评价中，由于数据处理和分析技术的限制，评价过程往往具有滞后性。这意味着当企业获得评价结果时，市场环境和企业状况可能已经发生了显著的变化，导致评价结果无法反映企业的最新状况。这种滞后性不仅影响了评价的准确性，还可能导致企业错失市场机遇或面临不必要的风险。

然而，在大数据技术的支持下，企业可以实时地收集和处理数据，从而进行动态的绩效评价。借助先进的数据处理和分析工具，企业可以实时监控关键绩效指标的变化趋势，及时发现问题并采取相应的改进措施。这种实时性和动态性的绩效评价不仅有助于

企业快速响应市场变化，还能为企业的战略决策提供更为准确和及时的依据。

例如，在零售行业中，企业可以通过对销售数据的实时监控和分析，及时发现某款产品的销量异常下降。经过进一步的分析和调查，企业如果发现该产品存在质量问题或市场竞争过于激烈。针对这些问题，企业可以迅速调整产品策略、加强质量控制或加大市场推广力度，以挽回市场份额和消费者信心。这种实时性和动态性的绩效评价使企业能够迅速应对市场变化，保持竞争优势。

（三）预测性与前瞻性的评价能力

除了全面性和实时性外，大数据的另一个显著价值在于其强大的预测能力。通过对海量数据的深入挖掘和分析，企业可以发现数据之间的内在关联和规律，从而预测未来的市场趋势和企业绩效表现。这种预测性和前瞻性的评价能力使企业能够提前做好准备，把握市场机遇，规避潜在风险。

例如，在金融行业中，企业可以利用大数据技术对客户的交易行为、信用记录等数据进行深入分析，预测客户的未来需求和风险状况。基于这些预测结果，企业可以为客户提供更加个性化的金融产品和服务，同时加强风险管理措施，降低坏账损失和信用风险。这种预测性和前瞻性的评价能力不仅提升了企业的客户满意度和市场份额，还为企业的长期稳定发展提供了有力保障。

（四）提升决策的科学性和精确性

大数据的应用还能够显著提升企业决策的科学性和精确性。在传统的决策过程中，企业往往只能依赖有限的数据和主观经验进行判断和决策。然而，在大数据的支持下，企业可以获取更加全面、客观的数据支持，减少决策过程中的主观性和盲目性。

通过数据分析，企业可以发现运营中的问题和瓶颈所在，为改进决策提供数据支持。例如，在生产过程中，企业可以通过对生产数据的实时监控和分析，发现生产线的瓶颈环节和浪费现象。针对这些问题，企业可以采取相应的改进措施，如优化生产流程、提高设备效率等，从而提升生产效率和产品质量。这种基于数据的决策方式不仅提高了决策的准确性和有效性，还为企业带来了实实在在的经济效益。

此外，大数据还可以帮助企业优化资源配置和提高运营效率。通过对市场趋势的预测和对消费者需求的洞察，企业可以更加精准地制定市场策略和产品策略，避免库存积压和资源浪费。同时，通过对内部运营数据的监控和分析，企业可以及时发现运营过程中的问题和改进空间，从而不断提升运营效率和服务质量。

二、基于大数据的企业绩效评价模型构建

（一）数据整合与预处理

在大数据的时代背景下，企业绩效评价不再仅仅依赖于传统的财务报表和人工收集的数据，而是可以充分利用各种数据源，如社交媒体、客户反馈、市场调研等，来获取更全面、更实时的信息。然而，这些数据源往往具有多样性、异构性和动态性等特点，给数据整合和预处理带来了挑战。

数据整合是大数据处理的第一步，它要求将来自不同数据源的数据进行合并，形成一个统一、完整的数据集。在这个过程中，企业需要解决数据格式不一致、数据重复、数据缺失等问题。为了有效地整合数据，企业可以利用数据仓库、数据挖掘等技术，将分散在各个系统中的数据进行抽取、转换和加载，确保数据的准确性和一致性。

数据预处理则是在数据整合的基础上，对数据进行进一步的清洗、转换和规约。清洗的目的是去除数据中的噪声、异常值和无关信息，保证数据的质量。转换则是将数据从原始格式转换为适合分析的格式，如将文本数据转换为数值数据，将时间数据转换为统一的格式等。规约则是为了减少数据量，提高处理效率，如通过数据抽样、数据压缩等方法来减少数据的维度和规模。

通过数据整合与预处理，企业可以建立一个高质量、标准化的数据集，为后续的绩效评价提供可靠的数据基础。

（二）构建多维度的绩效指标体系

传统的企业绩效评价往往只关注财务指标，如收入、利润、成本等。然而，在大数据的时代背景下，非财务指标和创新指标也变得越来越重要。非财务指标可以反映企业的客户满意度、员工满意度、市场份额等，创新指标则可以反映企业的研发投入、新产品开发数量等。这些指标不仅可以帮助企业更全面地评价自身的绩效，还可以帮助企业更好地应对市场变化和竞争挑战。

因此，在构建基于大数据的企业绩效评价模型时，企业需要建立一个多维度的绩效指标体系，这个体系应该包括财务指标、非财务指标和创新指标等多个方面，每个方面都应该根据企业的具体情况和目标进行定制，同时，还需要为每个指标赋予相应的权重，以反映不同指标对企业绩效的贡献程度。

在构建绩效指标体系时，企业可以利用大数据分析技术来确定各个指标的权重和关联关系，例如，可以通过相关性分析来发现不同指标之间的内在联系和影响因素；通过聚类分析来将相似的指标进行归类和整合；通过回归分析来预测企业未来的发展趋势和

潜在风险。这些分析方法可以帮助企业更科学、更客观地构建绩效指标体系，提高评价的准确性和有效性。

（三）运用大数据分析方法进行绩效评价

在构建好绩效指标体系后，企业需要运用各种大数据分析方法对各个指标进行深入分析。这些分析方法可以帮助企业发现数据中的模式、趋势和关联，从而对企业绩效进行全面、客观的评价。

描述性统计是最基本的数据分析方法之一，它可以帮助企业对各个指标进行基本的统计描述，如均值、方差、标准差等。通过描述性统计，企业可以初步了解各个指标的分布情况和异常情况。

相关性分析则可以帮助企业发现不同指标之间的内在联系和影响因素，例如，通过计算两个指标之间的相关系数，可以判断它们之间是否存在正相关或负相关关系；通过绘制散点图或矩阵图，可以直观地展示多个指标之间的相关性和趋势。

聚类分析则是一种无监督的学习方法，它可以将相似的数据点进行归类和整合。通过聚类分析，企业可以将大量的数据点划分为若干个簇或类别，每个簇代表一种相似的数据模式或特征。这样可以帮助企业更好地识别市场细分、客户群体等潜在的指标和规律。

回归分析则是一种预测性的数据分析方法，它可以根据已知的自变量来预测因变量的值。通过回归分析，企业可以建立一个数学模型来描述自变量和因变量之间的关系，并利用这个模型来预测企业未来的发展趋势和潜在风险。这样可以帮助企业更好地制订战略计划并制定应对措施。

（四）持续优化与迭代评价模型

基于大数据的企业绩效评价模型并非一成不变。随着市场环境的变化和企业自身的发展，原有的评价模型可能不再适用或需要调整。因此，企业需要不断地对评价模型进行优化和迭代，以确保其始终与企业的战略目标保持一致。

优化和迭代评价模型的构建可以从多个方面入手。

首先，企业可以调整绩效指标体系的结构和权重，以适应市场变化和企业发展的需要。例如，当企业面临激烈的市场竞争时，可能需要增加市场份额、客户满意度等非财务指标的权重；当企业需要推动创新转型时，可能需要增加研发投入、新产品开发数量等创新指标的权重。

其次，企业可以更新大数据分析方法和技术手段以提高评价的准确性和效率。随着大数据技术的不断发展和创新，新的分析方法和技术手段层出不穷。企业可以关注最新的技术动态和应用案例，尝试引入新的分析方法和技术手段来改进原有的评价模型。例如，企业可以利用机器学习算法来优化数据预处理和指标计算过程；可以利用可视化技术来直观地展示评价结果和趋势等。

最后，可以引入新的数据源来丰富评价模型的信息基础。随着互联网的普及和物联网的发展，越来越多的数据源可以被用于企业绩效评价。企业可以积极寻找和开发新的数据源，如社交媒体数据、传感器数据等，以获取更全面、更实时的信息来支持评价模型的优化和迭代。

三、大数据驱动的企业绩效评价流程优化

（一）明确评价目标和策略

在进行企业绩效评价之前，明确评价的目标和策略是至关重要的。这不仅是整个评价过程的起点，也是确保评价结果有效性和针对性的关键。具体来说，明确评价目标和策略包括以下几个方面。

首先，需要确定评价的对象。这可以是整个企业、某个业务部门、某个产品或服务等。确定评价对象有助于明确评价的范围和重点，以及后续数据收集和分析的方向。

其次，需要明确评价的时间范围。这可以是某个特定的时间段，如一个季度、半年或一年等。确定时间范围有助于了解企业在该时间段内的绩效表现，以及与其他时间段的比较和趋势分析。

再次，需要确定数据来源。这可以包括企业内部数据、市场调研数据、竞争对手数据等。确定数据来源有助于确保数据的真实性和可靠性，以及后续分析的准确性和有效性。

最后，需要选择合适的分析方法。这可以根据评价目标和数据特点来选择，如描述性统计、相关性分析、回归分析、聚类分析等。选择合适的分析方法有助于深入挖掘数据中的信息和规律，以及得出准确、客观的评价结果。

在明确评价目标和策略的过程中，企业还需要将评价目标与企业的战略目标相结合。这意味着评价工作应该围绕企业的战略目标展开，确保评价结果能够为企业的发展提供有力的支持。通过将评价目标与战略目标相结合，可以确保评价工作的针对性和有效性，推动企业朝着既定目标不断前进。

（二）建立数据驱动的决策文化

在大数据时代，数据已经成为企业决策的重要依据。因此，建立一种数据驱动的决策文化对于实现大数据在企业绩效评价中的有效应用至关重要。具体来说，建立数据驱

动的决策文化需要从以下几个方面入手。

首先，加强数据意识和数据素养的培训和教育。企业应该定期组织相关的培训和教育活动，提高员工对数据的敏感性和分析能力。这包括了解数据的基本概念和原理、掌握数据收集和分析的方法与技巧等。通过培训和教育，员工能够充分认识到数据在决策中的重要性，并具备运用数据进行决策的能力。

其次，建立数据共享和协作的平台和机制。企业应该构建一个统一的数据共享平台，促进不同部门之间的数据交流和合作。这可以包括建立数据仓库、数据湖等数据存储和管理系统，以及提供数据查询、分析和可视化等工具。同时，还需要建立相应的协作机制，鼓励员工跨部门合作，共同挖掘数据中的价值。

最后，将数据分析结果纳入决策流程。企业应该确保数据分析结果在决策中得到充分考虑和应用。这可以通过建立决策支持系统、引入数据分析专家等方式来实现。通过将数据分析结果与决策相结合，可以确保决策的科学性和有效性，降低决策风险。

建立数据驱动的决策文化是一个长期的过程，需要企业持续不断地推进和优化。通过加强培训和教育、建立共享和协作平台以及将数据分析结果纳入决策流程等措施，企业可以逐渐形成一种以数据为基础的决策文化，推动企业不断发展和进步。

（三）强化跨部门协作与信息共享

在大数据环境下，企业各部门之间的协作和信息共享变得尤为重要。为了实现全面的绩效评价，企业需要打破部门壁垒，促进不同部门之间的数据交流和合作。具体来说，强化跨部门协作与信息共享可以从以下几个方面入手：

首先，建立跨部门的数据共享平台。企业应该构建一个统一的数据共享平台，将不同部门的数据进行整合和标准化处理，确保数据的准确性和一致性。通过数据共享平台，不同部门可以方便地获取所需的数据和信息，减少数据重复采集和浪费的现象。

其次，定期组织跨部门的数据分析会议。企业应该定期召开跨部门的数据分析会议，邀请不同部门的代表参加。在会议上，各部门可以分享自己的数据和分析结果，共同探讨数据中的问题和规律。通过会议交流和讨论，企业可以促进部门之间的沟通和合作，共同推动绩效评价工作的深入开展。

最后，建立相应的激励机制和考核机制。企业应该建立相应的激励机制和考核机制，鼓励员工积极参与跨部门协作和信息共享工作。这可以通过设立奖励制度、将协作成果纳入绩效考核等方式来实现。通过激励和考核，企业可以激发员工的积极性和主动性，推动跨部门协作和信息共享工作的顺利开展。

强化跨部门协作与信息共享是实现全面绩效评价的重要保障。通过建立数据共享平台、定期组织数据分析会议以及建立相应的激励机制和考核机制等措施，企业可以促进不同部门之间的数据交流和合作，打破部门壁垒，实现信息的共享和协同工作。这将有助于企业更全面地了解自身的绩效表现，为制定更科学、更有效的战略决策提供有力支持。

（四）持续优化与改进绩效评价流程

企业绩效评价流程是一个持续优化的过程。随着市场环境的变化和企业自身的发展，原有的绩效评价流程可能不再适用或需要调整。因此，企业需要持续优化和改进基于大数据的绩效评价流程，以确保其始终与企业的战略目标保持一致。具体来说，持续优化与改进绩效评价流程可以从以下几个方面入手。

首先，定期审查现有流程的有效性。企业应该定期对现有的绩效评价流程进行审查和评估，了解其在实际应用中的效果和问题，通过审查和评估，可以发现流程中存在的不足和瓶颈，为后续的优化和改进提供依据。

其次，识别潜在的改进点。在审查现有流程的基础上，企业需要识别潜在的改进点。这可以包括优化数据收集和分析的方法、调整绩效指标体系和权重设置、改进数据共享和协作机制等。通过识别潜在的改进点，企业可以明确优化和改进的方向和目标。

最后，引入新的技术和方法。随着大数据技术的不断发展和创新，新的分析方法和技术手段层出不穷。企业应该关注最新的技术动态和应用案例，尝试引入新的分析方法和技术手段来改进原有的绩效评价流程。例如，企业可以利用人工智能算法来优化数据预处理和指标计算过程；可以利用云计算平台来提高数据处理和分析的效率等。通过引入新的技术和方法，可以不断提升绩效评价的准确性和效率。

在持续优化与改进绩效评价流程的过程中，企业还需要关注员工的反馈和建议。员工是绩效评价流程的直接参与者和受益者，他们的反馈和建议对于优化和改进流程具有重要意义。因此，企业应该建立相应的反馈机制和建议渠道，鼓励员工积极参与流程的优化和改进工作。

第三节　数字化工具在企业绩效评价中的应用

一、数字化工具在数据收集与处理中的应用

（一）自动化数据抓取与整合的深化应用

在数字经济蓬勃发展的今天，数据已经成为企业决策和绩效评价的基石。传统的数

据收集方法，如手工录入、问卷调查等，不仅效率低下，而且容易出错，难以满足企业日益增长的数据需求。而数字化工具的应用，为企业数据收集与处理带来了革命性的变革。

自动化数据抓取与整合是数字化工具在数据收集环节的杰出代表。通过利用网络爬虫、API接口等先进技术，企业可以自动化地从内部系统、外部市场、社交媒体等多渠道抓取所需数据，并进行快速整合。这种自动化的数据收集方式不仅大大提高了数据收集的效率，还确保了数据的全面性和准确性，避免了人为因素导致的误差。

在实际应用中，自动化数据抓取与整合可以帮助企业实时获取到最新的市场信息和业务数据。例如，通过抓取社交媒体上的用户评论和反馈，企业可以及时了解产品或服务的市场反响，为产品改进和营销策略调整提供有力支持。同时，自动化数据抓取与整合还可以帮助企业整合分散在各个部门和系统中的数据资源，形成统一的数据视图，为后续的绩效评价提供全面、准确的数据基础。

（二）数据清洗与标准化的重要性及实施

收集到的原始数据往往存在着各种问题，如重复、错误、不完整、格式不一致等。这些问题数据如果不进行清洗和标准化处理，将严重影响后续的数据分析和绩效评价结果。因此，数据清洗与标准化是数字化工具在数据处理环节的重要应用之一。

数据清洗软件、数据仓库等数字化工具可以帮助企业快速识别和处理问题数据。通过数据清洗软件，企业可以自动化地检测并纠正数据中的错误、删除重复项、填充缺失值等。而数据仓库则可以将来自不同来源的数据进行统一存储和管理，确保数据的规范性和一致性。经过清洗和标准化处理后的数据不仅质量得到了显著提升，还为后续的绩效指标计算和分析提供了便利。

在实施数据清洗与标准化时，企业需要制定详细的数据处理流程和规范，确保每一步操作都有明确的指导和依据，同时，还需要对数据进行定期的质量检查和评估，及时发现并处理潜在的数据问题。通过持续的数据清洗与标准化工作，企业可以建立起一个高质量、可信赖的数据基础，为绩效评价提供有力保障。

（三）实时数据监控与更新的必要性及技术应用

在数字经济时代，市场变化迅速且竞争激烈。企业需要实时监控和更新数据以应对各种挑战和机遇。实时数据监控平台、流式数据处理技术等数字化工具为实现实时数据监控与更新提供了有力支持。

通过实时数据监控平台，企业可以实时监控关键指标的变化情况，如销售额、订单量、用户活跃度等。一旦发现异常情况或市场变化，企业可以迅速做出反应并调整策略。

流式数据处理技术则可以实现对大规模实时数据的快速处理和分析，为企业提供实时的数据洞察和决策支持。这些数字化工具的应用不仅提高了企业的市场敏感度和反应速度，还增强了企业的竞争力和抗风险能力。

在实施实时数据监控与更新时，企业需要选择合适的数字化工具和平台，并根据自身业务需求和特点进行定制化和优化。同时，还需要建立完善的数据监控和更新机制，确保数据的实时性、准确性和可靠性。通过持续的实时数据监控与更新工作，企业可以更加敏锐地捕捉市场机遇和挑战，为绩效评价提供及时、准确的数据支持。

（四）数据挖掘与预测分析的价值及实现路径

除了基本的数据收集和处理外，数字化工具还可以帮助企业进行数据挖掘和预测分析。数据挖掘是指从海量数据中挖掘出有价值的信息和规律的过程，而预测分析则是利用这些信息和规律对未来进行预测和推断。通过运用机器学习、大数据分析等先进技术，企业可以深入挖掘数据的潜在价值，为绩效评价提供更加精准和有效的支持。

在实际应用中，数据挖掘与预测分析可以帮助企业发现市场趋势、识别潜在客户、优化产品设计等。例如，通过分析用户的购买历史和浏览行为，企业可以预测用户的未来购买意向和需求，从而制定更加精准的营销策略和产品推荐。同时，数据挖掘与预测分析还可以帮助企业发现业务运营中的问题和瓶颈，为优化流程和提升效率提供有力支持。

要实现数据挖掘与预测分析的价值，企业需要选择合适的数字化工具和平台，并建立起完善的数据挖掘和分析流程。这包括数据准备、模型构建、结果评估等多个环节。同时，企业还需要培养一支具备数据分析和挖掘能力的专业团队，他们不仅需要掌握相关的技术和工具，还需要具备丰富的业务知识和市场洞察力。通过持续的数据挖掘与预测分析工作，企业可以不断挖掘数据的潜在价值，为绩效评价提供更加精准和有效的支持。

二、数字化工具在绩效指标计算与分析中的应用

（一）自动化指标计算的效率提升与准确性保障

在企业绩效评价中，绩效指标的计算是至关重要的一环。传统的手工计算方式不仅效率低下，而且容易出错，难以满足企业日益增长的数据处理需求。而自动化指标计算软件、BI（商业智能）系统等数字化工具的应用，为企业实现高效、准确的绩效指标计算提供了有力保障。

通过自动化指标计算软件，企业可以快速、准确地计算出各种绩效指标，如销售额、

利润率、客户满意度等。这些软件通常具备强大的数据处理和分析能力，能够自动从数据源中提取所需数据，并按照预设的公式和算法进行计算。与此同时，BI 系统则可以将这些计算结果以直观、易懂的方式呈现出来，如数据报表、图表等，方便企业管理人员进行查看和分析。

自动化指标计算的应用不仅大大提高了计算效率，还确保了计算结果的准确性和一致性。由于计算过程由软件自动完成，这避免了人为因素导致的误差和偏差。同时，这些数字化工具还可以根据企业的实际需求进行定制化和优化，满足各种复杂的计算需求。

（二）多维度指标分析的全面性与深入性探究

单一的绩效指标往往难以全面反映企业的运营状况和成果。为了更加全面、深入地了解企业的运营情况，多维度指标分析成了一种重要的分析方法。数字化工具如多维度分析工具、数据可视化软件等为实现多维度指标分析提供了有力支持。

通过多维度分析工具，企业可以从不同的角度和层面对绩效指标进行深入分析，例如，可以从时间序列的角度分析销售额的变化趋势，从地域分布的角度分析不同地区的销售业绩差异，从产品类别的角度分析各类产品的盈利能力等。这种多维度的分析方法可以帮助企业更加全面地了解自身的运营状况和成果，发现潜在的问题和机遇。

同时，数据可视化软件则可以将这些分析结果以直观、易懂的方式呈现出来。通过数据报表、图表、地图等形式，企业管理人员可以清晰地看到各个维度的数据分布和变化情况，从而更加深入地理解企业的运营状况和成果。这种可视化的分析方式不仅提高了分析效率，还增强了分析结果的直观性和易懂性。

（三）绩效对比与标杆管理的实施方法与效果评估

为了更好地评估自身的绩效水平并找出改进方向，企业需要进行绩效对比和标杆管理。数字化工具如绩效对比平台、标杆管理软件等为实现这一目标提供了便捷的途径。

通过绩效对比平台，企业可以与同行业或同类型的企业进行绩效对比和分析。这些平台通常收集了大量的行业数据和企业数据，并提供了丰富的对比指标和分析工具。企业可以根据自身的需求和目标选择合适的对比对象和指标进行对比分析，从而找出自身的优势和劣势所在。同时，这些平台还可以提供行业趋势和市场动态等信息，帮助企业更加全面地了解行业状况和市场环境。

标杆管理则是一种更加系统、全面的绩效管理方法。通过借鉴和学习标杆企业的先进经验和做法，企业可以不断提升自身的绩效水平。标杆管理软件可以帮助企业建立标杆管理体系并跟踪标杆企业的动态变化。这些软件通常提供了标杆企业的详细资料、成功案例、经验教训等内容，方便企业进行学习和借鉴。同时，这些软件还可以帮助企业制订改进计划和实施方案，并对改进效果进行评估和反馈。通过持续的标杆管理工作，企业可以不断挖掘自身的潜力并提升绩效水平。

（四）动态绩效监控与预警的实时性与准确性保障

在数字经济时代，市场变化迅速且竞争激烈，企业需要实时监控自身的绩效状况并及时预警可能出现的风险和问题。动态绩效监控平台、风险预警系统等数字化工具为实现这一目标提供了有力保障。这些平台通常可以实时监控关键绩效指标的变化情况，如销售额、订单量、用户活跃度等，并在出现异常或风险时及时发出预警提示。这种实时的监控和预警机制可以帮助企业及时发现并应对潜在的风险和问题，确保绩效评价的有效性和准确性。同时，这些平台还可以提供历史数据和趋势分析等功能，帮助企业更加全面地了解自身的绩效状况和发展趋势。通过持续的动态绩效监控与预警工作，企业可以更加敏锐地捕捉市场机遇和挑战，为绩效评价提供及时、准确的数据支持。在实际应用中，企业需要选择合适的数字化工具和平台，并根据自身业务需求和特点进行定制化和优化，确保动态绩效监控与预警的实时性和准确性得到充分保障。

三、数字化工具在绩效评价报告生成与展示中的应用

（一）自动化报告生成

在现代企业管理中，绩效评价报告是向管理层、股东以及其他利益相关者展示企业运营成果和绩效水平的关键文档。传统的报告生成过程往往耗时且容易出错，而数字化工具的应用则为企业带来了革命性的改变。自动化报告生成软件能够根据预设的模板和数据源，快速、准确地生成各种绩效评价报告，如年度绩效报告、季度绩效报告等。这些软件通过智能算法和数据处理技术，能够自动提取、整理和分析企业运营数据，生成结构清晰、内容准确的报告文档。

自动化报告生成不仅大大提高了报告生成的效率，还确保了报告内容的准确性和一致性。企业可以根据需要随时生成所需的绩效评价报告，而无须等待人工编制和审核。此外，自动化报告生成软件还支持自定义模板和样式，使企业能够根据需要灵活调整报告格式和内容，满足不同利益相关者的需求。

（二）数据可视化展示

数据可视化是将复杂的数据和信息以直观、易懂的图表和图像等形式展示出来的过程。在绩效评价报告中，数据可视化展示能够帮助企业更加直观地展示自身的运营成果和绩效水平。数字化工具如数据可视化软件、图表库等提供了丰富的可视化选项和交互功能，使企业能够将枯燥的数据转化为生动、形象的图表和图像。

通过柱状图、折线图、饼图等可视化形式，企业可以清晰地展示销售额、利润率、客户满意度等关键绩效指标的变化趋势和对比情况。这种直观的可视化展示不仅提高了报告的易读性和吸引力，还有助于利益相关者更快地理解和把握企业的运营状况和绩效水平。

（三）交互式报告制作

除了基本的报告生成和数据可视化展示外，数字化工具还可以帮助企业制作交互式报告。交互式报告是一种具有动态交互功能的绩效评价报告，它允许用户通过点击、滑动等操作与报告进行互动，获取更加详细和个性化的信息。通过运用先进的交互式技术和工具，企业可以制作出具有丰富交互功能和高度个性化的绩效评价报告。

例如，企业可以制作一个可以动态筛选和排序数据的交互式报告，使利益相关者能够根据自己的需求灵活查看和分析数据。或者企业可以制作一个可以实时更新和修改内容的交互式报告，使利益相关者能够及时获取最新的绩效信息和企业动态。交互式报告不仅提高了报告的灵活性和可读性，还增强了与利益相关者的互动性和参与度，使绩效评价过程更加透明和高效。

（四）报告分发与共享

在生成和展示了绩效评价报告后，企业还需要将其分发给各个利益相关者并共享相关信息。数字化工具如电子邮件系统、云存储平台等为企业提供了便捷的分发和共享渠道。通过电子邮件系统，企业可以将报告快速、准确地发送给各个利益相关者；通过云存储平台，企业可以将报告存储在云端，供利益相关者随时下载和查看。

这些数字化工具的应用不仅提高了信息传递的效率和质量，还确保了信息的准确性和一致性。利益相关者可以随时随地获取所需的绩效评价报告和信息，无须等待纸质文档的传递或担心信息丢失的问题。同时，云存储平台还支持版本控制和权限管理功能，使企业能够更加精细地控制报告的访问和修改权限，确保信息的安全性和保密性。

四、数字化工具在企业绩效评价中的实践案例与效果评估

（一）实践案例介绍

某电商企业为了提升自身的绩效评价水平并应对激烈的市场竞争，决定引入数字化工具来辅助绩效评价过程。该企业选择了一套先进的绩效评价系统，该系统集成了自动化数据抓取与整合、自动化指标计算和多维度分析、自动化报告生成和数据可视化展示等多种功能。

通过运用自动化数据抓取与整合工具，该企业实现了从多个渠道如电商平台、社交媒体、物流系统等实时获取并整合业务数据。这些数据经过清洗和整理后，被导入到绩效评价系统中进行进一步的处理和分析。通过自动化指标计算和多维度分析工具，该企业快速准确地计算出了各种绩效指标如销售额、订单量、客户满意度等，并进行了深入的分析和比较。这些分析结果为企业制定更加精准有效的战略决策提供了有力支持。

在绩效评价报告生成与展示方面，该企业利用自动化报告和数据可视化展示工具生成了直观易懂的绩效评价报告。这些报告以图表和图像的形式清晰地展示了企业的运营成果和绩效水平，使利益相关者能够更快地理解和把握企业的运营状况。同时，该企业还通过电子邮件系统和云存储平台将报告分发给各个利益相关者并共享相关信息，确保了信息传递的及时性和准确性。

（二）效果评估与反馈

在引入数字化工具进行绩效评价后，该电商企业取得了显著的效果提升。首先，在数据收集和处理方面，自动化数据抓取与整合工具大大提高了数据收集的效率和质量。企业能够实时获取并整合多个渠道的业务数据，避免了手动收集和整理数据的烦琐过程。这不仅节省了时间和人力成本，还提高了数据的准确性和一致性。

其次，在绩效指标计算和分析方面，自动化指标计算和多维度分析工具帮助企业更加全面深入地了解自身的运营状况和成果。企业能够快速、准确地计算出各种绩效指标并进行深入的分析和比较。这些分析结果为企业制定更加精准有效的战略决策提供了有力支持。例如，企业发现某一产品线的销售额一直不佳，经过深入分析后发现是定价策略存在问题。于是，企业及时调整了定价策略并加大了营销力度，最终实现了销售额的大幅提升。

最后，在绩效评价报告生成与展示方面，自动化报告和数据可视化展示工具使得报告更加直观易懂且易于共享。利益相关者能够更快地理解和把握企业的运营状况和绩效水平，提高了与利益相关者的沟通效率和质量。同时，通过电子邮件系统和云存储平台分发和共享报告也确保了信息传递的及时性和准确性。

为了持续优化和改进数字化工具在绩效评价中的应用效果，该企业还定期收集员工和管理层的反馈意见。员工和管理层普遍认为数字化工具的应用大大提高了绩效评价的效率和质量，使企业能够更加及时准确地了解自身的运营状况和成果。同时，他们也提出了一些改进建议，如进一步完善数据抓取和整合功能、增加更多的可视化选项和交互功能等。这些反馈意见为企业不断优化和完善数字化工具在绩效评价中的应用效果提供了重要参考。

（三）经验总结与启示

该电商企业在应用数字化工具进行绩效评价过程中积累了宝贵的经验。首先，企业需要明确自身的绩效评价目标和需求，选择适合的数字化工具。不同的企业有不同的绩效评价目标和需求，因此，需要选择适合自己的数字化工具来辅助绩效评价过程。其次，企业需要加强内部培训和指导，提高员工对数字化工具的应用能力和水平。数字化工具的应用需要员工具备一定的技能和知识，因此企业需要加强内部培训和指导，帮助员工熟练掌握数字化工具的使用方法和技巧。最后，企业需要定期评估数字化工具的应用效果并进行持续优化和改进。数字化工具的应用是一个持续优化的过程，企业需要定期评估其应用效果并根据反馈意见进行持续改进和完善。

这些经验对于其他企业引入数字化工具进行绩效评价具有重要的借鉴意义。其他企业可以根据自身的实际情况和需求选择适合的数字化工具来辅助绩效评价过程，并加强内部培训和指导以提高员工的应用能力和水平。同时，其他企业也需要定期评估数字化工具的应用效果并进行持续优化和改进，以确保其始终发挥最大的效用。

（四）未来展望与建议

随着技术的不断发展和市场的不断变化，数字化工具在企业绩效评价中的应用将呈现出更多的可能性和挑战。未来企业需要更加深入地了解各种先进的数字化工具和技术如人工智能、大数据分析等，并将其灵活运用到绩效评价过程中，以提高效率和质量。人工智能和大数据分析等先进技术可以帮助企业更加深入地挖掘和分析数据中的价值信息，发现潜在的运营问题和机会，为企业制定更加精准有效的战略决策提供支持。

同时，企业还需要加强与外部合作伙伴的交流和合作，共同推动数字化工具在绩效评价领域的创新和发展。外部合作伙伴如技术供应商、咨询机构等可以为企业提供最新的技术动态和市场趋势信息，帮助企业及时了解和掌握最新的数字化工具和技术。通过与外部合作伙伴的交流和合作，企业可以与其共同推动数字化工具在绩效评价领域的创新和发展，实现互利共赢的局面。

此外，随着数字化工具的广泛应用和深入发展，企业还需要关注数据安全和隐私保护问题。在运用数字化工具进行绩效评价过程中，企业需要确保数据的安全性和保密性，防止数据泄露和滥用的情况发生。企业需要建立完善的数据安全管理制度和隐私保护机制，加强数据加密和访问控制等措施的实施，确保数据的安全性和可靠性。

综上所述，数字化工具在绩效评价报告生成与展示中的应用为企业带来了革命性的改变。企业需要明确自身的绩效评价目标和需求，选择适合的数字化工具进行应用，并加强内部培训和指导以提高员工的应用能力和水平。同时，企业也需要定期评估数字化工具的应用效果并进行持续优化和改进以确保其始终发挥最大的效用。未来随着技术的不断发展和市场的不断变化，企业需要更加深入地了解各种先进的数字化工具和技术，并将其灵活运用到绩效评价过程中，以提高效率和质量。

第十章　数字经济时代的资金管理创新

第一节　资金管理在数字经济时代的新趋势

一、数字经济时代资金管理的特点与挑战

（一）数据驱动的资金决策

在数字经济时代，资金管理正经历着由传统经验决策向数据驱动决策的转变。资金数据，如现金流、订单量、用户行为等，已成为指导企业资金运作的关键要素。通过对这些数据的实时收集、处理和分析，企业能更准确地预测资金需求、优化资金配置，从而降低资金成本、提升资金使用效率。

然而，数据驱动的资金决策也面临着挑战。首先，数据的准确性和完整性对决策质量至关重要，但数据质量往往受到多种因素的影响，如数据源的多样性、数据处理的复杂性等。其次，数据分析能力和工具的选择也是一大挑战，企业需要具备强大的数据处理和分析能力，以及选择合适的数据分析工具和技术，才能从海量数据中提取出有价值的信息。

（二）实时性的资金流动监控

在数字经济时代，资金流动的实时性监控已成为资金管理的核心要求。企业需要实时监控资金的流入流出，确保资金的安全和合规性。同时，通过实时数据，企业能更快速地应对市场变化，如调整价格策略、优化库存管理等，从而抓住市场机遇、提升竞争力。

然而，实时性的资金流动监控也面临着技术和人员方面的挑战。一方面，企业需要具备高效的数据处理技术和实时监控系统，以确保数据的实时性和准确性。另一方面，企业需要培养具备金融知识和数据分析能力的专业人才，以便对实时数据进行深入分析和解读。

（三）资金风险的新形态与应对

在数字经济时代，资金风险呈现出新的形态和特点。例如，网络安全风险、数据泄露风险、欺诈风险等日益突出，给企业的资金管理带来了巨大的挑战。这些风险不仅可

能导致资金损失，还可能影响企业的声誉和客户信任度。

为了应对这些新型资金风险，企业需要采取一系列措施。首先，加强网络安全和数据保护措施，确保资金数据和交易信息的安全性和保密性。其次，建立完善的风险管理体系和应急预案，以便在风险发生时能迅速响应和处理。此外，企业还需要加强与金融机构、监管机构等的合作和信息共享，共同应对资金风险挑战。

（四）全球化与本地化的资金管理需求

数字经济时代的全球化趋势使得企业的资金管理需求更加复杂多样。企业需要在全球范围内进行资金调配、风险管理和合规操作，以满足不同国家和地区的业务需求。同时，本地化需求也要求企业深入了解并遵守各地的法律法规和文化习惯，以确保资金管理的合规性和有效性。

为了满足全球化与本地化的资金管理需求，企业需要建立灵活的组织架构和流程体系，以适应不同地区的业务特点和市场需求。同时，加强跨部门的沟通与协作，确保全球范围内的资金信息能实时共享和更新。此外，企业还需要关注国际金融市场动态和监管政策变化，以便及时调整资金管理策略和应对潜在风险。

二、资金管理数字化转型的必要性与路径

（一）数字化转型提升资金管理效率

在数字经济时代，资金管理数字化转型已成为提升资金管理效率的必然选择。通过数字化转型，企业能实现资金数据的自动化收集、处理和分析，减少人工干预和错误率，从而提高工作效率和准确性。同时，数字化转型还能帮助企业优化资金流程、降低运营成本、提升客户满意度等。

为了实现资金管理数字化转型，企业需要制定明确的战略规划和实施路径。首先，企业评估现有的资金管理流程和系统，识别存在的问题和改进空间。其次，企业选择合适的数字技术和工具进行系统升级或重构，如引入人工智能、区块链等先进技术提升数据处理能力和安全性。最后，企业加强员工培训和文化塑造，确保员工能适应新的工作环境并积极参与数字化转型工作。

（二）构建智能资金管理系统

智能资金管理系统是实现数字化转型的关键载体。通过构建智能资金管理系统，企业能整合内外部数据源、实现实时监控与预警、优化资金配置与决策等功能。同时，智能资金管理系统还能帮助企业提高风险定价能力、加强内部控制与合规管理、提升客户服务水平等。

在构建智能资金管理系统时，企业需要关注以下几个方面：一是系统架构的灵活性和可扩展性，以便适应不断变化的业务需求和技术环境；二是数据处理的实时性和准确性，以确保资金信息的及时性和可靠性；三是风险管理和安全控制措施的完善性，以保障资金安全和数据隐私；四是用户体验的友好性和便捷性，以提升员工和客户的使用满意度。

（三）强化数据治理与安全保障

在数字经济时代，数据已成为企业最重要的资产之一。为了充分发挥数据的价值并保障其安全性，企业需要加强数据治理与安全保障工作：首先，建立完善的数据管理体系和流程规范，确保数据的准确性、完整性和一致性；其次，加强数据安全防护措施和技术应用，防止数据泄露、篡改或滥用等风险发生；最后，定期开展数据安全风险评估和审计工作，及时发现并整改潜在的安全隐患和问题。

同时，在强化数据治理与安全保障的过程中，企业还需要关注隐私保护问题。在收集、处理和使用个人数据时，企业应严格遵守相关法律法规和道德规范要求，尊重用户隐私权益并采取必要措施保护用户数据安全。此外，企业还应积极推广隐私保护意识和技能培训工作，提高员工对隐私保护重要性的认识和操作能力水平。

三、数字经济时代资金管理的新模式与新业态

（一）基于云计算的资金管理平台

云计算技术的发展为资金管理带来了新的模式和机遇。基于云计算的资金管理平台能实现资金数据的集中存储、共享和访问，降低企业的 IT 成本和运维难度。同时，云计算平台还能提供弹性扩展、按需付费等灵活的服务模式，满足企业不同阶段的资金管理需求。

在构建基于云计算的资金管理平台时，企业需要关注以下几个方面：一是选择合适的云服务提供商和合作模式，确保服务的稳定性和安全性；二是设计合理的云架构和数据存储方案，以满足资金数据的处理和分析需求；三是建立完善的云安全管理体系和风险控制机制，保障资金数据和交易信息的安全性和保密性。

（二）供应链金融与资金管理的融合

供应链金融是一种将金融资源融入供应链管理的创新模式。通过与供应链金融的融合，资金管理能更深入地了解供应链的运作情况和资金需求，优化资金配置和降低资金成本。同时，供应链金融还能帮助企业加强与上下游企业的合作关系，提升供应链的稳定性和竞争力。

　　为了实现供应链金融与资金管理的融合，企业需要采取以下措施：一是建立完善的供应链金融服务平台和信用评价体系，为供应链企业提供便捷的融资服务和风险管理支持；二是加强与金融机构和物流企业的合作和信息共享，实现资金流、信息流和物流的协同管理；三是培养具备供应链金融知识和实践经验的专业人才团队，推动供应链金融与资金管理的深度融合发展。

　　（三）数字货币在资金管理中的应用前景

　　随着数字货币技术的不断发展和成熟，其在资金管理中的应用前景越来越广阔。数字货币具有去中心化、可追溯性、安全性等特点，能有效降低交易成本、提高交易效率并增强交易的透明度和合规性。在资金管理领域，数字货币可应用于跨境支付、供应链融资、数字钱包等多个场景。

　　然而，数字货币在资金管理中的应用也面临着诸多挑战和问题。例如，数字货币的法律地位和监管政策尚不明确；数字货币市场的波动性和风险性较大；数字货币技术的安全性和隐私保护问题也需要得到解决等。因此，在探索数字货币在资金管理中的应用时，企业需要谨慎评估风险并制定相应的应对策略和措施。

　　（四）人工智能助力智能化资金管理决策

　　人工智能技术的发展为资金管理决策提供了强大的支持。通过引入人工智能算法和模型，企业能对海量资金数据进行深度挖掘和分析，发现隐藏在数据中的规律和趋势，为决策提供更加准确和全面的信息支持。同时，人工智能还能帮助企业优化资金配置、降低资金成本、提高资金使用效率等。

　　为了实现智能化资金管理决策，企业需要采取以下措施：一是建立完善的人工智能算法和模型库，为资金管理决策提供多样化的分析工具和方法；二是加强人工智能与金融专业知识的结合和应用实践经验的积累；三是建立完善的决策支持系统和风险预警机制，确保决策的科学性和准确性。同时，企业还需要关注人工智能技术的安全性和隐私保护问题，防止因数据泄露或滥用带来的风险。

第二节　基于大数据的资金流预测与优化

一、大数据在资金流管理中的应用价值

　　随着信息技术的迅猛发展，大数据已经渗透到各行各业的日常运营和管理中。资金

流作为企业运营的核心要素之一，其管理效率和效果直接关系到企业的生死存亡。因此，探讨大数据在资金流管理中的应用价值具有重要意义。

（一）提升资金流透明度与可视化

在传统的资金流管理模式中，企业往往只能依靠财务报表和手工台账来了解资金的流动情况，这种方式不仅效率低下，而且容易出错。然而，大数据技术的引入彻底改变了这一现状。通过实时收集、整合和分析海量的资金流数据，企业可以构建一个全面、细致的资金流视图，清晰地展示资金的来源、去向、流速和流量。这种透明度的提升为企业带来了诸多好处。

首先，企业可以及时发现和解决资金流中的问题和瓶颈。例如，当某个环节的资金流速明显减慢时，企业可以迅速定位问题所在，并采取相应的措施进行疏通和优化。这样不仅可以避免资金的闲置和浪费，还可以提高资金的使用效率。

其次，资金流的透明度和可视化还可以为企业的战略决策提供有力的数据支持。通过对历史资金流数据的深入分析，企业可以发现资金流动的规律和趋势，从而为未来的资金规划和配置提供科学依据。这不仅可以降低决策的风险和盲目性，还可以提升企业的整体竞争力。

（二）强化资金流的风险管理与控制

在资金流管理过程中，风险是无处不在的。信用风险、流动性风险、市场风险等各种风险因素都可能对企业的资金安全造成威胁。然而，在传统的管理模式下，企业往往难以对这些风险进行有效的识别和控制。大数据技术的引入为解决这一问题提供了新的思路和方法。

通过实时监测和分析资金流中的各种风险因素，企业可以构建一个全面、动态的风险管理视图。在这个视图中，各种风险因素都可以被量化和可视化，从而为企业的风险管理决策提供有力支持。例如，当某个客户的信用风险明显上升时，企业可以迅速调整对该客户的授信政策，以降低潜在的风险损失。

此外，大数据技术还可以帮助企业构建风险预警模型和风险评估体系。通过对历史资金流数据的深入挖掘和分析，企业可以发现各种风险因素之间的关联和规律，并据此构建相应的预警模型和评估体系。当某个风险因素达到预警阈值时，企业可以迅速启动应急预案，将风险损失降到最低。

（三）优化资金配置与提高使用效率

资金是企业的血液，其配置和使用效率直接关系到企业的运营效果和盈利能力。然而，在传统的资金管理模式下，企业往往难以对资金进行合理配置和高效使用。大数据技术的引入为解决这一问题提供了新的契机。

首先，通过大数据分析技术，企业可以更加准确地预测未来的资金需求和供给情况。例如，通过对历史销售数据和库存数据的分析，企业可以预测未来一段时间内的销售收入和采购成本，并据此制订更加合理的资金配置计划。这样不仅可以避免资金的闲置和浪费，还可以确保企业的正常运营和发展。

其次，大数据技术还可以帮助企业发现资金使用中的浪费和低效现象。通过对资金流数据的深入挖掘和分析，企业可以发现各个环节中的潜在问题和改进空间，并据此优化流程、改进管理方式，以提高资金的使用效率。这种优化不仅可以降低企业的资金成本，还可以提升企业的整体竞争力。

（四）促进业务创新与价值创造

除了上述应用价值外，大数据技术还可以为企业的业务创新和价值创造提供新的思路和方法。在市场竞争日益激烈的今天，企业要想脱颖而出就必须不断进行业务创新和价值创造。而大数据技术正是实现这一目标的重要工具之一。

首先，通过分析市场和客户的需求数据，企业可以发现新的业务机会和增长点。例如，通过对客户消费行为和偏好的分析，企业可以发现新的市场细分和产品定位机会，并据此开发新的产品或服务以满足客户的需求。这种基于数据的业务创新不仅可以提高企业的市场份额和盈利能力，还可以增强企业的核心竞争力。

其次，大数据技术还可以帮助企业优化定价策略、改进营销方式等，以实现价值的最大化。通过对历史销售数据和客户反馈信息的分析，企业可以更加准确地评估产品的市场价值和客户认可度，并据此制定更加合理的定价策略。这种优化不仅可以提高企业的销售收入和利润水平，还可以提升客户的满意度和忠诚度。

二、基于大数据的资金流预测模型与方法

在资金流管理中，预测是至关重要的一环。只有准确预测未来的资金流动情况，企业才能做出合理的决策和规划。而大数据技术的发展为资金流预测提供了新的方法和手段。下面将介绍几种基于大数据的资金流预测模型与方法。

（一）时间序列分析模型

时间序列分析是一种基于历史数据预测未来趋势的方法，特别适用于具有连续性和周期性的资金流数据。在这种模型中，企业需要将历史资金流数据按照时间顺序进行排列，并找出其中的趋势性、季节性和周期性等因素。然后，通过构建相应的数学模型对未来一段时间内的资金流动情况进行预测。这种模型简单易用，但对于非线性和复杂性

的资金流数据预测效果可能不够理想。

为了提高预测的准确性和稳定性，企业在进行时间序列分析时还需要考虑其他因素的影响。例如，市场环境的变化、政策调整等都可能对未来的资金流动产生影响。因此，在实际应用中，企业需要结合实际情况对模型进行修正和调整，以确保预测结果的准确性和可靠性。

（二）机器学习预测模型

与时间序列分析模型相比，机器学习预测模型具有更强的适应性和灵活性。机器学习是一种基于数据驱动的预测方法，可以通过学习历史数据的特征和模式来自动调整模型参数，并对未来的资金流动进行预测。常见的机器学习算法包括决策树、神经网络、支持向量机等。这些算法可以根据数据的特征和模式自动学习和调整参数，从而提高预测的准确性。

在实际应用中，企业需要根据实际情况选择合适的机器学习算法和模型参数。同时，为了提高预测的准确性和稳定性，企业还需要对模型进行训练和验证。通过使用大量的历史数据对模型进行训练，并使用验证集对模型进行验证和调整，企业可以确保模型在实际应用中的性能和效果。

此外，机器学习预测模型还可以与其他方法进行组合使用。例如，企业可以先使用时间序列分析模型对历史数据进行拟合和预测，再利用机器学习模型对预测结果进行修正和优化。这种方法可以充分利用各种方法的优势，提高预测的精度和可靠性。同时，还可以根据实际情况对模型进行动态调整和优化，以适应不断变化的市场环境和企业需求。

（三）组合预测模型与方法

除了上述两种预测模型外，企业还可以考虑使用组合预测模型与方法来提高预测的准确性和稳定性。组合预测是将多种单一的预测方法进行组合和优化，以充分利用各种方法的优势并弥补各自的不足。在实际应用中，企业可以根据实际情况选择合适的组合方式和方法。

例如，企业可以将时间序列分析、机器学习等方法进行组合使用，通过构建一个综合的预测框架，将各种方法有机地结合在一起，并赋予相应的权重和优先级。然后，根据实际情况和数据特征对框架进行动态调整和优化，以提高预测的精度和可靠性。这种组合预测方法可以充分利用各种方法的优势并弥补各自的不足，从而为企业提供更加准确、可靠的资金流预测结果。同时，还可以帮助企业更好地应对市场变化和企业需求的变化，为企业的战略决策提供有力的数据支持。

三、大数据驱动的资金流优化策略与实践

（一）精细化资金管理策略

精细化资金管理策略的核心在于通过大数据技术实现资金管理的精细化、智能化和高效化。这种策略不仅关注资金的流入和流出，还注重资金的使用效率和风险管理。

首先，建立详细的资金预算和计划体系是精细化资金管理的基础。通过大数据技术，企业可以对历史资金数据进行深度挖掘和分析，了解资金使用的规律和趋势，从而制订更加准确、科学的资金预算计划。这不仅可以确保每一笔资金的使用都有明确的计划和目标，还可以避免资金的浪费和闲置。

其次，实时监测和分析资金的使用情况是精细化资金管理的关键。通过大数据技术，企业可以实时监测资金的流动情况，包括资金的来源、去向、使用效率等，及时发现资金使用中的问题和风险。同时，通过对资金使用的深度分析，企业还可以了解业务部门的资金需求和使用情况，为业务决策提供更加准确的数据支持。

最后，优化资金的结算和支付方式也是精细化资金管理的重要组成部分。通过大数据技术，企业可以了解不同结算和支付方式的成本、效率和风险，从而选择更加适合自身的结算和支付方式。这不仅可以降低交易成本和时间成本，还可以提高资金的周转速度和使用效率。

（二）智能化资金调度系统建设

智能化资金调度系统是一种基于大数据和人工智能技术的先进资金管理系统。该系统通过引入先进的算法和模型，可以实时预测未来的资金需求和供给情况，并据此制订最佳的资金调度计划。

首先，智能化资金调度系统可以根据企业的实际需求和业务场景进行个性化设置和调整。通过深度学习和机器学习等技术，系统可以自动识别企业的业务模式和资金流动规律，从而为企业量身定制资金调度方案。

其次，该系统还可以实现自动化和智能化的资金调度操作。通过引入人工智能算法和自动化流程，系统可以自动调整和优化资金的调度方案，减少人工干预和操作失误的风险。这不仅可以提高企业的资金利用效率，还可以降低企业的运营成本和风险。

最后，智能化资金调度系统还可以为企业提供全面的资金分析和决策支持。通过大数据技术和可视化工具，系统可以实时展示资金的流动情况、使用效率和风险状况，为企业的决策提供有力的数据支持。

（三）供应链金融与资金流优化结合

供应链金融是一种创新的金融服务模式，旨在通过金融手段优化供应链的资金流。将大数据技术与供应链金融相结合，可以为企业带来更加精准、高效的资金流优化效果。

首先，通过大数据技术，企业可以更加准确地评估供应链中的信用风险和市场风险。通过对供应链中的交易数据、物流数据、资金数据等进行深度挖掘和分析，企业可以了解供应链中的信用状况和风险点，为后续的金融服务提供数据支持。

其次，大数据技术还可以帮助企业实现供应链金融的智能化和自动化操作。通过引入人工智能算法和自动化流程，企业可以自动识别供应链中的融资需求和风险点，并据此提供相应的金融服务。这不仅可以解决供应链中的融资难题，还可以提高金融服务的效率和准确性。

最后，将大数据技术与供应链金融相结合还可以促进供应链的稳定发展。通过优化供应链的资金流，企业可以降低供应链中的运营成本和风险，提高供应链的稳定性和竞争力。同时，这种结合还可以促进企业与供应链伙伴之间的紧密合作和共赢发展。

（四）案例分享与经验总结

在实践过程中，已经有一些企业成功地将大数据技术应用于资金流的优化和管理中。这些成功的案例不仅为其他企业提供了宝贵的经验借鉴，也为大数据在资金流管理中的应用和推广奠定了坚实的基础。

以某电商平台为例，该平台通过引入大数据技术，实现了对资金流的实时监测和分析。通过对交易数据、用户行为数据等进行深度挖掘和分析，该平台可以了解用户的消费习惯和支付偏好，从而优化支付方式和结算周期，提高资金的使用效率和风险管理水平。同时，该平台还利用大数据技术对供应链中的信用风险进行了评估和管理，为供应商提供了更加便捷的金融服务。这些举措不仅提高了该平台的竞争力和用户满意度，还为其带来了可观的经济效益和社会效益。

四、大数据在资金风险管理中的应用

（一）信用风险管理

在资金流中，信用风险是一个重要的风险因素。大数据技术可以帮助企业对客户的信用状况进行全面的分析和评估，从而及时发现潜在的信用风险。

通过建立基于大数据的信用风险评估模型，企业可以对客户的信用历史、还款记录、经营状况等进行深度挖掘和分析，从而评估客户的信用等级和违约风险。这种评估方法不仅可以提高评估的准确性和客观性，还可以为企业的信用决策提供有力的数据支持。

同时，通过实时监测客户的还款情况和经营状况，企业还可以及时发现风险信号并采取相应措施进行防范和控制。

（二）流动性风险管理

流动性风险是指企业在面临资金短缺时无法及时获取足够资金的风险。大数据技术可以帮助企业对未来的资金需求进行准确预测，并提前制定应对策略。

通过大数据技术，企业可以对历史资金数据进行深度挖掘和分析，了解资金流动的规律和趋势。同时，结合市场动态和业务需求，企业还可以对未来一段时间内的资金需求进行预测和规划。这种预测方法不仅可以提高企业的资金规划能力和风险管理水平，还可以确保企业在面临资金短缺时能够及时获取足够的资金支持。此外，通过实时监测企业的资金状况和市场动态，大数据技术还可以帮助企业及时发现潜在的流动性风险点，并采取相应的措施进行防范和控制。这种基于大数据的流动性风险管理方法不仅可以提高企业的风险应对能力，还可以确保企业的正常运营和发展。

（三）市场风险管理

市场风险是指由于市场价格波动等因素导致企业资产价值损失的风险。大数据技术可以帮助企业实时监测市场价格动态和相关风险因素的变化情况，从而及时发现潜在的市场风险点。

通过建立基于大数据的市场风险监测和预警系统，企业可以实时了解市场价格动态、政策变化、竞争对手动态等相关信息。同时，通过结合企业的业务需求和资产组合情况，企业还可以对潜在的市场风险进行评估和预测。这种评估方法不仅可以提高企业的市场敏感度和风险应对能力，还可以为企业的战略决策提供有力的数据支持。此外，通过优化投资组合和定价策略等方式，企业还可以降低市场风险暴露程度，确保企业的资产安全和稳健发展。

（四）综合性风险管理框架构建

除了上述具体的风险管理应用外，大数据技术还可以帮助企业构建综合性的风险管理框架。这种框架将各种风险因素的监测、分析、预警和决策等环节有机地结合在一起，形成一个完整的风险管理体系。

通过构建基于大数据的综合性风险管理框架，企业可以实现对各种风险因素的全面监测和分析。这种框架不仅可以涵盖信用风险、流动性风险和市场风险等传统风险因素，还可以包括操作风险、技术风险等新兴风险因素。同时，通过引入先进的风险评估模型和决策支持系统，企业还可以对各种风险因素进行量化评估和预测，为企业的风险管理决策提供有力的数据支持。此外，这种综合性的风险管理框架还可以为企业的战略决策提供全面的风险视角和保障措施，确保企业在复杂多变的市场环境中保持稳健发展。

第三节　数字化支付与结算系统的构建

一、数字化支付与结算系统的发展趋势

（一）移动支付的普及与增长

随着智能手机的广泛使用和移动互联网的蓬勃发展，移动支付作为数字化支付与结算系统的关键支柱，其重要性日益凸显。智能手机的便携性和移动互联网的无处不在，为移动支付提供了得天独厚的优势。如今，无论是购物、餐饮、娱乐还是日常缴费，移动支付都已成为首选方式。

用户通过手机银行、第三方支付平台等多样化的应用，能够轻松完成转账、支付、查询等一系列操作，彻底打破了传统支付的时间和空间限制。这种支付方式不仅大大提升了支付的便捷性，还通过减少中间环节，显著提高了支付效率。

展望未来，随着技术的持续创新和升级，移动支付将进一步渗透到人们生活的方方面面。例如，通过引入生物识别技术，如指纹支付、刷脸支付等，移动支付将变得更为安全和便捷。此外，随着物联网、5G等技术的快速发展，移动支付将与更多智能设备相结合，为人们带来更加丰富和智能的支付体验。因此，移动支付无疑是数字化支付与结算系统未来的主要趋势之一。

（二）跨境支付的便利化与创新

随着全球化的深入推进和国际贸易的快速增长，跨境支付的需求也呈现出爆发式的增长。传统的跨境支付方式往往存在着手续烦琐、效率低下、成本高昂等问题，难以满足现代国际贸易的需求。

在这一背景下，数字化支付与结算系统通过引入先进的技术和创新的业务模式，为跨境支付带来了革命性的变革。例如，区块链技术的应用使得跨境支付能够实现实时清算和结算，极大地提高了支付效率并降低了交易成本。同时，通过去中心化的特性，区块链技术还能够有效降低跨境支付中的信任风险。

未来，跨境支付将进一步便利化和创新。一方面，更多的技术和创新模式将被引入跨境支付领域，如人工智能、大数据等，以提供更加智能和高效的支付解决方案。另一方面，随着全球金融一体化的推进和监管政策的逐步放松，跨境支付的市场将进一步开

放，为更多的创新支付服务提供商提供广阔的发展空间。这将有力地支持全球经济的持续发展和繁荣。

（三）智能支付与个性化服务的发展

在数字化浪潮的推动下，智能支付已经成为数字化支付与结算系统的重要发展方向。通过深度融合人工智能、大数据等前沿技术，智能支付系统能够精准地识别用户的需求和偏好，为用户提供更加个性化和智能化的支付服务。

例如，通过深度分析用户的消费行为和习惯，智能支付系统能够为用户推荐更加合适的支付方式、优惠活动和理财产品等。这种个性化的服务不仅提升了用户的支付体验，还为用户带来了实实在在的利益。

同时，智能支付系统还能够通过自动化和智能化的风控手段，有效识别和预防支付风险，保障用户的资金安全。例如，利用机器学习算法对交易数据进行实时分析和监控，智能支付系统能够及时发现异常交易并采取相应的风险控制措施。

未来，随着技术的不断进步和应用场景的不断拓展，智能支付将为用户提供更加丰富和便捷的服务。同时，随着用户对个性化需求的不断增长，智能支付系统的个性化和智能化水平也将不断提升，为用户带来更加极致的支付体验。

二、数字化支付与结算系统的架构设计

（一）前端交互层的设计

前端交互层是数字化支付与结算系统与用户直接交互的界面，其设计的好坏直接影响到用户的使用体验。因此，前端交互层的设计应简洁明了、易于操作，以提供最佳的用户体验。

首先，前端交互层应支持多种支付方式，以满足用户多样化的支付需求。无论是银行卡支付、移动支付还是扫码支付等，都应在前端交互层得到完美的支持。此外，前端交互层还应具备高度的兼容性和可扩展性，以确保在各种设备和浏览器上都能流畅访问和使用。

其次，前端交互层的设计还应注重安全性和隐私保护。通过采用先进的加密技术和安全认证机制，前端交互层能够确保用户信息和交易数据的安全传输和存储。同时，通过最小化用户信息的收集和使用，前端交互层还能够有效保护用户的隐私权益。

最后，前端交互层的设计还应注重用户体验的优化。通过引入人性化的交互设计和流畅的动画效果，前端交互层能够为用户提供更加愉悦和舒适的使用体验。同时，通过持续优化交互流程和简化操作步骤，前端交互层还能够提高用户的操作效率和满意度。

（二）业务处理层的设计

业务处理层是数字化支付与结算系统的核心组成部分，负责处理各种支付和结算业务。其设计应遵循模块化、"高内聚低耦合"的原则，以便于系统的维护和升级。

首先，业务处理层应支持多种业务场景，以满足不同用户的需求。无论是转账汇款、在线购物还是账单支付等常见业务场景，还是跨境支付、虚拟货币支付等新兴业务场景，都应在业务处理层得到全面的支持。

其次，业务处理层应具备高效的处理能力和稳定的性能表现。通过采用先进的分布式架构和负载均衡技术，业务处理层能够确保在高并发场景下依然能够保持稳定的性能表现。同时，通过引入异步处理和容错机制等技术手段，业务处理层还能够进一步提高处理效率和系统可靠性。

最后，业务处理层还应具备完善的安全机制和风险控制措施。通过引入多种安全技术和策略，如数据加密、访问控制、风险评估等，业务处理层能够确保支付和结算业务的安全性。同时，通过实时监控和异常检测等手段，业务处理层还能够及时发现和应对潜在的安全风险和威胁。

（三）数据持久层的设计

数据持久层是数字化支付与结算系统中用于存储和管理数据的重要组成部分，其设计应充分考虑到数据的完整性、一致性和安全性。

首先，数据持久层应采用合适的数据存储技术和数据库管理系统来存储和管理数据。这些技术和系统应具备高效的数据读写能力、强大的数据存储能力和灵活的数据扩展能力等特点，以确保数据的高效存储和快速访问。

其次，数据持久层还应具备完善的数据备份和恢复功能，以防止数据丢失或损坏。通过定期备份数据和建立灾难恢复机制等手段，数据持久层能够确保在发生意外情况时依然能够保障数据的完整性和可用性。

最后，数据持久层的设计还应注重数据的安全性和隐私保护，通过采用先进的加密技术和访问控制机制等手段来确保数据在存储和传输过程中的安全性，同时，通过最小化数据的收集和使用以及建立严格的数据访问和共享规则等措施来有效保护用户的隐私权益。

（四）系统集成与接口设计

数字化支付与结算系统作为一个复杂的系统需要与其他系统进行集成以实现数据的共享和交换。因此，系统集成与接口设计是数字化支付与结算系统架构设计中的重要环节。

首先，系统集成应采用标准化的接口和协议以确保系统的互操作性和可扩展性。这些标准化的接口和协议应具备清晰的定义、良好的兼容性和广泛的应用支持等特点，以降低系统集成的复杂度和成本。

其次，接口设计应清晰明了、易于理解和使用，以降低系统集成的难度和工作量。通过采用简洁明了的命名规范、清晰的数据结构和明确的业务逻辑等手段来设计接口，能够大大提高系统集成的效率和质量。

最后，接口设计还应考虑到数据的安全性和隐私保护问题，通过采用加密通信、身份验证和访问控制等安全措施来确保数据在传输和共享过程中的安全性；通过最小化接口的数据暴露和建立严格的接口访问规则等措施来有效保护用户的隐私权益。

三、数字化支付与结算系统的安全性保障

在数字化时代，支付与结算系统的安全性至关重要。随着技术的不断进步，恶意攻击和数据泄露的风险也在不断增加。因此，数字化支付与结算系统必须采取一系列严格的安全性保障措施，以确保用户资金的安全和系统的稳定运行。

（一）身份认证与访问控制

身份认证是数字化支付与结算系统的第一道防线。为了确保只有合法的用户才能访问系统资源和执行相关操作，系统应采用多因素认证方式。这包括用户名密码、动态令牌、生物特征识别等。用户名密码是最基本的认证方式，但为了提高安全性，密码应定期更换，并设置复杂度要求。动态令牌是一种更为安全的认证方式，它生成一次性的动态密码，可以有效防止密码被猜测或窃取。生物特征识别则利用人体的生物特征进行身份认证，如指纹识别、面部识别等，具有极高的安全性和可靠性。

除了身份认证外，访问控制也是保障系统安全的重要手段。系统应根据用户的角色和权限进行细粒度的控制，确保用户只能访问其被授权的资源和执行被允许的操作。这可以通过角色管理和权限控制来实现。角色管理将用户划分为不同的角色，每个角色具有不同的权限和职责。权限控制则对系统中的资源和操作进行细粒度的划分，确保只有具有相应权限的用户才能执行相应的操作。

（二）数据加密与传输安全

数字化支付与结算系统中涉及大量敏感数据，如用户账号、交易金额、个人信息等。这些数据在传输和存储过程中必须得到加密处理，以防止被恶意攻击者窃取或篡改。加密算法应采用国际标准的加密算法，如 AES、RSA 等加密法，这些算法经过广泛验证和应用，具有较高的安全性和可靠性。同时，密钥管理也是加密安全的关键环节。密钥应

定期更新，并采用安全的存储和传输方式，以防止密钥泄露。

除了数据加密外，传输安全也是保障系统安全的重要方面。数字化支付与结算系统应采用安全的传输协议，如 HTTPS、SSL 等。这些协议通过对传输的数据进行加密和完整性校验，确保数据在传输过程中的保密性和完整性。同时，系统还应采取其他安全措施，如防止重放攻击、防止中间人攻击等，以进一步提高传输安全性。

（三）安全审计与监控

安全审计和监控是数字化支付与结算系统持续保障安全的重要手段。安全审计应对系统的操作日志、用户行为等进行详细记录和分析，以发现异常行为并及时报警和处理。这可以通过日志审计、行为分析等技术来实现。日志审计对系统中的操作日志进行收集、存储和分析，以发现潜在的安全威胁和违规行为。行为分析则通过对用户的行为模式进行建模和分析，以发现异常行为并进行预警和处理。

监控机制则应对系统的性能、可用性等进行实时监控和预警。这可以通过性能监控、故障检测等技术来实现。性能监控对系统的运行状态进行实时监控和分析，以确保系统能够满足业务需求并保持稳定的性能表现。故障检测则通过对系统中的故障进行自动检测和诊断，以及时发现和解决故障问题，确保系统的连续性和可用性。

（四）应急响应与恢复计划

尽管数字化支付与结算系统采取了多种安全性保障措施，但仍无法完全避免安全事件的发生。因此，建立完善的应急响应和恢复计划至关重要。应急响应计划应包括安全事件的发现、报告、处置和追踪等流程。一旦发现安全事件，应立即启动应急响应计划，组织专业人员进行事件分析和处理，并及时向相关方报告事件情况和处理结果。同时，还应对事件进行追踪和溯源，以防止类似事件再次发生。

恢复计划则是为了在系统发生故障或数据丢失时能够及时恢复系统和数据的正常运行。恢复计划应包括数据备份、恢复策略等。数据备份是保障数据安全的重要手段，应定期对重要数据进行备份，并确保备份数据的完整性和可用性。恢复策略则应根据不同的故障场景制订相应的恢复方案，以确保在系统发生故障时能够及时恢复系统和数据的正常运行。

四、数字化支付与结算系统的实践与案例分析

随着数字化技术的不断发展，越来越多的企业和机构开始构建数字化支付与结算系统，以提高支付效率和用户体验。下面将介绍几个数字化支付与结算系统的实践与案例分析。

（一）某银行数字化支付系统的实践

某银行为了提升支付效率和用户体验，成功构建了数字化支付系统。该系统支持多种支付方式，如银行卡支付、移动支付等，满足了用户多样化的支付需求。同时，该系统还具备高效的处理能力和稳定的性能表现，能够应对"高并发"的支付场景。通过引入智能算法和模型，该系统还能够为用户提供更加个性化和智能化的支付服务，如智能推荐支付方式、智能识别风险等。该系统的成功实践不仅提高了银行的支付效率和用户体验，还为银行带来了更多的业务机会和收益。

（二）某电商平台数字化结算系统的案例分析

某电商平台为了简化结算流程和提高结算效率，构建了数字化结算系统。该系统采用了模块化的设计和高内聚低耦合的原则，支持多种结算方式和业务场景。通过数字化结算系统的应用，该电商平台实现了与供应商、物流商等多方之间的快速结算和清算，降低了结算成本和风险。同时，该系统还具备完善的安全机制和风险控制措施，如身份认证、数据加密等，确保结算业务的安全性。该数字化结算系统的成功应用不仅提高了结算效率和准确性，还为电商平台带来了更多的竞争优势和业务机会。

（三）跨境支付创新解决方案的案例分析

随着全球贸易的不断发展，跨境支付的需求也在不断增长。然而，传统的跨境支付方式存在着交易成本高、结算周期长等问题。为了解决这些问题，某支付机构引入了区块链技术，成功构建了跨境支付创新解决方案。该方案利用区块链技术的去中心化、不可篡改等特点，实现了跨境支付的实时清算和结算。同时，该方案还支持多种货币和支付方式，满足了用户多样化的支付需求。通过该创新解决方案的应用，不仅降低了交易成本和风险，还促进了全球贸易的发展。该支付机构也因此获得了更多的业务机会和竞争优势。

以上案例展示了数字化支付与结算系统在不同场景下的成功应用和实践。这些系统通过引入先进的技术和创新的业务模式，提高了支付效率和用户体验，降低了交易成本和风险，为企业和机构带来了更多的业务机会和收益。同时，这些系统的成功实践也为其他企业和机构提供了有益的借鉴和参考。

第十一章 数字经济时代的财务战略规划与决策支持

第一节 财务战略规划在数字经济中的重要性

一、数字经济时代财务战略规划的新角色

（一）数据驱动的决策支持者

在数字经济时代，财务数据不再仅仅是历史记录的汇总，而是成为企业决策的核心依据。财务战略规划需要充分利用大数据技术，实时收集、整合和分析各类财务数据，为企业的战略决策提供有力支持。通过数据驱动的决策，企业可以更加准确地把握市场动态，优化资源配置，降低运营风险。

（二）价值创造的推动者

传统的财务角色往往局限于成本控制和风险管理，但在数字经济时代，财务战略规划需要更多地关注价值创造。通过深入分析客户需求、市场趋势和竞争格局，财务战略规划可以帮助企业发现新的增长点，推动业务创新和转型升级。同时，通过优化资本结构和融资策略，财务战略规划还可以为企业创造更多的财务价值。

（三）跨部门协作的桥梁与纽带

在数字经济时代，企业内部的各个部门之间的联系更加紧密，需要更加高效的协作机制。财务战略规划作为跨部门协作的桥梁与纽带，需要积极与其他部门沟通合作，共同制定和执行企业战略。通过构建跨部门的数据共享平台和信息交流机制，财务战略规划可以促进企业内部的信息流通和协同工作，提高企业的整体运营效率。

（四）持续学习与自我革新的引领者

数字经济时代的变化速度极快，财务战略规划需要保持持续的学习和自我革新能力。通过关注最新的财务理念、技术方法和市场动态，财务战略规划可以不断完善自身的知识体系和能力结构，适应不断变化的市场环境。同时，通过推动企业内部的学习和创新文化，财务战略规划还可以激发企业的创新活力和竞争力。

二、财务战略规划对企业持续发展的支撑作用

（一）优化资源配置，提高运营效率

通过财务战略规划的制定和执行，企业可以更加合理地配置资源，确保各项运营活动的顺利进行。在数字经济时代，数据驱动的决策使得资源配置更加精准和高效。财务战略规划可以根据市场需求、业务优先级和成本效益等因素，对资源进行合理分配和调度，从而提高企业的整体运营效率。

（二）降低运营风险，增强企业韧性

财务战略规划不仅关注企业的短期收益，更重视企业的长期稳健发展。通过建立健全的风险管理体系和内部控制机制，财务战略规划可以帮助企业及时识别和应对各种潜在风险，降低运营风险的发生概率和影响程度。同时，通过制定灵活的应急预案和危机管理机制，财务战略规划还可以增强企业的韧性和抗风险能力。

（三）推动业务创新，拓展增长空间

在数字经济时代，创新是企业持续发展的重要动力。财务战略规划通过深入分析市场需求和竞争格局，可以发现新的业务机会和增长点。通过支持企业的研发创新、市场拓展和品牌建设等活动，财务战略规划可以推动企业的业务创新和转型升级，为企业拓展更广阔的增长空间。

（四）提升企业形象，增强社会责任感

财务战略规划不仅关注企业的经济效益，还注重企业的社会形象和责任感。通过制定和执行符合社会期望和道德规范的财务战略，企业可以提升自身的社会形象和公信力。同时，通过积极参与社会公益事业和环保活动，企业还可以增强自身的社会责任感，为社会的可持续发展做出贡献。

三、数字经济环境下财务战略规划的挑战与机遇

（一）挑战：数据安全和隐私保护

在数字经济环境下，数据的安全性和隐私保护成为财务战略规划面临的重要挑战。企业需要建立完善的数据安全管理体系和隐私保护机制，确保财务数据的安全性和合规性。同时，企业还需要加强对员工的数据安全教育和培训，提高员工的数据安全意识和操作技能。

（二）机遇：大数据和人工智能技术的应用

大数据和人工智能技术的发展为财务战略规划带来了新的机遇。通过应用这些先进技术，企业可以更加高效地收集、整理和分析财务数据，提高决策的科学性和准确性。

同时，这些技术还可以帮助企业发现潜在的市场机会和风险因素，为企业的战略调整提供有力支持。

（三）挑战：法规政策和监管环境的变化

数字经济环境下的法规政策和监管环境不断变化，给财务战略规划带来了不确定性。企业需要密切关注相关法规政策的动态变化，及时调整自身的财务战略和合规策略。同时，企业还需要加强与监管机构的沟通和协作，确保自身的财务活动符合法规要求和监管标准。

（四）机遇：数字化转型和产业升级的机遇

数字经济时代的数字化转型和产业升级为财务战略规划提供了广阔的发展空间。通过积极参与数字化转型和产业升级进程，企业可以拓展新的业务领域和市场空间。同时，通过优化自身的财务结构和融资策略，企业还可以为数字化转型和产业升级提供有力的财务支持。

四、财务战略规划在提升企业竞争力中的作用

（一）优化成本结构，提高盈利能力

通过财务战略规划的制定和执行，企业可以优化自身的成本结构，降低不必要的成本支出。通过精细化管理、采购策略优化、生产效率提升等措施，企业可以降低运营成本，提高盈利能力。同时，通过合理的定价策略和营销策略，企业还可以提高产品的市场竞争力，进一步提升盈利能力。

（二）加强资金管理，提高资金使用效率

资金是企业运营的重要基础，加强资金管理是财务战略规划的重要内容之一。通过建立健全的资金管理体系和资金调度机制，企业可以更加合理地安排资金使用计划，提高资金使用效率。同时，通过优化融资结构和降低融资成本等措施，企业还可以为自身的运营和发展提供稳定的资金支持。

（三）完善内部控制体系，提升风险管理水平

内部控制体系是企业风险管理的重要组成部分。通过完善内部控制体系和风险管理机制，企业可以及时发现和纠正运营过程中的各种问题和风险隐患。同时，通过建立健全的内部审计机制和监督机制，企业还可以确保各项财务活动的合规性和规范性，提升企业的整体风险管理水平。

（四）推动企业财务数字化转型，提升决策效率

在数字经济时代，推动企业财务数字化转型是提升决策效率的重要途径。通过应用

先进的数字化技术和工具，企业可以更加高效地处理和分析财务数据，提高决策的科学性和准确性。同时，通过构建数字化的财务平台和信息共享机制，企业还可以加强与其他部门的协作和信息交流，提升企业的整体运营效率。

第二节　基于大数据的财务决策支持系统

一、大数据在财务决策支持中的应用价值

（一）提高决策效率和准确性

大数据技术的应用能够实时收集、整合和分析海量财务数据，为财务决策提供及时、准确的信息支持。通过大数据分析，企业可以更加全面地了解市场动态、客户需求和业务运营情况，从而做出更加科学、合理的决策。此外，大数据还可以帮助企业发现潜在的风险和机遇，为决策提供更加全面的视角。

（二）优化资源配置和降低成本

大数据可以对企业内部的各项资源进行全面、精细的管理和分析，帮助企业更加合理地配置资源，提高资源利用效率。通过大数据分析，企业可以更加准确地预测市场需求和业务趋势，从而制订更加合理的生产和采购计划，降低库存成本和运营成本。此外，大数据还可以帮助企业优化供应链和物流管理，进一步降低成本和提高效率。

（三）增强风险管理和控制能力

大数据技术的应用可以帮助企业建立健全的风险管理体系和内部控制机制。通过实时监测和分析各项财务数据，企业可以及时发现潜在的风险和问题，并采取相应的措施进行防范和应对。此外，大数据还可以帮助企业建立风险预警机制和应急预案，提高风险管理和控制能力，保障企业的稳健发展。

（四）推动业务创新和转型升级

大数据不仅可以帮助企业优化现有业务，还可以推动企业的业务创新和转型升级。通过深入分析客户需求和市场趋势，企业可以发现新的业务机会和增长点，并制定相应的创新策略。同时，大数据还可以支持企业的研发创新、市场拓展和品牌建设等活动，为企业的转型升级提供有力支持。

二、基于大数据的财务决策支持系统架构设计

（一）数据层：全面、统一、高效的财务数据仓库构建

在基于大数据的财务决策支持系统中，数据层扮演着至关重要的角色。为了构建一个全面、统一、高效的财务数据仓库，首先需对企业内外部各类财务数据进行全面梳理和整合。这些数据包括财务报表、成本数据、销售数据、市场数据等，它们是企业财务决策的基础。

在构建财务数据仓库的过程中，数据清洗、整合和标准化处理是必不可少的环节。数据清洗可以去除重复、错误和无效的数据，确保数据的准确性；数据整合则能够将分散在不同来源的数据进行汇总和归类，形成统一的数据视图；标准化处理则是为了使数据在格式、单位等方面保持一致，便于后续的分析和处理。

为了提高数据仓库的存储能力和处理效率，还需要采用分布式存储和计算技术。这些技术可以将数据分散存储在多个节点上，并通过并行计算的方式加快数据处理速度。同时，还需要建立完善的数据管理和维护机制，确保数据的安全性和可靠性。

（二）分析层：深入应用大数据分析工具和技术

在数据层的基础上，分析层是基于大数据的财务决策支持系统的核心部分。它运用各种大数据分析工具和技术，如数据挖掘、机器学习、预测分析等，对财务数据进行深入的分析和挖掘。这些工具和技术可以帮助企业发现数据中的潜在规律和趋势，揭示出隐藏在大量数据中的有价值信息。

数据挖掘是通过对大量数据进行探索和分析，发现数据之间的关联、模式或趋势的过程。在财务领域，数据挖掘可以用于发现不同财务指标之间的关联规则，预测企业的未来财务状况等。机器学习则是一种基于数据的自动化算法，它可以通过对历史数据的学习，建立预测模型，对未来的财务趋势进行预测和分析。预测分析则是利用统计学和机器学习等技术，对历史数据进行分析和建模，以预测未来的财务状况和趋势。

为了更好地满足企业的业务需求，还需要根据具体情况定制开发特定的分析模型和算法。这些模型和算法可以针对特定的财务问题或业务需求进行优化和调整，提高分析的针对性和准确性。同时，还需要建立完善的数据分析和决策支持机制，确保分析结果能够及时、准确地为决策提供支持。

（三）决策层：制定科学、合理且具有前瞻性的财务决策

基于分析层的结果，决策层需要综合考虑企业的战略目标、市场环境、业务需求等因素，制定科学、合理且具有前瞻性的财务决策。这些决策不仅需要解决当前的财务问

题，还需要考虑企业的长远发展需求和未来市场变化。

在制定财务决策时，企业需要对各类决策方案进行全面的评估和比较。这包括对方案的可行性、成本效益、风险等方面进行综合权衡和分析。同时，企业还需要运用模拟和预测等工具对决策的可能结果和风险进行预测和评估，为最终的执行提供可靠的依据和支持。

此外，决策层还需要建立完善的决策机制和流程，确保决策过程的科学性和合理性。这包括建立明确的决策目标和问题定义、制定决策方案的评价标准和选择原则、实施决策的监控和评估等环节。通过这些机制和流程的建立和完善，可以提高企业的财务决策水平和效率。

（四）展示层：提供直观、友好的用户界面及可视化工具

展示层是基于大数据的财务决策支持系统的最终输出部分，它负责将分析结果以直观、友好的方式呈现给用户。为了使用户更加方便地使用系统，展示层需要设计一个简洁明了、易于操作的用户界面。该界面应能够清晰地展示各类财务数据和分析结果，支持用户进行自定义查询和报表生成等操作。

同时，展示层还需要提供丰富的可视化工具和图表类型，帮助用户更加直观地理解数据和分析结果。这些可视化工具和图表类型可以包括柱状图、折线图、饼图、散点图等，它们可以直观地展示数据的分布、趋势和关联关系等信息。通过这些可视化工具和图表类型的运用，用户可以更加直观地了解企业的财务状况和市场环境，为决策提供更加有力的支持。

三、大数据驱动的财务决策流程优化与实践

（一）明确决策目标和问题定义：确保决策的针对性和有效性

在使用基于大数据的财务决策支持系统之前，明确决策目标和问题定义是至关重要的第一步。这意味着企业需要清晰地确定决策的具体内容、范围和目标，以及需要解决的关键问题和挑战。只有明确了这些目标和问题，企业才能更加有针对性地收集和分析数据，避免陷入信息过载或分析偏离主题的困境。

明确决策目标和问题定义的过程应充分考虑企业的战略目标、市场环境以及业务需求等因素。例如，企业可能需要确定是否扩大生产规模、进入新市场或调整产品定价等，同时，还需要明确与这些目标相关的关键问题，如市场需求预测、成本效益分析等。通过明确这些问题和目标，企业可以更加精准地运用大数据分析工具和技术，提高决策的效率和准确性。

（二）数据收集、整合与预处理：奠定坚实的数据基础

在明确决策目标和问题定义后，企业需要进行全面而系统的数据收集、整合与预处理工作。这一阶段是整个大数据驱动的财务决策流程中至关重要的一环，因为它为后续的分析和决策提供了基础数据支撑。

在数据收集方面，企业需要从内部和外部渠道获取各类相关数据。内部数据主要包括财务报表、成本数据、销售数据等，而外部数据则涉及市场趋势、竞争对手信息、政策法规等方面。这些数据的收集需要充分利用企业现有的信息系统和数据仓库等资源，并结合数据挖掘技术来获取隐藏在大量数据中的有价值信息。

在数据整合方面，企业需要将收集到的各类数据进行清洗、转换和加载到统一的数据仓库中。数据清洗的目的是去除重复、错误或无效的数据，确保数据的准确性和完整性；数据转换则是将数据从原始格式转换为适合分析和挖掘的格式；加载过程则需要将清洗和转换后的数据加载到数据仓库中，以便进行后续的分析和处理。

此外，在数据预处理阶段，企业还需要对数据进行初步的探索性分析。这包括对数据的描述性统计、相关性分析以及异常值检测等处理，以便更好地了解数据的分布特征和内在规律，为后续深入的数据分析和建模提供基础。

（三）运用大数据分析工具进行深入分析与建模

在完成数据收集、整合与预处理后，企业需要运用先进的大数据分析工具和技术进行深入的分析与建模。这些工具和技术包括但不限于数据挖掘算法（如聚类分析、决策树等）、机器学习算法（如回归分析、神经网络等）以及预测模型（如时间序列分析等）。

通过运用这些工具和技术，企业可以对财务数据进行深入挖掘和分析，发现隐藏在数据中的潜在关联、模式和趋势等信息。这些信息可以为企业提供全新的洞察力和视角，帮助企业更好地理解市场变化和业务需求。

同时，基于大数据分析的结果，企业还可以建立相应的预测模型对未来发展趋势进行预测和分析。这些模型可以根据历史数据和当前市场环境进行动态调整和优化，以确保预测结果的准确性和可靠性。预测结果可以为企业制定科学合理的财务决策提供重要依据和支持。

（四）制定并执行科学、合理且具备前瞻性的财务决策

在深入分析与建模的基础上，企业需要综合考虑各种因素制定科学、合理且具备前瞻性的财务决策。这些决策需要充分反映大数据分析的结果和预测模型的输出，同时还需要结合企业的战略目标、市场环境以及业务需求等因素进行综合权衡。

　　为了确保决策的全面性和前瞻性，企业在制定财务决策时需要充分考虑市场趋势、竞争对手状况以及政策法规等因素的变化。此外，还企业需要对决策方案进行全面的评估和风险分析，以确保其可行性和稳健性。在执行过程中，企业还需要建立完善的监控和评估机制，对决策实施效果进行持续跟踪和评估，以便及时发现问题并采取相应的补救措施。

　　通过以上步骤的实践与优化，企业可以充分利用大数据驱动的财务决策支持系统来提升决策效率和准确性。这不仅有助于企业更好地应对市场变化和业务挑战，还能够为企业的长远发展提供坚实的财务支撑。

第三节　财务战略与业务战略的数字化协同

一、财务战略与业务战略协同的重要性

（一）确保资源的高效配置

　　在当今快速变化的商业环境中，资源的有效配置和利用对于企业的生存和发展至关重要。财务战略与业务战略的协同在这方面扮演着核心角色。当两者紧密结合，相互协调时，企业的各项资源，如资金、人力资源和物力资源，能够在不同部门和业务流程中得到合理而高效的分配。这种协同不仅避免了资源的浪费和冗余，更确保了每项投资都能带来最大的回报。

　　例如，在产品研发阶段，若财务战略能够紧密配合业务战略，为研发项目提供充足的资金支持，同时确保其他非关键部门的开支得到有效控制，这将大大提升企业的研发效率和市场响应速度。这种资源的高效配置，使得企业在面对市场变化时能够迅速做出调整，保持竞争优势。

（二）降低经营风险

　　经营风险是企业运营过程中不可避免的挑战。然而，通过财务战略与业务战略的协同，企业可以显著降低这些风险。协同的财务和业务规划能够帮助企业提前识别潜在的市场风险、政策变动风险以及供应链风险等，从而制定相应的风险应对策略。

　　此外，这种协同还能够在企业内部运营层面发挥作用。通过定期的财务和业务数据分析，管理层可以及时发现运营中存在的问题和漏洞，进而调整策略或采取措施来解决问题。这种内部的风险控制和管理机制，为企业提供了稳健发展的基础。

（三）提升市场竞争力

在竞争激烈的市场环境中，企业的市场地位和影响力是其成功的重要标志。财务战略与业务战略的协同，有助于企业在产品研发、市场拓展和客户服务等方面实现突破和创新。当企业的财务资源得到合理配置，能够支持业务部门的创新活动和市场拓展计划时，企业的产品和服务将更有可能获得市场的认可和青睐。

同时，这种协同还能够帮助企业在品牌建设、市场推广等方面取得更好的效果。通过精准的财务投入和有效的市场策略，企业可以在目标市场中建立起强大的品牌影响力和客户忠诚度，进而在竞争中脱颖而出。

（四）促进可持续发展

随着社会对可持续发展的关注度日益提高，企业也需要在保持盈利的同时，积极履行社会责任。财务战略与业务战略的协同在这方面发挥着关键作用。通过平衡短期和长期的财务目标和业务需求，企业可以制定出既符合经济利益又符合社会利益的战略决策。

例如，在投资决策中，企业可以优先考虑那些既具有盈利潜力又能对环境产生积极影响的项目。在员工福利方面，通过制定合理的薪酬福利和员工发展政策，企业不仅可以吸引和留住优秀人才，还能为社会创造更多的就业机会和价值。这些做法都有助于企业在实现自身发展的同时，为推动社会的可持续发展做出贡献。

二、数字化工具在财务与业务协同中的应用

（一）数据分析与决策支持

在数字化时代，数据已经成为企业决策的重要依据。数字化工具在财务与业务协同中的应用首先体现在数据分析与决策支持方面。通过运用大数据、人工智能等先进技术，企业可以对海量的财务和业务数据进行深度挖掘和分析。这些分析结果可以揭示出潜在的市场机会、风险点以及业务优化空间，为企业的战略决策提供有力支持。

例如，通过大数据分析，企业可以发现某一产品在不同区域或不同消费者群体中的销售趋势和偏好差异。基于这些洞察，企业可以调整产品策略、定价策略或市场推广策略，以更好地满足市场需求并提升销售业绩。同样地，在风险管理方面，数字化工具也能够帮助企业及时发现并应对潜在的财务风险和业务风险。通过构建风险评估模型和实时监测机制，企业可以在风险发生之前或初期就采取有效的应对措施，从而避免或减少损失。

（二）流程优化与自动化

除了数据分析与决策支持外，数字化工具在财务与业务协同中还发挥着流程优化与

自动化的作用。在传统的财务和业务处理过程中，往往存在着大量烦琐的手动操作和纸质文档处理。这些过程不仅效率低下，而且容易出错。数字化工具的应用可以帮助企业简化这些流程，实现自动化管理。

例如，通过引入流程自动化软件和智能机器人技术，企业可以将原本需要手动输入的财务数据自动导入到系统中，并进行自动处理和分析。这不仅大大提高了工作效率和质量，还降低了人为错误和舞弊风险。同时，自动化管理还能够帮助企业实现业务流程的标准化和规范化，提升整体运营水平。

此外，在客户服务方面，数字化工具也可以帮助企业优化服务流程并提供更加便捷的服务体验。例如，通过构建在线客户服务平台和智能客服系统，企业可以实时响应客户的咨询和需求，并提供个性化的服务解决方案。这不仅提升了客户满意度和忠诚度，还为企业赢得了良好的口碑和市场声誉。

（三）风险管理与预警机制

风险管理是企业运营过程中不可或缺的一部分。数字化工具在风险管理和预警机制方面也发挥着重要作用。通过构建基于大数据和算法的风险评估模型，企业可以对各类潜在风险进行实时监测和预警。这种机制有助于企业及时发现并解决风险问题，避免损失扩大化。具体来说，数字化工具可以从多个维度对企业的财务风险和业务风险进行全面评估和分析。例如，通过对企业的财务报表、市场数据、客户反馈等信息的整合和分析，数字化工具可以帮助企业识别出潜在的信用风险、市场风险、操作风险等，并提供相应的风险预警和应对策略建议。这些建议可以指导企业在风险发生之前或初期就采取有效的应对措施，从而降低损失并保障企业的稳健运营。同时，数字化工具还可以帮助企业建立完善的风险应对体系。通过构建风险管理框架、制订应急预案、建立风险数据库等措施，企业可以提升自身的风险抵御能力并更好地应对未来的不确定性挑战。这些努力不仅有助于保障企业的短期利益，更为企业的长远发展和可持续竞争力打下坚实的基础。

三、财务与业务数据整合与共享的策略与实践

（一）构建统一的数据平台

实现财务与业务数据的整合与共享，构建一个统一的数据平台是基础且核心的一步。这个数据平台不仅要拥有出色的数据存储、处理和分析能力，还需设计得足够灵活与包容，以适应企业内部不同部门、不同业务流程产生的多样化数据。平台应具备高效的扩展性，确保在企业发展壮大的过程中，始终能够平稳、高效地处理增长的数据量。

同时，统一的数据平台必须支持多种格式和来源的数据的无缝接入。无论是结构化数据（如数据库中的表格数据），还是非结构化数据（如文档、图片、视频等），都应能够方便地整合到平台中。对于外部数据源的接入，如第三方服务提供商的数据、市场调研数据等，平台也应提供相应的接口和支持。

为了确保数据的完整性和准确性，平台还应实施严格的数据校验和清洗机制。在数据接入时，平台进行有效性检查；在数据处理过程中，进行异常值检测和纠正；在数据输出时，确保数据的一致性和准确性。这些措施共同构成了一个坚固的数据质量保障体系。

（二）制定数据治理规范

数据治理规范是实现财务与业务数据整合与共享的关键。这些规范详细阐述了从数据采集、存储、处理、共享到使用的各个环节应遵循的原则和标准。规范不仅对数据本身提出了要求，还对数据处理的流程和责任人进行了明确规定。

在数据采集阶段，规范应明确数据来源的可靠性和采集频率；在数据存储阶段，要确保数据的安全性和可访问性；在数据处理阶段，要使用合适的算法和工具来确保数据的准确性和完整性；在数据共享阶段，要建立合理的授权和审批机制以防止数据滥用；在数据使用阶段，要确保数据的合规性和正当性。

此外，数据治理规范还应包括对异常和错误数据的处理流程。当发现数据异常或错误时，应立即启动应急响应机制，如数据回溯、错误纠正和异常排查等，以最快速度恢复数据的正常状态。同时，规范还应强调对数据隐私和保密的严格保障，采取加密、脱敏和访问控制等技术手段来保护敏感数据不被未经授权的人员访问或泄露。

（三）推动部门间沟通与协作

要实现财务与业务数据的整合与共享，仅凭技术和规范是远远不够的。部门间的沟通与协作同样重要。企业应建立一套高效的跨部门沟通机制，使各部门能够定期就数据问题进行深入的交流和讨论。这种沟通不仅限于数据的使用和解释，还应包括数据的采集需求、处理建议以及共享方式的探讨等。

为了进一步促进部门间的协作，企业还可以考虑设立跨部门的数据分析团队或项目小组。这些团队或小组由来自不同部门的成员组成，他们共同致力于解决与数据相关的复杂问题，推动数据在各部门之间的深入应用和创新发展。通过这种紧密的合作方式，各部门可以更好地理解彼此的业务需求和数据特点，从而形成更加精准、全面的数据分析结果和决策支持。

（四）持续优化与改进

财务与业务数据的整合与共享不是一蹴而就的过程。随着企业业务的不断发展变化以及技术的持续进步更新，企业需要定期评估和调整数据整合与共享的策略和实践。这包括对现有数据平台、治理规范和沟通协作机制的全面审查和优化建议。

在评估过程中，企业应重点关注以下几个方面：一是数据平台的性能是否满足当前和未来的业务需求；二是数据治理规范是否得到有效执行并适应新的法规要求；三是部门间沟通协作是否顺畅并产生积极成果。针对评估结果中发现的问题和不足，企业应制定相应的改进措施并尽快实施。

除了定期评估外，企业还应保持对新技术和新方法的敏锐嗅觉。当市场上出现更先进的数据处理工具或更合理的数据管理方法时，企业应积极尝试并引入这些新技术和方法来优化现有的数据整合与共享体系。通过这种持续改进和创新的方式，企业可以确保财务与业务数据始终保持高效整合与共享状态，为企业的长远发展提供坚实的数据支撑。

四、数字化协同在提升企业整体绩效中的作用

（一）提高运营效率

数字化协同显著提高了企业的运营效率。通过自动化工具的广泛应用，企业能够优化内部流程，减少手动操作环节，从而降低人力成本并提升工作效率。自动化工具的应用不仅加快了业务处理速度，还缩短了周期时间，使企业能够更快速地响应市场变化和客户需求。

此外，数字化协同还有助于减少人为错误和延误。通过精确的数据录入和自动化验证机制，企业可以确保数据的准确性并减少因人为失误导致的业务问题。这进一步提升了企业的运营质量和客户满意度。

（二）降低成本费用

数字化协同在降低成本费用方面也发挥了重要作用。通过减少纸质文档的使用和打印成本、节省人力资源以及优化库存管理等方式，企业可以降低运营过程中的各项成本。这些方面的成本节约对于提高企业的盈利能力和竞争力至关重要。

同时，数字化协同还有助于企业更好地管理供应商和客户关系。通过实时数据分析，企业可以更准确地评估供应商的性能和价格合理性，从而降低采购成本。在客户关系管理方面，数字化协同可以帮助企业更深入地了解客户需求并提供个性化的产品和服务，从而降低客户的获取成本并提高客户忠诚度。

（三）增强市场竞争力

数字化协同对于增强企业的市场竞争力具有重要意义。通过实时数据分析，企业可以更准确地把握市场动态和客户需求的变化趋势。这使企业能够快速调整产品策略和市场策略，以适应市场变化并抢占先机。此外，数字化协同还支持企业进行精准营销和个性化定制服务，进一步提升客户体验和品牌知名度。

在供应链管理方面，数字化协同可以优化库存水平并减少库存积压现象。通过实时数据共享和协同计划机制，企业可以与供应商和合作伙伴紧密合作以应对市场波动和需求变化。这有助于降低库存风险并提高整体运营效率和市场响应速度。

（四）推动创新发展

数字化协同为企业创新提供了广阔的空间和可能性。首先，通过引入新技术、新工具和新模式，企业可以不断探索新的业务领域并尝试新的商业模式。数字化技术为企业提供了更多的创新选择和机会窗口。

其次，数字化协同可以激发企业内部的创新活力。通过建立开放、包容的创新文化并鼓励员工积极参与创新实践活动，企业可以挖掘员工的创造力和智慧潜力为企业的长远发展注入新的动力。同时，数字化协同还支持企业进行跨部门、跨领域的合作与创新资源整合共享机制，使企业能够更高效地利用内外部资源推动创新项目的发展与实施。

第十二章　数字经济时代的企业财务重组与并购策略

第一节　数字经济对企业财务重组与并购的影响

一、数字经济环境下企业财务重组与并购的新动态

（一）数据驱动决策，提升重组并购精准度

在数字经济环境下，企业财务重组与并购活动呈现出新的动态。数据成为驱动决策的关键因素，通过大数据分析和挖掘，企业能够更准确地评估目标企业的价值、潜在风险和协同效应，从而提升重组并购的精准度和成功率。这种数据驱动的决策方式不仅有助于发现潜在的并购机会，还能在谈判和交易过程中为企业提供有力支持。

（二）跨界融合增多，拓展重组并购新领域

随着数字经济的深入发展，跨界融合现象日益增多。不同行业、不同领域的企业通过财务重组与并购实现资源整合和优势互补，拓展新的业务领域和市场空间。这种跨界融合不仅有助于企业突破传统行业的限制，还能在创新发展中寻找新的增长点。

（三）数字化平台助力，优化重组并购流程

数字化平台在财务重组与并购过程中发挥着越来越重要的作用。通过数字化平台，企业可以更加高效地收集、整理和分析相关信息，优化决策流程。同时，数字化平台还能提供线上协作、远程沟通等功能，降低重组并购过程中的沟通成本和时间成本，提高交易效率。

二、数字经济时代企业财务重组与并购的机遇与挑战

（一）机遇：数字经济催生新商业模式

数字经济时代为企业财务重组与并购带来了前所未有的机遇。随着新技术的不断涌现和新商业模式的快速发展，企业有机会通过重组并购进入新的市场领域，获取更多的增长机会。例如，通过并购拥有先进技术的初创企业，传统企业可以快速实现技术升级

和产品创新。

（二）挑战：估值难度增加，风险加大

然而，在数字经济时代，企业财务重组与并购也面临着诸多挑战。首先，由于数字经济的复杂性和不确定性，目标企业的估值难度大大增加。传统估值方法可能无法准确反映数字资产的真实价值，导致并购风险加大。此外，数字经济环境下的竞争格局也在不断变化，企业需要不断适应和应对新的竞争挑战。

（三）机遇：数字化技术提升并购效率

数字化技术的应用为企业财务重组与并购带来了效率提升的机会。通过大数据、人工智能等技术手段，企业可以更加精准地识别潜在目标企业、评估协同效应和风险，并在交易过程中实现自动化和智能化操作。这将有助于降低并购成本、提高交易速度并优化整体并购流程。

（四）挑战：数据安全与隐私保护问题凸显

在数字经济时代，数据安全和隐私保护问题成为企业财务重组与并购过程中不可忽视的挑战。在收集、存储和使用相关数据时，企业必须严格遵守相关法律法规和道德规范，确保用户隐私不受侵犯。同时，在跨境并购活动中，企业还需要关注不同国家和地区的数据保护政策差异，避免因违反规定而引发的法律风险和声誉损失。

三、数字经济对企业财务重组与并购流程的改变

（一）尽职调查范围的扩大与深化

在数字经济时代，随着技术的迅速发展和数据资产的日益重要，企业财务重组与并购的尽职调查范围得到了前所未有的扩大和深化。传统的尽职调查主要关注目标企业的财务状况、法律合规性和业务前景等方面，但在数字经济环境下，这些已经远远不够。现在的尽职调查还需要对目标企业的数字资产、技术实力、数据安全和隐私保护能力进行全面而深入的评估。

数字资产已经成为企业价值的重要组成部分，包括网站、应用程序、社交媒体账号、用户数据、知识产权等。在尽职调查过程中，需要对这些数字资产进行详细的清点和评估，以确定它们的真实价值和潜在风险。同时，技术实力也是另一个关键考量因素。目标企业的技术架构、研发团队、创新能力以及与市场趋势的契合度等方面都需要进行深入的调查和分析。

此外，在数字经济时代，数据安全和隐私保护能力已经成为企业不可或缺的核心竞争力之一。尽职调查需要对目标企业的数据安全管理制度、技术防护措施、员工培训和

合规性等方面进行全面审查，以确保其能够满足日益严格的数据保护和隐私法规要求。

通过扩大和深化尽职调查范围，企业可以更加全面地了解目标企业的真实情况，为后续的并购决策提供有力支持。这不仅有助于降低并购风险，还可以帮助企业更好地整合和利用目标企业的资源，实现更大的价值创造。

（二）交易结构的创新与灵活性增强

在数字经济环境下，企业财务重组与并购的交易结构也呈现出创新和灵活性增强的特点。传统的并购交易结构往往比较单一和固定，难以满足不同企业的个性化需求，且不能应对复杂多变的市场环境。然而，在数字经济时代，随着技术的不断进步和市场环境的快速变化，企业需要更加灵活多样的交易结构来适应不同的并购场景和目标。

为了满足这些需求，现在的并购交易结构呈现出越来越多的创新形式。例如，股权互换已经成为一种常见的交易方式，它允许并购双方通过交换股权的方式实现合并或收购，从而避免大量的现金支出。此外，资产剥离也是一种有效的交易结构，它可以帮助企业剥离非核心业务或不良资产，从而使企业更加专注于核心业务的发展。

除了这些传统的交易结构外，还有一些新型的交易形式也在不断涌现。例如，合资合作已经成为一种越来越受欢迎的交易方式，它允许两个或多个企业共同出资组建一个新的实体，从而共享资源、分担风险并实现共同发展。这种交易结构不仅可以降低企业的并购成本，还可以帮助企业更快地进入新的市场或领域。

交易结构的创新和灵活性增强不仅有助于降低交易成本、提高交易成功率，还可以实现双方利益的最大化。通过设计更加灵活多样的交易结构，企业可以更好地满足自身的发展需求和战略目标，同时也可以在并购过程中更好地应对各种复杂情况和挑战。

（三）数字化工具在并购整合中的应用

在并购整合阶段，数字化工具的应用也为企业带来了诸多便利和效率提升。传统的并购整合过程往往涉及大量的数据收集、分析和处理工作，这些任务不仅烦琐而且容易出错。然而，在数字经济时代，随着大数据、人工智能等技术的不断发展，企业可以利用数字化工具更加高效地实现资源整合、业务协同和管理优化。

例如，通过利用大数据分析技术，企业可以对目标企业的市场数据、用户行为、竞争格局等信息进行深度挖掘和分析，从而发现潜在的市场机会和客户需求。这些洞察可以帮助企业更好地制定市场策略、优化产品组合并提升客户满意度。同时，通过利用云计算技术，企业可以实现资源的快速部署和灵活调配，从而提升运营效率和创新能力。此外，社交媒体等新型沟通工具也可以帮助企业加强与员工、客户和合作伙伴的互动与交流，促进信息的快速传递和共享。

数字化工具的应用不仅可以提升并购整合的效率和质量，还可以帮助企业更好地应对各种挑战和风险。例如，在并购过程中，企业可以利用数字化工具对目标企业的财务状况、业务运营和合规性等方面进行实时监控和预警，及时发现并解决问题。同时，在整合阶段，企业也可以利用数字化工具对资源整合和业务协同进行模拟和优化，从而降低整合成本和风险。

（四）持续监管与风险评估的重要性提升

在数字经济时代，由于技术的快速迭代和市场环境的不断变化，企业财务重组与并购后的持续监管和风险评估显得尤为重要。传统的并购后整合过程往往注重短期的协同效应和成本削减，而忽视了长期的战略匹配和价值创造。然而，在数字经济环境下，这种短视的做法已经难以适应市场的快速变化和技术的不断进步。

因此，企业需要建立更加完善且持续的监管机制和风险评估体系来应对这些挑战。首先，企业需要密切关注市场动态和技术发展趋势，及时了解并掌握行业内的最新动态和潜在机会。其次，企业还需要建立完善的风险管理体系和应急预案机制，对可能出现的风险和挑战进行及时预警和有效应对。这些措施可以帮助企业更好地保护自身的利益和价值创造能力。

同时，在数字经济时代，企业还需要加强与外部合作伙伴和监管机构的沟通与协作。通过与合作伙伴共享资源、分担风险并实现共同发展，企业可以更好地应对市场变化和技术挑战。而与监管机构的良好沟通和协作则可以帮助企业更好地遵守相关法规和政策要求，降低合规性风险并提升品牌形象。

四、数字经济时代企业财务重组与并购的价值创造

（一）实现规模效应和协同效应

在数字经济时代，通过财务重组与并购，企业可以实现规模效应和协同效应，进而提升整体竞争力。规模效应是指通过并购扩大企业规模，降低单位产品的生产成本，提高经营效率。当企业并购同行业或相关行业的企业时，可以迅速扩大市场份额，提高市场占有率，从而增强对供应商和客户的议价能力，降低采购成本和销售费用。同时，通过整合生产资源和优化生产流程，企业还可以进一步降低生产成本，提高盈利能力。

协同效应则是指并购双方通过资源共享、优势互补和协同作战等方式实现"1+1>2"的效果。在数字经济时代，这种协同效应尤为明显。例如，通过并购拥有先进技术的企业，传统企业可以快速获取新技术和创新能力，从而提升自身的产品竞争力和市场地位。同时，通过整合双方的销售渠道和客户资源，企业还可以扩大市场份额并提高客户满意

度。此外，在研发、采购、生产、销售等各个环节上实现协同也可以帮助企业降低成本、提高效率并创造更大的价值。

（二）加速技术创新和产品升级

数字经济时代的企业财务重组与并购还有助于加速技术创新和产品升级。技术创新是企业持续发展的核心动力之一，但在快速变化的市场环境中，单靠企业自身的研发力量往往难以跟上市场的步伐。通过并购拥有先进技术的企业或研发团队，传统企业可以快速获取新技术、新产品和新服务，从而实现技术升级和产品创新。这种"站在巨人肩膀上"的发展策略不仅可以帮助企业节省大量的研发时间和成本投入，还可以降低技术创新的风险和市场的不确定性。同时，通过整合双方的研发资源和创新能力，企业还可以进一步提升自身的技术实力和市场竞争力。

产品升级则是技术创新的重要体现之一。在数字经济时代，消费者需求日益多样化和个性化，产品更新换代的速度也越来越快。通过并购拥有先进产品或服务的企业或团队，传统企业可以快速推出符合市场需求的新产品或服务，并抢占市场先机。同时，通过整合双方的产品线和销售渠道等资源，企业还可以进一步扩大市场份额并提高客户满意度。这种以市场需求为导向的产品升级策略不仅可以帮助企业更好地满足消费者需求并提升品牌形象，还可以为企业创造更大的商业价值和社会价值。

（三）拓展新的业务领域和市场空间

数字经济时代的企业财务重组与并购还有助于企业拓展新的业务领域和市场空间。随着技术的不断进步和市场的日益开放，越来越多的企业开始尝试跨界融合和多元化发展策略，以寻求新的增长点。通过并购不同行业或领域的企业或团队，传统企业可以快速进入新的业务领域和市场空间并实现多元化收入来源。这种跨界融合的发展策略不仅可以帮助企业降低经营风险并提升整体盈利能力，还可以为企业创造更多的商业机会和发展空间。同时，通过整合双方的资源和能力等优势互补的方式，企业还可以在新领域中迅速建立竞争优势并提升市场地位。这种以创新驱动的多元化发展策略将有助于企业在激烈的市场竞争中脱颖而出，并实现可持续发展。

（四）提升品牌形象和社会影响力

数字经济时代的企业财务重组与并购还有助于提升企业的品牌形象和社会影响力。品牌形象是企业无形的资产之一，它代表着企业的信誉、品质和价值观等方面。通过并购知名品牌或具有社会影响力的企业，传统企业可以借助其品牌效应和社会影响力提升自身的品牌形象和知名度。这种品牌效应不仅可以帮助企业吸引更多的客户和合作伙伴并提升市场竞争力，还可以为企业创造更大的商业价值和社会价值。同时，通过整合双方的品牌资源和市场推广渠道等优势互补的方式，企业还可以进一步扩大品牌影响力并提升市场份额。此外，在履行社会责任方面发挥更大的作用也将有助于增强企业的综合竞争力和可持续发展能力。例如，企业通过参与公益事业、推动环保项目等方式积极履行社会责任，将赢得良好的社会声誉和公众支持。

第二节　基于大数据的企业估值与并购决策

一、大数据在企业估值中的应用与价值

（一）市场趋势与竞争分析

在大数据时代，企业的市场趋势和竞争状况可以通过对海量数据的分析来获取。这些数据包括但不限于行业报告、消费者行为、市场份额等。通过对这些数据的深度挖掘和分析，可以更为准确地评估出企业在市场中的位置、发展趋势以及潜在的竞争压力，从而为估值提供有力的数据支撑。

（二）财务数据与非财务数据的整合

传统的企业估值主要依赖于财务数据，如收入、利润、现金流等。但在大数据的背景下，非财务数据，如客户满意度、品牌影响力、社交媒体声誉等，也日益受到重视。这些非财务数据可以通过大数据技术进行量化和分析，进而与财务数据相结合，提供一个更为全面和准确的企业价值评估。

（三）预测模型的构建与应用

利用大数据和机器学习技术，可以构建出高效的企业价值预测模型。这些模型能够基于历史数据和其他相关信息，可以对企业未来的发展趋势进行预测，并可以为估值提供参考。例如，通过分析过去的销售数据、市场变化等因素，这些模型可以预测企业未来的收入增长率和盈利能力。

（四）动态估值与实时监控

大数据技术使得企业估值不再是一个静态的过程，而是一个动态、实时的过程。通过对市场、竞争、财务等数据的实时监控和分析，企业可以及时调整和修正企业估值，确保其始终与市场和企业实际情况保持同步。

二、基于大数据的并购目标筛选与评估

（一）并购目标的初步筛选

在大数据的时代背景下，企业在进行并购目标筛选时，拥有了更加全面和深入的信息支持。通过大数据技术，企业可以从海量的市场信息中高效地筛选出潜在的并购目标。这一过程的实现，得益于关键词搜索、行业分类、财务分析等多种手段的综合运用。

关键词搜索可以帮助企业快速定位到与并购战略相关的市场信息和企业数据。通过设定关键词，如行业名称、企业规模、技术优势等，企业可以在海量的信息中精准地找到符合自身并购需求的目标企业。行业分类则进一步细化了搜索范围，使得企业能够更加聚焦地研究某一特定行业内的潜在并购目标。财务分析则是初步筛选的重要环节，通过对目标企业的财务报表进行自动化处理和分析，企业可以初步了解目标企业的财务状况和经营成果，从而判断其是否符合并购要求。

大数据技术的应用，使得这一过程实现了自动化和智能化。通过构建并购目标筛选模型，企业可以将上述多种手段有机地结合在一起，实现对海量信息的快速处理和分析。这种筛选方式不仅大大提高了并购目标选择的效率，也显著提升了筛选结果的准确性和针对性。

（二）深度分析与价值评估

在初步筛选出潜在的并购目标后，企业需要进一步对目标企业进行深度分析和价值评估。这一阶段的工作对于确保并购决策的正确性至关重要。

深度分析要求企业对目标企业的各个方面进行全面而细致的研究。这包括对目标企业的财务数据、市场地位、技术实力、人才储备等重要方面的深入挖掘和分析。通过大数据技术，企业可以获取到更加详细和准确的数据支持，从而更加深入地了解目标企业的真实状况。

价值评估则是基于深度分析的结果，对目标企业的整体价值进行定量化的评估。这一过程中，企业需要综合考虑目标企业的财务状况、盈利能力、成长潜力、风险因素等多个方面。通过运用大数据技术和相关的评估模型，企业可以更加科学地评估出目标企业的合理价值范围，为后续的并购谈判和决策提供有力的依据。

（三）协同效应的预测与量化

并购的成功与否往往取决于并购后能否实现协同效应。因此，在并购决策过程中，对协同效应的预测和量化显得尤为重要。大数据技术为企业进行这一工作提供了有力的支持。

通过对并购双方在历史数据、业务模式、资源互补性等方面的深入挖掘和分析，企业可以初步预测出并购后可能产生的协同效应。这些协同效应可能表现为市场份额的提升、成本节约、技术共享、品牌提升等多个方面。进一步地，通过构建协同效应评估模型，企业还可以将这些协同效应进行量化处理，从而更加直观地展示出并购后可能带来的价值提升。

这种基于大数据的协同效应预测和量化方法，不仅有助于企业更加全面地了解并购可能带来的潜在收益，也为企业的并购决策提供了更加科学和客观的依据。通过对比并购成本与预期协同效应的大小，企业可以更加理性地判断是否进行并购以及如何进行并购。

三、大数据驱动的并购决策流程优化与风险控制

（一）决策流程的优化

传统的并购决策流程往往烦琐且耗时，大数据技术的应用为简化这一过程提供了新的可能。通过自动化的数据收集、分析和决策支持系统，企业可以实现对并购决策流程的全面优化。

首先，自动化的数据收集和处理系统可以大大提高并购决策过程中的信息获取效率。通过预设的算法和模型，这些系统能够自动从海量信息中筛选出与并购决策相关的关键数据，并进行清洗和格式化处理，为后续的分析和决策打下良好基础。

其次，大数据分析工具可以帮助企业对收集到的数据进行深入挖掘和分析。这些工具提供了多维度的数据分析功能，如财务比率分析、市场趋势预测、竞争对手对比等，从而帮助企业更加全面地了解并购环境和目标企业的真实状况。

最后，决策支持系统可以基于上述分析结果，为企业提供科学、合理的并购建议。这些建议包括并购目标的选择、并购价格的确定、交易结构的优化等多个方面，为企业的并购决策提供有力的支持。通过这一优化后的决策流程，企业可以大大缩短决策周期，提高决策效率，从而更加迅速地抓住市场机遇。

（二）风险识别与控制

并购过程伴随着各种风险，如财务风险、市场风险、法律风险等。大数据技术的应用可以帮助企业更加有效地识别和控制这些风险。

首先，通过对目标企业的财务、法律、市场等方面进行全面而深入的数据分析，企业可以发现潜在的风险点。这些风险点可能隐藏在目标企业的财务报表中、市场竞争格局中或法律诉讼记录中。通过大数据技术的挖掘和分析，企业可以更加及时地发现这些

风险点，为后续的风险控制提供有力支持。

其次，大数据技术还可以帮助企业制定相应的风险控制措施。一旦识别出潜在的风险点，企业可以利用大数据工具和模型对这些风险进行量化和评估。根据评估结果，企业可以制定相应的风险控制策略，如设置风险阈值、引入第三方担保、调整交易结构等，从而降低并购过程中的风险水平。

最后，大数据技术还可以实时监测并购后的整合过程，及时发现和解决问题。通过构建风险预警机制，企业可以实时监测并购后可能出现的异常情况或风险事件。一旦发现异常或风险事件，企业可以迅速采取应对措施，确保并购的成功和整合的顺利进行。

（三）并购后的整合与效果评估

大数据在并购后的整合过程中也发挥着重要作用。并购后的整合是确保并购价值实现的关键环节，也是并购过程中最具挑战性的部分之一。大数据技术可以帮助企业更加科学地进行整合规划和实施效果评估。

首先，通过对并购双方的业务、资源、文化等方面进行深入的数据分析，企业可以更加准确地了解双方的优势和劣势所在。基于这些分析结果，企业可以制订出更加合理的整合方案，明确整合目标、路径和时间表。这些整合方案应充分考虑双方的业务协同、资源共享和文化融合等因素，以确保整合的顺利进行和并购价值的最大化实现。

其次，大数据技术还可以对并购后的效果进行实时评估和监控。通过构建效果评估模型，企业可以定期收集和分析相关数据，对并购后的业务运营、财务状况、市场份额等关键指标进行实时跟踪和评估。这些评估结果可以及时发现整合过程中可能出现的问题或偏差，并为企业提供相应的调整建议和优化方向。同时，这些评估结果还可以为企业未来的并购活动提供宝贵的经验和借鉴。

（四）持续改进与学习

基于大数据的并购决策是一个持续改进和学习的过程。随着市场环境和企业自身条件的变化，并购策略和方法也需要不断地调整和优化。大数据技术为企业提供了持续改进和学习的平台。

通过对历史并购案例的数据分析和挖掘，企业可以总结出成功的经验和失败的教训。这些经验和教训涉及并购目标的筛选、交易价格的确定、交易结构的优化、风险控制措施的实施等多个方面。通过对这些经验和教训的深入学习和借鉴，企业可以不断完善自身的并购策略和方法，提高并购决策的科学性和准确性。同时，这些历史数据还可以为企业未来的并购活动提供有力的参考和支持，帮助企业更加理性地面对市场机遇和挑战。

第三节　数字化工具在企业财务重组与并购中的应用

一、数字化工具在尽职调查与数据分析中的应用

（一）数据收集与整理自动化

在企业财务重组与并购的复杂过程中，尽职调查是至关重要的一环。这一阶段需要对目标企业进行全面、深入的了解，以确保并购决策的正确性。而数字化工具的应用，为尽职调查带来了革命性的变化。

首先，数字化工具可以自动化地收集并整理目标企业的各类数据，包括财务数据、市场数据、运营数据等。这些工具通过预设的算法和模型，能够在短时间内从多个来源抓取所需数据，并进行初步的清洗和格式化。这不仅大大提高了数据收集的效率，还确保了数据的准确性和一致性。

此外，自动化数据收集和整理的过程还降低了人为错误的可能性。在传统的手工收集和整理数据中，由于人为因素，如疏忽、误解等，往往会导致数据的失真或遗漏。而数字化工具通过预设的算法和模型，能够准确地识别和处理数据，从而避免了这些问题。

（二）多维度的数据分析

尽职调查需要对目标企业进行全方位的了解，包括财务状况、市场地位、运营状况等。数字化工具提供了多维度的数据分析功能，使得并购方能够更加全面地了解目标企业。

财务比率分析是数字化工具在数据分析中的常见应用之一。通过对目标企业的财务报表进行比率分析，如对比流动比率、负债比率、毛利率等，可以初步了解目标企业的财务状况和盈利能力。这些比率指标可以帮助并购方判断目标企业是否存在财务风险或经营问题。

趋势分析是另一个重要的数据分析维度。数字化工具可以帮助并购方获取目标企业多年的历史数据，并通过图表、曲线等形式展示数据的变化趋势。这可以帮助并购方了解目标企业的发展轨迹和市场表现，从而更好地预测其未来的发展趋势。

同行业对比分析也是数字化工具在数据分析中的常见应用。通过对比目标企业与同行业其他企业的数据指标，如市场份额、增长率、盈利能力等，可以初步判断目标企业在行业中的地位和竞争优势。这有助于并购方更加准确地评估目标企业的价值和潜

在风险。

（三）预测与模拟分析

数字化工具还提供了强大的预测与模拟分析功能，使得并购方能够更加科学地制定并购策略和交易价格。通过构建预测模型，输入不同的假设条件，数字化工具可以模拟出不同并购方案下目标企业未来的财务报表、现金流状况等。

这些预测结果可以帮助并购方更加准确地评估目标企业的未来价值和潜在风险，从而为并购决策提供有力的数据支持。同时，通过模拟不同并购方案下的财务效果和市场反应，并购方还可以更加科学地制定交易价格和谈判策略。

（四）风险识别与评估

在尽职调查阶段，识别和评估潜在风险是至关重要的。数字化工具通过对目标企业的历史数据进行深入挖掘和分析，可以帮助并购方发现隐藏在数据背后的风险点。

这些风险点可能包括财务造假、诉讼风险、市场风险等。通过数字化工具的风险识别功能，并购方可以及时发现这些问题，并采取相应的风险防范措施。这有助于降低并购过程中的风险水平，确保并购交易的顺利进行。

二、数字化工具在并购交易结构设计中的应用

（一）交易结构模拟与优化

并购交易结构的设计是并购过程中的关键环节之一。数字化工具可以帮助并购方模拟不同的交易结构，并根据模拟结果进行优化。通过输入不同的交易参数，如支付方式、融资结构、税务筹划等，数字化工具可以模拟出不同交易结构下的并购成本、税务负担、现金流状况等。

这些模拟结果可以帮助并购方更加全面地了解不同交易结构的优缺点和风险水平。从而选择最优的交易结构以降低成本和风险水平。同时，数字化工具还可以帮助并购方优化交易结构中的各个参数和细节问题，确保交易结构更加合理和可行。

（二）税务筹划与合规性检查

在并购交易结构设计中，税务筹划是一个重要的考虑因素。数字化工具可以帮助并购方进行税务筹划的模拟和分析，确保交易结构在税务上的合规性和最优性。通过输入不同的税务筹划方案和相关参数，数字化工具可以模拟出不同方案下的税务负担和现金流状况，帮助并购方选择最优的税务筹划方案。

同时，数字化工具还能对交易结构进行合规性检查。在并购交易中，遵守相关法律法规是至关重要的。数字化工具可以帮助并购方检查交易结构是否符合相关法律法规的

要求，如公司法、证券法、税法等。这有助于确保交易的合法性和顺利进行。

（三）交易风险评估与管理

并购交易涉及多方面的风险，如财务风险、市场风险、法律风险等。数字化工具在并购交易结构设计中还能帮助并购方评估和管理这些风险。通过对交易结构进行风险评估，数字化工具可以帮助并购方发现潜在的风险点，并制定相应的风险管理措施。

这些风险管理措施可以包括设置交易先决条件、制定风险分担机制、引入第三方担保等。设置交易先决条件可以确保在特定条件下交易才能进行，从而降低风险水平；制定风险分担机制可以明确双方在不同风险下的责任和义务；引入第三方担保可以为交易提供额外的保障和支持。通过利用数字化工具的风险评估和管理功能，并购方可以更加全面地了解和管理交易过程中的风险问题。

（四）协同效应评估与量化

并购交易的重要目的之一是实现协同效应，即通过整合双方资源和优势，实现更大的价值和效益。数字化工具可以帮助并购方评估和量化协同效应的潜在价值。通过构建协同效应评估模型，输入双方的相关数据和参数，数字化工具可以预测并量化出并购后双方在市场份额、成本节约、技术共享等方面的协同效应。

这些量化结果可以为并购决策提供有力的支持。并购方可以更加准确地了解并购后可能带来的协同效应和价值提升，从而更加理性地判断是否进行并购以及如何进行并购。同时，这些量化结果还可以为后续的整合计划和实施提供指导和参考。通过数字化工具的协同效应评估与量化功能，并购方可以更加科学地制定并购策略和交易结构，确保并购交易的成功和价值最大化的实现。

三、数字化工具在并购后整合与协同效应评估中的应用

（一）整合计划与执行跟踪

在并购后的整合阶段，数字化工具发挥着至关重要的作用。这些工具不仅能够帮助并购方制订详尽且切实可行的整合计划，还能够对计划的执行情况进行实时跟踪和监控。通过设定一系列关键绩效指标（KPI），企业可以清晰地了解整合计划的每一步是否按预期进行，哪些环节可能存在问题或延迟，从而及时做出调整，确保整合计划的顺利推进。

数字化工具的整合计划与执行跟踪功能，使得并购方能够更加精准地掌握整合进度，及时发现并解决潜在问题，确保整合过程的高效与成功。

（二）协同效应的实时监测与评估

在并购后的整合过程中，实现协同效应是并购成功的关键。数字化工具可以实时监

测和评估协同效应的实现情况，帮助企业了解整合效果，并为调整整合策略提供依据。

通过构建协同效应评估模型，数字化工具可以定期评估并量化出协同效应的实际价值。这些评估结果可以与预期价值进行对比分析，从而帮助企业了解整合效果是否达到预期，以及哪些方面需要进一步优化。

实时监测和评估协同效应的实现情况，有助于企业及时发现问题并调整策略，确保在整合过程中能够最大限度地实现协同效应，提升并购的整体价值。

（三）风险管理与应对

并购后的整合过程往往伴随着各种风险，如市场风险、财务风险、运营风险等。数字化工具在风险管理和应对方面发挥着重要作用。通过构建风险预警机制，数字化工具可以实时监测潜在的风险点，并为企业提供相应的风险应对措施和建议。这些措施和建议可以帮助企业及时应对风险，避免或减少损失。

此外，数字化工具还可以利用大数据分析和模式识别等技术手段，对并购过程中的历史数据进行深入的挖掘和分析，发现潜在的风险因素和规律，为企业制定更加有效的风险应对策略提供有力支持。

（四）持续改进与优化

数字化工具不仅提供了整合计划和协同效应的实时监测与评估功能，还支持企业持续改进与优化整合过程。通过对整合过程和协同效应的实时监测和评估结果进行深入的分析，企业可以发现存在的问题和改进的空间。通过利用数字化工具提供的分析功能和模拟功能，企业可以对整合计划和协同效应评估模型进行持续的改进和优化，提高整合效果和协同效应的实现程度。这种持续改进与优化的过程有助于企业不断提升并购整合能力，为未来的并购活动奠定坚实基础。

四、数字化工具在企业财务重组与并购中的风险管理

（一）风险识别与分类

在企业财务重组与并购过程中，风险识别是至关重要的第一步。数字化工具通过运用大数据分析和模式识别技术，能够全面、准确地识别出并购过程中可能出现的各类风险。这些风险可能涉及市场、财务、运营等多个方面，数字化工具能够自动对它们进行分类和归档，为后续的风险评估和应对提供清晰、有序的基础。

（二）风险评估与量化

在识别出各类风险后，数字化工具可以进一步运用风险评估模型和算法，对这些风险进行量化和评估。通过定性和定量相结合的方法，企业可以更加准确地了解风险的大

小、可能发生的概率以及可能带来的影响程度。这种量化的风险评估结果有助于企业更加清晰地认识风险，为制定有效的风险应对策略提供重要依据。

（三）风险监控与预警

数字化工具在风险监控和预警方面也发挥着重要作用。它能够实时监控并购过程中的各类风险指标，一旦发现异常或潜在风险，立即触发预警机制，通过邮件、短信等方式提醒相关人员及时关注和处理。这种实时的风险监控和预警机制有助于企业及时发现风险苗头，避免风险扩大和恶化，从而减轻损失。

（四）风险应对与决策支持

当风险发生时，数字化工具可以迅速提供多种风险应对方案和建议，帮助企业快速做出决策。这些方案和建议可能包括风险规避、风险降低、风险转移等多种策略，企业可以根据实际情况选择最合适的应对策略。同时，数字化工具还能模拟不同应对方案的效果，为企业选择最优方案提供支持。这种决策支持功能有助于企业在风险面前保持冷静和理智，做出正确的决策。

第十三章　数字经济时代的审计模式创新

第一节　审计模式概述

一、审计模式的概念和类型

（一）审计模式的概念

审计模式是审计人员在进行审计工作时所采用的方式和方法。它反映了审计人员对于审计目标的追求以及实现方式的认识。审计模式不是简单的审计方法或技术的组合，而是一种具有整体性的、系统性的审计规划和组织方式。它通常包括审计计划、审计方法、审计流程等多个方面，涵盖了审计工作的全过程。

审计模式的选择和设计受到多种因素的影响，包括审计目标、审计对象、审计资源等。不同的审计模式有着各自的特点和适用范围，审计人员需要根据具体情况进行选择和调整。

（二）审计模式的类型

根据不同的分类标准，审计模式可以分为不同的类型。以下是几种常见的审计模式类型。

1.财务报表审计模式

财务报表审计模式是一种以财务报表为重点的审计模式。它的主要目的是对财务报表的合法性、公允性和一贯性进行审计，以确定财务报表是否符合会计准则和相关法规的要求。这种审计模式通常采用传统的审计方法和技术，如抽样审计、详细审查等，以发现和纠正财务报表中的错误和舞弊。

2.内部控制审计模式

内部控制审计模式是一种以内部控制系统为重点的审计模式。它的主要目的是对内部控制系统的设计、执行和效果进行审计，以确定内部控制系统是否能够有效地防止和发现错误和舞弊。这种审计模式通常采用内部控制评估的方法和技术，如内部控制调查问卷、内部控制流程图等，以评估内部控制系统的可靠性和有效性。

3.风险评估审计模式

风险评估审计模式是一种以风险评估为重点的审计模式。它的主要目的是对被审计单位的风险进行评估，以确定被审计单位是否能够有效地应对和管理风险。这种审计模式通常采用风险评估的方法和技术，如风险矩阵、风险指数等，以评估被审计单位的风险水平和风险应对能力。

4.综合审计模式

综合审计模式是一种以被审计单位的综合情况为重点的审计模式。它的主要目的是对被审计单位的财务状况、经营绩效、内部控制等方面进行全面评估，以确定被审计单位的综合情况和风险状况。这种审计模式通常采用综合评估的方法和技术，如综合评估指数、综合评估模型等，以评估被审计单位的综合情况和风险状况。

以上是几种常见的审计模式类型，它们有着各自的特点和适用范围。在实际工作中，审计人员需要根据具体情况选择适合的审计模式，并灵活运用各种审计方法和技术，以提高审计工作的效率和效果。

（三）不同类型审计模式的比较分析

1. 财务报表审计模式与内部控制审计模式的比较

财务报表审计模式和内部控制审计模式都是以财务报告为中心的审计模式，但它们的侧重点有所不同。财务报表审计模式侧重于对财务报表的合法性、公允性和一贯性进行审查，而内部控制审计模式则侧重于对内部控制系统的设计和执行效果进行评估。在实际应用中，这两种审计模式可以相互补充，共同保证财务报告的准确性和可靠性。

2. 风险评估审计模式与综合审计模式的比较

风险评估审计模式和综合审计模式都是面向未来的审计模式，但它们的关注点有所不同。风险评估审计模式关注于对未来可能出现的风险的预测和评估，而综合审计模式则更注重对被审计单位整体情况的全面评估。这两种审计模式都可以帮助企业及时发现潜在的风险和问题，并采取相应的措施加以解决。

3. 与基于数据分析和人工智能技术的现代审计模式的比较

随着现代信息技术的发展，基于数据分析和人工智能技术的现代审计模式逐渐成为主流。这种审计模式通过对大量数据的自动分析，可以快速发现异常波动和潜在问题，同时利用人工智能技术进行智能预测和判断，可以大大提高审计的准确性和效率。但这种现代审计模式需要更高的技术支持和人才支持，因此在使用中需要结合实际情况进行选择和应用。

二、审计模式对企业财税管理的影响

（一）提高企业财税管理的规范性和透明度

在企业的日常运营中，财税管理是极其重要的一环。然而，由于种种原因，很多企业在财税管理上存在不规范和不合规的现象。这些不规范和不合规的问题不仅会引发税务风险，而且还会对企业的声誉和公信力产生负面影响。因此，通过采用适当的审计模式，企业可以发现和纠正这些不规范和不合规的现象，从而促进企业财税管理的规范化和透明度提高。

具体来说，审计人员可以通过对企业的财务报表、税务申报、税务优惠、税收筹划等各个方面的审查，发现和纠正其中的不规范和不合规问题。同时，审计人员还可以通过了解企业的内部控制制度、风险管理机制等，发现和纠正企业财税管理中的漏洞和不足。通过这些审计结果的反馈和整改，企业可以更加了解自身的财税管理状况，及时发现和解决问题，从而促进企业财税管理的规范化和透明度提高。

（二）增强企业财税风险管理和控制能力

随着经济全球化的不断发展，企业面临的财税风险也越来越复杂和多样化。因此，企业需要加强对财税风险的管理和控制能力。审计模式可以提供对企业财税风险的有效监督和控制，帮助企业及时发现和应对财税风险。

例如，通过采用风险评估审计模式，审计人员可以对企业的财税风险进行全面评估和管理。这种审计模式主要是通过对企业的财务报表、税务申报、税务优惠、税收筹划等各个方面的风险进行评估，以及对企业内部控制制度、风险管理机制等进行分析，从而发现和解决潜在的风险问题。此外，审计人员还可以通过对企业财税管理人员的培训和指导，帮助他们更好地了解、掌握财税风险管理和控制的方法和技巧。通过这些措施的实施，企业可以增强自身的财税风险管理和控制能力，及时发现和解决潜在的风险问题。

（三）促进企业财税管理水平的提升

除了以上提到的规范化和透明度提高、风险管理能力增强之外，审计模式还可以促进企业财税管理水平的提升。具体来说，审计人员可以通过对企业的财税管理流程、制度、人员素质等方面的审查，发现其中的问题和不足。同时，审计人员还可以通过对企业财税管理人员的培训和指导，帮助他们更好地了解和掌握财税管理的理论和实践知识。通过这些措施的实施，企业可以不断提升自身的财税管理水平，提高企业的运营效率和管理水平。

此外，审计人员还可以通过对企业财税管理问题的分析和研究，提出有针对性的解决方案和建议。这些解决方案和建议可以帮助企业更好地完善自身的财税管理体系和制度，提高企业的财务管理水平和效率。同时，这些解决方案和建议还可以帮助企业更好地适应市场变化和经济环境的变化，提高企业的竞争力和可持续发展能力。

（四）提高企业整体运营效率和管理水平

除了以上提到的在财税管理方面的提升之外，审计模式还可以促进企业整体运营效率和管理水平的提高。具体来说，审计人员可以通过对企业的运营流程、管理制度、人员素质等方面的审查，发现其中的问题和不足。同时，审计人员还可以通过对企业运营管理人员的培训和指导，帮助他们更好地了解和掌握运营管理的理论和实践知识。通过这些措施的实施，企业可以不断提高自身的运营效率和管理水平，提高企业的竞争力和可持续发展能力。

此外，审计人员还可以通过对企业运营问题的分析和研究，提出有针对性的解决方案和建议。这些解决方案和建议可以帮助企业更好地完善自身的运营管理体系和制度，提高企业的运营效率和效果。同时，这些解决方案和建议还可以帮助企业更好地适应市场变化和经济环境的变化，提高企业的竞争力和可持续发展能力。

（五）增强企业的社会责任感和公信力

除了以上提到的几个方面之外，采用适当的审计模式还可以增强企业的社会责任感和公信力。具体来说，审计人员可以通过对企业的社会责任履行情况的监督和评估，帮助企业及时发现和解决社会责任问题。例如，审计人员可以关注企业的环保措施、劳工权益保护、产品质量等方面的问题，检查企业是否符合社会道德和法律规定。通过公开透明的审计结果，企业可以展示其履行社会责任的情况，增强企业的社会责任感和公信力，树立良好的企业形象。

此外，审计模式还可以促进企业与利益相关者之间的沟通和合作。通过审计结果的反馈和整改，企业可以与利益相关者更好地沟通和合作，共同解决存在的问题。这不仅可以增强企业的社会责任感和公信力，还可以促进企业与利益相关者之间的长期合作和发展。

三、审计模式的发展趋势和挑战

（一）数字化技术的应用和发展

随着数字化技术的不断发展和应用，传统的审计模式已经难以适应数字化时代的需求。数字化技术可以帮助审计人员更快速、更准确地获取和分析数据信息，提高审计效率和准确性。通过运用数字化技术，审计人员可以更广泛地收集和整理信息，不再受限于传统的审计方法和工具。此外，数字化技术还可以帮助审计人员更好地识别和评估风险，以及更准确地预测未来的趋势和发展。但是，数字化技术的应用也带来了数据安全和隐私保护等问题，这需要加强管理和控制。数字化技术可能使企业的信息安全面临更大的威胁和挑战，因此需要建立健全的数据安全和隐私保护机制，保障企业的信息安全和稳定发展。

（二）综合性和多元化的审计需求

随着企业业务的复杂性和多样性不断增加，单一的财务或税务审计已经难以满足企业的需求。综合性和多元化的审计需求不断提高，需要审计人员具备更全面的知识和技能，能够对企业进行全面评估和管理。企业需要从多个角度、多个维度对企业的财务、经营、管理等方面进行全面、客观、准确的审计。同时，多元化的审计需求也带来了协调和管理方面的挑战。不同的审计需求需要不同的审计方法和程序，因此，审计人员需要具备更高的专业素养和综合能力，能够有效地协调和管理多元化的审计工作。

（三）审计质量和透明度的要求不断提高

随着社会对审计质量关注度的不断提高，对审计透明度的要求也越来越高。审计人员需要更加注重审计质量和透明度，采用科学合理的审计方法和程序，确保审计结果的准确性和公正性。同时，还需要加强对审计过程的监督和评估，确保审计工作的合规性和有效性。为了提高审计质量和透明度，企业需要建立健全的内部控制体系和监督机制，严格把控审计工作的各个环节和流程，同时，还需要加强对审计人员的培训和教育，提高他们的专业素养和能力水平，以更好地适应社会对审计质量的要求。

（四）人工智能和机器学习的应用

人工智能和机器学习技术在审计领域的应用日益广泛，可以自动化处理大量的数据和信息，提高审计效率和准确性。人工智能和机器学习技术可以通过对大量数据的分析和学习，发现其中的规律和特征，从而自动识别和判断风险点和异常情况。这些技术的应用可以大大提高审计效率和准确性，减少人工操作的成本和误差。但是，人工智能和机器学习技术的应用也带来了数据依赖和技术风险等问题。由于人工智能和机器学习技术主要基于数据进行分析和学习，因此数据的准确性和完整性对审计结果有着至关重要的影响。此外，这些技术的应用也需要相应的技术支持和维护成本。因此，需要加强管理和控制，建立健全的技术管理体系和维护机制。

（五）全球化和国际化的趋势

随着经济全球化的不断深入，审计领域也面临着全球化和国际化的趋势。跨国公司的出现和国际贸易的增加，需要审计人员具备更广阔的国际视野和跨文化沟通能力，能够适应不同国家和地区的审计要求和文化差异。国际化也带来了协调和管理方面的挑战：不同国家和地区的审计要求和文化差异可能会影响审计人员的思维和工作方式，因此，企业需要加强沟通和协调，并加强培训和教育，提高对不同国家和地区审计要求和文化差异的认识和理解，以更好地适应全球化和国际化的趋势。

第二节　数字经济对传统审计模式的挑战

一、传统审计模式的局限性

（一）审计效率和准确性的挑战

传统的审计模式通常基于手动流程和纸质文档，这使得审计过程既耗时又容易出错。在数字经济时代，企业的业务数据量巨大，手动审计已经无法满足高效、准确的需求。此外，纸质文档的保存和检索也给审计工作带来了额外的困难。

在传统的手动审计中，审计员需要逐个查看企业的纸质财务记录和相关文件，并进行手工计算和核对。这种方式不仅费时费力，还容易出现错误。而且，随着企业规模和业务复杂性的增加，手动记录和核对的工作量也会成倍增加，导致审计效率降低。

与此同时，企业在数字经济时代产生的数据量庞大，包括财务数据、交易记录、客户数据、供应链信息等等。传统手动审计无法快速处理这些大数据，从而导致审计周期延长。此外，手动审计容易出现遗漏或错误，无法保证审计结果的准确性。

此外，纸质文档的保存和检索也给审计工作带来了额外的困难。传统纸质文档的存储和管理需要占用大量的物理空间，并且查找和检索文件的效率较低。在审计过程中，审计员需要花费大量的时间来查找和整理相关的纸质文档，这不仅增加了审计的时间成本，也容易导致信息的遗漏或错误。

（二）审计范围的限制

传统审计模式往往只关注财务报表和会计记录，而忽略了对非财务信息的审计。在数字经济时代，非财务信息（如客户数据、供应链信息等）对企业的决策和战略至关重要。因此，传统审计模式在审计范围上存在局限性，无法全面评估企业的风险和价值。

财务报表只能反映企业财务状况的一部分，而无法完整反映企业的运营情况和业绩表现。由于企业经营环境的复杂化和多元化，非财务信息对企业的重要性日益增加。例如，客户数据可以帮助企业了解消费者需求和市场趋势，供应链信息可以帮助企业评估供应商合作的可靠性和稳定性。忽视这些非财务信息的审计，将无法全面了解企业的风险和价值。

此外，随着企业与外部环境的联系越来越紧密，企业需要处理更多与政府监管、环境保护、企业社会责任等相关的非财务信息。传统审计模式无法有效地评估企业在这些方面的合规性和可持续发展能力。

（三）数据分析能力的不足

传统的审计模式侧重于对历史数据的审计，而缺乏对大数据和复杂数据模型的分析能力。在数字经济时代，数据的结构和复杂性都发生了巨大的变化，传统审计模式在处理和分析这些数据时面临着巨大的挑战。

传统审计主要依赖人工进行数据的整理、汇总和分析，很难应对大数据量和多样化的数据结构。而且，传统审计模式无法有效地发现异常模式和潜在风险，导致审计结果的准确性和可靠性受到限制。

在数字经济时代，数据分析技术的发展为审计带来了新的机遇和挑战。例如，通过大数据分析技术，审计员可以对大量的数据进行实时分析和挖掘，发现隐藏在数据中的异常模式和潜在风险。然而，传统审计模式缺乏对这些新技术和方法的应用和理解，无法发挥数据分析的潜力，从而限制了审计效率和准确性的提升。

（四）对新技术应用不足

在数字经济时代，新技术如云计算、大数据、人工智能等得到了广泛应用。然而，传统审计模式对这些新技术的应用相对滞后，无法充分利用这些新技术提高审计效率和准确性。

云计算技术可以提供高效、可扩展的计算和存储资源，使得审计人员可以在需要时灵活地获取和利用计算资源，加快审计过程并提高效率。大数据技术可以帮助审计人员处理和分析庞大复杂的数据，发现其中的规律和异常，提高审计的准确性和可靠性。人工智能技术可以通过智能化的算法和模型，辅助审计人员进行数据挖掘和风险识别，提高审计的效率和精确度。

然而，传统审计模式在技术应用方面存在滞后的问题。审计机构往往缺乏对新技术的了解和应用能力，无法针对数字经济时代的审计需求进行相应的改进和创新。此外，审计行业对于信息安全和数据隐私保护的担忧也限制了新技术的应用。

为了有效应对以上挑战，审计行业需要加强技术人才的培养和引进，并适应数字经济时代的审计需求，推动审计模式的创新和升级，提高审计的效率和准确性。

二、数字经济带来的审计新问题

（一）数据安全和隐私保护问题

在数字经济时代，数据已经成为企业最重要的资产之一，然而数据安全和隐私保护问题也随之而来。数据泄露、恶意软件等事件频繁发生，给企业的业务和声誉带来了巨大的风险。这种风险不仅可能导致企业面临巨额的经济损失，还可能破坏企业与客户之间的信任关系。

对于审计工作来说，如何确保数据的安全性和隐私保护就成了一项重要任务。首先，审计人员需要对企业的信息系统进行全面的安全评估，包括网络安全、系统漏洞和数据加密等方面。其次，审计人员应当建立完善的访问控制机制，限制非授权人员对敏感数据的访问，并对所有数据操作进行审计记录。此外，审计人员还应当参与制定和执行数据安全政策，通过培训和教育提高员工的安全意识，从而有效防止数据泄露和滥用的发生。

另外，随着全球数据保护法规的不断加强，企业还需要遵守各项数据隐私保护法律和法规的要求。审计人员应当了解并掌握相关法规，确保企业在数据处理过程中合法、合规，并遵循数据处理的透明原则、目的限制原则和数据最小化原则等。此外，审计人员还需要对企业的数据处理流程进行审查，确保数据主体的权益得到尊重和保护。

（二）内部控制和风险管理问题

随着企业业务和交易复杂度的不断提高，内部控制和风险管理变得越来越重要。数字经济时代，信息的传递速度和范围都发生了巨大的变化，这给企业的内部控制带来了新的挑战。传统的内部控制方法已经无法适应快速变化的业务环境，因此，审计工作需要关注以下几个方面。

首先，审计人员需要对企业的业务流程进行全面分析，并识别、评估可能存在的风险。通过了解企业的运营模式和业务流程，审计人员可以确定业务活动中的关键控制点，并制定相应的测试程序，以验证内部控制的有效性。

其次，数字经济的发展也带来了新的风险类型和风险点。例如，云计算、人工智能和物联网等新技术的应用给企业带来了新的安全和隐私风险。审计人员需要不断学习新技术的发展动态，及时识别和评估相关风险，并提供相应的建议和改进措施。

此外，风险管理也需要与企业的战略目标相匹配。审计人员可以通过制定风险评估矩阵和风险控制矩阵等工具，帮助企业识别关键风险，并制定相应的风险管理策略。同时，审计人员还可以通过参与企业的战略规划和决策过程，提前预警可能存在的风险，并为企业提供有关内部控制和风险管理的建议。

（三）数字化转型问题

在数字经济时代，企业的数字化转型已成为必然趋势。数字化转型涉及许多新的技术和工具，如云计算、大数据分析和区块链等。这些技术和工具的引入可以提升企业的运营效率和竞争力，但也带来了一系列的挑战。

首先，审计人员需要确保数字化转型过程中的技术和工具的合规性和有效性。审计人员应该参与数字化转型项目的规划和实施过程，评估相关技术和工具的安全性和稳定性，并提供相应的建议和改进措施，以确保企业的数字化转型顺利进行。

其次，数字化转型还会带来新的业务流程和商业模式。审计人员需要评估这些变革对企业的影响，包括内部控制的调整、组织结构的变化和员工能力的提升等方面的影响。通过对这些变革进行审查和评估，审计人员可以为企业提供有关数字化转型的建议和改进意见，帮助企业更好地适应数字经济的发展。

另外，数字化转型还可能涉及数据的跨境流动和隐私保护的问题。审计人员需要了解和遵守相关的法律法规，制定合适的数据传输机制和隐私保护措施，确保企业的数字化转型符合国家法律法规和行业标准的要求。

（四）合规性和法律问题

在数字经济时代，新的业务模式和交易方式带来了新的合规性和法律问题。例如，跨境电子商务的税收问题、数字货币的监管问题等。这些问题需要审计工作更加注重合规性和法律的遵守，确保企业的业务活动符合国家法律法规和企业规章制度的要求。

审计人员应该密切关注相关的法律法规变化，及时了解和解读新出台的政策和规定，并将其纳入审计工作的范围。审计人员需要与企业的法务部门或法律顾问密切合作，共同解决在数字经济环境下面临的合规性和法律问题。

此外，审计人员还应当对企业的税务管理进行审查，确保企业按照国家的税收政策和规定履行税务义务，避免发生税收风险和纳税争议。

三、审计模式面临的调整和改革需求

（一）提高审计效率和准确性

为了应对数字经济带来的挑战，审计模式需要进行调整以提高审计效率和准确性。传统的手工审计方式已经无法满足大数据时代的需求，需要引入自动化流程和人工智能技术来提高审计的效率和准确性。

首先，企业可以利用自动化流程来简化审计过程。通过建立标准化的审计流程，审计人员将重复性工作交给计算机处理，可以节省大量的时间和人力资源，比如，可以使用自动化工具来收集、整理和分析大量的审计证据，提高数据处理的效率。同时，自动化流程还能够减少人为因素的介入，降低审计中的错误率，提高审计结果的准确性。

其次，人工智能技术在审计中的应用也非常关键。通过机器学习和数据挖掘等技术，审计人员可以对海量的数据进行分析和识别异常情况，从而对风险的感知和判断能力。例如，可以使用文本挖掘技术对企业财务报告进行自动化分析，发现潜在的错误和欺诈行为。此外，人工智能还可以通过模型建立和预测分析，帮助审计人员更好地评估企业的未来风险和潜在问题。

另外，利用大数据技术也是提高审计效率和准确性的重要手段。大数据技术可以实现对海量数据的实时监测和分析，为审计人员提供更全面和准确的数据支持。通过对大数据的挖掘和分析，审计人员可以发现隐藏在数据中的关联性和规律性，准确评估企业的财务状况和业绩表现。此外，大数据技术还可以帮助审计人员进行风险评估和预警，提前发现潜在的风险和问题。

另外，采用云计算也可以提高审计工作的灵活性和效率。通过将审计工作迁移到云平台上，企业可以实现资源的共享和整合，降低 IT 成本。审计人员可以随时随地访问云端数据和工具，不受时间和地域限制，以提高审计工作的响应速度和效率。

（二）扩大审计范围并关注非财务信息

为了更好地评估企业的风险和价值，审计模式需要扩大审计范围并关注非财务信息。传统的审计主要关注企业的财务信息，但随着数字经济的发展，越来越多的企业价值和风险信息不仅仅体现在财务数据中，还包括客户数据、供应链信息、环境和社会责任等非财务信息。

首先，关注非财务信息可以帮助企业更好地了解市场需求和业务风险。客户数据和供应链信息等非财务信息是企业与外部环境进行交互的重要纽带，通过对这些信息的分析和评估，企业可以了解市场趋势、客户偏好和供应链风险等因素对企业的影响。比如，通过对客户数据的分析，企业可以更好地了解客户需求的变化和产品销售情况，从而及时调整营销策略和产品结构。通过对供应链信息的分析，企业可以评估供应商的可靠性和供应链的弹性，预测供应链风险并采取相应的风险控制措施。

其次，关注环境和社会责任可以帮助企业更好地了解其社会责任和声誉风险。企业在经营过程中不仅要追求经济效益，还要承担相应的环境和社会责任。对企业环境和社会责任的关注有助于评估企业在可持续发展方面的表现和风险。例如，通过对企业的环境数据和社会责任报告的审计，审计人员可以评估企业的环境影响和社会影响，并提出改进意见和建议。这样可以帮助企业更好地管理环境和社会风险，提高企业的社会声誉和竞争力。

（三）加强数据安全和隐私保护

为了确保数据的安全性和隐私保护，审计模式需要加强对数据安全和隐私保护的关注。随着数字经济的发展，企业面临着越来越多的数据安全风险和隐私泄露问题，要保护好企业和客户的数据安全和隐私权益，需要采取一系列的安全措施。

首先，采用加密技术可以保护数据的安全性。通过对数据进行加密处理，可以有效防止未经授权的访问和窃取。加密技术可以应用于数据存储、传输和处理等各个环节，确保数据在整个生命周期中的安全性。此外，还可以使用访问控制技术来限制对敏感数据的访问权限，确保只有经过授权的人员才能访问和操作数据。

其次，制定和执行严格的数据隐私政策是保护客户隐私信息的重要措施。企业应该建立健全的数据隐私保护制度，并对员工和合作伙伴进行培训，加强对数据隐私保护的意识和法律法规的遵守。同时，企业还应主动与客户进行沟通，明确数据收集和使用的目的，征得客户的同意，并及时告知客户数据的处理方式和安全措施。

此外，定期进行数据安全和隐私保护的审计和检查也是保护数据安全的重要手段。企业应该建立健全的数据安全和隐私保护审核机制，定期对数据安全和隐私保护进行自查和外部审计，并及时发现和处理潜在的安全风险。同时，企业还应及时更新和应用最新的安全技术和工具，通过漏洞扫描、入侵检测等手段，及时发现和防范安全威胁。

（四）适应数字化转型并关注新兴技术和工具的应用

为了更好地适应数字化转型并关注新兴技术和工具的应用，审计模式需要进行相应的调整。数字化转型已经成为企业发展的趋势，审计人员需要了解和应用新兴的数字化工具和技术，关注数字经济带来的机遇和挑战。

首先，了解和应用新兴的数字化工具和技术可以帮助审计人员更好地了解企业的业务模式和交易方式。随着数字经济的发展，越来越多的企业通过在线平台进行业务开展，使用电子支付和电子合同等方式进行交易。审计人员需要了解并掌握这些新兴的数字化工具和技术，才能准确理解企业的业务特点和经营状况，从而提供更有针对性的审计意见和建议。

其次，加强对企业数字化转型过程中的合规性和法律问题的关注，可以帮助企业更好地遵守国家法律法规和企业规章制度。在数字化转型过程中，企业可能面临着数据隐私保护、知识产权保护、信息安全等方面的法律风险。审计人员需要关注这些风险，并在审计中评估企业在合规方面的表现，指导企业完善内部控制和风险管理体系，确保企业的数字化转型符合法律法规的要求。

此外，积极参与企业的数字化转型过程也是审计人员应该关注的重点。通过与企业紧密合作，理解企业的数字化转型战略和目标，审计人员可以更好地了解数字化转型对企业经营和风险管理的影响，并提供相应的建议和支持。同时，审计人员还可以借助数字化工具和技术，提高审计效率和准确性，更好地评估数字化转型带来的风险和机遇。

总之，为了适应数字化转型并关注新兴技术和工具的应用，审计模式需要进行相应的调整。了解和应用新兴的数字化工具和技术，关注数字化转型过程中的合规性和法律问题，积极参与企业的数字化转型过程，可以帮助审计人员更好地适应数字经济的发展趋势，提供更有价值的审计服务。

第三节　基于大数据的风险导向审计模式创新与实践

一、利用大数据技术提高审计数据的获取和分析能力

（一）强化数据采集能力

在数字经济时代，审计工作需要大量的数据支持，而传统的审计数据采集方法往往效率低下，难以处理大量数据。因此，利用大数据技术可以提高审计数据的采集能力，进而提高审计工作的效率和准确性。

首先，大数据技术可以实现快速、准确的数据采集。通过云计算技术，审计人员可以将审计数据存储于云端，避免了传统存储方法中的数据安全和数据丢失问题。同时，云计算还可以提供较强的数据存储和处理能力，使得审计人员能够更加快速地获取和分析数据，从而加快审计工作的进程。

其次，大数据技术可以实现对多源数据的集成和整合。传统的数据采集方法往往需要花费大量的时间和人力去整理不同来源的数据，而大数据技术可以实现对多种类型和格式的数据的集成，使得审计人员能够更容易地获取全面的数据，并基于这些数据进行深入的分析和判断。

第三，大数据技术可以实现对大规模数据的处理和分析。传统的审计方法难以处理大量的数据，而大数据技术可以提供快速的数据处理和分析能力。通过数据挖掘、数据可视化等技术，审计人员可以更深入地挖掘数据中的信息，发现隐藏的风险和机会。同

时，大数据分析还可以对企业的经营状况进行实时监控，及时发现异常情况，提高审计的预警能力。

（二）提升数据分析能力

大数据技术不仅可以采集大量的数据，还可以对这些数据进行快速、准确的分析。通过数据挖掘、数据可视化等技术，审计人员可以更深入地挖掘数据中的信息，发现潜在的风险和机会。

首先，数据挖掘技术可以帮助审计人员从海量数据中提取出有价值的信息。通过建立合适的数据模型和算法，审计人员可以发现数据中存在的规律、趋势和异常情况，从而帮助企业准确评估风险，并及时采取相应的措施。

其次，数据可视化技术可以将复杂的数据以图表、图像等形式展示，使得审计人员能够更清晰地理解和分析数据。通过可视化，审计人员可以直观地发现数据中的关联和趋势，辅助决策和发现异常情况。

此外，大数据技术还可以实现对企业经营状况的实时监控。通过建立实时数据监控系统，审计人员可以对企业的财务、生产、销售等关键业务指标进行监测和分析，及时发现异常情况并采取相应的措施，从而提高审计的预警能力。

（三）增强数据安全性

在利用大数据技术进行审计工作时，数据的安全性和保密性至关重要。一方面，企业需要建立完善的数据安全管理制度，确保数据的保密性和完整性。审计机构应制定相关的数据安全政策和流程，并加强对数据的访问权限和使用限制。同时，企业应定期进行数据备份和灾备，以防止数据丢失和损坏。

另一方面，企业需要采用先进的数据加密技术和网络安全技术，防止数据的泄露和攻击。审计机构应使用符合国家标准的加密算法对敏感数据进行加密，并采取有效的网络安全措施，保护数据传输过程中的安全。此外，审计人员还应定期对审计系统进行安全评估和漏洞扫描，及时修复和更新系统中存在的安全漏洞。

（四）培养大数据审计人才

要充分利用大数据技术进行审计工作，需要有具备相关技能和知识的专业人才。审计机构和企业应加强对审计人员的培训和教育，培养一批既懂得审计知识，又具备大数据技术应用能力的人才。

培养大数据审计人才可以从以下几个方面入手。

首先，审计机构加强对审计人员的基础知识培训，包括审计理论、财务会计、数据分析等方面的培训，使得审计人员能够掌握基本的审计知识和方法。

其次，审计机构提供专业的大数据技术培训，包括数据挖掘、数据可视化、数据分析等技术的培训，使得审计人员能够了解和运用大数据技术进行审计工作。

此外，审计机构还应鼓励审计人员积极参与实际项目，并提供相应的实践指导和支持。通过实际操作和项目经验的积累，审计人员可以更好地运用大数据技术解决实际问题。

最后，审计机构需要建立健全的绩效考核机制，激励审计人员不断提升自身的专业技能和知识水平。这可以通过考核成果、组织内部交流和分享等方式来实现。

二、建立基于风险导向的数字化审计模式，提高审计效率和精度

（一）风险评估前置化

在数字化审计模式下，风险评估的前置化可以提高审计工作的效率和准确性。传统的审计方法往往是在审计开始后才进行风险识别和评估，这样会导致审计资源的浪费和审计结果的不精确。

在审计计划阶段，审计机构应该对被审计单位的风险进行评估，确定重点审计领域和审计方法。通过大数据分析，审计人员可以更加准确地识别风险点，根据风险程度和影响力对审计工作进行优先级排序，同时，也可以通过对历史数据和行业数据的分析，发现一些隐藏的风险，提前采取相应的控制措施。

在数字化审计模式下，审计人员可以运用各种技术手段对风险进行评估。例如，利用机器学习和数据挖掘的算法，可以对大量的数据进行快速分析和比对，找出异常和风险点，同时，通过对相关数据进行关联分析和模型建立，可以更好地了解风险的来源和可能的影响范围。

此外，数字化审计模式下的风险评估还可以借助专门的工具和平台来完成。这些工具和平台可以提供丰富的风险评估模型和方法，帮助审计人员更好地识别和评估风险。同时，也可以通过数据可视化的方式展示风险评估结果，增加审计人员对风险的感知和理解。

（二）审计过程数字化

在数字化审计模式下，审计过程的数字化是提高审计效率和质量的重要手段。传统的审计方法往往依赖纸质文档和手工操作，效率低下且容易出错。

在数字化审计模式下，审计过程应该全程数字化。从审计计划的制定、审计证据的收集、审计底稿的编制到审计报告的生成，都应该采用数字化手段来完成。例如，审计机构可以利用电子文档管理系统来存储和管理审计相关的文档和数据，实现审计过程的

电子化和自动化。

审计计划的制定可以借助专门的软件工具来完成。这些软件工具可以提供丰富的功能和模板，帮助审计人员快速制订合理的审计计划，并自动生成相应的文档和任务。

审计证据的收集可以借助数字化工具来完成。审计人员可以通过电子表格、数据库查询等方式，快速获取相关数据，并进行必要的整理和分析，同时，也可以利用数据采集软件和技术，实现远程数据的获取和同步，提高审计数据的准确性和时效性。

审计底稿的编制可以利用电子表格和文档处理软件来完成。审计人员可以在电子表格中录入相应的审计步骤和结果，形成结构化的底稿，同时，也可以通过文档处理软件，对审计底稿进行编辑和排版，使其更加规范和易读。

审计报告的生成可以利用专门的软件工具来完成。这些软件工具可以根据预定的模板和规范，自动生成符合要求的审计报告，并实现报告的电子签名和传输。

（三）数据分析智能化

在数字化审计模式下，数据分析的智能化可以帮助审计人员更好地发现风险和机会，提高审计的准确性和精度。传统的审计方法往往依赖主观经验和简单的数据比对，容易忽视一些潜在的问题和异常。

在数字化审计模式下，可以利用大数据技术和人工智能技术，对海量的数据进行深入挖掘和分析。通过智能化分析，审计人员可以发现一些隐藏的风险和关联关系，提供更多的决策支持和建议。

数据分析的智能化需要运用一系列的技术手段。首先，数据分析需要利用机器学习和数据挖掘的算法，对大量的数据进行自动化的处理和分析。这些算法可以根据已有的数据模型和规则，识别潜在的异常和异常模式。其次，数据分析还需要利用自然语言处理和图像识别等技术，对非结构化数据进行转化和分析，从而得到更全面和准确的分析结果。此外，数据分析还可以利用数据可视化的技术，将复杂的数据分析结果以直观、易懂的方式展示出来，方便审计人员理解和应用。

数据分析的智能化还需要建立相应的数据分析平台和工作流程。这些平台和工作流程可以提供丰富的数据分析功能和模型，帮助审计人员进行快速和准确的数据分析，同时，还可以提供相应的数据安全和隐私保护措施，确保审计数据的机密性和完整性。

（四）监控预警实时化

在数字化审计模式下，监控预警的实时化可以帮助及时发现和应对潜在风险，防止损失的产生。传统的审计方法往往依赖离线的数据采集和分析，容易导致信息滞后和风险的扩大。

在数字化审计模式下，审计人员应该对被审计单位的经营状况进行实时监控，并及时发现异常情况并发出预警。通过实时监控和预警，审计人员可以迅速发现潜在风险的蛛丝马迹，及时采取相应的控制措施，防止风险的扩大和损失的产生。

监控预警的实时化需要借助先进的信息技术手段。例如，审计机构可以利用物联网技术和传感器网络，对被审计单位的关键业务和环境进行实时监测。同时，审计机构也可以利用云计算和大数据技术，对大量的实时数据进行快速分析和处理，提供精准的预警和决策支持。

监控预警的实时化还需要建立相应的监控平台和工作流程。这些平台和工作流程可以提供丰富的监控功能和模型，帮助审计人员实现对关键指标和风险的实时监控。与此同时，还需要制定相应的预警规则和机制，根据实际情况设定合理的阈值和警戒线，确保预警的准确性和及时性。

三、探索新的审计方法和策略，适应数字经济的发展需求

（一）综合运用多种审计方法

在数字经济时代，企业经营环境日益复杂多变，单一的审计方法往往难以满足各种审计需求。因此，审计机构和专业人士需要灵活运用多种审计方法，以全面了解被审计单位的经营状况和风险状况，并提供的准确和可靠的审计意见。

首先，制度基础审计是一种重要的审计方法，通过对企业的管理制度、规章制度和运营流程进行审计，可以评估其合规性和有效性，发现潜在的风险和问题。制度基础审计注重规范性和合规性，使得企业的运营更加规范化和可控。

其次，风险基础审计是另一种重要的审计方法。风险基础审计侧重于发现和评估企业可能面临的各种风险，包括市场风险、经营风险、财务风险等。通过对风险的识别和评估，审计人员可以帮助企业制定相应的风险防范和控制策略，确保企业的可持续发展。

此外，内部控制审计在数字经济时代也显得尤为重要。内部控制系统是企业保护资产安全、防范欺诈和错误的重要手段，对确保财务报告的准确性和可靠性起着至关重要的作用。内部控制审计通过对企业内部控制制度的评估和监督，发现并弥补内部控制缺陷，提高企业的风险管理和运营效率。

（二）注重信息系统审计

在数字经济时代，信息系统成为企业经营管理和数据处理的核心工具。信息系统不仅包括企业内部的软硬件设施，还涵盖与外部合作伙伴进行数据交换和共享的网络和平台。因此，信息系统的安全性和可靠性对于企业的经营和发展至关重要。

信息系统审计是一种针对企业信息系统进行全面评估的审计方法。信息系统审计的目标是发现潜在的安全隐患和风险点，确保信息系统的稳定运行和数据的完整性。审计人员通过对信息系统的访问控制、身份认证、数据加密、系统备份等方面进行审计，评估信息系统的安全性和可靠性水平，并提出改进建议和措施。

信息系统审计需要审计人员具备深入了解和熟悉企业信息系统的专业知识和技能。他们应当了解企业信息系统的架构和组成，熟悉常见的信息系统安全漏洞和攻击手段，掌握信息系统安全评估和修复的方法和工具。通过信息系统审计，企业可以及时发现并解决信息系统中的安全问题，确保企业的信息资产不受损害，维护企业的声誉和竞争优势。

（三）实施持续审计

持续审计是数字经济时代的一种新型审计模式。传统的审计往往是定期进行的，审计人员在一定时间范围内对企业的财务报表和经营状况进行审计。然而，随着技术的进步和数字化的发展，企业的经营活动和数据变化速度加快，需要更加及时和精准的审计手段。

持续审计通过实时监控企业的经营状况和财务状况，及时发现异常情况并采取措施加以解决。持续审计依靠信息系统和数据分析技术，对企业的数据进行实时追踪和分析，发现潜在的风险和问题，并提供及时的审计意见和建议。

持续审计需要审计机构和企业建立健全的数据管理和分析体系。审计人员需要掌握大数据分析、人工智能等技术，利用数据挖掘和模型分析等方法来识别异常和风险。同时，企业需要建立完善的内部控制制度和风险管理体系，为持续审计提供可靠的数据和信息来源。

通过持续审计，企业可以及时发现和应对风险，保障企业的稳健发展。持续审计使得审计工作更加灵活和准确，能够更好地服务于企业的经营决策和风险防范。然而，持续审计也面临着数据隐私和安全等方面的挑战，需要审计机构和企业共同努力解决。

四、加强审计模式的数字化建设，提升企业审计工作的效率和水平

（一）建设数字化审计平台

建设数字化审计平台是当前企业实现高效、精准和实时监控的重要手段。通过数字化审计平台，企业可以实现对各类数据的高效采集、整理和分析，同时进行风险预警和评估，从而更好地支持企业的决策和发展。

在建设数字化审计平台时，企业需要考虑以下几个方面。

（1）数据采集：数字化审计平台需要能够高效地采集和整理企业内部和外部的各种数据，包括财务数据、业务数据、市场数据等。同时，还需要能够对接不同的系统和数据来源，实现数据的自动获取和整理。

（2）数据处理和分析：数字化审计平台需要具备强大的数据处理和分析能力，能够对采集到的数据进行清洗、整合和分类，并利用数据挖掘、机器学习等技术进行深入分析和挖掘。同时，还需要根据企业的特点和需求，构建适合企业的数据分析模型和指标体系，以支持企业的决策和风险管理。

（3）风险预警和评估：数字化审计平台需要具备风险预警和评估功能，能够实时监测企业的财务状况、经营绩效和其他关键指标，及时发现潜在的风险和问题，并为企业提供风险预警和解决方案。

（4）可视化和报告：数字化审计平台需要能够将处理和分析后的数据以直观、清晰的方式呈现给企业决策者和内部审计人员，以便他们更好地了解企业的运营情况和风险状况，同时还需要能够生成标准化的审计报告和管理报告。

在建设数字化审计平台的过程中，企业需要考虑自身的实际情况和需求，选择合适的工具和技术，同时注重平台的可扩展性和灵活性，以便适应企业未来的发展和变化。

（二）完善数字化审计制度

数字化审计制度的完善是企业实现数字化转型的重要保障之一。在数字化时代，传统的审计制度和方法已经难以适应新的业务模式和数据特点，因此，企业需要建立和完善数字化审计制度，以确保各项工作有章可循、有规可循，同时还要确保制度的有效执行和完善。

在完善数字化审计制度时，企业需要考虑以下几个方面。

（1）制定数字化审计规范：企业需要制定数字化审计的规范和标准，明确数字化审计的流程、方法和标准操作流程。规范应当包括数据的采集、存储、处理和分析等方面的具体要求，同时还需要明确数字化审计的质量控制标准和要求。

（2）建立数字化审计团队：企业需要建立专门的数字化审计团队，负责数字化审计的具体实施和监督。团队成员应当具备相关的专业知识和技能，同时还需要接受相关的培训和教育，以提高他们的专业素养和能力水平。

（3）强化内部控制机制：在数字化转型过程中，企业需要强化内部控制机制，确保数据的真实性和完整性。企业需要建立完善的权限管理制度和审批流程，同时还需要加强对系统安全的控制和管理，防止未经授权的人员访问和篡改数据。

（4）完善问题整改和反馈机制：企业需要建立完善的问题整改和反馈机制，对于数字化审计中发现的问题和风险点，需要及时向相关部门和人员反馈，并督促其进行整改和改进，同时还需要建立问题库和知识库，以便更好地总结经验教训和提高工作效率。

（5）持续优化和完善制度：企业需要根据实际情况和业务需求的变化，不断优化和完善数字化审计制度。制度的优化和完善应当以实际应用效果为依据，同时注重制度的可操作性和可执行性。

通过完善数字化审计制度，企业可以更好地适应数字化时代的需求和管理模式的变化，提高内部审计工作的效率和质量水平。

（三）加强内部审计人员的培训和教育

内部审计人员的素质和能力水平直接关系到企业内部审计工作的质量和效率。在数字化时代，内部审计人员需要具备相关的专业知识和技能，同时还需要接受相关的培训和教育，以提高他们的专业素养和能力水平。

在加强内部审计人员的培训和教育时，企业需要考虑以下几个方面。

（1）专业技能培训：内部审计人员需要具备相关的专业技能和知识，包括财务知识、审计知识、数据分析技能等。企业可以通过内部培训、外部培训等方式提高内部审计人员的专业技能水平。

（2）数字化技能培训：在数字化时代，内部审计人员需要具备相关的数字化技能，如数据分析工具的使用、数据挖掘技术的掌握等。企业可以通过内部培训、外部培训等方式提高内部审计人员的数字化技能水平。

（3）沟通协调能力的提升：内部审计人员需要具备较好的沟通协调能力和团队协作能力，以便与被审计单位和其他相关人员有效沟通和协作。企业可以通过组织内部交流、外部培训等方式提高内部审计人员的沟通协调能力和团队协作能力。

（4）职业道德教育：内部审计人员需要具备较高的职业道德素质和社会责任感，严格遵守职业道德规范和相关法律法规。企业可以采用通过内部宣传、职业道德教育等方式提高内部审计人员的职业道德素质和社会责任感。

（5）持续学习和发展：内部审计人员需要具备持续学习和发展的意识，不断更新知识和技能，以适应业务需求的变化和发展。企业可以通过建立学习型组织、鼓励内部审计人员参加专业认证等方式促进他们的持续学习和发展。

通过加强内部审计人员的培训和教育，企业可以提高他们的专业素养和能力水平，同时还可以优化人才队伍的结构和素质，为企业的数字化转型和发展提供更好的支持和保障。

（四）加强与外部机构的合作

在数字化时代，企业可以与外部机构合作，以共享资源、优势互补，从而更好地实现数字化转型和发展。与外部机构的合作可以帮助企业获取更多的技术和资源支持，同时还可以拓展业务范围和市场空间。

在加强与外部机构的合作时，企业需要考虑以下几个方面。

（1）选择合适的合作伙伴：企业需要选择与自身业务相关、具有互补优势的合作伙伴进行合作。合作伙伴可以是其他企业、研究机构、政府部门等。选择合适的合作伙伴可以为企业带来更多的资源和支持。

（2）建立稳定的合作关系：企业需要与合作伙伴建立稳定的合作关系，制定合作协议和管理机制，明确双方的权利和义务。稳定的合作关系可以为企业带来更多的机会和支持。

（3）共享资源和技术：企业可以与合作伙伴共享资源和技术，如数据、技术平台、人才等。共享资源和技术可以降低企业的成本和提高效率，同时还可以促进双方的创新和发展。

（4）拓展业务范围和市场空间：通过与外部机构的合作，企业可以拓展业务范围和市场空间，进入新的领域和市场。拓展业务范围和市场空间可以为企业带来更多的机会和支持。

（5）加强交流和学习：企业可以与合作伙伴加强交流和学习，分享经验和知识，促进双方的共同发展。交流和学习可以为企业带来更多的思路和创新机会。

（6）风险管理和合规要求：在合作过程中，企业需要加强风险管理和合规要求，确保合作过程中的合规性和安全性。企业需要建立完善的风险评估和管理机制，同时还需要遵守相关的法律法规和规定。

第十四章 数字经济时代的财税风险管理创新

第一节 财税风险管理概述

一、财税风险的概念和类型

（一）财税风险的概念

财税风险是在企业经营过程中，由于外部环境因素和内部管理因素，如财务、税务等相关政策的变动，以及企业自身对这些政策执行不力等因素，导致的经济损失、信誉受损等风险。这种风险具有潜在性和客观性，它可能存在于企业的日常经营活动中，也可能在某些特定情况下被触发。财税风险的潜在性表明，它可能不立即产生影响，而是在一定条件下，如政策变动或市场环境变化时才显现出来。财税风险的客观性则表明，这种风险是普遍存在的，不受人的意志影响。

财税风险的不确定性表现在其发生的时间、地点、形式和影响程度上都难以预测。这是因为财税风险受到多种因素的影响，如经济环境、政策调整、市场竞争等。这些因素的变化是复杂而难以预测的，因此财税风险也具有不确定性。

一旦财税风险爆发，无论是在经济损失上还是在信誉受损上，其影响都是非常严重的。这不仅会对企业的正常运营产生直接影响，还可能对企业的长期发展产生深远影响。因此，对于企业来说，有效地识别、评估和管理财税风险显得尤为重要。

（二）财税风险的类型

1.法律风险

法律风险主要源于税收法规、财务法规等政策的变化。由于这些政策的变动，企业可能面临被税务部门罚款、被司法机关追究刑事责任等风险。例如，如果企业未能按照新的税收法规要求进行纳税申报或缴纳税款，可能会面临税务部门的罚款或处罚。此外，如果企业的财务报告或税务报告存在重大错误或不规范，也可能会引发法律风险。

2.市场风险

市场风险主要源于市场竞争和宏观经济环境的变化。随着市场竞争的加剧，企业的收入可能会减少，而随着宏观经济环境的变化，企业的成本也可能会增加。这些因素都可能导致企业面临财税风险。例如,在经济下行时期,市场需求下降可能会导致企业销售收入减少,而原材料成本的上升则可能会导致企业成本增加,从而引发财税风险。

3.操作风险

操作风险主要源于企业内部管理不规范、内部控制不健全等因素。这些因素可能导致企业在办理涉税业务时出现操作失误,从而引发财税风险。例如,如果企业的内部控制系统存在缺陷,可能会导致税务处理不当或财务报告不准确,从而引发财税风险。

4.信用风险

信用风险主要源于企业未能按照约定时间缴纳税款、偿还债务等行为。这些行为可能导致企业信誉受损,进而引发财税风险。例如,如果企业未能按时缴纳税款或偿还债务,可能会影响其在税务部门或金融机构的信用评级,从而对其未来的融资能力产生负面影响。此外,如果企业的客户或供应商对其信用状况产生怀疑,也可能会影响其业务发展和合作关系。

二、财税风险对企业发展的影响

(一)影响企业的正常运营和发展

财税风险对于企业的正常运营和发展具有深远的影响。一旦财税风险爆发,将直接干扰企业的财务状况和经营成果,致使企业无法正常运营和发展。首先,企业因违反税收法规而遭受税务部门的罚款,将会面临经济利益损失和信誉受损的风险。这种风险不仅会直接影响到企业的现金流,使其无法正常运转,而且还会对企业的声誉造成严重损害,使企业在市场竞争中处于不利地位。

此外,企业内部管理不规范导致的操作失误也会对企业的财务管理效果和整体运营效率产生负面影响。例如,由于内部操作不当导致的发票开具错误、账务处理错误等问题,都会直接干扰企业的财务管理和正常运营。这些问题可能会使企业的财务报告不准确,影响企业的决策效率和效果,甚至可能导致企业被税务部门调查或遭受其他法律风险。

(二)影响企业的市场竞争力

财税风险对于企业的市场竞争力也有着重要的影响。企业的市场竞争力主要取决于其产品的质量和价格以及提供的服务等方面,而财税风险将直接影响企业的成本和收入,从而影响企业的市场竞争力。

首先,财税风险可能导致企业的成本增加。例如,企业因未能及时了解并适应新的税收法规或因内部管理不规范导致多缴税款等问题,都会增加企业的运营成本。同时,由于财税风险导致的企业财务状况的波动也可能使企业的融资成本上升，进一步增加了企业的经营压力。

其次，财税风险也可能导致企业的收入减少。例如，由于税收法规的变化或市场环境的变化，企业的销售收入可能受到影响。同时，如果企业因财税问题被税务部门调查或起诉，可能会影响企业的声誉和客户关系，进而导致销售收入的减少。无论是成本增加还是收入减少，都会使企业在市场竞争中处于劣势地位。

（三）影响企业的社会形象和信誉

企业的社会形象和信誉是其重要的无形资产，对于企业的可持续发展至关重要。然而，财税风险爆发往往会对企业的社会形象和信誉产生严重的负面影响。

首先，如果企业未能按照约定时间缴纳税款或偿还债务等行为，可能会使企业遭受税务部门或债权人的法律诉讼。这将使企业的社会形象和信誉受到严重损害，影响其在市场上的形象和声誉。这种负面影响不仅会使企业难以获得新的商业机会和合作伙伴，还可能导致其原有的客户和供应商选择与其终止合作。

其次，如果企业因违反税收法规或其他财税问题被媒体曝光，可能会引发公众对其道德责任和社会责任的质疑。这不仅会使企业遭受经济损失和社会舆论的压力，还会影响其可持续发展和社会责任的履行。

（四）影响企业的决策效果和战略实施

财税风险不仅直接影响企业的日常运营和管理，还会对企业的决策效果和战略实施产生负面影响。

首先，财税风险可能导致企业无法实现既定的战略目标。例如，因税收法规变化导致企业原本的决策方案无法实施，或因内部管理不规范导致战略执行不力等问题，都会使企业的战略实施受到阻碍。这可能会使企业的战略目标无法实现，影响其在市场上的竞争地位和未来的发展前景。

其次，财税风险还可能误导企业的决策方向。由于财税风险具有不确定性和波动性等特点，企业往往难以准确预测和管理。这种不确定性可能会使企业在决策过程中产生偏差或犹豫不决的情况，从而错过了市场机遇或进行了错误的投资决策。这种误导不仅可能导致企业遭受经济损失，还可能对其未来的发展产生长期的负面影响。

三、财税风险管理的意义和原则

（一）财税风险管理的意义

财税风险管理是企业经营管理的重要组成部分，其意义主要表现在以下几个方面。

（1）有效防范和化解财税风险，保障企业的财务安全和稳定发展：财税风险一旦发生，会给企业带来严重的财务损失和经营风险，甚至可能导致企业的破产或倒闭。通过财税风险管理，企业可以有效地防范和化解财税风险，保障企业的财务安全和稳定发展。

（2）提高企业的财务管理水平，促进企业内部管理和控制体系的完善：财税风险管理是企业管理的重要环节，它要求企业严格遵守财税法规和政策，建立健全的内部控制和管理体系，提高企业的财务管理水平。通过财税风险管理，企业可以不断完善内部管理和控制体系，提高企业的整体管理水平。

（3）保障企业战略实施和可持续发展，提升企业的市场竞争力：财税风险管理不仅要求企业严格遵守财税法规和政策，还要求企业根据市场需求和自身特点制定相应的战略。通过财税风险管理，企业可以保障战略实施和可持续发展，提升企业的市场竞争力。

（二）财税风险管理的原则

财税风险管理应遵循以下原则。

（1）合法性原则：企业应当遵守相关法律法规和政策规定，确保财税行为的合法性和合规性。在财税风险管理中，企业必须严格遵守国家和地区的财税法规和政策规定，不得违法违规操作。只有遵守法律法规和政策规定，企业才能有效地防范和化解财税风险。

（2）前瞻性原则：企业应当加强对财税政策的研究和分析，提前预测和防范财税风险的发生。财税政策的变化对企业财税风险管理具有重要影响，因此，企业必须密切关注财税政策的变化趋势，及时调整自身的经营策略和财务规划。只有提前预测和防范财税风险的发生，企业才能有效地降低风险带来的损失。

（3）全面性原则：企业应当将财税风险管理贯穿于企业管理的各个环节，实现对企业经营管理的全面覆盖。财税风险管理不仅是企业管理的重要环节，也是企业管理的重要内容之一。因此，企业必须将财税风险管理贯穿于企业管理的各个环节，实现对企业经营管理的全面覆盖。只有这样才能有效地防范和化解财税风险。

（4）有效性原则：企业应当建立完善的内部控制和管理体系，确保财税风险管理的有效实施和执行。完善的内部控制和管理体系是企业管理的基础和保障，也是企业管理的重要内容之一。因此，企业必须建立完善的内部控制和管理体系，确保财税风险管理的有效实施和执行。只有这样才能提高企业的管理水平和效率。

第二节　数字经济对传统财税风险的挑战

一、传统财税风险管理的局限性

（一）风险管理理念的落后

在传统的财税风险管理中，很多企业往往只关注财务报表和税务申报的合规性，而忽视了其他可能存在的风险点。这种落后的风险管理理念已经无法满足数字经济时代的需求。

在数字经济时代，企业的业务范围越来越广泛，交易方式也日益复杂，传统的风险管理理念已经无法全面地评估和应对这些风险。在数字经济中，不仅仅有财务风险和税务风险，还涉及数据安全风险、网络安全风险、市场风险、供应链风险等各个方面的风险。这些风险的发生可能会带来重大的经济损失和声誉损害。

因此，企业需要更新风险管理理念，从简单的合规性管理转向更加综合、全面的风险管理。风险管理不仅仅是对已知的风险进行管理，更要能够预测并应对未知的风险。企业需要将风险管理纳入战略规划和决策过程中，通过全面的风险评估和监测机制，及时发现和管控各种潜在风险。

（二）风险管理技术的落后

传统的财税风险管理技术主要基于手工操作和纸质文档，这不仅效率低下，而且容易出现错误。在数字经济时代，大数据、云计算、人工智能等新技术的应用已经越来越广泛，但传统的风险管理技术并没有充分利用这些新技术来提高效率和准确性。

传统的风险管理技术往往依赖于人工的数据收集和分析，容易受到时间和人力资源的限制。而在数字经济时代，数据量巨大且复杂，单纯依靠人工很难进行有效的风险管理。相反，利用大数据和人工智能等技术可以对海量数据进行快速分析和模型构建，帮助企业发现潜在的风险点，提供准确的预测和建议。

此外，传统的风险管理技术还缺乏对新兴风险的识别和评估能力，无法及时应对数字经济带来的新挑战。例如，在数字经济时代，网络安全风险成了企业面临的重要挑战之一，但传统的风险管理技术往往无法对网络安全风险进行有效的评估和控制。

因此，企业需要引入新技术来更新风险管理技术，利用大数据分析、云计算、人工智能等技术提升风险管理的效率和准确性，同时，还需要加强对新兴风险的研究和预测，及时应对数字经济时代带来的新挑战。

（三）风险管理机制的不足

在传统的财税风险管理中，很多企业缺乏完善的风险管理机制。例如，企业缺乏明确的风险管理流程和责任分配，导致风险管理存在漏洞和不足。风险管理需要全员参与，每个环节都应有相应的风险管理措施和责任人，但在实际操作中，往往缺乏明确的流程和责任划分，导致风险管理工作无法有效推进。

此外，企业缺乏对风险管理人员的培训和指导，导致风险管理人员的素质和能力无法满足数字经济时代的需求。随着风险的复杂性和多样性增加，风险管理人员需要具备更加专业和全面的知识和技能，能够灵活应对各种风险挑战。然而，在实际操作中，很多企业缺乏对风险管理人员的培训和指导，无法提升他们的能力水平。

因此，企业需要建立完善的风险管理机制，包括明确的风险管理流程和责任分配，以及对风险管理人员的培训和指导。通过建立有效的风险管理机制，可以确保风险管理工作的顺利开展，提高整体的风险管理水平。

（四）对新兴风险的忽视

数字经济时代带来了许多新兴风险，例如网络安全风险、数据隐私风险等。然而，传统的财税风险管理往往忽视了这些新兴风险。由于缺乏对这些新兴风险的认知和应对措施，企业可能面临重大的财务损失和声誉损失。

在数字经济时代，信息技术的高速发展使得网络安全风险成了企业面临的一大挑战。企业的核心业务往往依赖于信息系统和网络平台，一旦遭受攻击、数据泄露等安全事件，不仅会造成财务损失，还可能导致客户信任的破裂和声誉的受损。

此外，数据隐私风险也日益突出。随着大数据和个人信息的广泛应用，企业在处理和管理数据时面临的责任和风险也越来越大。如果企业未能妥善保护用户的个人信息，并遵守相关的法律和规定，将会引发用户和监管机构的投诉和追责。

因此，企业需要加强对新兴风险的认知和理解，制定相应的应对策略和措施。企业应该加强网络安全建设，建立健全的信息安全管理制度和技术体系，加强数据隐私保护与合规管理，以减少新兴风险对企业的影响。

总结起来，传统的财税风险管理在面对数字经济时代的新需求和新挑战时，存在风险管理理念的落后、技术的落后、机制的不足，以及对新兴风险的忽视等问题。要提升风险管理的水平，企业需要更新风险管理理念、引入新技术来提升风险管理的效率和准确性，建立完善的风险管理机制，加强对新兴风险的认知和应对策略。这样才能更好地适应数字经济时代的要求，有效应对各种风险挑战，保护企业的利益和声誉。

二、数字经济带来的财税新风险

（一）网络安全风险

在数字经济时代，企业的业务数据和财务数据都存储在网络中，因此网络安全问题成为企业财税风险管理的重要内容之一。随着网络攻击技术的不断发展，黑客攻击、网络钓鱼、恶意软件等网络安全威胁日益增加，这些攻击不仅会对企业的数据安全造成威胁，还会对企业的正常运营产生严重影响。

例如，黑客攻击可能会造成企业数据的泄露和损坏，这不仅会对企业的财务状况造成影响，还可能引发企业的声誉危机。此外，如果企业的网络系统被恶意攻击，可能会影响到企业的日常运营，如供应链中断、生产停滞等，这些都会给企业带来巨大的经济损失。

在应对网络安全风险方面，企业需要采取综合性的措施，包括建立完善的网络安全防护体系、定期进行网络安全漏洞扫描和修复、加强员工网络安全意识培训等。此外，企业还可以考虑购买网络安全保险，以减轻因网络安全事件造成的经济损失。

（二）数据隐私风险

在数字经济时代，数据成了企业的重要资产之一。然而，数据的隐私保护问题也给企业的财税风险管理带来了新的挑战。企业在收集、存储和使用客户数据的过程中，可能会涉及客户的隐私信息，如个人身份信息、交易信息等。如果企业不采取适当的措施保护客户的隐私信息，可能会面临法律责任和声誉损失的风险。

为了应对数据隐私风险，企业需要建立完善的数据保护机制，包括对数据进行加密处理、限制数据访问权限、定期审查数据安全等。此外，企业还需要遵守相关的数据保护法规和标准，如欧盟的通用数据保护条例（GDPR）等，以保障客户的隐私权益。

（三）税收法规变化风险

在数字经济时代，税收法规的变化也给企业的财税风险管理带来了新的挑战。随着数字经济的发展，很多新的商业模式和交易方式不断涌现，这也带来了新的税收问题。例如，数字产品的税收管辖权、跨境电子商务的税收规则等都需要不断调整和完善。如果企业不密切关注税收法规的变化并采取相应的应对措施，可能会面临税务违规的风险。

为了应对税收法规变化风险，企业需要建立完善的税务合规体系，包括定期关注税收法规的变化、及时调整企业的税务策略、加强对员工的税务培训等。此外，企业还可以考虑寻求专业的税务咨询服务，以帮助企业更好地理解和遵守相关的税收法规。

（四）跨境交易风险

在数字经济时代，跨境交易的频繁发生也给企业的财税风险管理带来了新的挑战。由于不同国家和地区的税收法规和会计准则存在差异，因此，跨境交易可能涉及复杂的税务和会计问题。如果企业不熟悉这些差异并采取相应的应对措施，可能会面临跨境交易的风险。

为了应对跨境交易风险，企业需要加强对国际税务和会计准则的学习和了解，选择合适的跨境交易结构，以降低税务成本和风险。此外，企业还需要与专业的跨境税务和法律顾问合作，以帮助企业更好地理解和应对跨境交易中的税务和法律问题。

三、财税风险管理面临的调整和改革需求

（一）提高风险管理的技术和能力

在数字经济时代，企业需要积极应对新兴风险，提高风险管理的技术和能力。首先，企业可以引入大数据、云计算、人工智能等新技术来提高风险管理的效率和准确性。这些技术可以帮助企业快速收集、处理和分析大量的财税数据，从而更好地识别和评估潜在风险。例如，利用人工智能技术对财税数据进行深度分析，可以发现潜在的财务风险和税务风险，并及时预警和解决。此外，企业还可以加强对风险管理人员的培训和指导，提高他们的素质和能力以满足数字经济时代的需求。通过培训和指导，风险管理团队可以更加熟悉数字经济时代的财税风险特点、掌握新的风险管理技能和方法，提高对新兴风险的敏感度和应对能力。

（二）完善风险管理机制和流程

为了更好地应对新兴风险，企业需要完善风险管理机制和流程。企业可以建立完善的风险管理制度和流程图解，明确风险管理的重要环节和操作流程，例如，建立专门负责合规工作的部门组织架构，明确各部门在合规工作中的职责和分工；梳理企业经营管理活动当中可能出现的法律风险，制定相应的防范措施；建立完善的工作程序及标准，确保财税工作的规范化和标准化；建立完善的监督机制，对财税工作进行全程监控和管理；建立完善的培训机制，提高员工的财税风险意识和技能水平等。通过完善的风险管理制度和流程图解，企业可以在财税风险管理中更加规范、有序和高效。

（三）加强信息沟通和合作

在数字经济时代，信息的沟通和合作对于企业财税风险管理至关重要。企业需要与税务部门、会计师事务所、律师事务所等相关部门加强沟通和合作，及时了解最新的税收法规和政策，共同应对新兴风险。通过与税务部门合作，企业可以及时获取税收政策

的变化信息，并得到相关的指导和帮助；与会计师事务所合作，可以获得专业的财税服务和建议，提高企业的财务管理水平；与律师事务所合作，可以获得法律咨询和法律援助等服务，为企业解决复杂的法律问题。此外，企业还可以与其他企业建立风险管理联盟或协会，共同研究和应对数字经济带来的财税新风险。通过建立联盟或协会，企业可以相互交流和学习，分享经验和最佳实践，共同提高财税风险管理水平。

（四）合理利用数字技术进行风险评估和预警

数字技术为财税风险管理提供了新的工具和手段。企业可以利用大数据、人工智能等技术对财税数据进行深度分析和挖掘，发现潜在的风险点和风险趋势。例如，企业利用大数据技术对市场数据进行分析，可以预测市场需求和竞争态势；利用人工智能技术对财税数据进行分析和监控，可以及时发现财务风险和税务风险。同时，企业还可以建立风险预警机制，及时发现和应对潜在的风险。通过风险预警机制的建立，企业可以监测关键指标和风险点，及时发现潜在风险并采取相应的应对措施。例如，针对网络安全风险，企业可以建立网络安全预警系统，实时监测网络攻击和数据泄露等风险，并及时采取防范措施。

（五）注重财税法规的合规性和灵活性

在数字经济时代，财税法规的变化频繁且复杂，企业需要注重财税法规的合规性和灵活性。一方面，企业要遵守各项财税法规和政策，确保自身的合规经营。企业应该及时了解和学习最新的财税法规和政策，确保自身经营符合国家法律法规的要求。例如，企业应当依法纳税、合规报税等。另一方面，企业要关注财税法规的变化趋势，及时调整自身的经营策略和风险管理措施。例如，针对税收政策的变化趋势，企业可以合理规划税收结构、优化财务管理等措施来降低自身的税负成本。同时，企业还要灵活运用财税政策，根据实际情况灵活调整自身的经营策略和管理措施。例如，利用国家税收优惠政策来降低自身的税收负担、通过合理规划税收结构来降低自身的财务成本等。通过注重财税法规的合规性和灵活性，企业可以在数字经济时代更好地适应市场变化和发展需求。

综上所述，数字经济时代的到来给传统财税风险管理带来了新的挑战和机遇。为了应对新兴风险和提高风险管理水平，企业需要提高风险管理的技术和能力、完善风险管理机制和流程、加强信息沟通和合作、合理利用数字技术进行风险评估和预警，以及注重财税法规的合规性和灵活性。通过不断调整和改革财税风险管理措施，企业可以更好地适应数字经济时代的发展需求，提高自身的竞争力和可持续发展能力。

第三节　基于大数据的财税风险评估与预警系统创新与实践

一、利用大数据技术提高财税风险的识别和评估能力

（一）大数据技术助力风险识别

在数字经济时代，大数据技术的应用为企业财税风险的识别提供了新的途径。通过对大量数据的分析和挖掘，企业可以更准确地识别出可能存在的财税风险。具体来说，大数据技术可以通过以下几个方面提高财税风险的识别能力。

（1）扩大数据来源：大数据技术可以整合来自各个渠道的数据，包括财务、税务、市场、行业等多方面的信息，使企业能够更加全面地了解自身运营状况和市场环境，从而更好地识别出潜在的财税风险。

（2）提升数据分析能力：大数据技术可以对海量数据进行高效、准确地处理和分析，通过数据挖掘和模式识别等技术手段，发现数据中的规律和异常，从而揭示出可能存在的财税风险。

（3）实时监测风险：大数据技术可以实时收集、处理和分析企业运营过程中的数据，及时发现异常情况和潜在风险，从而实现财税风险的实时监测和预警。

（二）大数据技术助力风险评估

大数据技术不仅可以帮助企业识别财税风险，还可以通过对数据的深度挖掘和分析，对风险进行准确的评估。以下是大数技术助力风险评估的几个方面。

（1）建立风险评估模型：利用大数据技术，企业可以根据自身特点和行业特点，建立适合自己的风险评估模型。通过对历史数据和实时数据的分析，评估模型可以准确衡量各种潜在财税风险的大小和可能性，为企业的决策提供科学依据。

（2）综合评估风险：大数据技术可以整合各类数据，从多个角度对财税风险进行综合评估。通过对财务、税务、市场、行业等多个方面的数据进行分析，企业可以更加全面地了解自身所面临的财税风险，从而制定更加有效的应对策略。

（3）动态评估风险：通过利用大数据技术，企业可以实时收集、处理和分析数据，根据实际情况动态调整风险评估结果。这样可以使企业更加及时地掌握自身所面临的财税风险，为制定应对策略提供依据。

（三）大数据技术助力风险应对

在识别和评估财税风险的基础上，大数据技术还可以帮助企业制定相应的应对策略。以下是大数技术助力风险应对的几个方面。

（1）制定应对策略：根据风险识别和评估的结果，企业可以利用大数据技术制定相应的应对策略。例如，针对潜在的财税风险，企业可以制定相应的预防措施或应急预案等。

（2）优化业务流程：通过对大数据技术的分析和挖掘，企业可以发现业务流程中的问题和潜在风险点。在此基础上，企业可以优化业务流程，降低潜在的财税风险，例如，优化采购、销售等业务流程，降低税收风险。

（3）提高财务管理水平：通过大数据技术的分析和挖掘，企业可以发现财务管理中的问题和不足之处。在此基础上，企业可以提高财务管理水平，降低潜在的财税风险，例如，提高会计记录的准确性和完整性、加强内部控制等。

二、建立数字化财税预警系统，实时监测和预警风险

（一）数字化财税预警系统的构建思路

数字化财税预警系统是基于大数据技术和人工智能技术构建的，旨在实时监测和预警企业所面临的财税风险的系统。该系统通过收集各类数据、建立风险预警模型、实时监测数据等手段，实现对企业财税风险的及时发现和预警。

（1）数据收集：数字化财税预警系统需要收集来自各个渠道的数据，包括财务、税务、市场、行业等多方面的信息。这些数据是进行风险预警的基础。

（2）建立风险预警模型：根据收集到的数据和风险管理经验，数字化财税预警系统需要建立相应的风险预警模型。该模型可以根据企业的特点和行业特点进行定制化设计，以准确地衡量各种潜在财税风险的大小和可能性。

（3）实时监测数据：数字化财税预警系统需要实时监测企业运营过程中的数据，及时发现异常情况和潜在风险。通过对数据的动态评估，系统可以实现对企业财税风险的及时预警。

（4）预警提示：当数字化财税预警系统发现潜在的财税风险时，会向企业发出预警提示。预警提示可以是邮件、短信、电话等方式，也可以是企业内部的预警系统提示。

（5）风险应对：在收到预警提示后，企业可以及时采取相应的应对措施，以降低潜在的财税风险。例如，针对潜在的财税风险，企业可以制定相应的预防措施或应急预案等。

（二）数字化财税预警系统的优势

数字化财税预警系统具有以下优势。

（1）实时监测：数字化财税预警系统可以实时监测企业运营过程中的数据，及时发现异常情况和潜在风险，从而实现对企业财税风险的及时预警。

（2）自动化预警：数字化财税预警系统可以实现自动化的风险预警，减轻了人工预警的工作量，提高了预警的准确性和效率。

（3）定制化设计：数字化财税预警系统可以根据企业的特点和行业特点进行定制化设计，以满足企业个性化的风险预警需求。

（4）数据挖掘和分析：数字化财税预警系统可以利用大数据技术和人工智能技术对海量数据进行挖掘和分析，揭示出可能存在的财税风险，为企业决策提供科学依据。

（5）综合评估：数字化财税预警系统可以整合各类数据，从多个角度对财税风险进行综合评估，提高评估的准确性和全面性。

（三）数字化财税预警系统的应用场景

数字化财税预警系统可以应用于以下场景。

（1）税务风险预警：通过对税务数据的监测和分析，数字化财税预警系统可以及时发现企业可能面临的税务风险，包括偷税漏税风险、税收筹划风险等。

（2）财务风险管理：通过对企业财务数据的监测和分析，数字化财税预警系统可以及时发现企业可能面临的财务风险，包括现金流风险、资产负债率风险等。

（3）合同风险预警：通过对合同数据的监测和分析，数字化财税预警系统可以及时发现企业可能面临的合同风险，包括合同违约风险、合同争议风险等。

（4）市场风险预警：通过对市场数据的监测和分析，数字化财税预警系统可以及时发现企业可能面临的市场风险，包括价格波动风险、市场需求变化风险等。

（5）法律风险预警：通过对法律数据的监测和分析，数字化财税预警系统可以及时发现企业可能面临的法律风险，包括知识产权侵权风险、法律法规合规性风险等。

三、创新财税风险管理策略和方法，降低企业运营成本，提高企业竞争力

（一）优化财务管理流程降低成本

通过优化财务管理流程，企业可以降低运营成本并提高效率。以下是一些优化财务管理流程的方法。

（1）实施全面预算管理：全面预算管理可以帮助企业预测未来的财务状况和经营成

果，从而制定合理的预算和目标。通过严格执行预算计划，企业可以控制成本并优化资源配置。

（2）强化内部控制体系：内部控制体系可以帮助企业确保财务报告的准确性、完整性和可靠性。通过加强内部控制体系的建设，企业可以降低财务风险和审计成本。

（3）实施精细化管理：精细化管理可以帮助企业将财务管理细化到各个业务环节和员工个人，从而提高财务管理效率和准确性。通过实施精细化管理，企业可以更好地控制成本并优化业务流程。

（4）利用信息技术提高效率：通过利用信息技术如云计算、大数据、人工智能等，企业可以提高财务管理效率和质量，例如，利用自动化系统处理日常财务事务、利用大数据技术进行财务数据分析等。

（二）创新税务管理策略降低成本

创新税务管理策略可以帮助企业降低税务成本并提高税务管理效率。以下是一些创新税务管理策略的方法：

（1）合理规划税收筹划：通过合理规划税收筹划方案，企业可以降低税务成本并提高税务管理效率，例如，合理安排企业的组织架构、投资方式、融资渠道等方面以降低税负。

（2）建立税务管理制度：建立完善的税务管理制度可以帮助企业规范税务管理流程并确保税务报告的准确性。通过建立税务管理制度，企业可以降低税务风险并提高管理效率。

（三）加强财税法规遵守降低合规成本

加强财税法规遵守可以帮助企业降低合规成本并提高信誉度。以下是一些加强财税法规遵守的方法。

（1）建立财税法规遵守机制：企业应建立完善的财税法规遵守机制，确保自身业务符合相关法律法规的要求，通过加强内部培训、聘请专业人士指导等方式，提高员工的财税法规遵守意识。

（2）及时了解法规变化：企业应密切关注财税法规的变化趋势，及时调整自身的业务策略和财务规划，通过与专业机构合作或参加相关研讨会等方式，了解最新的财税法规变化，确保企业合规经营。

（3）合规审计与检查：定期进行合规审计与检查可以帮助企业发现潜在的财税风险和违规行为。通过聘请第三方审计机构或专业人士进行指导，企业可以及时发现并纠正违规行为，降低合规风险。

（4）加强内部监督与举报机制：企业应建立内部监督与举报机制，鼓励员工积极反映违规行为或疑似违规情况，通过加强内部监督和员工培训，提高员工的合规意识和责任心，降低违规行为的发生率。

（四）合理利用外部资源降低成本

合理利用外部资源可以帮助企业降低成本并提高效率。以下是一些合理利用外部资源的方法。

（1）寻求专业机构支持：企业可以寻求与财税专业机构合作，获得更加专业的指导和支持。通过与专业机构建立长期合作关系，企业可以获得更加全面和高效的财税服务，降低自身的运营成本。

（2）利用公共服务平台：公共服务平台如产业园区、科技创新平台等为企业提供了丰富的资源和支持。通过加入公共服务平台并积极参与其中，企业可以获得更多的政策支持和业务机会，降低自身的运营成本。

（3）合理利用政府补贴和税收优惠：政府为鼓励企业创新和发展提供了一系列的补贴和税收优惠政策。企业应关注并合理利用这些政策，降低自身的税收负担和运营成本。

（4）与其他企业合作共赢：企业可以与其他企业建立战略合作关系，实现资源共享和优势互补。通过与其他企业合作，企业可以降低研发成本、市场推广成本等，提高整体竞争力。

综上所述，创新财税风险管理策略和方法可以帮助企业降低运营成本、提高效率并增强竞争力。通过优化财务管理流程、创新税务管理策略、加强财税法规遵守以及合理利用外部资源等措施，企业可以更好地应对财税风险并实现可持续发展。

第十五章　数字经济时代的国际财税合作与政策协调创新

第一节　国际财税合作与政策协调概述

一、国际财税合作的概念和意义

（一）国际财税合作的概念

国际财税合作，从字面上理解，即各国之间在财税领域的协同与交流。但其内涵却远比这丰富。具体来说，这种合作指了各国政府在国际层面，为了共同的目标和利益制定、实施财税政策，在此基础上进行的深度合作与交流。这不仅仅局限于两国之间的双边互动，更包括了在多边乃至全球范围内的广泛协作。

这种合作有其深厚的历史背景。随着全球化进程的加速，各国经济、政治、文化等领域的交流日益频繁，财税作为其中的核心领域，自然也成了国际合作的重要舞台。尤其是面对全球性的挑战，如气候变化、跨国公司的税务监管、国际金融市场的稳定等，单一国家已经难以独力应对，需要国际合作来共同解决。

此外，国际财税合作的内容也十分广泛。它包括但不限于税收政策的协调、税收情报的交换、反避税合作、国际公共财政资源的分配与管理，以及财政风险的共同防范等。这些内容涉及的不仅是经济利益的调整，更关乎国家主权、国际法和全球治理等多个层面。

（二）国际财税合作的意义

1. 共同应对全球性挑战

在众多的全球性挑战中，气候变化、贫困和不平等是其中的三大核心问题。这三个问题不仅各自具有复杂性，而且相互之间还存在深度的关联。例如，气候变化可能导致某些地区的农业生产受到影响，从而加剧当地的贫困问题；而贫困和不平等又可能进一步导致资源的不合理分配，从而加剧气候变化。

通过国际财税合作，各国可以共同出资、共同研发、共同实施应对这些挑战的政策和措施。例如，通过国际碳税的合作与实施，可以有效地减少全球的温室气体排放；通过国际援助资金的合理分配与管理，可以更精准地帮助那些贫困和不平等的地区。

2. 促进国际贸易和投资的发展

在当前的全球经济体系中，贸易和投资是推动经济增长的两大引擎，但这两者都深受税收政策的影响。如果各国的税收政策存在巨大的差异，那么贸易和投资的成本就会大大增加，从而阻碍其发展。而通过国际财税合作，各国可以协调税收政策，减少贸易和投资的壁垒，从而推动其更快、更健康的发展。

3. 加强财政管理和监督

财政资源是国家的核心资源之一，其管理和监督的重要性不言而喻。但在全球化的背景下，跨国公司的活动、国际资本的流动等都给各国的财政管理带来了巨大的挑战。通过国际财税合作，各国可以共同制定和执行更为严格的财政管理和监督标准，从而确保财政资源的合法、合规和高效使用。

4. 实现财政可持续发展

财政可持续发展是指在确保财政稳健的前提下，实现长期的经济增长和社会发展。这既需要各国在国内层面上进行深入的改革和调整，又需要在国际层面上进行广泛的合作与协调。通过国际财税合作，各国可以共同研究和推广财政可持续发展的最佳实践，从而实现全球范围内的共同成长和繁荣。

二、国际财税合作的框架和机制

（一）国际财税合作的框架

在国际舞台上，为了维护和谐的经济交往与合作，一个稳固的财税合作框架是不可或缺的。这样的框架为各国提供了一个平台，让它们可以在平等、公正和互利的基础上进行交流与协商。

1. 世界贸易组织（WTO）的核心地位

作为国际贸易的领军组织，WTO不仅关注商品和服务的流动，还深入涉及与贸易相关的税收问题。它倡导各国采取透明、非歧视的税收政策，以确保国际贸易的顺利进行。此外，WTO还定期举办论坛和研讨会，使成员国有机会分享和交流在税收领域的最佳实践。

2. 经济合作与发展组织（OECD）的政策导向

OECD在财税政策的制定和实施方面起着关键作用。它经常发布关于税收政策的研究报告和指南，为其成员国提供实用的建议。OECD还努力促进各国之间的税收信息交换，帮助它们共同打击跨境逃税和避税行为。

3. 二十国集团（G20）的战略引领

G20 集合了全球主要的经济体，其峰会经常讨论与全球经济稳定相关的税收问题。G20 倡导各国采取合作的方式，共同应对数字经济带来的税收挑战，确保税收制度的公平性和有效性。

（二）国际财税合作的机制解析

为了加强国际财税合作，各国采用了多种机制，确保政策的一致性和有效性。

1. 信息交换的重要性

信息交换是国际财税合作的基石。只有当各国充分了解彼此的税收政策和实践时，它们才能找到共同点，开展有效的合作。为此，许多国家签订了信息交换协议，定期分享税收数据和经验。

2. 政策协调的核心价值

在全球化的背景下，一个国家的税收政策很可能会影响到其他国家。为了避免不必要的经济摩擦和双重征税问题，政策协调变得至关重要。各国税务部门经常进行对话，确保它们的税收政策相互补充，而不是相互冲突。

3. 联合行动的力量

面对跨国逃税、避税和其他税收违规行为，单个国家往往难以独自应对。因此，联合行动成为确保税收公平性的关键工具。多国税务部门经常联手进行大规模的税收调查，共同打击跨境税收犯罪行为。

（三）国际税收协定的深入剖析

为了避免双重征税并保护投资者的权益，许多国家都签订了国际税收协定。这些协定详细规定了如何分配税收管辖权、设定税率以及处理其他与税收相关的问题。

例如，A 国和 B 国签订了一个税收协定，明确规定了在 A 国投资的 B 国企业只需在其中一个国家缴税，从而避免了双重征税的问题。这为跨国企业提供了更大的投资确定性，促进了国际资本流动。

（四）区域财税合作组织的作用

在全球化的趋势下，许多地区都建立了区域财税合作组织。这些组织的目标是促进区域内的经济一体化，确保税收政策的连贯性和一致性。例如，欧盟已经建立了一套统一的增值税制度，使得商品和服务在其成员国之间流通更加顺畅。而北美自由贸易区也在努力协调其成员国的税收政策，以促进区域内的贸易和投资。

三、国际财税政策协调的挑战与机遇

（一）国际财税政策协调的挑战

在全球化的今天，国际财税政策协调显得尤为重要。然而，这一进程并不是一帆风顺的，而是面临着诸多挑战的。

1. 经济发展阶段和水平的差异

各国经济发展的阶段和水平是影响财税政策的主要因素之一。发达国家与发展中国家、经济体量大的国家与小国之间，对于财税政策的期望和需求存在显著差异。例如，发达国家可能更关注于资本利得的税收，而发展中国家可能更关心如何通过税收政策吸引外资。这种差异导致在国际财税政策协调中，各国难以达成一致的意见。

2. 政治体制和文化背景的不同

政治体制和文化背景对一国的财税政策有着深远的影响。在某些国家，税收政策可能更多地注重社会福利和公平；而在其他国家，则可能更注重经济效益和市场竞争。这种基于不同价值观和政策导向的差异，使得各国在国际谈判和协商中难以找到共同语言。

3. 国家利益与全球利益的冲突

国家利益是全球政治经济中的核心考量因素。在某些情况下，一国为了自身利益，可能会采取对其他国家产生负面影响的财税政策。这种"以邻为壑"的策略，无疑加剧了国际财税政策协调的难度。例如，一国为了吸引外资可能降低企业所得税率，但这样的政策可能导致其他国家的资本流失，进而影响其税收基础。

4. 法律和制度的不完善

很多国家在法律和制度层面都存在与财税政策相关的不完善之处。这些不完善之处可能导致税收政策的不透明、不稳定和不公平，从而影响国际投资者和企业的决策。在国际财税政策协调中，如何克服这些法律和制度障碍，也是一大挑战。

（二）国际财税政策协调的机遇

尽管挑战重重，但国际财税政策协调也面临着前所未有的机遇。

1. 全球经济一体化趋势的加强

随着全球化的深入推进，各国之间的经济联系日益紧密。跨国公司、国际资本流动和全球价值链的形成，都使得各国在财税政策上的相互影响日益加深。这为各国开展广泛而深入的财税政策协调提供了有利条件。

2. 共同应对全球性挑战的需要

气候变化、公共卫生、恐怖主义等全球性挑战日益凸显，这些挑战超越了任何一个

国家的单独应对能力。各国需要共同行动，形成合力。在这个过程中，财税政策可以发挥关键作用，例如通过碳税来减少温室气体排放，或者通过国际税收合作来支持全球公共卫生体系的建设。

3. 科技进步和数字化发展的推动

科技进步和数字化发展为国际财税政策协调带来了新的工具和手段。例如，区块链技术可以用于提高税收的透明度、追踪跨境资本流动；大数据分析可以帮助各国更准确地评估税收政策的效应和影响。这些技术手段的应用，有望提高国际财税政策协调的效率和效果。

4. 国际组织和多边合作机制的建立

诸如联合国、世界贸易组织、经济合作与发展组织等国际组织，以及多边合作机制，为各国开展财税政策协调提供了重要的平台和机制保障。通过这些组织和机制，各国可以分享经验、协商立场、形成共识，从而推动国际财税政策的协调和合作。

第二节　数字经济对国际财税合作与政策协调的挑战与机遇

一、数字经济的跨国特性对国际财税合作的影响

（一）数据流动的无国界性

在 21 世纪的今天，数据被誉为"新的石油"，成为驱动经济发展的核心要素。与传统的生产要素相比，数据具有一个显著特点：其流动不受物理边界的限制。这种无国界性的数据流动为跨国企业提供了无限的商业机遇，但同时也给传统的国际税收规则带来了巨大的挑战。

在传统的经济模式下，一个国家可以根据其地理边界对内的经济活动进行征税。但在数字经济中，数据可以在瞬间从一个国家传输到另一个国家，这使得确定数据的"来源"和"目的地"变得非常困难。例如，一个位于 A 国的用户可能在 B 国的平台上购买数字服务，而该平台可能在 C 国存储和处理用户数据。在这种情况下，哪个国家有权对数据进行征税就成了一个复杂的问题。

为了应对这种挑战，许多国家开始研究如何对跨境数据流动进行征税。但这并不是一件简单的事。首先，各国需要确保数据隐私和安全。在数据的跨境传输中，如何保证

数据不被非法获取或滥用是一个关键问题。为此，很多国家都出台了严格的数据保护法律和政策，要求企业对用户数据进行加密和处理，确保其安全性和隐私性。

但这仅仅是问题的一部分。即使数据隐私和安全得到了保障，如何对数据产生的价值进行合理征税仍然是一个难题。在很多情况下，数据的价值并不是由其"来源"或"目的地"决定的，而是由其使用方式和产生的经济效益决定的。例如，同样一组用户数据，对于一家电商公司和一家广告公司来说，其价值可能是完全不同的。因此，如何确定数据的价值并进行合理征税是各国税务部门面临的一个巨大的挑战。

（二）跨国企业税收管辖权的模糊性

随着数字经济的崛起，许多跨国企业如雨后春笋般涌现出来。这些企业往往通过数字平台在全球范围内提供服务，这使得确定其税收管辖权变得非常复杂。在传统的国际税收规则中，一个国家的税务部门主要基于企业在该国的物理存在和居民身份来确定其税收管辖权。但在数字经济中，这种基于物理存在的方法可能不再适用。

例如，一家跨国企业可能在一个国家没有实体办公室或员工，但它通过数字平台在该国销售了大量的商品或服务。在这种情况下，该国是否有权对该企业的收入进行征税就成了一个有争议的问题。为了解决这个问题，一些国家开始研究如何根据企业在其境内的数字活动来确定其税收管辖权。这包括考虑企业在该国的用户数量、销售额、广告投放量等因素。但这种方法也面临着很多挑战，如数据的可获得性、标准的制定和执行等。

（三）增值税征收的复杂性

增值税作为一种常见的消费税，在全球范围内被广泛应用，旨在对商品和服务的增值部分进行征税。然而，在数字经济时代，增值税的征收面临着前所未有的复杂性。这主要归因于数字经济的特性，如跨境交易、数字平台的兴起以及数字商品和服务的无形性。

首先，数字平台在数字经济中发挥着关键作用。许多商品和服务的销售都是通过数字平台进行的，而这些平台可能位于一个国家，其用户则遍布全球。这种跨国交易使得确定增值税的征收地变得极为困难。在传统经济中，增值税通常是在商品或服务的销售地征收的，但在数字经济中，销售地和消费者所在地可能位于不同的国家，这给税务部门带来了难题。

其次，数字商品和服务的价值往往难以确定。与传统商品和服务相比，数字商品和服务具有无形性和可复制性，这使得其价值难以准确评估。例如，在线音乐、电子书和软件等数字产品可能以不同的价格在不同的市场进行销售，这给增值税的计算带来了挑战。此外，数字经济中的许多交易都是通过虚拟货币进行的，这也增加了税务部门追踪和核算交易的难度。

为了解决这些挑战，一些国家开始与数字平台合作，共同开发增值税征收系统。这些系统利用先进的技术和算法，根据用户的地理位置和购买行为自动计算并征收增值税。然而，这种方法也面临着一些问题。首先，系统的准确性是一个重要的考虑因素。如果系统出现错误或偏差，可能导致不公平的税收结果。其次，用户的隐私保护也是一个关键问题。增值税征收系统需要收集和处理大量的用户数据，包括个人信息和交易记录，因此，需要采取有效的安全措施来保护用户的隐私和数据安全。

另外，一些国家也在探索其他解决方案来应对数字经济中增值税征收的复杂性。例如，一些国家正在考虑引入数字化发票和报告系统，以提高税收的透明度和效率。这些系统可以实时追踪、记录商品和服务的交易信息，并自动生成相应的发票和报告，从而简化增值税的计算和征收过程。此外，一些国家还在研究利用区块链技术来改进增值税征收的准确性和可追溯性。通过区块链技术，可以创建一个去中心化的数据库来存储和验证交易信息，从而提高税收的公正性和效率。

（四）国际税收合作的重要性

面对数字经济带来的税收挑战，各国需要加强合作，共同应对。通过分享信息、协调政策和加强执法合作，各国可以更有效地打击跨境逃税行为，维护公平的税收环境。这种国际税收合作的重要性不容忽视。

首先，信息共享是国际税收合作的核心。各国税务部门可以通过签订信息共享协议，定期交换涉税信息，包括企业注册信息、纳税申报信息、税务稽查信息等。这将有助于各国更全面地了解跨国企业的税收情况，发现潜在的逃税行为，并采取相应的措施加以打击。此外，信息共享还可以帮助各国更好地监控和管理跨国企业的税收行为，确保公平的税收竞争环境。

其次，政策协调是国际税收合作的另一个重要方面。各国可以在税收政策上进行协商和协调，确保税收政策的一致性和公平性。这可以通过定期召开国际税收合作会议、成立专门的国际税收合作组织以及制定多边或双边的税收协定来实现。政策协调可以避免双重征税或避税地的出现，促进全球税收体系的健康发展。

此外，加强执法合作也是国际税收合作的重要组成部分。各国可以建立联合执法机制，共同打击跨国企业的逃税行为。通过分享执法经验、协调执法行动和开展联合调查等方式可以提高打击逃税行为的效率和效果。这将有助于维护各国的税收权益并促进数字经济的健康发展。

最后，共同研究和制定适应数字经济特点的国际税收规则和标准也是国际税收合作的重要任务之一。各国可以共同研究和探讨数字经济对税收制度的影响和挑战，在此基础上制定公平、透明和可持续的国际税收规则、标准，以确保税收的公平性和有效性。这将有助于维护各国的税收利益并促进数字经济的可持续发展。

二、数字经济的新型商业模式对国际税收规则的挑战

（一）数字平台经济的崛起及其对国际税收规则的挑战

数字平台经济是数字经济的典型代表，涵盖了电子商务、社交媒体、在线娱乐等多个领域。这些平台通过连接供需双方，创造价值并获取利润。然而，数字平台经济的崛起给现有的国际税收规则带来了严峻的挑战。

首先，数字平台经济的价值创造方式、利润分配方式与传统经济有很大的差异。传统的国际税收规则主要基于物理存在和实体交易进行征税，而数字平台经济中的价值创造和利润分配更多地依赖于数据和算法等无形资产。这使得现有的国际税收规则难以准确反映数字平台经济的实际价值创造和利润分配情况，可能导致税收流失和不公平现象。

其次，数字平台经济的跨境特性也使得国际税收规则的适用变得复杂。许多数字平台企业在全球范围内运营，通过互联网提供服务并获取收入。这种情况下，如何确定数字平台企业的税收管辖权和征税地点成为一个难题。现有的国际税收规则可能难以适应这种新型的商业模式，导致税收争议和双重征税的风险增加。

为了解决这些挑战，各国需要加强合作，共同制定适应数字平台经济发展的新型国际税收规则。这可能包括重新定义价值创造和利润分配的概念，以及制定更加公平和透明的税收管辖权划分原则，同时，还需要加强跨国税务合作和信息共享，打击跨境逃税和避税行为。

（二）无形资产的价值认定与征税问题

在数字经济中，无形资产如知识产权、品牌和数据等成为价值创造的重要来源。然而，如何认定这些无形资产的价值并进行合理征税是一个难题。现有的国际税收规则主要基于物理资产和有形资产进行征税，对于无形资产的征税问题缺乏明确的规定。

无形资产的价值认定具有主观性和复杂性。不同于物理资产，无形资产的价值往往难以通过市场交易或成本法等方式进行准确估计。此外，无形资产的价值还可能受到技术进步、市场竞争和法律环境等多种因素的影响，使得其价值认定更加困难。

同时，对于无形资产的征税问题，不同国家也缺乏统一的标准和方法。不同国家对于无形资产的征税政策可能存在差异，可能导致双重征税或税收流失的风险。此外，一

些国家可能出于保护本国企业和吸引外资的考虑，对无形资产采取较低的税率或免税政策，这也可能导致国际税收竞争和不公平现象。

为了解决这些问题，各国需要加强合作，共同制定无形资产价值认定和征税的国际标准和方法。这可能包括建立专门的评估机构或专家团队，制定统一的评估方法和标准，以及加强跨国税务合作和信息共享等，同时，还需要加强对于无形资产征税政策的监管和协调，避免双重征税和税收流失的风险。

（三）跨境数字服务的增值税问题

跨境数字服务如云计算、在线广告和软件服务等在数字经济中占据重要地位。然而，这些服务的增值税征收问题一直是一个难题。由于服务的提供者和消费者往往位于不同的国家，如何确定增值税的征收地和税率成为一个复杂的问题。

增值税是一种消费税，通常根据商品和服务的销售地点进行征收。然而，在跨境数字服务的情况下，销售地点的确定变得困难。例如，云计算服务可能由位于一个国家的服务器提供给位于另一个国家的用户使用，这使得增值税的征收地和税率难以确定。此外，不同国家对于跨境数字服务的增值税政策可能存在差异，这可能导致双重征税或税收流失的风险。

为了解决这些问题，各国需要加强合作，共同制定跨境数字服务增值税的国际规则和标准。这可能包括建立统一的增值税征收机制和税率体系，以及加强跨国税务合作和信息共享等，同时，还需要加强对于跨境数字服务增值税政策的监管和协调，避免双重征税和税收流失的风险。

（四）防止税基侵蚀和利润转移的措施

数字经济的崛起使得跨国企业更容易通过转让定价、"避税天堂"等方式进行税基侵蚀和利润转移。为了防止这种行为，各国需要加强合作，共同制定和执行相关措施。这包括加强信息共享、打击有害税收实践和推广公平透明的税收制度等。

（1）加强信息共享：各国税务部门应加强信息共享和合作机制建设，以提高跨国企业涉税信息的透明度并减少信息不对称所导致的风险，通过定期交流涉税信息、共同开展风险评估和协作打击跨国逃税行为等措施来增强全球税收治理的效能。

（2）打击有害税收实践：针对跨国企业利用转让定价、"避税天堂"等手段进行税基侵蚀和利润转移的问题，各国应共同制定和执行相关措施予以打击，例如，通过制定更加严格的转让定价规则和加强对于"避税天堂"的监管来减少跨国企业的避税行为。

（3）推广公平透明的税收制度：各国应致力于推广公平、透明和可持续的税收制度以营造良好的营商环境并促进全球经济的可持续发展，通过简化税制、降低税率、提高税收征管效率等措施来增强税制的公平性和透明度,减少跨国企业的避税动机和空间。

三、数字经济时代的国际税收竞争与合作机遇

(一)加强国际税收合作与协调

随着数字经济的崛起,跨境交易和资本流动变得越来越频繁,这为跨境逃税行为提供了更多的空间。为了维护税收的公平性和完整性,各国必须加强在国际税收领域的合作与协调。

首先,信息分享是打击跨境逃税行为的关键。各国税务部门可以通过建立信息共享机制,定期交换涉税信息,包括企业注册信息、纳税申报信息、税务稽查信息等。这不仅可以帮助各国更全面地了解跨国企业的税收情况,还可以发现潜在的逃税行为。

其次,政策协调也是国际税收合作的重要方面。各国可以在税收政策上进行协商和协调,确保税收政策的一致性和公平性。例如,在对待跨国企业的税收政策上,各国可以共同制定一些基本原则和标准,避免双重征税或避税地的出现。

此外,执法合作也是打击跨境逃税行为的重要手段。各国可以建立联合执法机制,共同打击跨国企业的逃税行为,通过分享执法经验、协调执法行动和开展联合调查等方式,可以提高打击逃税行为的效率和效果。

(二)推动国际税收规则的创新与完善

面对数字经济的挑战,传统的国际税收规则已经难以适应新的形势。因此,各国需要推动国际税收规则的创新与完善。

首先,各国需要重新审视跨国企业的税收管辖权。在数字经济时代,跨国企业的经营活动可能涉及多个国家,因此各国需要协商确定跨国企业的税收管辖权归属。这可以通过制定多边或双边的税收协定来实现。

其次,各国针对无形资产的征税规则也需要进行创新和完善。在数字经济中,无形资产如知识产权、品牌价值等占据了越来越重要的地位。因此,各国需要制定相应的征税规则,确保对无形资产的征税公平合理。

此外,解决跨境数字服务的增值税问题也是国际税收规则创新的重点之一。随着跨境数字服务的增多,如何对其征收增值税成了一个亟待解决的问题。各国可以通过协商制定统一的增值税征收规则和标准,确保对跨境数字服务的征税公平合理。

(三)利用数字技术提升税收征管效率

在数字经济时代,数字技术如大数据、人工智能和区块链等在税收征管领域具有广阔的应用前景。通过运用这些技术,各国可以提升税收征管的效率和准确性,打击逃税

行为并优化税收服务。

例如，通过大数据分析技术，税务部门可以对海量涉税数据进行深度挖掘和分析，发现潜在的逃税行为和税收风险点。同时，人工智能技术可以帮助税务部门自动化处理纳税申报和审核等烦琐工作，提高工作效率和质量。此外，区块链技术可以用于建立透明可信的税收信息共享平台，确保涉税信息的真实性和不可篡改性。

（四）培育数字经济相关产业的税收优惠政策

为了促进数字经济的发展和创新，各国可以制定针对数字经济相关产业的税收优惠政策。这不仅可以降低数字经济的运营成本，还可以激发创新和创业活力，并推动经济的持续增长。

具体而言，税收优惠政策可以针对创新型企业、研发投入和人才培养等方面制定。例如，对于创新型企业，各国可以降低企业所得税率或提供研发费用的加计扣除等优惠措施；对于研发投入，可以提供研发费用的税前扣除或研发成果的税收减免等优惠；对于人才培养，可以提供员工培训费用的税前扣除或个人所得税的减免等优惠。这些优惠措施可以降低数字经济的运营成本并提高其竞争力，从而促进数字经济的发展和创新。

第三节　基于大数据的国际税收情报共享与协调机制的创新、实践

在数字经济时代，国际财税合作与政策协调变得尤为重要。随着全球数字经济的蓬勃发展，国际税收情报的共享与协调机制也面临着新的挑战和机遇。以下是对基于大数据的国际税收情报共享与协调机制的创新、实践的探讨。

一、利用大数据技术提高国际税收情报的获取和分析能力

（一）提升数据采集的准确性和实时性

在现今这个信息爆炸的时代，税务部门面临着要从海量数据中准确、实时地获取有用信息的挑战。传统的数据采集方法，由于其手动、耗时和低效的特点，已经无法满足现代税务管理的需求。而大数据技术的出现，为税务部门提供了一种全新的解决方案。

通过利用大数据技术，税务部门可以从各种来源中实时获取和整合大量的税收数据。这些数据不仅包括企业的财务报告、交易记录等结构化数据，还包括社交媒体上的非结

构化数据。例如，税务部门可以通过爬虫技术从互联网上抓取与税收相关的信息，如企业的在线销售数据、用户评价等。

为了确保数据采集的准确性和实时性，税务部门需要使用自动化的数据采集工具。这些工具可以根据预设的规则和算法，自动从各种数据源中提取有用的信息，并将其整合到一个统一的数据平台中。通过这种方式，税务部门可以确保数据的准确性，避免因为人为错误或延迟而导致的数据失真。

此外，实时性也是数据采集的一个重要方面。在数字经济中，交易和信息流动的速度非常快，税务部门需要能够实时地捕获这些变化。为此，税务部门可以利用流数据处理技术，对实时传入的数据进行即时分析和处理。这样，税务部门就可以实时地监控企业的交易活动，及时发现潜在的税收风险。

（二）强化数据清洗和整合能力

尽管大数据技术为税务部门提供了丰富的数据来源，但这些数据往往是杂乱无章的。它们可能包含重复、错误或不完整的信息，这会严重影响后续的数据分析和应用。因此，税务部门需要具备强大的数据清洗和整合能力。

数据清洗是一个去除数据中噪声和异常值的过程。通过数据清洗，税务部门可以确保数据的准确性和一致性。这包括去除重复的记录、纠正错误的值、填补缺失的数据等。为了实现高效的数据清洗，税务部门可以使用自动化的数据清洗工具，这些工具可以根据预设的规则和算法自动识别和修复数据中的问题。

数据整合则是将不同来源的数据进行整合，形成一个全面的数据集的过程。由于税收数据来自多个渠道和系统，它们可能采用不同的格式和标准。为了统一这些数据，税务部门需要使用数据整合技术将它们转换为一个共同的格式和结构。这样，税务部门就可以在一个统一的数据平台上进行后续的分析和应用。

（三）提高数据分析能力

大数据技术为税务部门提供了强大的数据分析工具和方法。通过对税收数据进行深度挖掘和机器学习，税务部门可以揭示隐藏在数据背后的模式和规律。这种深度分析能力可以帮助税务部门更加有效地进行国际税收情报的获取和分析。

例如，通过对企业的交易数据进行深度挖掘，税务部门可以识别出异常的交易模式和行为。这些异常模式可能是洗钱、逃税或其他非法活动的迹象。通过及时发现这些异常模式，税务部门可以采取相应的措施进行调查和打击。

此外，机器学习技术也可以帮助税务部门进行预测分析。通过对历史税收数据进行训练和学习，机器学习模型可以预测未来的税收趋势和变化。这种预测能力可以帮助税务部门更好地制定税收政策和计划未来的税收收入。

（四）加强数据安全与隐私保护

随着大数据技术的广泛应用，数据安全和隐私保护已经成为税务部门面临的重要挑战。在利用大数据技术进行国际税收情报分析时，税务部门需要高度重视数据的安全性和隐私性，采取有效的措施来保护数据不受未经授权的访问、泄露、篡改或破坏。

首先，税务部门应该采用加密技术来保护数据的传输和存储。通过使用对称加密或非对称加密等技术，税务部门可以确保数据在传输过程中不会被截获或窃取，同时在存储时也能够防止未经授权的访问。此外，税务部门还需要定期对加密算法进行更新和升级，以适应不断变化的网络安全环境。

其次，建立严格的数据访问权限控制也是保护数据安全的重要手段。税务部门应该根据员工的职责和需要，为他们分配不同的数据访问权限。只有经过授权的员工才能够访问和操作相关数据，这样可以有效地防止数据泄露和滥用。同时，税务部门还需要定期对员工的权限进行审查和更新，以确保权限的分配与员工的职责相符。

除了上述措施外，税务部门还需要遵守相关的数据保护和隐私法规。这些法规通常规定了数据的收集、使用、共享和存储等方面的要求，税务部门需要确保自己的行为符合这些法规的规定。否则，一旦违反相关法规，不仅会导致法律纠纷和罚款，还会损害税务部门的声誉和公信力。

为了更好地保护数据的安全性和隐私性，税务部门还可以采用一些先进的技术手段。例如，数据脱敏技术可以对敏感数据进行脱敏处理，使其无法被直接识别和使用，从而保护数据的隐私性。同时，区块链技术也可以为数据的安全性和可追溯性提供有力的保障。通过将数据存储在区块链上，税务部门可以确保数据的完整性和不可篡改性，同时还可以追溯数据的来源和使用情况。

（五）推动数据共享与合作

在全球化的背景下，跨国企业和个人的经济活动已经成为常态。这些经济活动往往跨越多个国家和地区，使得单一国家的税收管理难以对其进行有效的监管和征收。因此，各国税务部门需要加强数据共享与合作，共同应对跨国逃税和避税行为。

为了实现这一目标，各国可以建立国际税收数据交换平台。这个平台可以作为一个中心化的数据存储和交换系统，各国税务部门可以将自己的税收数据上传到平台上，同时也可以从平台上获取其他国家的税收数据。通过这种方式，各国可以共享彼此的数据资源和分析方法，提高税收情报的获取和分析能力。

除了建立数据交换平台外，参与国际税收合作组织也是推动数据共享与合作的重要途径。这些合作组织通常由多个国家和地区的税务部门共同组成，旨在加强跨国税收管理和合作。通过参与这些组织，各国可以共同制定和执行国际税收规则和标准，同时也可以分享彼此的经验和技术手段。

在推动数据共享与合作的过程中，各国还需要注意数据的准确性和一致性。由于不同国家的税收制度和标准可能存在差异，因此在共享和使用数据时需要进行适当的调整和转换。此外，各国还需要确保共享的数据是合法和合规的，符合相关的数据保护和隐私法规。

通过加强数据安全与隐私保护以及推动数据共享与合作，各国税务部门可以更好地利用大数据技术来提高国际税收情报的获取和分析能力，从而维护公平的国际税收秩序并打击跨国逃税和避税行为。这将有助于保障各国的税收权益并促进经济的持续健康发展。

二、建立数字化国际税收情报共享机制，促进国际合作与协调

（一）构建数字化税收情报共享平台

为了有效打击跨国逃税和避税行为，加强国际税收合作与协调至关重要。其中，构建一个数字化的国际税收情报共享平台是一项核心举措。该平台将允许各国税务部门实时交换和共享税收情报，从而提高税收征管的效率和准确性。

在构建该平台时，各国应确保平台具备高度的安全性、可靠性和易用性。采用先进的加密技术和安全防护措施，确保数据和信息的机密性和完整性。同时，平台的设计应考虑到易用性，使得各国税务部门能够便捷地访问和使用平台上的信息。

此外，平台还应支持各种数据格式的交换和整合。这意味着平台需要具备强大的数据处理和分析能力，能够处理来自不同国家的各种税收数据，并将其整合为有用的情报。这将有助于各国税务部门更加全面地了解跨国企业的涉税行为，从而制定更加有效的税收政策和管理措施。

（二）制定统一的税收情报标准和规范

为了确保各国之间能够顺畅地交换和共享税收情报，制定统一的税收情报标准和规范至关重要。这包括数据的格式、命名规则、分类方法等。通过遵循统一的标准和规范，各国可以更加高效地进行税收情报的交换和共享，从而提高国际合作的效率和质量。

具体而言，各国可以成立一个由各国税务部门代表组成的专家组，负责研究和制定统一的税收情报标准和规范。该专家组应充分考虑到各国的实际情况和需求，确保制定出的标准和规范既具有普适性，又能够满足各国的特定需求。

同时，为了推广和应用这些标准和规范，各国可以组织相关的培训和研讨会，提高各国税务部门对于标准和规范的认识和应用能力，还可以建立一个专门的网站或平台，用于发布和更新这些标准和规范，方便各国税务部门随时查阅和使用。

（三）加强培训和技术支持

为了确保税务部门能够有效地利用数字化国际税收情报共享机制，需要加强相关的培训和技术支持。这包括对税务人员进行大数据技术和分析方法的培训、提供必要的技术工具和资源等。

各国可以组织定期的培训班或研讨会，邀请专家和实际工作者分享经验和最佳实践，提高税务人员的技术水平和分析能力。培训内容可以包括大数据分析、机器学习、网络爬虫等先进技术的应用，以及如何利用这些技术进行税收情报的挖掘和分析。

此外，各国可以提供必要的技术工具和资源，帮助税务部门更好地利用数字化国际税收情报共享机制，例如，可以提供数据分析软件、可视化工具、云计算资源等，帮助税务部门进行数据分析和挖掘工作。

（四）完善法律法规和合作协议

为了确保数字化国际税收情报共享机制的合法性和有效性，各国需要完善相关的法律法规和合作协议。这包括制定数据保护和隐私法规、明确数据共享的权利和义务、建立争议解决机制等。

首先，各国应制定数据保护和隐私法规，确保个人隐私和企业机密得到保护。这可以包括数据的加密、匿名化处理、访问控制等措施，防止数据泄露和滥用。

其次，各国应明确数据共享的权利和义务。这包括哪些数据可以共享、如何共享、共享的目的和范围等，通过明确这些权利和义务，可以确保各国在共享税收情报时遵循相同的规则和标准。

最后，各国应建立争议解决机制。在数字化国际税收情报共享过程中，可能会出现数据不一致、数据解释分歧等问题。为了解决这些问题，可以建立一个争议解决机制，例如通过协商、调解或仲裁等方式解决争议。这将有助于维护数字化国际税收情报共享机制的稳定性和可持续性。

三、加强国际税收规则的制定与实施推动全球数字经济健康发展

（一）参与国际税收规则的制定和完善

随着数字经济的蓬勃发展，传统的国际税收规则已经难以适应新的经济形态。为了确保全球数字经济的健康发展，各国应积极参与到国际税收规则的制定和完善工作中来。

这既是维护国家税收权益的需要，也是推动全球经济可持续发展的要求。

首先，各国应密切关注国际税收规则的发展动态，尤其是与数字经济相关的新规则、新趋势，可以通过派遣代表参加相关的国际组织会议、研讨会等活动，及时了解国际税收规则的最新进展和讨论焦点。

其次，各国应积极参与国际税收规则的制定，可以通过向国际组织提交政策建议、参与规则草案的讨论和修改等方式，反映本国的利益诉求和政策主张。这有助于确保国际税收规则更加公平、合理，能够充分反映各国的实际情况和需求。

此外，各国还应加强与其他国家的沟通和协调，共同推动国际税收规则的完善，可以通过双边或多边谈判、签订合作协议等方式，加强与其他国家在税收领域的合作。这有助于减少国际税收争议和双重征税的风险，促进国际经济的稳定和繁荣。

（二）加强跨国企业的税收监管和合作

跨国企业是数字经济的重要参与者之一，其涉税行为对于全球税收秩序具有重要影响。然而，跨国企业往往利用复杂的组织架构和交易安排进行逃税和避税行为，给各国税收征管带来巨大挑战。因此，加强跨国企业的税收监管和合作至关重要。

首先，各国应建立跨国企业税收信息共享机制，通过定期交换跨国企业的涉税信息，可以更加全面地了解其全球经营情况和涉税行为，从而制定更加有效的税收政策和管理措施，同时，通过信息共享还可以防止跨国企业利用信息不对称进行逃税和避税行为。

其次，各国应开展联合审计和调查。针对跨国企业的重大涉税案件或复杂交易安排，各国税务部门可以开展联合审计和调查，共同查明事实真相并采取相应的征管措施。这不仅可以提高税收征管的效率和准确性还可以加强各国之间的信任和合作。

此外，各国还应推动跨国企业自行披露涉税信息，通过要求跨国企业定期向其所有经营所在地的税务部门报告全球经营情况和涉税信息，可以提高信息的透明度并减少逃税和避税行为的风险。

（三）推动数字化税收征管的创新与实践

随着数字经济的发展，传统的税收征管方式已经难以适应新的形势。为了提高税收征管的效率和准确性，各国应积极推动数字化税收征管的创新与实践，利用大数据、人工智能等技术提高税收征管能力。

首先，通过自动化的税务申报和审核系统，各国可以减少人为错误和延误，提高申报和审核的效率和准确性。这不仅可以减轻纳税人的负担，还可以提高税务部门的工作效率和服务质量。

其次，通过对税收数据进行深度挖掘和分析，各国可以发现潜在的逃税和避税行为，从而加强税收征管的力度。例如，利用大数据技术对纳税人的申报数据、交易数据、社交网络数据等进行关联分析和异常检测，可以发现异常的涉税行为并进行重点监管和调查。

此外，还可以利用人工智能技术进行智能风险识别和预警。通过对纳税人的涉税行为进行智能分析和预测，各国可以提前发现潜在的风险并采取相应的风险管理措施，提高风险防控的效率和准确性。

（四）加强国际税收合作与协调的组织建设

为了有效加强各国在税收领域的合作与协调，建立健全的组织机构和合作机制显得尤为重要。这不仅可以促进信息共享和经验交流，更能形成合力，共同应对跨国逃税和避税行为。

首先，成立专门的国际税收合作组织是推动全球税收合作与协调的重要举措。该组织应由各国税务部门代表、国际经济组织代表以及税收专家等共同组成，负责研究和制定国际税收合作与协调的政策、规则和标准。同时，该组织还应设立常设机构，负责日常的协调、监督和评估工作，确保各项合作措施得到有效实施。

其次，定期召开国际税收合作会议是加强国际税收合作与协调的重要途径。这些会议可以为各国税务部门提供一个平台，就共同关心的税收问题进行深入讨论和交流。会议内容可以包括分享各国在税收征管、政策制定和执法合作等方面的经验和做法，探讨跨国企业逃税和避税行为的最新动态和趋势，并共同研究制定应对措施等。

此外，建立信息共享和协作机制也是加强国际税收合作与协调的关键环节。各国税务部门可以通过签订信息共享协议，定期交换涉税信息，包括企业注册信息、纳税申报信息、税务稽查信息等，同时，建立协作机制，如联合审计、联合调查等，共同打击跨国企业的逃税行为。这种协作机制不仅可以提高打击逃税行为的效率和效果，还可以降低各国的执法成本。

（五）提高公众对国际税收合作与协调的认识和参与

公众对国际税收合作与协调的认识和参与对于推动全球数字经济健康发展具有重要意义。首先，公众作为税收的主体，对于税收的公平性和合理性有着直接的关切。加强公众对国际税收合作与协调的认识和理解，可以提高公众对税收政策的认同感和遵从度，从而降低税收征管的难度和成本。

其次，公众参与可以为国际税收合作与协调提供广泛的民意基础和支持。通过建立公众参与机制和渠道，鼓励公众积极参与国际税收合作与协调的行动和决策过程，可以增强各国政府在税收政策制定和执行中的合法性和有效性。同时，公众的参与和监督也可以促进国际税收合作与协调透明度的提升和问责制的建立，防止权力的滥用。

为了提高公众对国际税收合作与协调的认识和参与，各国应采取多种措施。首先，加强宣传教育是提高公众认识的有效途径。各国政府可以通过各种渠道和媒体，如电视、广播、报纸、互联网等，向公众普及国际税收合作与协调的重要性和意义，解释相关政策和规则，提高公众对税收问题的认知和理解。

其次，建立公众参与机制和渠道是促进公众参与的关键。各国政府可以通过举办公开论坛、开展问卷调查、设立意见箱等方式，收集公众对国际税收合作与协调的意见和建议，并将其纳入政策制定和执行的过程中。此外，各国政府还可以建立公众监督机制，如设立独立的监督机构或引入第三方评估机构等，对国际税收合作与协调的进展和效果进行评估和监督。

总之，加强国际税收合作与协调的组织建设和提高公众的认识和参与是推动全球数字经济健康发展的重要举措。通过建立健全的组织机构和合作机制以及提高公众的认识和参与，各国可以增强在税收领域的合作与协调能力，共同应对跨国逃税和避税行为，维护公平的税收环境并促进经济的持续增长。

第十六章 数字经济时代的财税管理体制机制创新

第一节 财税管理体制机制概述

随着数字经济的兴起，传统的财税管理体制面临着前所未有的挑战。为了适应这一变革，财税管理体制机制必须进行创新，以更有效地应对数字经济的特点和复杂性。

一、财税管理体制的概念和构成

（一）财税管理体制的定义

财税管理体制是一个国家对其财政和税收活动进行全面管理的综合体系。这个体系涵盖了多个方面，包括组织体系、法律法规、政策措施以及运行机制，旨在确保国家的财税活动得以有序、高效地进行。作为国家经济治理体系的核心部分，财税管理体制在维护国家财政稳定、促进经济发展和保障社会公平方面发挥着至关重要的作用。

（二）财税管理体制的构成要素

1. 组织体系

财税管理体制的组织体系是由多个政府机构和相关企事业单位、社会组织共同构成的。这个体系的建立旨在确保国家对财税活动的全面管理得以实现。

（1）政府机构：在财税管理体制中，政府机构起着主导作用。财政部门、税务部门、海关等机构是财税管理的主要执行者，负责制定和执行财税政策，管理财税收入，维护财税秩序。这些部门之间需要密切合作，以确保财税政策的连贯性和一致性。

（2）企事业单位和社会组织：除了政府机构外，与财税管理相关的企事业单位和社会组织也是财税管理体制的重要组成部分。这些单位和组织在经济活动中扮演着重要角色，它们的财税行为直接影响到国家的财税收入。因此，国家需要对这些单位和组织进行规范和管理，以确保其财税行为的合规性和公正性。

2. 法律法规

财税管理体制的法律法规是确保财税活动得以有序进行的基础和保障。这些法律法规为财税管理提供了具体的操作规范和行为准则，确保了财税管理的合法性和规范性。

（1）宪法：作为国家的根本大法，宪法为财税管理提供了最高层次的法律保障。它规定了国家财政和税收活动的基本原则和制度，为财税管理体制的建立和运行提供了法律基础。

（2）财税法：财税法是财税管理体制的核心法律。它规定了税收的种类、税率、税收征收程序等内容，为税收活动提供了具体的法律依据。同时，财税法还规定了国家财政收入的来源、支出范围和管理程序等内容，为财政活动提供了法律保障。

（3）预算法、会计法、审计法：这些法律与财税管理密切相关，为预算管理、会计核算和审计监督等提供了具体的法律依据和操作规范。预算法规定了预算编制、审批和执行等程序，确保预算的合规性和有效性；会计法规定了企业事业单位的会计核算和财务报告等制度，确保财务信息的准确性和可靠性；审计法规定了审计机关的职责和权限，对财税活动进行监督和检查，确保其合规性和效益性。

3. 政策措施

政策措施是财税管理体制的重要手段，用于调节经济运行、促进社会公平和实现国家发展战略。这些政策措施包括税收政策、财政政策、预算政策等。

（1）税收政策：税收政策是国家调节经济的重要手段之一。调整税率、税收优惠政策等措施可以影响企业和个人的税收负担，进而调节经济活动的成本和收益。例如，降低企业所得税税率可以减轻企业负担，促进企业发展；提高个人所得税起征点可以增加居民可支配收入，刺激消费需求。

（2）财政政策：财政政策是国家调节经济和社会发展的重要工具。调整财政支出结构、增加或减少政府投资等措施，可以影响经济增长和社会福利。例如，增加教育、医疗等民生领域的投入可以提高居民生活水平；加大基础设施建设投资可以促进经济增长和就业。

4. 运行机制

运行机制是确保财税管理体制高效运行的关键。这包括财税收入的征收、分配、使用和管理等环节，以及财税政策的制定、执行和监督等环节。为了确保这些环节的高效运行，需要建立健全的运行机制。这包括完善税收征管机制、加强财政预算管理、强化资金使用监督等措施，同时，还需要加强信息化建设和技术创新，提高财税管理的效率和准确性。例如，推广电子发票、电子化税收征管等措施可以降低征管成本，提高税收征收效率；建立预算绩效评价体系可以对预算执行情况进行科学评估和管理；加强审计监督和问责机制可以确保资金使用的合规性和效益性。

二、财税管理机制的运行和优化

（一）财税管理机制的运行特点

1. 法治化

财税管理的法治化是确保财税管理公平公正、规范有序的重要保障。在财税管理过程中，财税管理机构必须遵循国家法律法规的规定，依法进行财政收入、支出、预算等方面的管理工作。财税管理机构和人员要依法履行职责，严格执法，确保财税政策的贯彻执行，同时，要加强对财税管理行为的监督，防止违法违规行为的发生，维护财税管理的权威性和公信力。

2. 规范化

财税管理的规范化是提高管理准确性和有效性的重要手段。财税管理应遵循一定的规范和标准，包括财务管理制度、税收征管制度、预算管理制度等。这些规范和标准明确了财税管理的流程、操作和要求，确保了管理行为的准确性和一致性。规范化的财税管理也有助于降低管理成本，提高管理效率，为企业和纳税人提供更加便捷、高效的服务。

3. 信息化

利用信息技术手段提高财税管理的效率和准确性是信息化时代的要求。建设财税管理信息系统，实现财税数据的电子化、网络化，可以大大提高管理效率和质量。例如，通过电子税务局、电子支付等渠道，纳税人可以便捷地完成申报、缴税等操作；通过大数据分析技术，企业可以对财税数据进行深度挖掘和分析，为政策制定和决策提供科学依据。同时，信息技术手段还可以降低管理成本，减少人力和物力的投入。

4. 国际化

适应全球经济一体化趋势，加强国际财税合作与协调是财税管理机制的重要特点。随着跨国企业、跨境贸易的增多，国际税收问题日益凸出。为了维护国际税收秩序，各国需要加强合作与协调，共同打击跨国逃税和避税行为。此外，各国还需要在国际税收规则制定、税收征管等方面加强交流与合作，共同应对全球性挑战。

（二）财税管理机制的优化方向

1. 加强法治建设

完善财税法律法规体系是提高财税管理法治化水平的重要举措。各国要根据经济社会发展需要和国家治理要求，及时修订和完善相关法律法规，确保法律法规的针对性和可操作性；要加大执法力度，严格依法查处违法违规行为，维护财税管理的权威性和公信力。此外，要加强对财税管理人员的法律培训和道德教育，增强其法律意识和职业素养。

2. 推进数字化转型

运用大数据、云计算、人工智能等技术手段提高财税管理的智能化水平是数字化转型的核心内容。各国要加快财税管理信息系统的建设和完善，实现数据的实时共享和交换，提高数据的质量和利用效率。通过大数据分析技术，各国可以对财税数据进行深度挖掘和分析，为政策制定和决策提供科学依据，同时，要加强对数字化转型的投入和支持，培养专业人才队伍，提高数字化转型的能力和水平。

3. 优化税收结构

根据经济发展需要和社会公平原则调整税收政策和税收结构是优化税收结构的重要任务。各国要降低企业负担，促进经济发展，同时要关注社会公平和民生保障问题；要加强对创新型企业和小微企业的税收支持力度推动其发展和创新；要加强个人所得税征管，确保其公平性和有效性，防止逃税行为的发生。

4. 强化预算约束

加强预算管理，硬化预算约束是提高财政资金使用效益的重要手段。各国要完善预算管理制度，明确预算编制、执行、监督等各环节的责任和要求；要加强对预算执行的监督和审计，确保其合规性和有效性；要建立预算绩效评价体系，对预算资金的使用效益进行评估和优化，提高财政资金的配置效率和使用效益。

5. 深化财税体制改革

推进财税体制改革，完善现代财政制度是提高国家治理体系的治理能力及现代化水平的重要途径。各国要深化预算管理制度，改革完善转移支付制度，推进事权和支出责任相适应的制度建设；要深化税收制度，改革完善地方税体系，逐步提高直接税比重，健全以所得税和财产税为主体的直接税体系；要加强财政风险管理，防范化解地方政府债务风险，确保财政安全和可持续发展。

三、财税管理体制机制对企业财税管理的影响

（一）提高企业财税合规意识

随着财税管理体制的日趋严格，企业财税合规已经成为企业运营的基本要求。为提高企业财税合规意识，企业应从以下几个方面入手。

（1）加强法律法规培训：企业应定期组织员工进行财税法律法规的培训，确保员工对相关法律法规有深入的了解。通过培训，员工可以更好地理解财税合规的重要性，并

在实际工作中遵守相关规定。

（2）建立内部合规制度：企业应制定完善的内部财税管理制度，明确各项财税管理流程和操作规范。制度应覆盖企业财税管理的各个方面，如纳税申报、发票管理、会计核算等。通过制度的执行，企业可以确保在财税管理方面的合规性。

（3）强化内部审计与监督：企业应设立内部审计部门，定期对财税管理工作进行审计和监督。通过审计，企业可以发现潜在的财税风险和问题，并及时进行整改。同时，企业还应鼓励员工之间进行相互监督，共同维护企业的财税合规。

（4）营造合规文化氛围：企业应在内部营造一种重视财税合规的文化氛围，让员工充分认识到财税合规对于企业的重要性，通过举办合规知识竞赛、分享合规案例等方式，提高员工的合规意识和风险防范能力。

（二）促进企业财税管理创新

在数字经济时代，传统的财税管理方式已经难以适应企业的发展需求。为促进企业财税管理创新，企业应采取以下措施。

（1）引入信息技术手段：企业应积极引入信息技术手段，如大数据、云计算、人工智能等，对财税数据进行深度挖掘和分析，通过信息技术手段的应用，可以提高财税管理的效率和准确性，降低管理成本。

（2）建立数字化财税管理系统：企业应构建数字化财税管理系统，实现财税数据的实时更新和共享，通过系统化管理，可以简化财税管理流程，提高工作效率。同时，数字化管理系统还可以降低人为错误的风险，确保财税数据的准确性。

（3）探索智能化决策支持：企业应借助人工智能等技术，构建智能化决策支持系统，为财税管理提供实时、准确的数据分析和预测。通过智能化决策支持，企业可以更加科学地进行财税规划和风险管理。

（4）加强跨部门协作与沟通：企业应建立跨部门协作机制，确保各部门在财税管理方面的协同配合，通过定期召开跨部门会议和分享经验/做法，促进部门之间的沟通与协作，共同推动财税管理创新。

（三）增强企业竞争力

合理的税收政策和财政支持有助于降低企业负担，提高企业竞争力。为增强企业竞争力，企业应采取以下措施。

（1）关注税收优惠政策：企业应密切关注政府发布的税收优惠政策，如减税降费、研发费用加计扣除等，通过合理利用这些政策，可以降低企业税负，增加盈利能力。

（2）提高资金使用效率：企业应合理安排资金使用，确保资金在运营过程中的高效流转，通过优化资金结构、降低财务成本等方式，可以提高企业的盈利能力和市场竞争力。

（3）加强成本控制与管理：企业应建立完善的成本控制体系，对各项成本进行精细化管理和核算，通过降低成本、提高效益，可以增强企业的市场竞争力和盈利能力。

（4）拓展市场份额与渠道：企业应积极拓展市场份额和渠道，扩大产品销售和服务范围，通过拓展市场、提高市场占有率，可以增强企业的竞争力和抗风险能力。

（四）推动企业社会责任履行

在财税管理体制的引导下，企业应积极履行社会责任，参与公益事业和绿色发展。为推动企业社会责任履行，企业应采取以下措施。

（1）关注社会热点问题与需求：企业应密切关注社会热点问题和需求变化，及时调整自身业务方向和策略，以更好地满足社会需要和解决社会问题，从而赢得良好口碑和市场信誉。

（2）参与公益事业与捐赠活动：企业应积极参与公益事业和捐赠活动，如在教育、扶贫、环保等领域投入资金和资源，为社会做出贡献并树立良好的企业形象和品牌价值。同时，通过与公益机构的合作与交流，企业可以拓展自身资源和影响力，提升综合竞争力。

（3）推广绿色发展与可持续发展理念：企业应推广绿色发展和可持续发展理念，在产品设计、生产、销售等环节，注重环保和资源利用，降低对环境的负面影响并提高产品附加值和市场竞争力，从而赢得更多消费者认可和市场份额。

（4）建立完善的社会责任管理体系与机制保障措施：为确保企业社会责任履行的有效性和可持续性，企业应建立完善的社会责任管理体系和机制，保障措施，包括目标设定、绩效评估、信息披露等方面，以确保各项工作落到实处并取得实效，从而为企业长期发展奠定坚实基础并获得更多利益相关方支持与认可。

（五）拓展企业发展空间

在全球化趋势不断加强的背景下，通过参与国际财税合作与协调，企业可以拓展海外市场和资源，提高企业国际化水平和发展空间。为拓展企业发展空间，企业应采取以下措施。

（1）了解国际财税规则与政策：企业应深入研究国际财税规则和政策，如国际税收协定、避免双重征税协定等。通过了解这些规则和政策，企业可以在海外运营中降低税务风险，提高盈利能力。

（2）建立海外财税管理团队：企业应组建专业的海外财税管理团队，具备丰富的国际财税知识和实践经验。团队应负责海外项目的财税规划、风险管理等工作，确保企业在海外市场的合规运营。

（3）加强跨国合作与联盟：企业应积极寻求与其他国家或地区企业的跨国合作与联盟，共同开发海外市场和资源。通过合作，企业可以借鉴彼此的优势和经验，降低成本，提高市场竞争力。

（4）投资海外研发与创新项目：企业应关注海外研发和创新项目，投资具有战略价值和技术前景的领域。通过海外研发和创新，企业可以掌握先进技术，提升产品质量和性能，增强国际竞争力。

（5）培养国际化人才：企业应重视国际化人才的培养和引进，提高员工在国际业务中的综合素质和能力，通过培训、交流等方式，拓宽员工的国际视野和跨文化沟通能力，为企业拓展海外市场提供有力支持。

第二节　数字经济对传统财税管理体制机制的挑战与问题

一、传统财税管理体制机制的局限性

（一）税收征管的滞后性

在传统财税管理体制下，税收征管工作的滞后性是一个显著的问题。这种滞后性主要体现在对信息化技术的应用不足，导致税收征管效率不高，同时也增加了纳税人的遵从成本。

首先，传统税收征管模式主要依赖人工操作进行税收征管工作。税务部门需要大量的人力资源进行纳税申报的审核、税款的计算以及征收等工作。然而，由于人力资源有限，税务部门往往难以及时处理大量的涉税信息，导致税收征管的效率受到严重影响。此外，人工操作容易出现错误和疏漏，给纳税人带来不必要的麻烦和损失。

其次，传统税收征管模式下的信息化程度较低。尽管近年来税务部门在信息化建设方面取得了一定的进展，如电子税务局的建设和推广，但与发达国家相比，我国税收征管的信息化水平仍然较低。一方面，一些地区的税务部门尚未实现全面的电子化办公，仍采用纸质申报和缴款方式，这不仅增加了纳税人的办税成本，也制约了税收征管的效率提升。另一方面，税务部门在数据挖掘和分析方面的能力有限，难以从海量的涉税信息中发现潜在的风险和问题。

最后，在传统税收征管模式下，纳税人的遵从成本较高。由于税收政策和征管流程复杂多变，纳税人需要花费大量时间和精力了解相关法规和政策，以确保自己的纳税行为合规。然而，由于信息不对称和缺乏透明度，纳税人往往难以全面了解和掌握相关法规和政策的变化，导致遵从成本增加。此外，一些地区存在的税收执法不规范和任意性问题也增加了纳税人的不确定性和风险感知，进一步推高了遵从成本。

（二）税收政策的僵化性

在传统财税管理体制下，税收政策的僵化性是一个突出问题。这种僵化性主要表现为税收政策制定和调整的周期较长，难以适应经济社会的快速发展。同时，僵化性的税收政策也限制了其对经济发展的调节作用。

首先，传统税收政策的制定和调整过程较为烦琐和耗时。税收政策的制定需要经过多个部门的协商和审批，涉及各方利益的平衡和妥协。然而，由于各部门之间存在信息不对称和利益诉求差异，这导致政策制定过程漫长且效率低下。此外，税收政策调整还需要考虑对现有政策的影响和衔接问题，进一步增加了政策调整的难度和时间成本。

其次，传统税收政策的僵化性限制了其对经济发展的调节作用。税收政策是国家调节经济的重要手段之一，通过调整税率、税收优惠等措施可以影响企业和个人的经济行为。然而，由于传统税收政策的僵化性，税收政策往往难以及时适应经济社会的发展变化。例如，在新兴产业快速发展的背景下，传统税收政策难以为这些产业提供有针对性的支持和引导。此外，在全球经济一体化的趋势下，传统税收政策的僵化性也制约了我国参与国际竞争和合作的能力。

（三）财税数据的孤岛性

在传统财税管理体制下，财税数据主要存储在各部门、各地区的独立系统中，数据之间缺乏互联互通，形成了"数据孤岛"。这不仅影响了数据的利用效率，也制约了财税管理的精细化水平。

首先，各部门之间缺乏统一的数据标准和格式，导致数据难以实现有效整合和共享。例如，财政部门的数据与税务部门的数据可能存在差异，使得两个部门之间的数据交换和比对变得困难。

其次，各地区之间缺乏数据交换机制，导致数据难以实现跨地区流动和利用。这限制了中央政府对全国财税数据的全面掌控和分析能力，也影响了地方政府之间的合作和资源共享。

最后，由于缺乏有效的数据安全保障措施，各部门和地区在数据共享方面存在顾虑和障碍。这种数据孤岛现象不仅影响了财税管理的效率和准确性，也制约了政府决策的科学性和有效性。

为了解决这一问题，各国需要加强跨部门、跨地区的数据整合和共享机制建设，推动财税数据的互联互通和共享利用。通过建立统一的数据标准和格式、加强数据安全保障措施、建立数据交换机制等措施，各国可以有效消除数据孤岛现象，提高财税数据的利用效率和价值挖掘能力。

（四）财税监管的局限性

在传统财税管理体制下，财税监管主要依赖事后审计和专项检查，缺乏对经济活动的实时监控和预警机制。这导致一些违法行为难以及时发现和查处，增加了财税风险。

首先，事后审计和专项检查只能对已经发生的经济活动进行审查，难以及时预防和纠正违法行为。这可能导致国家财政收入的流失和浪费，损害公共利益。

其次，由于缺乏实时监控机制，一些企业或个人可能利用监管漏洞进行偷税漏税等违法行为，给国家财政造成损失。这不仅影响了税收的公平性和效率性，也破坏了市场经济的正常秩序。

最后，传统财税监管模式监管手段单一，主要依靠人工审查和抽样检查，难以全面覆盖所有经济活动和纳税人，存在监管盲区和漏洞。这限制了监管部门的执法能力和效果，也使得一些违法行为得以逃脱法律制裁。

为了弥补这些局限性，各国需要加强财税监管的信息化建设和技术创新，提高监管手段和方法的科学性和有效性。通过建立实时监控和预警机制、完善风险评估体系、推广大数据和人工智能等先进技术，各国可以提高财税监管的精准度和效率，降低财税风险，保障国家财政收入的安全和稳定，同时还需要加强执法力度和完善法律法规体系，确保违法行为得到及时查处和严厉打击，维护国家财政秩序和市场经济的健康发展。

二、数字经济带来的财税新问题

（一）数字化产品的征税问题

随着数字技术的飞速发展，数字化产品如雨后春笋般涌现，涵盖了电子书、软件、在线服务等众多领域。这些产品具有无形性和跨境性等特点，使得传统税收征监管模式面临着一系列挑战。

首先，数字化产品的无形性使得其难以被准确估值和征税。与实体商品不同，数字化产品的价值往往难以量化，且易于复制和传播。这导致税务机关难以确定数字化产品的真实价值和应纳税额，容易造成税收流失。

其次，数字化产品的跨境性使得税收管辖权变得模糊。由于数字化产品可以通过互联网在全球范围内进行交易,税务机关难以确定应在哪个国家或地区对其征税。这不仅增加了税收征管的复杂性,也容易导致双重征税和逃税行为的发生。

为了解决数字化产品的征税问题,税务机关需要采取一系列措施:首先,应完善数字化产品的估值方法,建立科学的税收标准,这需要对数字化产品的价值进行深入研究,确定合理的估值方法和税率;其次,应加强国际合作,建立统一的税收规则和标准,通过国际间的信息共享和协作,可以确保对数字化产品的公平征税,防止双重征税和逃税行为的发生。

(二)跨境数字服务的税收管辖权问题

随着数字经济的全球化发展,跨境数字服务,如云计算、在线支付等服务日益增多。这些服务的提供者和消费者可能位于不同的国家和地区,导致税收管辖权的归属成为一个难题。如何在维护各国税收权益的同时,避免双重征税和逃税行为,是数字经济时代财税管理面临的重要课题。

在跨境数字服务中,由于服务的提供者和消费者往往不在同一国家或地区,税务机关难以确定应在哪个国家或地区对其征税。此外,跨境数字服务的交易往往具有匿名性和隐蔽性,增加了税务机关对其进行监管的难度。为了解决这一问题,税务机关需要加强国际合作和信息共享,建立统一的税收规则和标准。通过国际间的协作和配合,税务机关可以确保对跨境数字服务的公平征税,防止税收流失和逃税行为的发生。

(三)数据价值的征税问题

在数字经济中,数据已经成为一种重要的生产要素和资产。然而,传统财税管理体制并未将数据价值纳入征税范围。如何对数据价值进行合理评估和征税,成为数字经济时代财税管理的新挑战。

数据的价值主要体现在其对于商业决策、产品开发、市场营销等方面的支撑作用。然而,由于数据的无形性和易复制性等特点,使得税务机关难以对其价值进行准确评估。此外,数据的交易往往具有隐蔽性和匿名性等特点,也增加了税务机关对其进行监管的难度。为了解决这一问题,税务机关需要建立数据价值的评估标准和方法,完善数据交易的税收制度,通过对数据的价值进行深入研究和评估,可以确定合理的税率和应纳税额,确保公平征税。

(四)数字货币的涉税问题

随着数字货币的兴起和发展,其涉税问题也日益凸显。数字货币的交易具有匿名性、跨境性等特点,给税收征管带来了难度。如何对数字货币进行有效监管和征税,是数字经济时代财税管理面临的新课题。

数字货币的交易具有匿名性和隐蔽性等特点，使得税务机关难以对其进行有效监管和征税。此外，数字货币的跨境性也增加了税务机关对其进行管理的难度。为了解决这一问题，税务机关需要加强对比特币等数字货币的研究和管理，完善数字货币交易的税收制度。通过对数字货币的交易进行深入研究和分析，税务机关可以确定合理的税率和应纳税额，确保对数字货币的公平征税。同时，税务机关还需要加强与金融机构、支付平台等的合作，共同打击利用数字货币进行的非法活动，维护金融市场的稳定和安全。

（五）数字平台经济的税收问题

数字平台经济，如电商、共享经济等，已成为数字经济发展的重要引擎。然而，这些平台经济的税收征管也面临着诸多挑战。如何对平台经济进行合理征税，同时保护其创新和发展活力，是数字经济时代财税管理需要解决的问题。

电商平台和共享经济平台为消费者和企业提供了便捷的交易和服务，但也给税收征管带来了难度。由于平台经济的交易具有跨境性和隐蔽性等特点，使得税务机关难以对其进行有效监管和征税。为了解决这一问题，税务机关需要与平台企业建立合作关系，共同推进税收征管的创新和改革。具体做法包括如下。

建立数据共享机制：税务机关与平台企业建立数据共享机制，获取平台交易的相关数据，为税收征管提供依据。

制定合理的税收政策：平台应制定合理的税收政策，确保税收的公平性和合理性。

强化税收征管力度：税务机关应加大对平台经济的税收征管力度，防止税收流失和逃税行为的发生。

提供税收优惠政策：为了促进平台经济的健康发展，税务机关可以提供一定的税收优惠政策，鼓励创新和创业。

通过对平台经济的交易进行深入研究和分析，可以确定合理的税率和应纳税额，确保对平台经济的公平征税。同时，税务机关还需要加强对平台企业的支持和引导，促进其健康发展，为数字经济发展贡献力量。例如，税务机关可以与平台企业共同开展培训活动，提高平台企业的税收意识和合规水平，还可以为平台企业提供涉税咨询和服务，帮助其解决税收问题。

三、财税管理体制机制面临的调整和改革需求

（一）完善数字化税收征管体系

随着数字经济的蓬勃发展，完善数字化税收征管体系已成为税收管理的迫切需求。为实现这一目标，应采取以下措施。

1. 大数据与人工智能技术的融合应用

通过运用大数据和人工智能技术，税务部门可以实现对涉税信息的实时采集、分析和监控，例如，利用数据挖掘技术对海量涉税数据进行深度分析，发现潜在的税收风险和违规行为；利用机器学习技术对纳税人行为进行预测，提高风险管理水平。

2. 跨部门、跨地区涉税信息共享与互联互通

为推动跨部门、跨地区的涉税信息共享和互联互通，税务部门应与其他政府部门、金融机构等建立数据共享机制，通过数据交换平台，实现涉税信息的实时传递和查询，打破"数据孤岛"现象，提高税收征管的协同效率。

3. 电子化税务局建设

通过建设电子化税务局，税务部门实现涉税业务的全程电子化办理。纳税人可以通过电子税务局进行在线申报、缴税、查询等业务，提高办税效率，降低办税成本。同时，电子税务局还可以提供智能咨询服务，帮助纳税人更好地了解税收政策和规定。

4. 强化网络安全保障措施

在完善数字化税收征管体系的过程中，税务部门应重视网络安全保障措施的建设，通过加强数据加密、访问控制、安全审计等技术手段的应用，确保涉税信息的安全性和完整性，同时，定期开展网络安全培训和演练活动，提高税务人员的网络安全意识和应对能力。

（二）制定灵活的税收政策体系

为适应数字经济的快速变化和创新发展需求，制定灵活的税收政策体系至关重要。具体而言，应采取以下措施。

1. 缩短政策制定周期

为满足数字经济的快速发展需求，政策制定者应缩短税收政策的制定周期，通过建立快速反应机制，及时收集和分析数字经济领域的新情况、新问题，为政策制定提供有力支持。

2. 建立动态调整机制

为适应数字经济的创新发展需求，税收政策应具备动态调整能力。税务部门通过建立定期评估机制，对税收政策的执行效果进行评估和调整，确保政策的针对性和有效性，同时，鼓励社会各界参与政策制定过程，提高政策的民主性和科学性。

3. 加大对创新型企业和小微企业的税收支持力度

为推动数字经济的发展和创新，税收政策应加大对创新型企业和小微企业的支持力度。税务部门通过减税降费、研发费用加计扣除等措施，降低企业负担，激发创新活力，

同时，为小微企业提供税收优惠政策和融资支持，促进其健康发展。

（三）建立数据价值评估与征税机制

随着数据成为数字经济的核心资源，建立数据价值评估与征税机制具有重要意义。具体而言，税务部门应采取以下措施。

1. 制定数据价值评估标准和方法

为实现对数据价值的合理评估，税务部门应制定数据价值评估标准和方法，通过对数据的类型、来源、质量等方面进行量化评估，确定数据的价值大小，同时，鼓励第三方评估机构参与数据价值评估工作，提高评估的公正性和准确性。

2. 完善数据交易税收制度

为适应数据市场的发展需求，税务部门应完善数据交易税收制度，通过明确数据交易的征税对象、征税基数、税率等方面的规定，确保数据交易的合法性和合规性，同时，加强对数据市场的监管和规范发展秩序，防止数据交易中的偷税、漏税行为。

（四）加强国际税收合作与协调

在数字经济全球化的背景下，加强国际税收合作与协调显得尤为重要。为确保各国税收政策的公平性和一致性，各国应采取以下措施。

1. 参与国际税收规则制定

我国应积极参与国际税收规则制定过程，与其他国家共同研究和制定适应数字经济发展需求的国际税收规则，通过参与国际税收组织、参加国际会议等方式，增强我国在国际税收领域的话语权和影响力。

2. 开展跨国税收信息共享与合作

我国应与其他国家开展跨国税收信息共享与合作，共同打击跨国逃税和避税行为，通过建立国际税收信息交换机制，实现涉税信息的实时传递和查询，提高税收征管的跨国协同效率。

3. 推进税收争端解决机制建设

为解决国际税收争端，我国应推进税收争端解决机制建设，通过与其他国家签订双边或多边税收协定，明确税收争端的解决方式和程序，同时，积极参与国际税收仲裁机构的建设和运行，提高税收争端解决的效率和公正性。

第三节　基于大数据的财税管理体制机制优化与创新策略

一、利用大数据技术推动财税管理体制机制的数字化转型

（一）数据驱动的财税决策模式创新

随着大数据技术的不断发展和应用，财税管理部门正在迎来数据驱动的财税决策模式创新。这种新模式的核心在于利用大数据的实时性和全面性，为财税政策制定提供更具前瞻性和针对性的决策依据。

首先，通过大数据技术，财税管理部门可以实时、全面地掌握经济运行情况。传统的财税决策往往依赖于定期发布的统计数据或抽样调查，这些数据往往具有滞后性和局限性。而大数据技术则可以通过对海量数据的实时收集和处理，及时反映经济活动的最新动态和变化趋势，从而为财税政策的制定提供更为准确和全面的信息支持。

其次，通过大数据分析，财税管理部门可以预测政策实施效果，为政策调整提供决策依据。在传统的财税决策模式下，政策制定者往往难以准确预测政策的实施效果，需要在实践中不断试错和调整。而大数据技术则可以通过对历史数据和实时数据的深度分析和挖掘，预测政策实施的可能影响和效果，从而为政策制定者提供更为科学和可靠的决策依据。

最后，数据驱动的财税决策模式创新还需要建立完善的数据治理机制。这包括确保数据的准确性和完整性、保护数据的隐私和安全、促进数据的共享和利用等。只有建立了完善的数据治理机制，才能确保大数据技术在财税决策中的有效应用，避免数据误导和滥用等风险。

（二）智能风险识别与防范

在财税管理中，风险识别和防范是一项重要任务。传统的风险识别和防范手段主要依赖于人工审查和抽样检查，难以全面覆盖所有风险点。而大数据和 AI 技术的结合，则可以实现对财税风险的智能识别、预警和应对。

首先，通过对海量数据的深度挖掘和分析，税务部门能够发现传统手段难以察觉的风险点，例如，通过对企业的财务数据、交易数据、社交媒体数据等多维度数据的综合分析，可以发现企业的异常交易行为、关联方交易、虚假报税等风险点。

其次，通过 AI 技术，税务部门可以实现风险的智能预警和应对。例如，通过建立风险预警模型，税务部门可以对企业的涉税行为进行实时监控和预警，一旦发现异常行为或可疑交易，及时推送预警信息给相关部门进行核查和处理。同时，AI 技术还可以对历史风险数据进行深度学习和训练，提高风险识别和预警的准确性和效率。

最后，智能风险识别与防范还需要加强数据安全保护和隐私保护。这包括建立完善的数据安全保障体系、加强数据访问控制和加密保护、建立数据泄露应急响应机制等。只有保障了数据的安全性和隐私性，才能确保智能风险识别与防范工作的顺利开展。

（三）数字化税收征管的效率提升

随着数字化技术的飞速发展，税收征管已经进入了一个全新的时代。传统的税收征管模式，受限于技术和人力资源，往往导致申报、审核等流程烦琐且耗时较长，容易出现人为错误和疏漏。然而，大数据技术的崛起为税收征管带来了前所未有的机遇，使得税收征管变得更为高效和精准。

大数据技术支持下的自动化税务处理系统，通过对涉税数据的自动采集、分析和处理，实现了申报表的自动生成、审核流程的自动化以及税款的自动计算和征收等功能。具体来说，企业或个人在完成经济活动后，相关的交易数据会自动传输到税务系统中，系统根据预设的规则和标准，自动对数据进行清洗、分类和处理，生成相应的申报表。同时，系统还可以自动对申报表进行审核，检查数据的准确性和完整性，如果发现错误或遗漏，会自动提示企业或个人进行修改。这种自动化的处理方式，不仅大大提高了税收征管的效率和质量，也减少了人为错误和疏漏的可能性。

此外，通过对税收数据的实时分析，还能加强对偷税、漏税等行为的打击力度，维护税收的公平性和秩序性。传统的税收征管模式由于数据处理的滞后性和局限性，很难及时发现和查处偷税、漏税等行为。而在大数据技术的支持下，税务部门可以实时掌握企业和个人的涉税数据，通过对数据的深度分析和挖掘，发现异常交易和可疑行为，及时进行核查和处理。这种实时监控和预警机制，大大提高了税收征管的精准度和效率，也降低了国家财政收入的流失风险。

自动化税务处理系统的应用还带来了其他方面的效益。首先，它降低了纳税人的申报成本和时间成本。在传统的申报模式下，纳税人需要花费大量的时间和精力来收集和处理申报数据。而在自动化系统的帮助下，这些工作都可以由系统来完成，纳税人只需要对系统生成的申报表进行确认即可。其次，它提高了税务部门的服务质量和效率。自动化系统可以快速处理大量的申报数据，减少了税务部门的工作负担，使得他们有更多的时间和精力来提供优质的服务和支持。

然而，尽管大数据技术为税收征管带来了巨大的效益，但也面临着一些挑战和问题。首先，数据安全和隐私保护是一个重要的议题。涉税数据具有高度的敏感性，如果不加以妥善保管和使用，可能会造成严重的后果。因此，税务部门需要建立完善的数据安全保障体系，加强数据的访问控制和加密保护，防止数据泄露和滥用。其次，数据质量和准确性也是一个关键的问题。自动化系统依赖于高质量的数据来生成申报表和进行计算，如果数据存在错误或遗漏，可能会导致错误的结果和决策。因此，税务部门需要建立完善的数据质量监控机制，定期对数据进行清洗和校验，确保数据的准确性和完整性。

（四）优化资源配置与服务体验

通过大数据分析，可以更准确地掌握纳税人的需求和偏好，从而提供更个性化、便捷的服务。在传统的税收征管模式下，税务部门往往只能提供一般性的服务和支持，很难满足纳税人的个性化需求。而在大数据技术的支持下，税务部门可以对纳税人的历史申报数据、咨询记录等行为数据进行深度分析和挖掘，发现他们的服务需求和偏好，为他们推荐相关的税收政策和服务。这种个性化的服务方式，不仅可以提高纳税人的满意度和遵从度，也可以提高税务部门的服务效率和效益。

数据可视化等技术还能帮助纳税人更好地理解财税政策，提高纳税遵从度。财税政策往往涉及复杂的法律法规和计算规则，对于普通纳税人来说很难理解和掌握。而通过数据可视化技术，复杂的政策内容被转化为直观易懂的图表和动画，这可以帮助纳税人快速理解和掌握政策要点。这不仅提高了纳税人的遵从度，也降低了他们因为误解政策而产生的风险和损失。

大数据技术还可以用于优化资源配置，提高财税管理的效率和效益。通过对涉税数据的深度分析和挖掘，可以发现资源配置中的瓶颈和问题，为资源优化配置提供决策支持，实现资源的最大化利用和价值最大化。具体来说，税务部门可以通过对涉税数据的分析来评估不同地区的税收贡献和风险水平，从而制定相应的资源配置策略，将有限的资源投入到最需要的地方去。这种基于数据的决策方式不仅可以提高资源的利用效率，也可以降低资源的浪费和损失。

总的来说，大数据技术在税收征管中的应用带来了巨大的效益，但也面临着一些挑战和问题。为了充分发挥大数据技术的潜力，税务部门需要建立完善的数据治理机制，保障数据的准确性和安全性；加强技术的研发和应用培训，提高税务人员的技术素养和应用能力；推动数字化税收征管的持续创新和发展。

同时，税务部门还需要关注大数据技术的合规性和道德性，确保其在税收征管中的应用符合法律法规和伦理规范，例如，需要保护纳税人的隐私和个人信息安全，避免数据泄露和滥用；需要确保数据分析的公正和透明，避免出现歧视和不公平的情况。

未来随着技术的不断进步和应用场景的不断拓展，大数据技术在税收征管中的应用将会越来越广泛和深入，将为税收征管的现代化和数字化转型提供有力支撑。

二、构建新型的财税管理平台，提高财税管理的效率和透明度

（一）平台化整合与管理

为了应对数字经济时代的财税管理挑战，搭建一个统一的财税管理平台至关重要。该平台应能实现各业务系统之间的数据互通与业务协同，确保数据的流畅交互和业务的无缝对接。

在传统的财税管理中，各业务系统往往独立运行，数据之间缺乏互通性，导致"数据孤岛"现象严重。这不仅增加了管理成本，还降低了整体运营效率。为了解决这一问题，税务部门需要对现有的业务系统进行整合，构建一个统一的财税管理平台。

该平台应采用先进的技术架构，确保数据的实时同步和业务的高效协同，通过制定统一的数据标准和接口规范，实现各业务系统之间的数据共享和业务整合。此外，该平台还应具备良好的扩展性和灵活性，以适应未来业务的发展和创新。

实施平台化整合与管理将大大提高财税管理的效率和准确性。各业务系统之间的数据互通将消除信息壁垒，确保数据的准确性和一致性。同时，业务协同将加强部门之间的合作与沟通，形成合力，共同推动财税管理的创新和发展。

（二）透明化的信息公开机制

为了增强政府公信力和纳税人的信任感，税务部门需要建立一个透明化的信息公开机制。该机制应利用大数据和区块链技术，确保涉税信息的真实性和不可篡改性。

传统的信息公开方式往往存在信息不透明、数据易被篡改等问题，导致纳税人对政府的信息公示缺乏信任。为了解决这一问题，税务部门可以借助区块链技术，构建一个去中心化的财税信息公示系统。

该系统应采用加密算法，确保数据的安全性和不可篡改性。所有涉税信息一经上链，将无法被篡改或删除，从而确保信息的真实性和准确性。同时，该系统还应具备良好的透明性和可查询性，纳税人可以通过公开渠道查询相关涉税信息，增强对政府的信任感。

实施透明化的信息公开机制将有助于提高政府公信力，增强纳税人的信任感。同时，这也有助于减少信息不对称所导致的税收风险，维护税收公平和市场秩序。

（三）智能化的决策支持系统

为了制定更加科学、合理的财税政策，税务部门需要构建一个智能化的决策支持系

统。该系统应基于大数据和 AI 技术，为财税管理部门提供实时、准确的数据分析和预测。

传统的决策方式往往依赖于人工分析和经验判断，存在主观性强、效率低下等问题。而基于大数据和 AI 技术的智能化决策支持系统可以克服这些不足，提供更加客观、准确的决策依据。

该系统应能对海量数据进行深度挖掘和分析，发现数据背后的规律和趋势。通过运用机器学习、深度学习等算法，对财税数据进行预测和模拟分析，为决策者提供有价值的参考信息。同时，该系统还应具备良好的可视化功能，将数据以图表、图像等形式展示出来，便于决策者理解和使用。

实施智能化的决策支持系统将有助于提高财税管理部门的决策效率和准确性。这将有助于制定更加科学、合理的财税政策，推动数字经济的健康发展。

（四）云端化的服务模式创新

随着云计算技术的日益成熟，云端化服务模式在各行各业中得到了广泛的应用。财税管理作为政府服务的重要组成部分，也需要紧跟时代步伐，实现云端化的服务模式创新。

1. 云端化服务模式的优势

云端化服务模式的核心优势在于突破时空限制，为纳税人提供更加便捷、高效的服务体验。传统的财税服务需要纳税人亲自前往办税服务厅，排队等待办理业务，这不仅浪费了纳税人的时间和精力，也增加了办税服务厅的工作压力。而云端化服务模式则可以使纳税人通过互联网随时随地访问财税服务平台，办理相关业务和查询信息，大大提高了办事效率。

此外，云端化服务模式还具有以下优势。

（1）降低成本：云端化服务模式可以大大降低纳税人的办事成本，减少交通费用和时间成本，同时，对于财税管理部门来说，也可以降低服务成本，提高服务效率。

（2）提高服务质量：云端化服务模式可以实现服务的标准化和规范化，提高服务质量。通过优化服务流程和改进服务方式，为纳税人提供更加优质、高效的服务体验。

（3）促进数字化转型：云端化服务模式可以促进财税管理的数字化转型，推动财税管理的创新和升级，通过运用云计算、大数据、人工智能等先进技术，实现财税管理的智能化和自动化，提高管理效率和服务水平。

2. 云端化服务模式的实现路径

要实现云端化的服务模式创新，需要从以下几个方面入手。

（1）建设财税服务平台：首先，税务部门需要建设一个统一的财税服务平台，实现各业务系统之间的数据互通和业务协同。该平台应具备高可用性、高扩展性和高安全性等特点，以满足纳税人的需求。

（2）推广移动应用：为了满足纳税人的移动化需求，税务部门需要推广移动应用，使纳税人可以通过手机等终端随时随地访问财税服务平台。移动应用应具备简洁易用、功能齐全等特点，以提高用户体验。

（3）加强宣传和培训：为了让纳税人了解和使用云端化服务模式，税务部门需要加强宣传和培训力度，通过制作宣传资料、开展培训活动等方式，提高纳税人对云端化服务模式的认知度和使用率。

（4）持续优化服务：为了不断提高服务质量，税务部门需要持续优化服务流程和改进服务方式，通过收集纳税人的反馈意见和建议，及时调整服务策略和优化服务体验。

（五）数据安全保障与隐私保护

在利用大数据进行财税管理的过程中，数据安全和隐私保护问题不容忽视。为了保障数据的安全性和完整性以及保护纳税人的隐私权和合法权益，税务部门需要采取以下措施。

1. 建立严格的数据管理制度

税务部门需要建立一套严格的数据管理制度来规范数据的收集、存储、传输和处理过程。该制度应明确数据的来源、使用目的、存储期限等关键信息并规定数据的访问权限和使用规范。同时，税务部门还需要建立数据审计机制，定期对数据进行审查和监控，确保数据的安全性和合规性。

2. 运用加密技术应用

为了保障数据的安全性，税务部门需要运用加密技术应用来对数据进行加密处理，通过采用先进的加密算法和密钥管理技术，确保数据在传输和存储过程中的保密性和完整性，同时税务部门还需要建立数据备份和恢复机制以防止数据丢失和损坏。

3. 强化访问控制和权限管理

税务部门需要加强对涉税信息的访问控制和权限管理，确保只有授权的人员能够访问和使用相关数据，通过建立多层次的权限管理体系，实现数据的精细化管理和控制，同时，税务部门还需要建立数据使用日志，记录所有数据的访问和使用情况以便于审计和追溯。

4. 加强数据安全培训和意识提升

为了保障数据的安全，税务部门需要加强数据安全培训和意识提升工作。通过开展定期的培训活动，提高纳税人和财税管理部门工作人员的数据安全意识和技能水平。

同时，税务部门还需要加强宣传和推广工作，提高全社会对数据安全和隐私保护的重视程度。

三、加强企业内部跨部门协作，提升整体运营效率

（一）打通数据壁垒，实现信息共享

随着企业规模的扩大和业务的复杂化，企业内部数据壁垒问题逐渐凸显。各部门之间由于数据结构、系统平台和应用场景的差异，导致数据难以实现有效共享，形成了"信息孤岛"现象。这不仅影响了企业内部运营效率，还可能导致决策失误和资源浪费。为了解决这一问题，企业需要打通数据壁垒，实现信息共享。

首先，搭建企业内部数据共享平台是实现信息共享的关键步骤。这个平台应该具备数据采集、存储、分析和可视化等功能，能够满足不同部门的数据需求。通过整合各部门的数据资源，企业可以消除信息孤岛现象，提高内部运营效率。在平台搭建过程中，企业应充分考虑各部门的实际需求和业务特点，确保平台的易用性和实用性。

其次，为确保数据的安全性和隐私性，平台还应采用加密、访问控制等安全措施。企业需要建立完善的数据安全管理制度和操作规程，对数据进行分类管理，明确数据的归属权和使用权限，同时，定期对平台进行安全检查和漏洞修补，及时发现和处理潜在的安全风险。

此外，企业还应培养员工的数据安全意识和操作技能，通过培训和教育活动，让员工了解数据安全的重要性，掌握正确的数据使用和处理方法，鼓励员工积极参与数据治理工作，提出改进意见和建议，共同维护企业的数据安全和隐私。

（二）建立跨部门协作机制与流程优化

财税管理涉及多个部门，如财务、税务、法务等。为确保各部门在财税管理过程中的协同配合，企业应建立明确的跨部门协作机制和流程。

首先，制定明确的跨部门协作流程和责任分工是关键。企业需要梳理财税管理的业务流程和关键环节，明确各部门的职责和协作节点，通过建立跨部门协作流程图和责任矩阵，确保信息的及时传递和共享，避免工作重复和推诿现象。

其次，定期召开跨部门会议是促进部门之间沟通与协作的有效途径。通过会议，各部门可以分享经验做法、探讨问题解决方案、协调资源分配等。企业应建立会议制度和议程安排，确保会议的效率和成果质量。

此外，企业还可以采用项目管理等先进的管理工具和方法，来提高协作效率和成果质量，通过引入项目管理软件和在线协作工具，实现任务的分配、跟踪和反馈的自动化

和智能化。这可以减少人为干预和错误，提高工作效率和准确性。

（三）统一培训与提升员工技能水平

财税管理是一项专业性较强的工作，需要员工具备相关的知识和技能。然而，由于各部门员工的背景和工作经验不同，导致在财税管理方面的知识和技能水平存在差异。为了解决这一问题，企业需要组织统一的培训和技能提升课程。

首先，课程内容应涵盖财税政策法规、操作流程、系统应用等方面，确保员工具备基本的财税知识和技能。通过培训让员工了解财税管理的最新政策和法规要求，掌握正确的操作流程和使用方法。这可以提高员工的业务水平和操作能力，降低错误和风险。

其次，针对各部门员工的实际需求和业务特点，企业可以定制培训课程和教材，以提高培训的针对性和实效性，通过与员工沟通了解其实际需求和问题所在，制订个性化的培训计划和解决方案。这可以帮助员工更好地应对工作中的挑战和问题，提高其工作效率和质量。

（四）激励机制与考核评价体系完善

激励机制和考核评价体系是企业管理中的重要环节，对于激发员工的积极性和创造力、促进跨部门协作和财税管理工作的顺利进行具有重要意义。

1. 制定明确的考核标准和指标

为确保考核评价的公正性和客观性，企业应制定明确的考核标准和指标。这些标准和指标应涵盖协作成果、工作效率、创新能力等方面，能够全面反映员工在跨部门协作和财税管理工作中的表现。同时，考核标准和指标的制定应结合企业的战略目标和业务发展需求，确保员工的工作方向与企业的整体发展方向保持一致。

2. 定期的考核评价活动

企业应定期开展考核评价活动，对员工的表现进行评价。考核评价活动可以采取多种形式，如员工自评、部门互评、领导评价等。通过多角度、全方位的评价，企业可以更准确地了解员工的工作表现和优缺点，为后续的激励和改进提供依据。

3. 奖励和晋升机会等激励措施

根据考核评价结果，企业应对表现优秀的员工进行奖励或提供晋升机会等。奖励可以采取多种形式，如物质奖励、荣誉证书、培训机会等，以满足员工的不同需求。晋升机会则可以体现在岗位晋升、薪酬提升等方面，让员工看到自己在企业中的发展前景和价值。

（五）文化与氛围塑造与传承

企业内部的文化和氛围对于跨部门协作和财税管理工作的顺利进行有着重要影响。

一个注重团队合作、倡导跨部门协作的企业文化可以促进员工之间的互信和理解，提高工作效率和质量。

1. 注重团队合作的企业文化建设

企业应积极营造注重团队合作的企业文化氛围，通过举办团队建设活动、分享成功案例等方式，让员工深刻体会到团队合作的重要性和价值。同时，企业还可以开展定期的团队建设培训，提高员工的团队协作意识和能力。

2. 倡导跨部门协作的文化氛围营造

为促进跨部门协作的顺利进行，企业应倡导跨部门协作的文化氛围。这可以通过建立跨部门沟通机制、定期召开跨部门会议等方式实现。企业还可以鼓励员工参与跨部门项目，让员工在实践中体会跨部门协作的重要性和挑战性。

3. 成功案例的分享与传承

企业应积极收集和整理跨部门协作和财税管理工作中的成功案例，并在企业内部进行分享和传承，通过分享成功案例，可以让员工了解到其他部门在财税管理工作中的优秀做法和经验，促进部门之间的互相学习和借鉴。同时，成功案例的传承也可以让新员工更快地融入企业文化和氛围，提高工作效率和质量。

第十七章　数字经济时代的财税管理人才培养与开发创新

第一节　财税管理人才培养与开发概述

一、财税管理人才的概念和特点

（一）财税管理人才的定义

财税管理人才是指在财税领域拥有深厚的专业知识、丰富的实践经验，并具备出色的创新能力的复合型人才。他们的工作涉及税收、财政、会计等多个方面，需要具备扎实的专业基础，能够为企业提供全方位的财税咨询和服务。

首先，财税管理人才必须掌握财税法律法规和政策制度。他们需要了解国家税收法律、财政政策以及相关的会计制度和规定，确保企业在合法合规的前提下进行财税管理。这要求他们不仅熟悉法律条文，还能将其准确应用于实际工作中，为企业制定合理的财税策略。

其次，财税管理人才需要具备经济、金融、会计、信息技术等多方面的知识和技能。他们需要了解宏观经济形势，掌握金融市场动态，能够分析经济数据和财务信息，为企业的决策提供有力支持。同时，他们还需要熟悉信息技术在财税领域的应用，能够利用大数据、云计算等先进技术提高财税管理效率和质量。

此外，财税管理人才还需要具备良好的沟通能力和团队协作精神。他们需要与企业内部各个部门以及外部相关机构进行有效沟通，协调各方利益，确保财税工作的顺利进行。同时，他们还需要与团队成员紧密合作，共同解决复杂的财税问题，为企业创造更大的价值。

（二）财税管理人才的专业性

财税领域是一个高度专业化的领域，涉及税收、财政、会计等多个方面。因此，财税管理人才需要具备深厚的专业知识和实践经验。

在税收方面，财税管理人才需要熟悉各个税种的征收规定和计算方法，能够为企业进行准确的税务申报和筹划。他们还需要了解税收优惠政策，为企业争取更多的税收减免和优惠待遇。此外，他们还需要掌握国际税收规则，为企业的跨国经营提供税务支持和建议。

在财政方面，财税管理人才需要了解国家财政政策和公共财政体系，能够为企业参与政府采购、申请政府补贴等提供支持。他们还需要熟悉财政资金的管理和使用规定，确保企业合规使用财政资金。

在会计方面，财税管理人才需要掌握会计制度和核算方法，能够为企业提供准确的财务报告和财务分析。他们还需要了解审计和内部控制的相关规定，为企业的财务管理提供指导和建议。

为了具备这些专业知识和实践经验，财税管理人才需要进行系统的学习和培训。他们可以通过参加专业课程、考取相关证书、参与实践项目等方式不断提升自己的专业素养和实践能力。同时，他们还需要保持对财税领域最新动态的关注，不断更新自己的知识和技能体系。

（三）财税管理人才的创新能力

随着数字经济的不断发展，财税领域面临着越来越多的新问题和新挑战。因此，财税管理人才需要具备创新思维和创新能力，能够应对复杂的经济环境和市场变化。

首先，财税管理人才需要具备数据分析和挖掘的能力。他们可以利用大数据和人工智能技术对企业的财务数据进行深度分析和挖掘，发现潜在的财务风险和机会。通过数据分析的结果，他们可以为企业提供更加精准的财税策略和建议。

其次，财税管理人才需要具备业务模式和商业模式的创新能力。他们可以结合企业的实际情况和市场趋势探索新的商业模式和盈利模式为企业创造更多的价值。同时他们还需要关注新兴技术和行业的发展趋势预测其对财税管理的影响和机遇。

此外，财税管理人才还需要具备跨界合作和资源整合的能力。他们可以与其他领域的专业人士进行合作，共同解决复杂的财税问题。通过跨界合作，他们可以引入更多的资源和优势为企业提供更全面的财税服务。

二、财税管理人才培养与开发的必要性

（一）适应经济发展的需要

随着数字经济的不断发展，传统的经济发展模式正在发生深刻变革。作为经济发展的重要支撑，财税领域面临着越来越多的新问题和新挑战。为了适应经济发展的需要，我们必须加强财税管理人才的培养与开发。

首先，财税管理在经济发展中起着至关重要的作用。财税政策的制定和执行，直接影响着经济发展的方向和质量。而财税管理人才的培养与开发，则是制定和执行财税政策的基础和保障。只有具备专业素养和实践经验的财税管理人才，才能准确理解经济发展的趋势和需求，制定出科学合理的财税政策，为经济发展提供有力的支撑。

其次，随着数字经济的崛起，财税领域面临着许多新的问题和挑战。例如，如何对新兴的数字经济行业进行有效税收管理、如何防范数字经济中的税收风险等。要解决这些问题，需要具备创新思维和跨界知识的财税管理人才。通过培养与开发具有创新思维和跨界知识的财税管理人才，我们可以更好地应对数字经济带来的挑战，推动经济的健康发展。

最后，培养与开发财税管理人才也是推动经济高质量发展的关键。经济的高质量发展，需要实现经济结构的优化、增长动力的转换和发展质量的提升。而财税管理在经济结构调整、产业升级、创新驱动等方面都发挥着重要作用。通过培养与开发具备专业素养和实践经验的财税管理人才，我们可以更好地发挥财税管理的作用，推动经济的高质量发展。

（二）提高财税管理水平的需要

财税管理水平的高低直接影响着企业的经济效益和市场竞争力。随着市场经济的不断发展，企业面临着越来越复杂的财税管理问题。如果企业的财税管理水平跟不上市场的发展步伐，就很容易出现管理漏洞和风险隐患，给企业带来巨大的经济损失和声誉风险。

通过培养与开发财税管理人才，我们可以提高企业的财税管理水平，降低企业运营风险，增强企业的市场竞争力。具体来说，培养与开发财税管理人才可以带来以下好处：

首先，可以提高企业的财税合规性。通过培训和教育，使财税管理人员掌握相关的法律法规和政策规定，确保企业的财税行为符合法律法规的要求，避免因违规行为带来的法律风险和罚款损失。

其次，可以提高企业的财税效率。通过引入先进的财税管理系统和技术手段，优化财税管理流程，提高财税管理效率和质量，降低企业运营成本和时间成本。

最后，可以增强企业的风险防控能力。通过培训和教育，使财税管理人员掌握风险识别和评估技能，及时发现和应对潜在的财税风险和问题，确保企业稳健运营和持续发展。

（三）推动财税领域创新发展的需要

数字经济时代，财税领域面临着许多新的发展机遇和挑战。为了抓住这些机遇并应对挑战，我们需要推动财税领域的创新发展。而培养与开发具有创新思维的财税管理人才，是推动财税领域创新发展、提高财税领域竞争力的重要途径。

首先，通过培养与开发具有创新思维的财税管理人才，我们可以推动财税管理模式的创新。例如，运用大数据、云计算、人工智能等先进技术手段，实现财税管理的数字化、智能化和自动化；探索建立与数字经济发展相适应的税收制度和管理模式等。这些创新不仅可以提高财税管理效率和质量，还可以降低企业运营成本和时间成本。

其次，通过培养与开发具有创新思维的财税管理人才，我们可以推动财税服务模式的创新。例如构建线上线下相结合的财税服务体系，提供更加便捷、高效、个性化的服务；探索建立与其他公共服务机构的协同合作机制提高服务水平和满意度等。这些创新不仅可以提升企业的获得感和满意度，还可以推动财税领域与其他领域的融合发展。

最后，通过培养与开发具有创新思维的财税管理人才，我们可以推动财税监管模式的创新。例如运用大数据、人工智能等技术手段实现对财税活动的实时监控和风险预警；建立健全跨部门、跨地区的协同监管机制提高监管效能和水平等。这些创新不仅可以保障国家财政收入的安全和稳定，还可以维护市场经济秩序和公平竞争环境。

（四）满足社会对财税管理人才的需求

随着经济的快速发展和社会的持续进步，社会对财税管理人才的需求与日俱增。这是因为财税管理作为企业和组织运营的核心部分，直接关系到经济活动的顺利进行和社会资源的优化配置。为了满足这种需求，我们必须重视财税管理人才的培养与开发。

财税管理人才的需求增长可以从多个方面来看。首先，随着市场经济体制的不断完善，企业的数量和规模都在不断扩大，对财税管理人才的需求自然也随之增加。其次，随着全球化的进程加速，跨国企业和国际业务越来越多，需要有专业的财税管理人才来处理复杂的跨国财税问题。此外，随着数字经济的发展，新兴的商业模式和交易方式不断涌现，对财税管理人才的技能要求也越来越高。

培养与开发财税管理人才可以满足社会对高素质、复合型财税人才的需求。高素质的财税管理人才不仅要具备扎实的专业知识和技能，还需要具备良好的沟通能力、团队协作能力、创新能力和跨界思维。通过系统的教育和培训，我们可以帮助财税管理人才掌握最新的财税政策法规，了解最新的商业模式和交易方式，提高他们的专业素养和实践能力。同时，我们还可以通过实践项目、案例分析等方式，培养财税管理人才的创新思维和解决问题的能力。

为了满足社会对财税管理人才的需求，我们还需要加强与其他相关领域的合作。例如，我们可以与金融机构、会计师事务所、律师事务所等建立合作关系，共同培养具备跨学科知识和技能的财税管理人才。此外，我们还可以与政府部门、行业协会等合作，参与制定和执行相关的财税政策，为财税管理人才提供更多的实践机会和发展空间。

（五）提升国家税收治理能力的需要

税收是国家财政收入的主要来源，也是国家进行宏观调控的重要手段。一个健全、高效的税收体系对于维护国家经济安全、促进社会公平和可持续发展具有重要意义。而要实现这一目标，关键在于培养与开发具有专业素养和实践经验的财税管理人才。

首先，培养与开发财税管理人才可以提升国家税收治理能力。税收治理涉及税收立法、税收征管、税收司法等多个环节，需要有专业的财税管理人才来参与和执行。通过系统的教育和培训，我们可以帮助财税管理人才深入理解和掌握税收法律法规和政策规定，提高他们的税收治理意识和能力。这样，他们在参与税收治理时就能更加准确地把握政策导向和执行要求，提高税收治理的效率和质量。

其次，培养与开发财税管理人才可以保障国家财政收入的安全和稳定。税收收入是国家财政收入的主要来源之一，其安全和稳定对于国家经济的平稳运行至关重要。然而，随着经济的发展和市场的变化，税收收入面临着越来越多的风险和挑战。例如，跨国企业和国际业务带来的跨国税收问题、数字经济带来的新型税收问题等。通过培养与开发具备专业素养和实践经验的财税管理人才，我们可以更好地应对这些风险和挑战保障国家财政收入的安全和稳定。

为了提升国家税收治理能力，我们还需要加强财税管理人才的国际交流与合作。随着全球化的进程加速，跨国税收问题日益突出，需要有专业的财税管理人才来处理。通过与国际组织和其他国家的合作，我们可以学习和借鉴先进的税收治理经验和技术，提高我国财税管理人才的国际视野和跨文化沟通能力，更好地应对跨国税收问题。

三、数字经济时代对财税管理人才培养与开发的新要求

（一）强化数字技术应用能力培训

在数字经济时代，财税管理面临的最大挑战之一是数据量的爆炸式增长以及数据的复杂性。财税管理人才不仅需要处理大量的数据，还需要从中提取有价值的信息为决策提供支持。为应对这一挑战，强化数字技术应用能力的培训变得至关重要。

首先，大数据和云计算的基础知识是财税管理人才必备的技能。他们需要了解如何收集、存储、处理和分析海量的财税数据，以及如何使用云计算资源进行高效的数据处理和分析。此外，掌握数据可视化工具和技术也能够帮助他们更好地呈现和解读数据。

其次，人工智能技术在财税管理中的应用也越来越广泛。财税管理人才需要了解和

学习如何使用机器学习算法进行数据分析和预测，如何使用自然语言处理技术从非结构化的文本数据中提取有价值的信息，以及如何使用智能推荐算法优化税收策略等。

为了强化这些技能，企业可以与高校和研究机构合作，共同开发相关的培训课程和项目。这些课程和项目可以包括理论学习、案例分析、实践操作等多个环节，确保学员能够全面掌握和应用这些数字技术。此外，企业还可以邀请业界的专家和学者进行授课或分享经验，让员工学习到最新的技术和实践成果。

（二）加强跨学科知识融合教育

数字经济时代，财税领域与其他多个领域如经济学、金融学、会计学、信息技术等有着紧密的交叉融合。财税管理人才需要具备跨学科知识融合能力，能够从多个角度和层面分析和解决复杂的财税问题。

为实现这一目标，企业在培养财税管理人才时应注重跨学科知识的融合教育。这可以通过设置跨学科的课程和项目来实现，如财税与金融的融合课程、财税与信息技术的交叉项目等。这些课程和项目应涵盖相关学科的基础知识和核心概念，并注重实践应用和创新思维的培养。

此外，企业还可以鼓励员工参与跨学科的交流和合作活动，如学术研讨会、行业论坛等。通过与其他学科的专家和学者进行交流和合作，员工可以拓宽视野，了解不同学科的研究方法和思维模式，从而提高跨学科知识融合能力。

（三）注重创新思维和创新能力培养

创新是推动数字经济时代财税管理发展的重要动力。财税管理人才需要具备创新思维和创新能力，能够提出新的解决方案和策略来应对复杂的经济环境和市场变化。

为培养创新思维和创新能力，企业可以采取多种措施。首先，鼓励员工积极参与创新项目和实践活动是非常重要的。通过参与实际的创新项目，员工可以深入了解创新的过程和方法论，积累创新实践经验并提高创新能力。

其次，企业应提供良好的创新环境和文化氛围。这包括建立鼓励尝试和容错的机制、提供必要的资源和支持、鼓励团队合作和知识分享等。通过营造积极的创新氛围，企业可以激发员工的创新思维和积极性推动创新的产生和发展。

最后，企业与高校和研究机构的合作也是培养创新思维和创新能力的重要途径。通过与高校和研究机构的合作企业可以共同开展创新研究项目、建立创新实验室或研究中心为员工提供更广阔的创新实践平台和机会。

（四）推进国际化教育和培训合作

随着全球化的加速，财税领域也面临着越来越多的国际问题和挑战。财税管理人才需要具备国际视野和跨文化沟通能力，能够适应不同国家和地区的财税制度和法律法规，为企业的国际化发展提供支持。因此，推进国际化教育和培训合作成为培养高素质财税管理人才的重要途径。

首先，企业可以通过与国外高校和研究机构的合作，共同开展财税管理相关的教育和培训项目。这些项目可以包括国际财税制度比较、国际税收规划、跨国公司财税管理等多个方面，旨在提高员工在国际财税领域的专业知识和实践技能。通过与国外优秀教育机构的合作，企业可以引进先进的教学理念和方法，提升员工的学习效果和综合素质。

其次，企业可以鼓励员工参与国际交流和实习项目，拓宽其国际视野和跨文化沟通能力。通过与国际同行进行交流和合作，员工可以了解不同国家和地区的财税制度、法律法规以及商业环境，提高其应对国际财税问题的能力。此外，企业还可以与国外企业或机构建立合作关系，开展跨国财税管理实习项目，让员工亲身感受不同国家的财税管理实践，提高其跨国经营能力。

另外，语言能力是国际化教育和培训合作的重要基础。企业应注重员工的外语能力培养，尤其是英语作为全球通用语言的重要性。企业可以提供外语培训课程、参加国际语言考试等支持，帮助员工提升外语水平，更好地适应国际交流和合作的环境。

在推进国际化教育和培训合作的过程中，企业还应注重培养员工的跨文化沟通能力。这包括了解不同文化背景下的价值观、思维方式和沟通习惯，尊重和理解文化差异，以及灵活运用不同的沟通方式和技巧。通过跨文化沟通能力的培养，员工可以更好地与国际同行进行合作和交流，避免因文化差异造成的误解和冲突。

（五）建立健全激励机制和评价体系

为了吸引和留住优秀的财税管理人才，企业需要建立健全的激励机制和评价体系。这不仅可以激发员工的工作积极性和创造力，还可以促进其不断成长和发展。

首先，薪酬待遇是吸引和留住人才的关键因素之一。企业应提供具有竞争力的薪资水平，并根据员工的工作表现和贡献进行合理的调整。此外，企业还可以提供其他形式的激励措施，如奖金、股票期权、晋升机会等，以满足员工的不同需求和期望。

其次，职业发展机会也是重要的激励因素之一。企业应建立完善的职业发展通道和晋升机制，让员工看到自己在企业中的未来发展和成长空间。此外，企业还可以提供培训和学习机会，帮助员工提升专业能力和职业素养，更好地适应职业发展的需要。

在科研成果转化方面，企业应建立相应的机制和平台，鼓励和支持员工进行科研创新和成果转化。这可以通过设立科研项目基金、建立创新实验室、与科研机构合作等方式实现。通过科研成果的转化和应用，不仅可以提升企业的核心竞争力还可以为员工提供更广阔的发展空间和机会。

评价体系方面，企业需要建立完善的绩效评价体系对员工的工作表现和贡献进行全面评价。这可以通过设定明确的绩效指标和标准、采用多元化的评价方法和技术、建立公正的评价流程和反馈机制等方式实现。通过绩效评价体系的建立和实施，企业可以客观、公正地评价员工的工作表现和贡献，为其提供合理的激励和引导促进其不断成长和发展。

第二节　数字经济对传统财税管理人才培养与开发的挑战与需求

随着数字经济的崛起，传统的财税管理人才培养与开发模式面临着巨大的挑战。为了应对这些挑战，我们需要深入了解数字经济的特点及其对财税管理领域的影响，从而调整和创新财税管理人才的培养与开发策略。

一、传统财税管理人才培养与开发的局限性

（一）缺乏数字化思维

随着数字经济的崛起，财税领域也正在经历一场深刻的变革。然而，传统的财税管理教育往往只注重传统的财税知识和技能，而忽视了数字化思维的培养。这导致许多财税管理人员在面对数字经济的挑战时，难以适应和应对。

数字化思维是指运用数字技术和数据驱动的思维方式来解决问题和创造价值的能力。在财税管理领域，数字化思维可以帮助财税管理人员更好地理解企业的财务状况和经营绩效，预测市场趋势和风险，优化财税策略和决策。然而，由于传统的财税管理教育缺乏对数字化思维的重视，许多财税管理人员缺乏必要的数字技能和数据意识，无法充分利用数字技术和数据资源为企业创造更大的价值。

为了解决这个问题，财税管理教育需要注重数字化思维的培养。首先，财税管理课程需要引入更多的数字技术和数据分析内容，帮助学生掌握数字技术和数据分析的基本知识和技能。其次，财税管理教育需要注重实践应用，通过开展实际案例分析和项目实践等方式，帮助学生掌握数字技术和数据分析在财税管理中的应用方法和技巧。

（二）技能结构单一

传统的财税管理人才培养注重专业技能的培养，如税务筹划、财务分析等，而忽视了与其他领域的交叉融合，导致技能结构单一，难以满足数字经济时代对复合型人才的需求。在数字经济时代，财税管理人员需要具备跨学科的知识和技能，能够与其他领域的专业人员进行有效的合作和交流。

为了解决这个问题，财税管理教育需要注重跨学科知识的融合和交叉学科的培养。首先，财税管理课程需要引入更多的跨学科内容，如经济学、金融学、信息技术等，帮助学生掌握更广泛的知识和技能。其次，财税管理教育需要注重与其他专业的交流和合作，通过开展联合培养和跨学科研究等方式，促进学生之间的知识共享和技能互补。

（三）缺乏创新能力

创新是推动经济发展的重要动力，也是财税管理人员应对复杂经济环境和市场变化的关键能力。然而，传统的财税管理人才培养模式往往注重知识的传授和技能的训练，而忽视了创新能力的培养。这导致许多财税管理人员在面对新的经济形态和业务模式时，缺乏创新意识和能力。

为了解决这个问题，财税管理教育需要注重创新能力的培养。首先，财税管理课程需要引入更多的创新内容和案例，帮助学生了解创新的基本原理和方法论，培养学生的创新意识和思维习惯。其次，财税管理教育需要注重实践创新，通过开展创新创业实践、参与研究项目等方式，帮助学生掌握创新的方法和技能。

（四）实践环节不足

实践是检验理论知识的有效方式，也是提升财税管理人员综合素质和职业技能的重要途径。然而，传统的财税管理人才培养往往注重理论知识的传授，而忽视了实践环节的重要性。这导致许多财税管理人员在实际工作中难以将理论知识与实践相结合，影响了工作效率和质量。

为了解决这个问题，财税管理教育需要注重实践环节的设计和实施。首先，财税管理课程需要增加实践环节的比例和权重，确保学生有足够的时间和机会进行实践操作和体验。其次，财税管理教育需要与企业和行业进行合作和交流，了解实际需求和趋势，设计更符合实际需求的实践项目和任务。此外，财税管理教育还需要建立完善的实践教学体系和质量保障机制，确保实践环节的质量和效果。

（五）缺乏国际化视野

随着全球化进程的不断加速，跨国企业和国际业务已经成为财税管理领域的重要组成部分。然而传统的财税管理人才培养往往局限于国内的环境和法规而忽视了国际化视野的培养。这导致许多财税管理人员在面对跨国企业和国际业务时缺乏必要的国际知识和经验而难以胜任跨国财税管理工作。

为了解决这个问题，财税管理教育需要注重国际化视野的培养。首先，财税管理课程需要引入更多的国际内容和案例帮助学生了解国际财税法规、国际会计准则等国际规则和标准。其次，财税管理教育需要与国际教育机构和跨国企业进行合作和交流开展学生交换、联合培养等国际教育活动，帮助学生拓展国际视野和跨文化沟通能力。

二、数字经济带来的新知识和技能需求

（一）大数据分析能力

在数字经济时代，财税管理人员面临的数据量呈现爆炸性增长，如何从这些数据中提取出有价值的信息，为决策提供有力支持，成为财税管理人员的重要任务。因此，大数据分析能力成了财税管理人员必备的技能之一。

大数据分析能力包括数据采集、存储、处理、分析和可视化等多个环节。财税管理人员需要了解各种数据来源和数据格式，能够运用数据采集工具和技术进行数据收集和整合。同时，他们还需要掌握数据存储和管理的基本知识和技能，确保数据的安全性和可用性。在数据处理和分析方面，财税管理人员需要掌握各种数据处理和分析工具和技术，能够进行数据清洗、挖掘和建模等操作，从而发现数据中的规律和趋势。最后，财税管理人员还需要掌握数据可视化技术，能够将数据分析结果以直观、易懂的方式呈现出来，为决策提供有力支持。

为了提升大数据分析能力，财税管理人员可以参加相关的培训课程和认证考试，学习数据采集、存储、处理、分析和可视化等方面的知识和技能。此外，他们还可以参与实际项目，积累实践经验，提升数据分析和决策能力。

（二）云计算技术

云计算技术的应用在财税管理中越来越广泛，财税管理人员需要掌握云计算技术的基本知识和应用技能，以适应云端化的服务模式创新。云计算技术可以帮助财税管理人员实现数据共享、协同办公、移动办公等功能，提高工作效率和质量。

财税管理人员需要了解云计算的基本概念和原理，掌握云计算的部署模式和服务模式。他们还需要了解云计算的安全性和隐私保护问题，能够采取有效的措施保障数据和系统的安全。此外，财税管理人员还需要掌握云计算平台的使用方法和技巧，能够熟练运用各种云计算服务和工具，为企业提供更好的财税管理服务。

为了提升云计算技术的应用能力，财税管理人员可以参加相关的培训课程和认证考

试，学习云计算的基本概念和原理、部署模式和服务模式、安全性和隐私保护等方面的知识和技能。此外，他们还可以参与实际项目，积累实践经验，提升云计算平台的使用技巧和应用能力。

（三）人工智能和机器学习

人工智能和机器学习技术在财税管理中的应用日益普及，财税管理人员需要了解这些技术的原理和应用场景，能够运用这些技术提高工作效率和质量。人工智能和机器学习技术可以帮助财税管理人员实现自动化处理、智能决策等功能，减少人工干预和错误率。

财税管理人员需要了解人工智能和机器学习的基本原理和技术，掌握各种算法和模型的应用场景和优缺点。他们还需要了解人工智能和机器学习在财税管理中的应用案例和实践经验，能够将这些技术应用到实际工作中去。此外，财税管理人员还需要关注人工智能和机器学习的最新发展趋势和技术创新，不断更新自己的知识和技能体系。

为了提升人工智能和机器学习的应用能力，财税管理人员可以参加相关的培训课程和认证考试，学习人工智能和机器学习的基本原理和技术、算法和模型的应用场景和优缺点等方面的知识和技能。此外，他们还可以参与实际项目和研究课题，积累实践经验，提升人工智能和机器学习的应用能力和创新能力。

（四）网络安全和隐私保护

在数字经济时代，网络安全和隐私保护问题日益突出。财税管理人员需要深入了解网络安全和隐私保护的基本知识和法规，能够采取有效的措施保障数据和系统的安全。因为网络安全和隐私保护不仅是财税管理工作的重要保障，也是企业信誉和客户信任的基础。

首先，财税管理人员需要了解网络安全的基本概念和威胁类型，如恶意软件、钓鱼攻击、勒索软件等。他们需要掌握网络安全防护措施，如使用强密码、定期更新软件、限制权限等，并了解应急处理机制，如备份数据、制定应急响应计划等。

其次，他们还需要了解隐私保护的法律法规和标准规范，如《个人信息保护法》、《网络安全法》等，能够制定和执行隐私保护政策和措施，如收集和处理个人信息的合法性和合规性、用户同意和授权等。

此外，财税管理人员还需要关注网络安全和隐私保护的最新动态和技术发展，不断更新自己的知识和技能体系。通过参加相关的培训课程和认证考试，他们可以学习网络安全和隐私保护的基本知识和法规、防护措施和应急处理机制等方面的知识和技能。

参与网络安全攻防演练和隐私保护实践项目，他们还可以积累实践经验，提升网络安全防护和隐私保护能力。例如，他们可以学习如何进行漏洞扫描和风险评估，如何应对网络攻击和数据泄露事件等。

（五）区块链技术

区块链技术在财税管理中的应用前景广阔。财税管理人员需要了解区块链技术的原理和应用场景，能够运用区块链技术提高数据的安全性和透明度。因为区块链技术可以帮助财税管理人员实现数据共享、信任传递、防伪溯源等功能，降低信息不对称和交易成本，提高工作效率和质量。

财税管理人员需要了解区块链的基本原理和技术架构，如去中心化、分布式账本、加密技术等。他们还需要掌握各种区块链平台和应用的使用方法和技巧，如以太坊、联盟链等，并了解如何进行智能合约的编写和部署。

通过关注区块链在财税管理中的最新应用案例和实践经验，财税管理人员可以将区块链技术应用到实际工作中去。例如，他们可以使用区块链技术来跟踪和验证发票的真实性和合规性，减少虚假发票和偷税漏税行为；或者使用区块链技术来建立供应链金融平台，实现资金的快速结算和流转等。

此外，财税管理人员还需要了解区块链的法律法规和标准规范，能够合规地使用和管理区块链技术和应用。例如，他们需要了解如何进行数字资产的合规性管理，如何保障用户的隐私和数据安全等。

三、当今时代对财税管理人才培养与开发的新要求

（一）强化数字化思维

在当前的财税管理领域，数字化已经不仅仅是一种趋势，而是正在成为行业的主流。为了适应这一变革，财税管理人员必须强化数字化思维，掌握和运用各种数字化工具和平台。对于财税管理人员来说，数字化思维不仅仅是一种技能，更是一种适应时代发展和创新工作方式的能力。

强化数字化思维，首先要让财税管理人员认识到数字化工具和平台的重要性。传统的财税管理方式往往依赖于纸质文档和手工操作，这不仅效率低下，而且容易出现错误。而数字化工具和平台可以实现自动化、智能化的财税管理，大大提高工作效率和准确性。

其次，要培养财税管理人员运用数字化工具和平台进行创新的能力。数字化工具和平台不仅可以提高工作效率，还可以为财税管理提供更多的可能性。例如，通过大数据分析，可以对企业的财税数据进行深度挖掘和分析，为决策提供更有价值的参考；通过云计算和人工智能等技术，可以实现财税管理的智能化和自动化，降低人工干预和错

误率。

为了实现这一目标，我们可以采取多种措施。例如，在财税管理人才的培养中，可以增加数字化工具和平台的相关课程和实践环节，让学员在实践中掌握和运用这些工具；在企业内部，可以建立数字化财税管理的标准和流程，推广数字化工具和平台的使用；在行业内部，可以建立数字化财税管理的交流和合作机制，共享数字化资源和经验。

（二）培养复合型人才

随着数字经济的发展和全球化的进程加速，财税管理领域对人才的需求也在发生变化。传统的财税管理人员往往只需要掌握财税知识和技能就可以胜任工作，但现在还需要具备法律、金融、信息技术等复合背景。因此，培养复合型人才已经成为财税管理人才培养的重要方向。

培养复合型人才，首先要打破学科壁垒，实现多学科交叉融合。这可以通过设置跨学科课程、开展跨学科研究等方式来实现。例如，在财税管理课程中增加法律、金融、信息技术等相关内容，让学员了解这些领域的基本知识和原理；同时，也可以开展跨学科的实践项目和研究课题，让学员在实践中掌握和运用这些知识。

其次，要注重实践能力的培养。复合型人才不仅需要掌握多学科知识，还需要具备解决实际问题的能力。因此，在人才培养中要注重实践环节的设计和实施，加强学员的实践能力培养。例如，可以与企业和行业合作开展实践教学和实习项目让学员在实践中了解行业现状和需求掌握实际工作中的操作技能和经验。

（三）提升创新能力

随着科技的不断进步和经济的持续发展，财税管理领域面临着前所未有的挑战和机遇。为了适应这一变革，财税管理人员必须提升自身的创新能力，探索新的解决方案，以应对日益复杂的经济环境和业务需求。

提升创新能力首先要培养财税管理人员的创新思维和意识。创新思维是指能够敏锐地洞察问题、提出新颖解决方案的能力，而创新意识则是指对创新活动的认同和追求。为了培养这两种能力，我们可以采取多种措施。

例如，可以通过引入创新案例和创新理论来引导学员了解创新的重要性和方法。通过分析成功的创新案例，学员可以学习到创新思维的实际运用和创新方法的实践效果，从而激发他们的创新思维和意识。同时，我们还可以邀请行业专家和创新领袖来分享他们的创新经验和见解，为学员提供更广阔的视野和思路。

除了理论引导，还可以通过组织创新活动和比赛来激发学员的创新兴趣和动力。例如，可以举办财税管理创新大赛，鼓励学员提出创新性的解决方案并进行展示和评比。

通过这样的活动，学员可以在实践中锻炼自己的创新能力，同时也可以与其他同行进行交流和合作，共同推动财税管理领域的创新发展。

（四）加强实践环节

财税管理是一门实践性很强的学科，因此加强实践环节对于提升财税管理人员的综合素质和能力至关重要。通过与企业和行业的合作，建立实践教学基地，可以为财税管理人员提供宝贵的实践机会和经验。

实践教学基地可以是企业内部的财税管理部门，也可以是行业协会或研究机构的财税研究项目。通过与这些合作伙伴建立长期稳定的合作关系，我们可以为学员提供真实的实践环境和实际案例，使学员能够在实践中掌握和运用财税管理知识和技能。

在实践环节中，我们可以设置具体的实践任务和项目，让学员参与到实际的财税管理工作中。例如，可以让学员参与企业的财务预算和决算编制、税务申报和筹划、财务风险管理等工作，通过实际操作来加深对财税管理的理解和认识。同时，我们还可以邀请企业财税管理人员作为导师，对学员进行实践指导和反馈，帮助他们更好地掌握实践技能和经验。

（五）拓宽国际化视野

随着全球化的进程加速，财税管理领域也面临着越来越多的国际问题和挑战。因此，拓宽国际化视野已经成为财税管理人员必备的能力之一。通过引入国际先进的财税管理理念和技术，加强与国际同行的交流与合作，我们可以培养具备国际视野的财税管理人才。

首先，我们可以通过参加国际财税管理研讨会、访问国际知名财税管理机构等方式来了解国际财税管理的最新动态和发展趋势。这可以帮助我们及时了解和掌握国际先进的财税管理理念和技术为我国的财税管理提供有益的借鉴和参考。

其次，我们可以与国际财税管理机构或协会建立合作关系，共同开展研究项目或培训项目。通过与国际同行的深入交流和合作，我们可以学习到他们的先进经验和实践，拓宽我们的视野和思维方式。

另外，鼓励财税管理人员参与国际财税管理认证考试也是拓宽国际化视野的有效途径。例如，可以让学员参加国际注册会计师（ACCA）或国际税务师（CTA）等认证考试，通过学习和考试来掌握国际财税管理的知识和技能，提高他们的国际化素养和竞争力。

为了更好地拓宽国际化视野，我们还可以引入跨国企业的财税管理案例和实践经验，让学员了解和掌握跨国企业的财税管理策略和方法。这可以通过邀请跨国企业的财税管理人员来分享他们的经验和见解，或者与跨国企业合作开展实践教学项目来实现。

最后，建立国际化的财税管理人才培养体系也是关键所在。这包括在课程设置中增加国际财税管理的内容，引入国际先进的教材和教学方法，以及招聘具有国际背景和视野的教师和导师。通过这样的体系，我们可以培养出既掌握国际先进理念和技术，又熟悉本国实际情况的财税管理人才，为我国的财税管理事业做出更大的贡献。

总之，为了应对数字经济对传统财税管理人才培养与开发的挑战与需求，我们需要从多个方面进行调整和创新。通过强化数字化思维、培养复合型人才、提升创新能力、加强实践环节和拓宽国际化视野等措施，我们可以培养出具备当今时代要求的财税管理人才，为数字经济的健康发展提供有力的人才保障。

第三节　基于大数据的财税管理人才培养与开发创新策略

一、利用大数据技术优化财税管理人才培训内容和方式

（一）数据驱动的培训需求分析

随着大数据技术的快速发展和应用，企业对于财税管理人才的培训需求也逐渐呈现出个性化和多元化的特点。为了更好地满足员工的培训需求，提高培训效果，企业可以利用大数据技术对财税管理人才的培训需求进行深度分析。

具体来说，企业可以通过收集员工的工作绩效数据、业务需求数据、系统操作数据等多方面的数据，运用数据挖掘和分析技术，对员工的培训需求进行精准识别。通过对这些数据的分析，企业可以了解员工在财税管理方面的知识和技能水平，发现员工存在的短板和不足，以及面临的工作挑战和难题。

同时，大数据技术还可以帮助企业分析员工的职业发展规划和晋升路径，从而预测员工未来的培训需求。这为企业制定个性化的培训计划提供了重要依据，可以确保培训内容更加贴近员工的实际需求和职业发展规划。

（二）智能化的培训内容推荐

在了解了员工的培训需求后，企业需要为员工提供合适的培训内容和学习路径。然而，传统的培训方式往往是"一刀切"，缺乏针对性和个性化。为了解决这一问题，企业可以利用大数据和人工智能技术，构建智能化的培训内容推荐系统。

该系统可以根据员工的学习历史和偏好，以及员工的职业发展规划和晋升路径，自动推荐适合员工的培训内容和学习路径。例如，系统可以根据员工的学习记录和反馈，分析员工的学习习惯和偏好，推荐适合的学习方式和资源；还可以根据员工的职业发展规划，推荐相关的课程和学习计划，帮助员工更好地规划自己的学习路径。

此外，智能化的培训内容推荐系统还可以根据员工的学习进度和效果，动态调整推荐的内容和学习路径。这可以帮助员工更好地掌握知识和技能，提高学习效果和兴趣。

（三）在线学习与实时互动

在线学习平台的出现为企业财税管理培训带来了前所未有的便利。它提供了一个高效、便捷的学习环境，员工可以根据自己的时间和进度进行学习，打破了传统培训模式中的时间和地域限制。财税管理人员常常需要应对复杂的法律法规和多变的经济环境，因此他们需要随时随地获取最新的知识和信息以应对工作中的挑战。在线学习平台能够满足这一需求，使员工能够灵活安排自己的学习时间，适应快节奏的工作环境。

大数据技术为在线学习平台提供了强大的支持。通过对员工的学习行为、兴趣爱好、职业发展规划等数据进行深度挖掘和分析，企业可以更加精准地了解员工的学习需求和偏好，从而为他们推荐更加相关和有用的学习资源。这种个性化的学习方式能够提高员工的学习兴趣和动力，使他们更加主动地参与到培训中来，从而提升培训效果。

实时互动功能是在线学习平台的一大亮点。传统的培训方式往往是单向的，缺乏互动和反馈，而在线学习平台则可以通过实时互动功能打破这一局限。员工可以通过在线聊天、讨论区、在线问答等方式与其他员工进行交流和互动，分享学习心得和经验，解决学习中遇到的问题。这种互动不仅可以提高学习效果，还可以促进团队协作和创新思维的发展。

企业可以通过建立在线学习社区来进一步促进员工之间的互动和协作。在线学习社区可以提供一个共享的学习空间，员工可以在这里发布自己的学习资源、分享学习心得、参与讨论和合作项目。这不仅可以促进员工之间的知识共享和传递，还可以培养员工的团队协作和领导能力，从而提升企业整体的创新能力和竞争力。

（四）虚拟现实与模拟实训

虚拟现实技术的应用为财税管理培训带来了革命性的变革。通过构建财税管理模拟实训环境，企业可以让员工在虚拟的环境中进行实战演练和模拟操作，帮助他们更加深入地了解财税管理的实际操作和业务流程，提高实践能力和应对复杂问题的能力。

模拟实训环境可以高度还原真实的财税管理场景和业务流程，使员工能够在虚拟的环境中进行实践操作和决策分析。例如，员工可以通过虚拟环境进行税务申报、财务分析、预算编制等实际操作，体验真实的业务流程和操作规范。这种模拟实训的方式不仅可以帮助员工掌握实际操作技能，还可以培养其分析问题和解决问题的能力。

虚拟现实技术还可以结合大数据分析，提供更加智能化的模拟实训体验。通过对员工在虚拟环境中的操作数据和反馈进行分析，企业可以更加精准地了解员工的学习情况和问题所在，从而及时调整实训内容和方式，确保实训内容与业务需求保持一致。

（五）持续跟踪与评估反馈

为确保在线学习、实时互动以及虚拟现实、模拟实训的培训效果，企业需要建立持续跟踪和评估反馈机制。通过对员工的学习进度、学习效果和实践成果进行定期评估，企业可以及时了解员工的学习情况和问题所在，以便及时调整培训内容和方式，确保培训内容与业务需求保持一致。

持续跟踪可以通过建立员工培训档案来实现。企业可以记录员工的学习进度、学习成绩、学习反馈等信息，定期对员工的学习情况进行评估和分析。这可以帮助企业全面了解员工的学习状况和成长轨迹，为制订更加有针对性的培训计划提供依据。

评估反馈可以通过多种方式进行。企业可以通过在线测试来检验员工的学习效果和实践能力；通过问卷调查来了解员工对培训内容和方式的满意度和建议；通过面谈来深入了解员工的学习情况和问题所在。这些评估反馈方式可以帮助企业更加全面地了解培训效果和问题所在，从而及时调整培训计划和内容，以提高培训效果和满意度。

二、构建数字化学习平台提高人才培养的效率和效果

（一）平台化学习资源整合

随着技术的迅速发展和全球化的推进，企业对员工的培训和学习需求日益增加。为满足这些需求并跟上时代的步伐，企业需要一个能够整合各种学习资源的平台。通过构建数字化学习平台，企业不仅可以整合内部的学习资源，还可以引入外部的专业知识和经验，从而为员工提供丰富、多样化的学习内容。

数字化学习平台可以包括在线课程、电子书籍、行业报告、专家讲座等多种形式的学习资源。这些资源覆盖了各种主题和领域，如技术培训、语言学习、行业动态、管理技能等，满足了员工多元化的学习需求。员工可以根据自己的兴趣和职业规划，选择适合自己的学习资源，进行深度学习和探索。

此外，为确保资源的有效性和质量，企业可以与行业内外的专家和教育机构进行合作，共同开发和提供高质量的在线课程和内容。这种合作模式不仅可以确保学习资源的专业性和前沿性，还可以为企业带来更多的外部视角和经验，促进企业的创新和发展。

（二）个性化学习路径设计

每位员工都有自己的学习风格和兴趣偏好，传统的"一刀切"的培训方式很难满足每位员工的实际需求。而基于大数据和人工智能技术，数字化学习平台可以根据员工的学习历史和偏好，为其设计个性化的学习路径。

通过智能推荐算法，平台可以根据员工的学习记录和反馈，为其推荐相关的学习资源和课程。例如，如果一名员工最近在平台上学习了关于数据分析的课程并获得了良好的反馈，平台可能会为其推荐更高级的数据科学课程或相关的实践项目。

此外，平台还可以根据员工的职业规划和发展目标，为其定制学习计划。这种定制化的学习计划可以帮助员工更加明确自己的学习目标和路径，避免在学习过程中迷失目标和浪费时间。

（三）社交化学习互动体验

学习不应该是一个孤立的过程，与他人的互动和交流可以大大提高学习效果和兴趣。数字化学习平台可以引入社交化学习的概念，鼓励员工在学习过程中进行互动和交流。

平台可以设置在线讨论区，让员工分享自己的学习心得和问题，并与其他员工进行交流和探讨。这种互动不仅可以加深对学习内容的理解和记忆，还可以拓宽员工的视野和思路，提高其解决问题的能力。

此外，平台还可以提供协作工具，让员工在学习过程中进行合作和分享。例如，员工可以组建学习小组，共同完成一个项目或研究任务。通过合作，员工可以互相学习、互相启发，达到共同进步的效果。

（四）移动化学习时间管理

随着移动互联网的普及和技术的快速发展，移动化学习已成为一种趋势。为了满足员工的移动化学习需求，数字化学习平台必须具备移动化学习的功能。这意味着员工可以通过手机、平板电脑等移动设备随时随地进行学习，充分利用碎片化的时间，提高学习效率。

移动化学习具有以下优势：首先，它不受时间和地点的限制，员工可以在任何时间、任何地点进行学习，如在等车、排队、休息间隙等。这不仅方便了员工，还提高了学习效率。其次，移动化学习可以充分利用员工的碎片化时间，使员工在忙碌的工作之余也能进行学习，从而不断提升自己的知识和技能。

数字化学习平台为了实现移动化学习的功能，可以通过开发移动应用或利用微信公众号等渠道进行学习资源的发布和传播。这些学习资源可以是在线课程、电子书籍、行业报告、专家讲座等多种形式，满足员工多元化的学习需求。平台还应支持多种设备的学习和同步，确保员工在不同设备上的学习进度和成果能够得到同步和保存。

为了培养员工的时间管理能力并使其更加珍惜和利用时间，数字化学习平台可以提供一些时间管理工具和提醒功能。例如，平台可以设定学习任务和时间表，提醒员工按时完成学习任务。平台还可以记录员工的学习时间和进度，帮助员工更好地规划和分配学习时间。此外，平台还可以提供一些时间管理方面的培训和建议，帮助员工更加高效地利用时间进行学习。

通过移动化学习时间管理，企业可以促进员工的学习兴趣和参与度，提高员工的学习效果和满意度。这种学习方式不仅可以提升员工的个人能力和职业素养，还可以推动企业的发展和创新。

（五）数据化学习成效的评估与反馈

为确保学习效果并持续优化学习资源和内容，数字化学习平台应具备数据化学习成效评估和反馈的功能。通过对员工的学习进度、学习效果和实践成果进行数据分析和可视化展示，企业可以更加准确地评估培训效果和投入产出比。

数据化学习成效评估具有以下重要性：首先，它可以帮助企业了解员工的学习进度和掌握情况，从而及时调整和优化学习计划和内容。其次，它可以客观地评估员工的学习效果和实践能力，为企业选拔人才提供参考依据。最后，它可以通过数据分析发现员工学习过程中的问题和瓶颈，为改进培训方法和提升学习效果提供依据。

为了实现数据化学习成效评估与反馈的功能，数字化学习平台可以利用大数据和人工智能技术对学习数据进行收集、整理和分析。平台可以记录员工的学习时间和进度、完成的任务和测试成绩等数据，并利用数据分析工具对这些数据进行深入挖掘和分析。通过对学习数据的分析和可视化展示，企业可以更加直观地了解员工的学习情况和学习效果。

平台还可以利用智能推荐算法，根据员工的学习历史和偏好为其推荐相关的学习资源和课程。这种个性化推荐的方式可以提高员工的学习兴趣和学习效果，使企业的培训更加精准和有效。

三、加强与业界的合作，提升人才的实践能力和综合素质

（一）校企合作共建实训基地

随着教育的进步和产业的发展，学校与企业之间的合作已经成为一种趋势。在财税管理领域，这种合作尤为明显。企业可以与高校和研究机构建立合作关系，共同建设财税管理实训基地，实现资源共享、优势互补。

企业可以获得更多的专业人才资源和研究成果。高校和研究机构有大量的专业人才和前沿研究，他们可能对某些财税管理问题有新的见解或解决方案。通过与高校的合作，企业可以更早地接触到这些新的思想和研究成果，为企业的发展和创新提供源源不断的动力。

而对于学生来说，他们可以获得更为实际的实践机会和就业渠道。传统的学校教育可能会偏重于理论，而缺乏实际操作的机会。但在这种校企合作模式下，学生可以在企业的真实环境中进行实训，提前了解并适应企业的工作环境，提高他们的实践能力和职业素养。同时，这种合作模式也为学生提供了更多的就业机会，使他们更容易找到满意的工作。

高校和研究机构则可以更加深入地了解企业的实际需求和发展趋势。企业在日常运营和管理中会遇到各种实际问题，这些都是理论研究的重要参考。通过与企业的合作，高校和研究机构可以更深入地了解这些问题，为人才培养和科研方向提供更为明确的指导。

（二）行业协会与专业资格认证机构合作

行业协会和专业资格认证机构在财税管理领域具有很高的话语权。他们的主要任务是制定行业标准、推广最佳实践以及进行专业资格认证。与企业合作，他们可以获得更多的行业信息和专业资源，同时也能够帮助企业提高员工的职业素质和综合能力水平。

在这种合作模式下，企业可以参与行业标准的制定和完善，确保行业标准与企业的实际需求相一致。同时，企业也可以利用行业协会和认证机构的资源进行员工培训和能力提升，确保企业财税管理的专业性和规范性。

（三）参与政策制定与行业标准建设

企业在财税管理领域有着丰富的实践经验，他们的意见和建议对于政策制定和行业标准建设具有重要的参考价值。通过与政府、行业协会等的合作，企业可以参与到政策制定和行业标准建设中，确保政策和标准更加贴近实际、更具可操作性。

参与政策制定不仅可以使企业及时了解政策走向，为自身业务布局提供参考，同时也能培养出更具前瞻性和实战经验的财税管理人才。他们可以结合企业的实际情况，为政策制定提供更为具体的建议和反馈，使政策更加完善、更加符合实际需求。

（四）共享经济与平台化用工模式下的财税管理挑战研究

随着共享经济和平台化用工模式的兴起，传统的财税管理方式面临着新的挑战。共享经济和平台化用工模式具有灵活性、高效性和创新性等特点，但同时也给财税管理带来了诸多难题。因此，深入研究这些新模式下的财税管理问题，探索新的管理策略和方法，具有重要的现实意义和理论价值。

1. 共享经济下的财税管理挑战

共享经济是一种基于互联网平台，通过优化资源配置，实现资源共享的新型经济模式。在共享经济中，平台企业、服务提供商和消费者之间构成了一种复杂的经济关系，这给财税管理带来了以下挑战。

（1）课税对象的难以界定：在共享经济中，很多服务提供商是个人或小微企业，他们的收入性质难以界定，是劳务报酬还是经营所得，这给税务部门的征税工作带来了困难。

（2）跨国税收管辖权的问题：共享经济平台往往具有跨国性，服务提供商和消费者可能分布在不同的国家或地区，这给跨国税收管辖权的划分和协调带来了挑战。

（3）税收征管的难度增加：共享经济平台的交易具有隐蔽性和匿名性，税务部门很难获取交易信息并进行税收征管。

2. 平台化用工模式下的财税管理挑战

平台化用工模式是一种基于互联网平台，通过灵活用工方式，实现人力资源优化配置的新型用工模式。在这种模式下，企业与个人之间构成了一种非传统的雇佣关系，这给财税管理带来了以下挑战。

（1）个人所得税的征收问题：在平台化用工模式下，个人的收入具有不稳定性和多样性，如何合理征收个人所得税是一个难题。

（2）社会保险费的缴纳问题：在平台化用工模式下，企业与个人之间的雇佣关系不明确，如何确定社会保险费的缴纳责任是一个需要解决的问题。

（3）发票开具和管理的问题：在平台化用工模式下，个人提供的服务往往没有正规的发票，这给企业的财务管理和税务部门的税收征管带来了困难。

为了应对这些挑战，企业可以与相关研究机构合作，针对共享经济和平台化用工模式下的财税管理问题进行深入研究。通过研究和实践，企业可以总结出一些有效的管理策略和方法。

（1）建立完善的法律法规体系：政府和相关部门应加快制定和完善共享经济和平台化用工模式下的财税管理法律法规，明确课税对象、税收管辖权、税收征管等问题。

（2）加强跨部门合作和信息共享：税务部门应与其他相关部门加强合作和信息共享，建立跨部门的信息交流和协作机制，提高税收征管的效率和准确性。

（3）推进税收信息化建设：税务部门应积极推进税收信息化建设，利用大数据、人工智能等技术手段提高税收征管的智能化水平，降低税收征管的成本。

（4）提高纳税人的税法遵从度：政府和相关部门应加强对纳税人的税法宣传和培训，提高纳税人的税法遵从度，降低税收违法行为的发生率。

（五）开展跨国合作与交流项目

随着全球化进程的加速，跨国合作与交流在财税管理人才培养中变得日益重要。不同国家和地区在财税管理上可能存在差异，但也有很多可以相互借鉴和学习的地方。因此，开展跨国合作与交流项目具有重要的现实意义和战略价值。

企业可以与其他国家和地区的同行建立合作关系共同开展培训项目、研究活动或实习交流等。这种合作模式不仅可以拓宽员工的国际视野和跨文化沟通能力，同时还能吸收其他国家的先进经验和做法，为企业的财税管理提供新的思路和方法。具体来说开展跨国合作与交流项目可以带来以下好处。

（1）学习国际先进理念和技术：通过与其他国家和地区的同行进行交流和学习，企业可以了解到更多的国际先进理念和技术，为我国的财税管理事业注入新的活力和动力；可以帮助企业更好地掌握国际财税管理的最新动态和发展趋势，提高我国财税管理的水平和竞争力。

（2）提升跨文化沟通能力：跨国合作与交流项目可以为企业财税管理人员提供机会，去了解和适应不同国家和地区的文化、法律和商业环境。这种跨文化沟通能力的提升，有助于企业在国际业务中更好地理解和应对各种复杂情况，降低文化冲突和误解的风险。

（3）拓宽国际业务机会：通过与其他国家和地区的企业或机构进行合作，企业可以拓宽其国际业务机会，寻找新的合作伙伴和市场。这种国际合作不仅可以带来经济上的互利共赢，也有助于提升企业在国际竞争中的地位和影响力。

（4）促进创新与合作：跨国合作与交流项目可以激发创新思维，通过不同文化和思想的碰撞，产生新的理念和解决方案。这种创新合作有助于企业在财税管理上探索出更加高效、合规和可持续的方法，推动整个行业的进步和发展。

为了开展有效的跨国合作与交流项目，企业可以采取以下措施。

（1）建立稳定的合作伙伴关系：企业应积极寻找和筛选具有共同目标和利益的国际合作伙伴，建立长期稳定的合作关系。这种合作伙伴关系可以为双方提供持续的支持和合作机会，确保跨国合作与交流项目的顺利进行。

（2）加强人员培训和能力建设：企业应重视跨国合作与交流项目中的人员培训和能力建设，通过提供专业的培训和支持，帮助员工提升跨文化沟通能力、国际财税管理知识水平和技能，确保他们在国际合作中能够胜任工作并发挥出色。

（3）制订明确的合作计划并确立目标：在开展跨国合作与交流项目之前，企业应与合作伙伴共同制订明确的合作计划并确立目标。这包括确定合作的具体领域、任务分工、时间安排和资源投入等，以确保双方在合作过程中能够协同配合，实现共同的目标。

（4）加强信息共享和经验交流：跨国合作与交流项目应重视信息共享和经验交流。通过建立信息共享机制和定期的交流会议，双方可以及时分享最新的财税管理信息、经验和最佳实践，共同推动财税管理的创新和发展。

四、推动产学研一体化发展，培养高素质复合型财税管理人才

（一）建立产学研合作机制

产学研合作机制是培养高素质复合型财税管理人才的重要途径。企业应积极与高校、研究机构建立合作关系，共同开展财税管理领域的研究和人才培养工作。这种合作不仅可以推动财税管理领域的研究和发展，还可以为企业提供更多具备理论知识和实践经验的优秀人才。

在产学研合作中，企业可以与高校、研究机构共同开展财税管理领域的研究项目，分享研究成果和实践经验。通过合作研究，企业可以更加深入地了解财税管理领域的最新动态和实践需求，为制定更加科学合理的财税管理策略提供依据。同时，高校、研究机构也可以从企业的实际需求出发，开展更加具有针对性的研究和教学工作，培养更多符合企业需求的财税管理人才。

除了合作研究外，企业还可以通过共享资源、联合培养等方式与高校、研究机构开展更广泛的合作。例如，企业可以与高校共同建立财税管理实验室或研究中心，提供实践场所和研究设备，为学生的学习和实践创造条件。同时，企业还可以邀请高校的教师或研究人员到企业进行授课或分享经验，提高员工的理论知识和实践水平。

（二）设立财税管理研究基金与奖学金

为了鼓励和支持高校、研究机构开展财税管理领域的研究工作，以及吸引更多优秀人才投身于财税管理工作，企业可以设立财税管理研究基金和奖学金。这些基金和奖学金可以用于支持财税管理领域的研究项目、优秀人才的奖励和资金支持等。

设立财税管理研究基金可以为企业提供更多关于财税管理领域的研究资源和成果，推动该领域的研究和发展。同时，这也可以激发研究人员的积极性和创新精神，促进研究成果的转化和应用。

设立财税管理奖学金则可以吸引更多优秀的财税管理人才，提高他们的学习和实践积极性。企业可以根据学生的学习成绩、实践表现和研究成果等因素来评定奖学金获得者，并为他们提供一定的资金支持和荣誉证书。这不仅可以激励学生更加努力地学习和

实践，还可以为企业储备更多的优秀人才。

（三）开展多元化的培训项目与活动

为了提高员工的实践能力和综合素质，企业可以开展多元化的培训项目和活动。这些培训项目和活动可以包括财税管理沙龙、专题讲座、实地考察等，让员工接触到更多的实际案例和业务场景，提高他们的实践能力和解决问题的能力。

财税管理沙龙是一个定期举办的交流活动，可以让员工分享彼此的经验和问题，并进行深入的讨论和交流。这不仅可以促进员工之间的互动和协作，还可以激发员工的创新思维和解决问题的能力。

专题讲座则可以邀请业界专家、学者进行授课或分享经验，让员工学习到最新的理论知识和实践成果。这可以帮助员工及时了解财税管理领域的最新动态和发展趋势，提高他们的专业素养和实践能力。

实地考察则可以让员工深入到企业现场或业务一线进行观察和学习，了解不同行业和业务模式下的财税管理问题和挑战。这可以帮助员工更加深入地了解实际业务场景和需求，提高他们的实践能力和创新意识。

（四）搭建财税管理实践平台与项目合作机会

财税管理实践平台与项目合作机会的搭建，对于财税管理人才的培养至关重要。这不仅可以让员工深入了解财税管理的实际运作，更能锻炼其实践能力，培养解决实际问题的能力。企业可以与外部机构合作，共同搭建这样的平台，为员工提供真实的项目环境，使其在实践中不断成长。

首先，企业可以与政府部门合作，参与公共项目的财税管理工作。公共项目往往涉及大量的资金流动和复杂的税收问题，对于财税管理人才来说是一个很好的锻炼机会。通过与政府部门的合作，企业可以深入了解公共项目的运作机制，同时也可以为政府提供专业的财税管理服务，实现双赢。

其次，企业还可以与其他企业合作，开展跨行业的财税管理项目。不同行业的经营模式和税收政策都有所不同，通过跨行业的合作，员工可以接触到更多的实际案例和业务场景，提高其适应能力和解决问题的能力。这种合作模式还可以促进企业之间的交流和合作，共同推动财税管理领域的发展。

另外，企业还可以通过搭建财税管理实践平台，让员工参与到实际的项目中去。这个平台可以模拟真实的业务环境，为员工提供实践机会。通过这个平台，员工可以接触到真实的财务报表、税务申报等业务，进行实际操作和决策分析。这种实践方式可以帮助员工更加深入地了解财税管理的实际操作和业务流程，提高其实践能力和业务水平。

除此之外，企业还可以通过与社会组织的合作项目来为员工提供实践机会。社会组织通常关注社会公益事业和公共服务领域的问题，对于培养员工的社会责任感和公民意识具有重要意义。通过与社会组织的合作，企业可以参与到社会公益事业中去，为社会做出贡献的同时也可以提高员工的社会责任感和公民意识。

（五）完善人才评价与激励机制

为了确保高素质复合型财税管理人才的培养效果，企业应建立完善的人才评价与激励机制。这个机制应该能够全面评价员工的知识、技能、实践能力和综合素质，同时为优秀的员工提供晋升机会、薪酬提升等激励措施，激发其工作积极性和创新精神。

首先，企业应建立科学的评价体系，对员工的财税管理知识和技能进行全面评价。这个评价体系应该包括理论知识测试、实际操作考核、项目成果评价等多个方面，确保评价的客观性和准确性。通过这个评价体系，企业可以了解员工在财税管理方面的专业水平和能力状况，为制订针对性的培训计划提供依据。

其次，企业应关注员工的实践能力和综合素质评价。实践能力是财税管理人才的重要素质之一，因此，企业应重视对员工实践能力的评价。这个评价可以通过对员工在项目中的表现、解决问题的能力、团队协作等方面的考察来进行。同时，企业还应关注员工的综合素质，如沟通能力、领导能力、创新思维等方面进行评价，这些素质对于员工的职业发展和企业的长远发展都具有重要意义。

最后，企业应建立完善的激励机制，激发员工的工作积极性和创新精神。这个激励机制可以包括晋升机会、薪酬提升、荣誉等多种形式。通过为优秀的员工提供晋升和薪酬提升机会，企业可以激励员工更加努力地工作和提高自己的能力水平。同时，荣誉等形式的激励也可以增强员工的归属感和荣誉感，激发其为企业做出更大贡献的动力。

第十八章　基于云计算的财税管理服务模式创新与实践

第一节　云计算在财税管理服务中的应用概述

一、云计算的基本概念和特点

(一)云计算的定义

云计算,这个看似高深莫测的术语,实际上是一种与人们日常生活和工作息息相关的技术。简单地说,云计算是一种基于互联网的计算模式,将各种计算资源(如服务器、存储设备、应用程序等)虚拟化,并通过网络以服务的形式提供给用户。这意味着,无论是个人还是企业,都可以根据需要随时获取和使用这些资源,而无须购买、维护和管理硬件和软件。

在深入探讨云计算的定义之前,我们首先需要了解计算资源的重要性。计算资源,包括服务器、存储设备、应用程序等,是现代信息社会的基础。无论是个人用户的文档存储、邮件发送,还是企业的财务管理、客户关系管理等,都离不开这些计算资源的支持。然而,传统的计算模式需要用户自行购买、配置和维护这些资源,这不仅成本高昂,而且技术门槛较高。

云计算的出现,彻底改变了这一现状。它将计算资源虚拟化,并通过互联网以服务的形式提供给用户。这意味着用户无须再购买昂贵的硬件设备和软件许可,只要通过网络即可访问和使用这些资源。这种按需获取和使用计算资源的方式,不仅降低了成本,还提高了资源的利用率和灵活性。

云计算的实现离不开虚拟化技术的支持。虚拟化技术是一种将物理计算资源转化为虚拟资源的技术。通过虚拟化技术,云计算可以将多台服务器虚拟化为一个统一的计算资源池,供多个用户使用。同时,虚拟化技术还可以实现资源的动态分配和扩展,满足不同用户的需求变化。

除了虚拟化技术外，云计算还需要大规模分布式存储系统、自动化管理系统和安全技术等支撑。大规模分布式存储系统可以保证数据的安全性和可靠性，自动化管理系统可以实现资源的动态分配和监控，而安全技术则可以保护用户的隐私和数据安全。

从用户的角度来看，云计算具有以下优点：首先，云计算提供了按需使用的计算资源，用户只需根据实际需求付费，避免了资源的浪费；其次，云计算具有高可扩展性和灵活性，可以根据用户的需求变化进行动态调整；最后，云计算提供了高可用性和可靠性，保证了服务的连续性和数据的完整性。

（二）云计算的类型

云计算主要分为三种类型：公有云、私有云和混合云。每种类型的云都有其独特的特点和适用场景。

（1）公有云：公有云是由云服务提供商运营和维护的，任何人都可以通过互联网访问。这种云的特点是具有高度的可扩展性和灵活性，可以满足大量用户的需求变化。同时，公有云还具有较低的成本和门槛，使得个人和小型企业也可以享受到云计算带来的便利。然而，公有云也存在一些缺点，如数据安全和隐私保护的问题，以及可能受到的网络攻击风险。因此，在选择使用公有云时，用户需要权衡其利弊。

（2）私有云：私有云是由企业或组织内部运营的，仅供内部员工使用。这种云的特点是具有较高的数据安全性和隐私保护性，因为数据存储在本地受到严格的访问控制。同时，私有云还可以根据企业的特定需求进行定制和优化。然而，私有云的建设和维护成本较高，需要企业具备一定的技术实力和经济实力。因此，大型企业或对数据安全性要求较高的企业通常会选择使用私有云。

（3）混合云：混合云则是公有云和私有云的结合体。企业可以根据需要将部分应用和数据放在公有云上，以提高灵活性和降低成本，而将敏感和关键应用放在私有云上以保证数据的安全性和隐私性。这种云的特点是兼具公有云和私有云的优点，可以根据企业的实际需求进行灵活配置和管理。然而，混合云的构建和管理复杂度较高，需要企业具备较高的技术实力和管理能力。

（三）云计算的核心特点

云计算作为当代信息技术的代表，它的出现和广泛应用为各行各业带来了深刻的影响。它的核心特点使其受到广泛的欢迎，并且成为企业和组织追求效率、降低成本的首选技术。

1. 弹性可扩展性

云计算的最大优势之一是它的弹性可扩展性。在传统的 IT 架构中，企业为了满足峰值需求，常常需要购买大量的硬件和软件资源，而这些资源在非峰值时段可能大部分时间都处于闲置状态。这种方式不仅成本高，而且资源利用率低，而云计算解决了这一问题。它可以根据实际需求，动态地为用户分配和调整计算资源。这意味着，无论用户的需求是突然增加还是减少，云计算都能够迅速响应，确保应用的正常运行。这种弹性可扩展性使得云计算特别适合那些业务需求变化较大或者有明显季节性的企业。

2. 按需付费

与传统的 IT 模式相比，云计算采用了按需付费的模式。用户只需为自己实际使用的计算资源付费，而不是为预先购买的、可能大部分时间都闲置的资源付费。这大大降低了成本，并减少了浪费。此外，云计算提供商通常都会根据用户的用量给予一定的折扣或者提供其他优惠政策，从而进一步降低用户的成本。这种按需付费的模式鼓励企业更加合理、高效地使用计算资源，促进可持续发展。

3. 高可靠性

数据的安全性和可靠性是任何企业和组织都非常关心的问题。云计算通过一系列技术手段来确保数据的安全性和可靠性。例如，数据备份和容灾技术是云计算中常用的手段。云计算提供商通常会在多个地点备份用户的数据，确保即使某个数据中心发生故障，用户的数据也不会丢失。此外，云计算还采用了各种加密技术和访问控制机制，确保数据在传输和存储过程中都不会被未经授权的第三方访问。这种高可靠性使得企业和组织可以放心地将他们的关键应用和数据放到云端。

4. 全球化服务

云计算通过互联网提供服务，这意味着用户可以在任何地方、任何时间访问和使用云计算服务。只要有互联网连接，用户就可以通过电脑、手机或其他终端设备访问云端的应用和数据。这种全球化服务的特点使得企业和组织可以更加灵活地开展业务，不受地理位置的限制。例如，一个跨国公司的员工可以在不同的国家和地区协同工作，共享数据和应用，提高工作效率。

（四）云计算的发展趋势

随着技术的不断进步和应用场景的不断扩展，云计算正在向以下几个方向发展。

（1）边缘计算：随着物联网设备数量的迅速增加，边缘计算变得越来越重要。边缘计算是指在数据生成的源头进行计算和分析，而不是将数据发送到远程的数据中心进行处理。这可以大大减少数据传输的延迟和成本，提高响应速度。云计算和边缘计算相结合的模式将成为未来的主流。

（2）人工智能与机器学习：人工智能和机器学习技术正在越来越多地被应用到各个领域中。云计算为这些技术提供了强大的计算能力和海量的数据资源。通过云计算，企业和组织可以更加容易地开发、应用人工智能和机器学习模型来解决实际问题。

（3）物联网：物联网是指通过各种传感器和设备收集、传输和处理数据的技术。随着物联网设备的数量不断增加，需要处理的数据量也在迅速增长。云计算为物联网提供了强大的数据处理和分析能力，使得企业和组织可以从海量的物联网数据中提取有价值的信息来优化业务和提高效率。

（4）混合云：混合云是指将公有云和私有云相结合的模式。在这种模式下，企业和组织可以根据需要将某些应用和数据放在公有云上，而将其他敏感或关键的应用和数据放在私有云上。这样可以同时享受到公有云的灵活性和私有云的安全性。随着企业对数据安全和合规性的要求越来越高，混合云将成为未来的主流模式之一。

二、云计算在财税管理服务中的应用背景

（一）财税管理服务的现状和挑战

财税管理作为企业运营的核心环节之一，其管理效率和服务质量直接关系到企业的经济效益和市场竞争力。然而，传统的财税管理服务主要依赖于手工操作和纸质文档管理，存在效率低下、易出错、难以追溯等问题，已经无法满足现代企业的需求。

具体而言，传统的财税管理服务存在以下问题和挑战。

（1）效率低下：财税管理服务涉及大量的数据处理和文档管理，传统的手工操作方式效率低下，难以满足企业的实时性需求。

（2）易出错：由于手工操作容易出现疏忽和错误，导致财税数据不准确，给企业带来不必要的损失和风险。

（3）难以追溯：传统的纸质文档管理方式难以实现对财税数据的追溯和查询，不利于企业的决策和分析。

（4）安全性不足：传统的财税管理服务在数据安全和隐私保护方面存在不足，容易导致数据泄露和丢失。

随着企业规模的扩大和业务复杂度的增加，财税管理服务的挑战也在不断增加。一方面，企业需要处理更多的财税数据和业务信息，对服务效率和质量提出了更高的要求；另一方面，企业需要应对更加复杂和多变的法律法规和税收政策，对财税管理服务的专业性和准确性提出了更高的要求。因此，如何提高财税管理服务的效率和质量成为企业亟待解决的问题。

为了解决传统财税管理服务存在的问题和挑战，企业需要寻求新的解决方案和技术支持。云计算作为一种新兴的计算模式，具有弹性可扩展、按需付费、高可靠性等特点，可以为企业财税管理服务提供新的解决方案。

（二）云计算在财税管理服务中的应用前景

云计算是一种基于互联网的计算模式，通过虚拟化技术将计算资源、存储资源和应用程序等以服务的形式提供给用户。云计算具有弹性可扩展、按需付费、高可靠性等特点，已经被广泛应用于各个行业领域。在财税管理服务领域，云计算技术的应用也具有广阔的前景和潜力。

具体而言，云计算在财税管理服务中的应用前景主要体现在以下几个方面。

（1）实现财税管理服务的数字化转型：通过云计算技术的应用，企业可以将传统的纸质财税数据转化为数字形式进行存储和处理，实现财税管理的数字化转型。数字化转型不仅可以提高数据处理的准确性和效率，还可以方便企业对财税数据进行追溯和查询。

（2）提高服务效率和质量：云计算平台提供了强大的数据处理和存储能力，可以大大提高财税管理服务的效率和质量。通过云计算平台，财税管理人员可以随时随地访问财税数据，进行实时处理和分析，提高了服务质量。同时，云计算平台提供了丰富的应用和服务，满足了企业不同的财税管理需求。

（3）降低运营成本：通过云计算平台，企业可以按需使用计算资源，避免了大量硬件设备的投入并维护成本。同时，云计算平台提供了高效的数据处理和存储能力，减少了企业在人力资源和数据管理方面的成本。

（4）加强数据安全性：云计算平台提供了强大的数据加密和安全防护能力，使得财税数据在存储和处理过程中得到了更好的保障。通过云计算平台，企业可以更加安全地存储和处理财税数据，避免了数据泄露和丢失的风险。

（5）推动财税管理的智能化发展：基于云计算的财税管理服务模式，企业应该积极推动财税管理的智能化发展。通过引入人工智能、大数据等先进技术对财税数据进行深度分析和挖掘，为企业的决策提供更加准确和全面的支持，同时，利用智能化技术提高财税管理的自动化水平，降低人力成本和提高工作效率。

（三）政策支持和市场需求

云计算产业的蓬勃发展离不开政策的支持和市场的需求。近年来，各国政府纷纷出台一系列政策，旨在推动云计算产业的发展和创新。这些政策不仅提供了资金和资源支持，还为云计算产业创造了有利的法律环境和市场环境。

　　首先，政策支持对于云计算产业的发展起到了至关重要的作用。各国政府通过制定相关政策和规划，明确了云计算产业的发展方向和目标。例如，一些国家设立了专门的基金和计划，用于支持云计算技术的研发和创新。这些资金可以用于支持云计算基础设施的建设、人才培养、标准制定等方面，从而加速云计算产业的发展进程。

　　此外，政府还通过税收、法规等手段推动云计算产业的发展。例如，一些国家给予云计算服务提供商税收优惠政策，降低其运营成本，提高其市场竞争力。同时，政府还加强了对云计算市场的监管和管理，保护了用户和企业的合法权益，维护了市场的公平和公正。

　　除了政策支持外，市场需求也是推动云计算产业发展的重要因素。随着企业数字化转型的加速和市场竞争的加剧，企业对财税管理服务的需求也在不断增加。云计算作为一种新兴的技术模式，可以为企业提供高效、灵活、安全的财税管理服务，满足企业的实际需求。

　　具体来说，企业对财税管理服务的需求主要体现在以下几个方面：首先，企业需要提高财税管理服务的效率和质量，降低运营成本和风险；其次，企业需要实现财税管理服务的数字化转型和创新，以适应市场的变化和竞争的需求；最后，企业需要保障财税数据的安全性和隐私性，以避免数据泄露和损失。

（四）技术成熟度和安全性保障

　　随着云计算技术的不断成熟和安全性的不断提高，越来越多的企业开始将财税管理服务迁移到云平台上。云服务提供商也采取了多种技术手段和措施来保障数据的安全性和隐私性。

　　首先，数据加密是保障数据安全性的重要手段之一。云服务提供商通常会对存储在云平台上的数据进行加密处理，以确保数据在传输和存储过程中不被非法获取和泄露。同时，用户还可以通过设置访问控制和安全审计等手段来进一步保障数据的安全性。

　　其次，访问控制也是保障数据安全性的重要措施之一。云服务提供商会对用户的身份进行验证和授权，确保只有经过授权的用户才能访问和使用存储在云平台上的数据。这种访问控制方式可以有效地防止未经授权的访问和使用，从而保障数据的安全性。

　　除此之外，云服务提供商还会采取其他技术手段和措施来保障数据的安全性。例如，他们会对云平台进行定期的安全审计和风险评估，及时发现和修复可能存在的安全隐患和漏洞。同时，他们还会对云平台的物理环境进行保护和管理，确保数据中心的物理安全。

三、云计算在财税管理服务中的应用优势

（一）提高服务效率和质量

云计算技术的广泛应用，为企业财税管理带来了前所未有的变革。传统的财税管理方式，往往依赖于大量的人工操作，这不仅效率低下，而且容易出现错误。然而，通过引入云计算技术，企业可以实现财税管理服务的自动化和智能化，从而大大提高服务效率和质量。

以云会计系统为例，其可以实现自动化记账、报表生成等功能。在日常的财务处理中，大量的数据需要被记录、分类和整理。传统的手工操作方式，无疑是一个耗时且易出错的过程。而云会计系统可以自动从各种来源抓取财务数据，进行自动分类和记账，大大提高了数据处理的速度和准确性。此外，云会计系统还可以根据预设的模板自动生成各种财务报表，如资产负债表、利润表等，为企业的决策提供及时、准确的数据支持。

此外，云报销系统也是云计算技术在财税管理中的一个典型应用。传统的报销流程中，员工需要填写大量的纸质单据，经过多级审批后才能进行报销。这个过程不仅效率低下，而且容易出现单据丢失、审批延误等问题。而云报销系统可以实现电子化报销、审批等功能，员工只需在线填写报销单，相关领导可以在线进行审批，大大提高了报销效率和便捷性。

（二）降低成本和风险

云计算的按需付费模式为企业带来了巨大的成本优势。在传统的 IT 架构中，企业需要预先购买大量的硬件和软件资源，而这些资源在非峰值时段可能大部分时间都处于闲置状态。这种方式不仅成本高，而且资源利用率低。而云计算解决了这一问题，企业只需为实际使用的计算资源付费，从而降低了硬件和软件的成本和浪费。

除了硬件和软件的成本降低外，云计算还降低了数据丢失和泄露的风险。数据的安全性和可靠性是任何企业都非常关心的问题。云服务提供商通常采取多重备份和容灾措施，确保数据的安全性和可靠性。即使在极端情况下，如地震、火灾等，云服务提供商也能迅速恢复数据，确保业务的正常运行。此外，云服务提供商还可以提供专业的技术支持和维护服务，降低企业的运维成本和风险。这意味着企业可以将更多的资源和精力投入核心业务的发展，而不是耗费在烦琐的 IT 运维上。

（三）增强数据分析和决策能力

在大数据时代，如何对海量数据进行有效分析和利用已经成为企业竞争的关键。云计算的大数据处理和分析能力为企业提供了强大的支持。通过对财税数据的深度挖掘和

分析，企业可以发现潜在的规律和趋势，为决策提供科学依据。

　　例如，通过对历史财税数据的分析，企业可以预测未来的税收趋势和风险。这对于企业来说具有重要的战略意义。企业可以根据预测结果调整其经营策略和投资方向，以更好地应对未来的市场变化。同时，通过对不同地区、不同行业的财税数据进行比较和分析，企业还可以发现税收政策的差异和优化方向。这为企业制定更加合理、有效的税务策略提供了有力的支持。

第二节　基于云计算的财税管理服务模式构建与创新

　　随着信息技术的迅速发展，云计算技术已经成为了各行各业的重要支撑。在财税管理领域，云计算技术的引入不仅可以提高管理效率，还可以实现数据资源的共享与协同。以下将对基于云计算的财税管理服务模式进行深入探讨，分析其设计、创新点及实践情况。

一、基于云计算的财税管理服务模式设计

（一）云端基础设施建设

　　为了满足财税管理的云计算服务需求，企业必须首先构建一个稳定、安全的云端基础设施。这个基础设施是支撑整个财税管理云计算服务的关键，其稳定性和安全性将直接影响到财税管理服务的正常运行和数据安全。

　　在构建云端基础设施时，企业需要充分考虑硬件资源和软件资源的选型和配置。这包括选择高可用性、高扩展性和高安全性的服务器、存储设备、网络设备等硬件资源，以及选择稳定、高效的操作系统、中间件、数据库等软件资源。

　　具体而言，企业在构建云端基础设施时，应注重以下几个方面。

　　（1）硬件资源选型：企业应选择具有高可用性、高扩展性和高安全性的服务器、存储设备、网络设备等硬件资源。这些硬件资源应具备高性能、低延迟、易维护等特点，以满足财税管理服务的实时性需求。

　　（2）软件资源配置：企业应选择稳定、高效的操作系统、中间件、数据库等软件资源，并进行合理配置。这些软件资源应具备高并发、高可用、易扩展等特点，以适应财税管理服务的不断变化和增长。

　　（3）网络安全保障：企业应建立完善的网络安全保障机制，包括防火墙、入侵检测

系统、安全扫描等安全措施，以确保云端基础设施的安全性。

（4）数据中心建设：选择合适的数据中心建设方案，包括机房设计、供电系统、制冷系统等方面的规划和建设，以确保云端基础设施的稳定运行。

（二）财税管理系统迁移与整合

将传统的财税管理系统迁移到云端，需要进行系统的整合和优化。这个过程涉及对原有系统进行功能评估、数据结构调整和技术升级等多个方面，以确保其能够在云端环境中稳定运行。

具体而言，财税管理系统迁移与整合应注重以下几个方面。

（1）系统功能评估：企业应对原有财税管理系统的功能进行全面评估，确定哪些功能需要保留，哪些功能需要进行调整或升级。

（2）数据结构调整：企业应根据云端环境的特点和需求，对原有财税管理系统的数据结构进行调整和优化，以确保数据在云端环境中的准确性和一致性。

（3）技术升级：企业应对原有财税管理系统进行技术升级，包括数据库升级、中间件升级等方面的工作，以适应云端环境的技术要求。

（4）与其他系统的数据交互和集成：企业应考虑与其他相关系统的数据交互和集成问题，如与财务系统、人力资源系统等进行数据交互和集成，以实现数据的共享和协同。

（三）数据安全保障机制建设

在云端环境中，数据的安全性是至关重要的。因此，企业必须建立完善的数据安全保障机制，以确保财税数据的安全性。这包括数据加密、访问控制、备份恢复等措施。

具体而言，数据安全保障机制建设应注重以下几个方面。

（1）数据加密：企业应采用加密技术对财税数据进行加密处理，以确保数据在传输和存储过程中的安全性。常用的加密技术包括对称加密和公钥加密等。

（2）访问控制：企业应建立完善的访问控制机制，对财税数据的访问进行严格的权限控制和管理，防止未经授权的访问和操作。常用的访问控制机制包括基于角色的访问控制和基于属性的访问控制等。

（3）备份恢复：企业应建立完善的备份恢复机制，对财税数据进行定期备份和异地存储，以防止数据丢失和灾难性事件的影响，同时，还应建立快速恢复机制，以便在数据丢失或系统故障时能够迅速恢复数据和系统正常运行。

（4）安全评估和漏洞扫描：企业应定期对云端环境进行安全评估和漏洞扫描，及时发现和修复潜在的安全风险。这包括定期对系统进行安全检测、漏洞扫描、日志审计等工作，以确保系统的安全性和稳定性。

（四）服务运营与维护体系构建

为了确保基于云计算的财税管理服务的稳定运行，服务运营与维护体系的构建是至关重要的。这一体系主要包括服务级别协议制定、服务监控与告警、故障处理与应急响应等机制，用以确保服务的可用性和稳定性，并提高用户满意度。

1. 服务级别协议制定

服务级别协议（SLA）是服务提供商与用户之间的一份合同，明确规定了服务的质量、可用性和性能等方面的要求。在制定 SLA 时，企业需要充分考虑用户的需求和期望，以确保服务能够满足用户的实际需求。

SLA 通常包括以下内容：服务响应时间、服务可用性、数据备份与恢复、用户支持等。服务提供商需要根据 SLA 的要求，对服务进行持续的监控和管理，确保服务能够满足 SLA 的要求。

2. 服务监控与告警

为了确保服务的稳定运行，企业需要对服务进行持续的监控和告警。服务监控是指对服务的运行状态、性能指标等进行实时监测和分析，以及时发现和处理潜在的问题。告警机制则是指在服务出现故障或异常情况时，能够及时向管理人员发送告警信息，以便及时处理问题。

服务监控和告警机制的实现需要依赖于专业的监控工具和平台。这些工具和平台可以对服务的各项性能指标进行实时监测和分析，并提供丰富的报表和可视化界面，帮助管理人员更好地了解服务的运行状态和性能表现。

3. 故障处理与应急响应

尽管服务提供商会尽力避免服务出现故障，但故障仍然是不可避免的。因此，企业需要建立完善的故障处理和应急响应机制，以确保在故障发生时能够及时处理问题，并尽快恢复服务的正常运行。

故障处理机制包括故障排查、原因分析、问题解决和验证等环节。在故障发生时，管理人员需要迅速响应并进行故障排查，确定故障的原因和影响范围，然后采取相应的措施进行问题解决。在问题解决后，管理人员还需要进行验证和测试，确保问题已经完全解决并不会影响服务的正常运行。

应急响应机制是指在突发事件或紧急情况下，能够迅速启动应急响应计划，对服务进行紧急处理和恢复的机制。应急响应计划需要包括应急响应流程、应急资源准备、应急联系方式等内容。在应急响应过程中，管理人员需要保持冷静和高效，确保问题能够迅速得到解决，并尽快恢复服务的正常运行。

（五）用户培训与推广策略制定

为了让用户更好地使用基于云计算的财税管理服务，企业需要进行用户培训并制定相应的推广策略。这不仅可以提高用户对服务的认知和使用效率，还可以扩大服务的影响力和用户群体。

1. 制订培训计划

培训计划需要根据用户的需求和使用场景进行制定。企业可以考虑将培训内容分为基础操作和高级应用两个部分，以满足不同用户的需求，同时，还可以根据用户的使用频率和反馈情况，制定定期的培训计划和活动。

2. 编写培训材料

培训材料需要根据培训内容进行编写。企业可以考虑制作操作手册、视频教程、在线帮助文档等多种形式的培训材料，以方便用户随时学习和使用，同时，还需要注意培训材料的语言简洁明了、图文并茂，易于理解和学习。

3. 组织培训活动

培训活动可以通过线上和线下两种方式进行组织。线上培训可以通过网络会议、在线课程等形式进行；线下培训则可以通过组织面对面的培训课程、研讨会等形式进行。在培训活动中，企业需要注意与用户进行互动和交流以了解用户的反馈和需求，并及时进行改进和优化。

4. 制定推广策略

推广策略的制定需要考虑目标用户群体和市场环境等因素。企业可以考虑与合作伙伴进行合作推广、参加行业展会和论坛、开展市场推广活动等多种方式进行推广，同时，还需要注意推广内容的针对性和吸引力，以提高推广效果和用户转化率。

二、基于云计算的财税管理服务模式创新点

（一）实现数据资源的共享与协同

随着企业规模的扩大和业务的复杂化，不同部门或机构之间的数据交换和共享变得愈发重要。云计算技术的出现，为这一问题提供了有效的解决方案。通过云计算技术，企业可以搭建云端平台，实现数据资源的集中存储和管理。不同部门或机构的用户可以通过云平台进行数据交换和共享，这大大提高了工作效率和数据准确性。

在实际应用中，企业可以根据业务需求，设定不同的数据访问权限，确保数据的安全性和隐私性。同时，通过云计算的弹性扩展特性，企业可以根据业务需求动态调整资源分配，满足业务发展的需求。这种灵活性使得企业能够更加高效地利用数据资源，实

现业务目标。

数据资源的共享与协同，不仅可以提高工作效率，还可以促进不同部门或机构之间的合作和创新。通过共享数据和分析结果，不同部门或机构可以更好地了解彼此的业务和需求，发现潜在的合作机会。这种跨部门或机构的合作，有助于打破信息壁垒，推动企业整体的发展。

（二）降低运维成本和提高服务质量

传统的 IT 架构中，企业需要投入大量的人力和物力进行硬件和软件的采购、部署和维护。这不仅增加了企业的运营成本，还可能因为人为错误或管理不善导致服务中断或数据丢失。而云计算技术可以实现资源的集中管理和自动化运维，大大降低运维成本和提高服务质量。

通过云端平台，企业可以实现对硬件和软件资源的统一管理、监控和维护。云服务提供商通常会提供专业的技术支持和维护服务，确保系统的稳定性和安全性。这种集中管理和自动化运维的方式，减少了人工干预和错误率，提高了服务质量。

同时，云计算的按需付费特性使得企业可以根据实际使用量进行费用结算。这意味着企业只需为实际使用的计算资源付费，运营成本降低了。与传统的 IT 模式相比，这种方式更加灵活和经济高效。

（三）支持移动办公和远程协作

随着移动互联网的普及和全球化的发展，移动办公和远程协作已经成为企业日常运营的重要组成部分。云计算技术为这种新的工作方式提供了强大的支持。

通过云计算技术，用户可以通过各种终端设备随时随地访问云端平台上的财税管理系统和数据资源。这意味着无论用户身处何地，只要有互联网连接，就可以进行移动办公。这种灵活性使得用户可以更加高效地完成工作任务，不受地理位置的限制。

此外，云计算还提供了视频会议、在线协作等功能，支持远程协作和团队合作。不同地点的用户可以通过云端平台进行实时沟通和协作，共同完成工作任务。这种方式不仅提高了工作效率，还降低了因地理位置带来的沟通成本和时间成本。

（四）提高数据分析和决策能力

随着云计算技术的不断发展，其对于数据处理和分析的能力也日益增强。对于财税管理而言，利用云计算技术不仅可以存储和处理海量的财税数据，还可以对这些数据进行深度挖掘和分析，从而为企业的决策提供有力的支持。

首先，云计算平台可以存储海量的财税数据，这些数据包括了企业的财务数据、税务数据、业务数据等。通过云计算平台的数据存储和处理能力，企业可以更加方便、快捷地对这些数据进行查询、分析和处理。

其次，利用云端平台上的大数据分析工具，可以对这些财税数据进行深度挖掘和分析。这些工具可以对数据进行自动分类、聚类和关联分析，从而发现数据中的潜在规律和风险点。例如，通过对企业的财务数据进行分析，企业可以发现在财务管理上存在的问题和不足；通过对税务数据进行分析，企业可以发现在税务申报和缴纳上存在的风险点。这些分析结果可以为企业的决策提供有力的支持，帮助企业更好地制定财务和税务策略。

再者，通过可视化工具将数据以图表等形式展示出来，可以更直观地展示分析结果。这些可视化工具可以将复杂的数据转化为图表、曲线等形式，使得数据更加易于理解和分析。通过这种方式，企业可以更加方便地了解自身的财务和税务状况，更好地制定决策。

此外，云计算平台还可以提供预测分析功能，通过对历史数据的学习和分析，预测企业未来的财务和税务状况。这种预测分析功能可以帮助企业更好地规划未来的财务和税务策略，提高企业的竞争力和市场适应能力。

（五）推动财税管理数字化转型和升级

云计算技术的应用不仅可以提高财税管理的效率和质量，还可以推动财税管理的数字化转型和升级。具体而言，基于云计算的财税管理服务模式可以从以下几个方面推动财税管理的数字化转型和升级。

首先，通过引入先进的云计算技术和工具，企业可以实现对传统财税管理模式的创新和优化。例如，企业可以利用云计算平台的高可扩展性和高可用性特点，实现财税管理系统的高效运行和数据安全；可以利用云计算平台的大数据处理和分析能力，实现对财税数据的深度挖掘和分析；可以利用云计算平台的开放性和可扩展性特点，与其他相关系统进行集成和整合，实现财税管理的数字化转型和升级。

其次，企业可以利用云计算的开放性和可扩展性特点，与其他相关系统进行集成和整合。例如，企业可以将财税管理系统与企业的财务系统、人力资源系统、供应链系统等进行集成和整合，实现数据的共享和协同。这种集成和整合可以提高企业的管理效率和服务质量，降低运营成本和风险。

再者，企业可以利用云计算的安全性和可靠性特点，加强财税管理的安全保障。例如，企业可以利用云计算平台的安全机制和加密技术确保财税数据的安全性；可以利用云计算平台的备份和恢复功能确保财税数据的可靠性和完整性。这种安全保障可以降低财税管理的风险，提高企业的信誉度。

最后，云计算的财税管理服务模式可以实现财税管理的智能化发展。例如，企业可以利用人工智能技术对财税数据进行自动分类、识别和预测；可以利用区块链技术对财税数据进行分布式存储和共享；可以利用物联网技术对财税数据进行实时监控和预警。这种智能化发展可以提高财税管理的效率和准确性降低人工成本和错误率。

第三节　基于云计算的财税管理服务模式效果评估与优化

一、基于云计算的财税管理服务模式效果评估

（一）服务效率显著提高

随着云计算技术的广泛运用，财税管理服务的效率得到了前所未有的提升。这背后，正是云计算对于数据处理模式的创新与变革所带来的巨大效益。

首先，云计算技术实现了财税数据的集中存储与处理。传统的财税数据管理方式往往是分散的，数据存储在各个部门和机构的本地服务器中，导致数据传递和处理的时间较长。而云计算技术通过构建一个统一的云平台，将财税数据进行集中存储和管理，大大减少了数据传递的环节和时间。财税管理人员只需要通过云平台进行访问，即可实时获取和处理所需的财税信息，不再受限于传统的数据传递方式，从而大大提高了服务效率。

其次，云计算技术具备强大的数据处理能力。云平台通过分布式计算和虚拟化技术，能够实现对海量财税数据的高效处理和分析。无论是数据的整理、计算还是报表的生成，云计算平台都能够在短时间内完成，并且可以根据需要进行弹性扩展。这使得财税管理人员能够更加便捷地处理和分析财税数据，及时做出决策和响应，提高了整体的服务效率。

此外，云计算技术还提供了便捷的协作与共享机制。通过云平台，财税管理人员可以进行实时的协作和数据共享，不再受限于地理位置和设备的限制。不同部门和机构之间可以更加紧密地合作，共同处理财税事务，形成合力。这种协作和共享的机制不仅提高了工作效率，还促进了信息的流通和知识的积累，为财税管理服务带来了更大的价值。

（二）成本降低效果明显

云计算技术的应用给财税管理服务带来了显著的成本降低效果。这主要体现在硬件

投入、维护成本以及人力资源和数据管理方面的成本减少上。

首先，云计算平台采用按需使用的模式，企业只需根据实际需要使用计算资源，无须大量投入硬件设备。传统的财税管理系统需要购买和部署昂贵的服务器、存储设备和网络设备等，而云计算平台则将这些资源进行了虚拟化，企业只需支付使用的费用，无须承担硬件设备的购置和维护成本。

其次，云计算平台提供了高效的数据处理和存储能力，减少了企业在数据管理方面的成本。传统的数据管理方式需要大量的人力资源进行数据的整理、备份和迁移等工作，而云计算平台通过自动化的数据管理和备份机制，大大减少了这些工作的复杂性和成本。企业可以将更多的精力投入到核心业务上，提高了整体的运营效率。

此外，云计算平台还提供了弹性的扩展能力，企业可以根据业务的需求进行资源的动态调整，避免了资源的浪费和过剩。这种弹性的扩展能力使得企业能够更好地应对市场的变化和业务的增长，降低了因为资源不足或过剩而带来的成本风险。

（三）数据安全性得到保障

在财税管理服务中，数据的安全性是至关重要的。云计算平台通过强大的数据加密和安全防护能力，为财税数据提供了更好的保障。

首先，云计算平台采用了先进的数据加密技术，对存储在云平台上的财税数据进行加密处理。这意味着即使数据在传输或存储过程中被非法获取，也无法轻易解密和读取其中的内容。这种加密技术为财税数据提供了第一道防线，确保了数据的机密性和完整性。

其次，云计算平台具备完善的安全防护机制。云平台通过防火墙、入侵检测系统、安全审计等手段对外部攻击和内部风险进行全面防范和监控。同时，云平台还提供了用户身份认证和访问控制功能，确保只有经过授权的用户才能访问和使用财税数据。这种多层次的安全防护机制大大提高了数据的安全性。

此外，云计算平台还具备数据备份和灾难恢复能力。云平台通过自动化的备份机制定期对财税数据进行备份并存储在安全的地方以防止数据丢失或损坏。同时，云平台还提供了灾难恢复功能，在发生意外情况时，云平台能够迅速恢复数据和系统的正常运行减少了潜在的安全风险。

（四）服务质量得到提升

服务质量在任何行业都是竞争的关键，财税管理也不例外。基于云计算的财税管理服务模式，为财税管理人员和企业带来了前所未有的便捷与高效，从而显著提升了服务质量。

云计算平台允许财税管理人员随时随地访问财税数据，进行实时处理和分析。这意味着无论财税管理人员身处何地，只要有互联网连接，他们就可以随时进行工作。这种灵活性大大提高了工作效率，并确保了财税管理的及时性和准确性。

此外，云计算平台通常提供了丰富的应用和服务，满足了企业不同的财税管理需求。无论是自动化的记账和报表生成，还是复杂的税务计算和规划，云计算平台都能提供相应的工具和支持。这大大减轻了财税管理人员的工作负担，使他们有更多的时间和精力专注于更高层次的分析和策略制定。

再者，云计算平台通常都具备高度可扩展性和可定制性。这意味着企业可以根据自身的业务需求和发展情况，灵活调整云计算资源的使用和配置。这种灵活性确保了企业在不同的业务场景下都能获得最佳的服务体验，从而进一步提升了服务质量。

（五）推动了财税管理的数字化转型

数字化转型已经成为现代企业发展的必然趋势，而基于云计算的财税管理服务模式则在这一过程中起到了关键的推动作用。

首先，通过云计算平台，企业可以将传统的纸质财税数据转化为数字形式进行存储和处理。这不仅提高了数据处理的准确性和效率，还降低了因纸质文档管理带来的成本和风险。数字化的数据存储和管理使得财税信息更加易于查询、分析和共享，从而提高了财税管理的效率和效果。

其次，云计算平台通常都集成了大数据分析和人工智能等先进技术。这些技术为财税管理提供了更多的数据分析和决策支持能力。通过对海量财税数据进行深度挖掘和分析，企业可以发现潜在的规律和趋势，为决策提供科学依据。同时，人工智能技术的应用还可以实现自动化和智能化的财税管理，进一步提高工作效率和质量。

此外，基于云计算的财税管理服务模式还推动了企业财税管理的标准化和规范化。通过云端平台，企业可以实现对财税管理流程的统一管理和监控，确保各项操作都符合相关法规和规定。这种标准化和规范化的管理方式降低了企业面临的风险和不确定性，提高了财税管理的合规性和稳健性。

二、基于云计算的财税管理服务模式优化建议

（一）加强云计算平台的安全性防护

随着云计算技术的广泛应用，其安全性问题也日益凸显。财税管理作为企业核心的业务之一，其数据的安全性更是至关重要。因此，加强云计算平台的安全性防护，确保财税数据的安全性，是企业在使用云计算平台进行财税管理时必须重视的问题。

首先，数据加密是确保财税数据安全性的重要手段之一。企业可以采用对称加密或非对称加密等技术，对财税数据进行加密处理。这样，即使数据在传输或存储过程中被截获或泄露，攻击者也无法轻易获取到数据的真实内容。

其次，访问控制也是确保财税数据安全性的重要措施之一。企业可以通过身份认证、权限管理等方式，对访问财税数据的用户进行严格的控制和管理。只有经过授权的用户才能访问和操作相关的财税数据，从而防止未经授权的访问和操作。

此外，安全审计也是加强云计算平台安全性防护的重要手段之一。企业可以通过定期的安全审计，检查云计算平台的安全性配置、访问记录、操作日志等，及时发现和处理潜在的安全风险。同时，还可以采用第三方安全审计服务，对云计算平台进行更加全面和深入的安全性检测和评估。

在实际应用中，企业还需要根据自身的业务需求和安全要求，制定完善的安全策略和流程。例如，企业可以建立数据备份和恢复机制，确保财税数据在意外情况下能够及时恢复；可以建立安全事件应急响应机制，及时处理和解决云计算平台出现的安全事件和故障；可以定期对员工进行安全意识培训，提高员工的安全意识和防范能力。

（二）提高云计算平台的服务质量和稳定性

云计算平台的服务质量和稳定性直接影响基于云计算的财税管理服务的质量和效率。因此，提高云计算平台的服务质量和稳定性是企业必须重视的问题。

首先，选择可靠的云计算服务提供商是提高云计算平台服务质量和稳定性的关键。企业在选择云计算服务提供商时，需要考虑其品牌知名度、服务质量、技术实力、安全性保障等多个方面，同时，还需要与服务提供商进行充分的沟通和合作，明确服务范围、服务标准和服务质量等方面的要求。

其次，建立完善的监控和应急响应机制也是提高云计算平台服务质量和稳定性的重要措施之一。企业可以通过对云计算平台进行实时监控和日志分析，及时发现和处理潜在的问题和故障，同时，还需要建立完善的应急响应机制，包括故障排查、问题定位、紧急处理等方面的流程和规范，确保在出现问题和故障时能够及时解决和处理。

在实际应用中，企业还可以采用负载均衡、容灾备份等技术手段，提高云计算平台的可扩展性和可靠性，例如，可以将财税管理系统部署在多个云计算节点上，实现负载均衡和高可用性；可以将财税数据进行备份和容灾处理，确保在意外情况下能够及时恢复数据和服务。

（三）推动财税管理的智能化发展

基于云计算的财税管理服务模式不仅可以提高财税管理的效率和质量，还可以推动财税管理的智能化发展。具体而言，企业可以通过引入人工智能、大数据等先进技术，对财税数据进行深度分析和挖掘，为企业的决策提供更加准确和全面的支持。

首先，企业可以利用人工智能技术实现财税数据的自动分类、识别和预测，例如可以利用自然语言处理技术对财务报表、税务申报等文本数据进行自动抽取和分类；可以利用机器学习技术对历史财务数据进行学习和预测未来财务状况；可以利用智能推荐算法为企业提供个性化的税务规划和财务策略等方面的建议。这些智能化技术可以降低人工成本和错误率，提高财税管理的效率和准确性。

其次，企业可以利用大数据技术实现财税数据的深度分析和挖掘，例如，可以利用数据挖掘技术对海量财务数据进行关联分析和聚类分析，发现潜在的业务规律和风险点；可以利用可视化技术对财务数据进行图表展示以更加直观地展示分析结果；可以利用预测分析技术对未来财务状况进行预测和分析为企业的决策提供支持。这些大数据技术可以帮助企业更好地了解自身的财务状况和市场环境，制定更加科学和合理的财务和税务策略。

（四）加强与其他系统的集成和整合

随着企业信息化建设的不断深入，各种业务系统和应用如雨后春笋般涌现，财税管理系统作为企业核心应用之一，与其他系统的集成和整合显得尤为重要。云计算技术的应用为这种集成和整合提供了前所未有的机会。

加强与其他系统的集成和整合意味着财税管理系统能够与其他业务系统进行无缝对接，实现数据的共享和交换。这不仅可以避免数据的重复录入和处理，提高数据的一致性和准确性，还能够优化业务流程，提高工作效率。

在实际操作中，企业可以借助云计算平台提供的 API 接口和 SDK 开发工具包，将财税管理系统与其他系统进行对接，例如，与企业的 CRM 系统、ERP 系统、供应链管理系统等进行集成，实现客户信息、销售数据、采购数据等的自动导入和处理。这样可以大大减少财税管理人员的手动录入工作，提高工作效率，并减少因为数据录入错误而引起的风险。

此外，通过与其他系统的集成和整合，企业还可以实现跨系统的业务流程优化和协同工作。例如，在销售订单生成后，财税管理系统可以自动根据税率和法规计算出相应的税款，并将税款信息传递给财务系统进行支付处理。这种跨系统的业务流程优化和协同工作不仅可以提高企业的运营效率，还能够加强部门之间的沟通和合作，促进信息的流通和知识的积累。

（五）建立完善的培训和支持体系

云计算技术的应用对财税管理人员的专业素质和技能提出了更高的要求。为了确保基于云计算的财税管理服务模式的顺利实施和运行，企业需要建立完善的培训和支持体系。

首先，企业需要为财税管理人员提供云计算平台的使用和操作培训。这包括云平台的基本操作、数据导入和处理、报表生成和分析等方面的培训。通过培训，企业可以帮助财税管理人员熟悉和掌握云计算平台的使用和操作技巧，提高他们的工作效率和质量。

其次，企业需要建立完善的技术支持和问题解决方案体系。这包括提供电话支持、在线客服、技术支持文档等多种方式的技术支持服务，确保财税管理人员在使用过程中如果遇到问题能够得到及时的解决和帮助。同时，企业还需要建立问题反馈机制，收集财税管理人员在使用过程中遇到的问题和建议，及时进行改进和优化。

（六）加强法律法规的遵守和合规性管理

基于云计算的财税管理服务模式需要遵守相关的法律法规和合规性要求。这不仅是企业的法律义务和社会责任，也是保障财税数据安全性和合法性的重要手段。

企业需要建立完善的合规性管理体系，确保财税数据的合法性和合规性。这包括对数据进行分类管理、设置访问权限、建立审计机制等措施。同时，企业还需要定期对财税数据进行备份和迁移，以防止数据丢失或损坏，并确保数据的可追溯性和可恢复性。

除此之外，企业还需要加强对云计算服务提供商的合规性审查和监控。在选择云计算服务提供商时，企业需要对其资质、信誉、安全措施等进行全面评估和审查，确保其符合相关的法律法规和合规性要求。同时，在合作过程中，企业还需要定期对云计算服务提供商的服务质量、数据安全等进行监控和评估，确保其持续符合法律法规和合规性要求。

第十九章　基于物联网的财税管理优化与创新

第一节　物联网在财税管理中的应用概述

一、物联网技术的定义与特点

（一）全面感知

物联网技术的核心是全面感知，即通过感知设备如传感器、RFID 标签等，实现对物体、环境等的全面感知，获取丰富的实时数据。这种感知能力使得物联网技术能够实现对各种物理对象的实时监控和追踪，从而提供准确的数据支撑。

在全面感知的过程中，传感器是物联网技术的重要组成部分。传感器是一种能够将物理量转化为电信号的装置，可以实现对温度、湿度、光照、压力、声音等物理量的实时监测。通过将传感器部署在物体或环境中，物联网技术可以获取这些物理量的实时数据，从而实现对物体或环境的全面感知。

此外，RFID 标签也是物联网技术中实现全面感知的重要手段之一。RFID 标签是一种能够存储和传输数据的无线电子标签，可以通过无线信号与读写器进行通信，实现数据的自动采集和传输。通过将 RFID 标签贴在物体上，物联网技术可以实现对物体的自动识别和数据采集，从而实现对物体的全面感知。

全面感知的优势在于，它可以让企业更加全面地了解自身业务运营的情况，包括设备状态、环境变化、人员行为等。这种全面的感知能力可以帮助企业及时发现和解决问题，提高工作效率和安全性。同时，全面感知也可以为企业的决策提供准确的数据支撑，帮助企业做出更加明智的决策。

（二）可靠传输

物联网技术的另一个重要特点是可靠传输，即通过无线通信技术，确保数据的可靠传输，实现物体与物体、物体与人之间的无缝连接。这种可靠传输能力使得物联网技术能够实现对各种设备和系统的远程监控和控制，从而提高工作效率和安全性。

在可靠传输的过程中，物联网技术需要依赖各种无线通信技术，如 WiFi、蓝牙、LoRa、NB-IoT 等。这些无线通信技术具有不同的特点和应用场景，可以根据具体的需求进行选择和组合。例如，WiFi 适用于近距离的高速数据传输，而 LoRa 和 NB-IoT 则适用于远距离的低功耗数据传输。

为了确保数据的可靠传输，物联网技术还需要考虑数据传输的安全性。这包括数据的加密和解密、访问控制、安全审计等方面。通过采用合适的安全技术和措施，企业可以确保数据在传输过程中不被窃取或篡改，从而保障数据的完整性和安全性。

可靠传输的优势在于，它可以让企业实现对各种设备和系统的远程监控和控制，从而提高工作效率和安全性。例如，企业可以通过物联网技术对生产设备进行远程监控和控制，及时发现和解决设备故障，提高生产效率和质量，同时，可靠传输也可以让企业与客户之间实现更加紧密的连接和互动，提高客户满意度和忠诚度。

（三）智能处理

物联网技术的第三个重要特点是智能处理，即结合云计算、大数据等技术，对收集的数据进行智能处理和分析，为决策提供有力支持。这种智能处理能力使得物联网技术能够实现对数据的深度挖掘和应用，从而提高数据的应用价值和效率。

在智能处理的过程中，物联网技术需要依赖云计算和大数据等技术进行数据处理和分析。云计算是一种基于互联网的计算模式，可以提供弹性可扩展的计算资源和服务。通过将物联网数据与云计算相结合，企业可以实现数据的集中存储和处理，提高数据处理效率和质量。同时，云计算还可以提供丰富的应用服务和开发工具，帮助用户更加便捷地使用和管理物联网数据。

大数据是一种处理海量数据的技术和方法论，可以对数据进行深度挖掘和应用。将物联网数据与大数据技术相结合，可以发现数据之间的关联和规律，从而提供更加准确和有用的信息。例如，对生产设备的数据进行大数据分析可以发现设备的运行规律和故障模式，从而提前进行维护和保养，延长设备的使用寿命和提高生产效率。

智能处理的优势在于它可以让企业更加深入地了解自身业务运营的情况，包括设备运行状况、环境变化趋势等，从而为企业的决策提供有力支持。例如，通过对客户数据的智能分析，企业可以发现客户的需求和偏好，从而提供更加个性化的产品和服务，提高客户满意度和忠诚度。

二、物联网技术在财税管理中的应用背景

（一）政策推动

随着数字化转型和智能化升级的浪潮席卷全球，各国政府都在努力推动相关技术的发展和应用。在中国，政府对物联网技术在财税管理中的应用给予了高度的关注和支持。

这种政策推动不仅为物联网技术在财税管理中的应用提供了广阔的空间，还为相关产业的发展带来了无限的机遇。

首先，政府出台了一系列的政策文件，明确提出了物联网技术在财税管理中的应用方向和目标。这些政策文件为企业在财税管理中应用物联网技术提供了指导和支持，同时也为相关产业的发展提供了政策保障。

其次，政府加大了对物联网技术的投入和研发力度。通过设立专项基金、建设研发平台、推动产业集聚等措施，政府为物联网技术的发展提供了强大的后盾。这些投入和研发力度不仅加速了物联网技术的发展，还为相关产业的创新提供了源源不断的动力。

此外，政府还加强了对物联网技术在财税管理中应用的监管和评估。通过建立相关的标准和规范，政府对物联网技术在财税管理中的应用进行了规范和管理，确保其符合法律法规的要求。同时，通过对应用效果的评估和总结，政府为物联网技术在财税管理中的进一步推广和应用提供了有益的参考。

（二）技术进步

物联网技术作为一种新兴的技术手段，其不断发展和完善为财税管理的优化和创新提供了有力的支撑。传感器技术、通信技术到云计算、大数据等技术的不断进步，使得物联网技术在财税管理中的应用越来越成熟和广泛。

首先，传感器技术的进步使得财税管理可以更加精细化和实时化。通过部署各种传感器设备，企业可以实时采集和传输各种财税数据，包括资产状态、物流信息、销售数据等。这些数据的实时采集和传输为企业提供了更加及时和准确的信息支持，帮助企业做出更加明智的决策。

其次，通信技术的进步使得财税管理可以更加便捷和高效。通过5G、NB-IoT等通信技术的应用，企业可以实现各种设备的互联互通，实现数据的实时共享和协同工作。这种便捷和高效的通信方式不仅提高了财税管理的效率，还降低了企业的运营成本。

此外，云计算、大数据等技术的进步使得财税管理可以更加智能化和数字化。通过云计算平台，企业可以将各种财税数据进行集中存储和处理，实现数据的共享和分析。通过大数据技术，企业可以对海量数据进行深度挖掘和分析，发现潜在的规律和趋势，为决策提供科学依据。

（三）业务需求

财税管理作为企业核心管理活动之一，面临着日益复杂的业务需求和挑战。随着企业规模的扩大和业务范围的拓展，传统的财税管理模式已经难以满足企业的实际需求。因此，企业需要借助物联网技术进行优化和创新，提高财税管理的效率和质量。

具体来说,业务需求对基于物联网的财税管理的推动作用主要体现在以下几个方面:一是企业需要实现对各种资产、物流、销售等业务的实时监控和管理,确保各项业务的顺利进行;二是企业需要实现对税务申报、税款缴纳等业务的自动化处理,提高财税服务的便捷性和效率;三是企业需要实现对各种财税数据的深度挖掘和分析,为决策提供科学依据;四是企业需要实现对不同部门之间的数据共享和协同工作,提高工作效率和服务质量。

（四）数据驱动

在大数据时代,数据已经成为企业竞争的核心资源。物联网技术的应用为企业提供了丰富的数据来源和分析手段,使得财税管理可以更加数据驱动和智能化。通过对各种财税数据的收集、整理和分析,企业可以发现潜在的规律和趋势,为决策提供科学依据。同时,通过对数据的深度挖掘和分析,企业还可以发现存在的问题和风险,及时采取相应的措施进行改进和优化。

具体来说,数据驱动在基于物联网的财税管理中的应用主要体现在以下几个方面:一是通过对历史数据的分析和预测,企业可以制定更加科学的预算和计划;二是通过对实时数据的监控和预警,企业可以及时发现存在的问题和风险;三是通过对不同部门之间的数据共享和协同工作,企业可以提高工作效率和服务质量;四是通过对海量数据的深度挖掘和分析,企业可以发现新的商业机会和价值点。

（五）成本控制

物联网技术的应用可以降低财税管理的成本,提高效率,为企业创造更大的价值。具体来说,通过对物联网技术的应用,企业可以实现自动化、智能化的财税管理,降低人工操作的成本和风险;通过对数据的深度挖掘和分析,企业可以发现存在的问题和风险并及时采取相应的措施进行改进和优化,降低不必要的损失;通过与其他系统的集成和协同工作,企业可以提高工作效率和服务质量,降低运营成本。同时物联网技术的应用还可以提高财税管理的准确性和及时性,降低因信息不对称带来的风险和成本。

三、物联网技术在财税管理中的应用意义

（一）提高税收征管效率

随着经济的持续发展,税收征管工作面临着越来越多的挑战。传统的税收征管方式往往效率低下,难以实现对纳税人的全面监控。而物联网技术的应用,为税务部门提供了一种全新的解决方案。通过物联网技术,税务部门可以实现对纳税人的实时监控和追踪,确保税收的及时征收和入库,从而提高税收征管效率。

具体来说，物联网技术可以通过传感器、RFID 等设备，对纳税人的生产经营活动进行实时监控，将纳税人的经营数据传输到税务部门的数据中心进行分析和处理。税务部门可以根据这些数据，及时发现纳税人的异常情况，如偷税漏税、虚假报税等行为，从而采取相应的措施进行处理。同时，物联网技术还可以实现自动化征税，通过智能合约等技术，实现税收的自动计算和征收，进一步提高税收征管的效率和准确性。

（二）优化纳税服务体验

传统的纳税服务方式往往需要纳税人亲自到税务机关进行办理，流程烦琐、效率低下。而物联网技术的应用，可以实现办税服务的智能化和便捷化，为纳税人提供更加高效、优质的服务体验。

例如，通过智能导税系统，纳税人可以在线咨询税务问题，获取实时的税务政策和法规信息。通过自助办税终端等设备，纳税人可以更加便捷地完成办税流程，如申报、缴税、开票等操作。同时，物联网技术还可以实现对纳税人的个性化服务，根据纳税人的需求和偏好，为其提供更加贴心的服务。

（三）加强税收风险管理

税收风险是税务部门面临的一个重要问题。传统的税收风险管理方式往往难以及时发现和防范税收违法行为，容易造成税收流失。而物联网技术的应用，可以帮助税务部门实现对税收风险的实时监控和预警，及时发现和防范税收违法行为，保障税收安全。

具体来说，物联网技术可以通过对纳税人的经营数据进行实时监控和分析，发现异常情况和风险点。例如，通过对纳税人的销售数据、库存数据、资金流数据等进行监控和分析，税务部门可以发现纳税人的偷税漏税行为、虚假报税行为等。同时，物联网技术还可以通过智能算法对纳税人的行为进行预测和分析，发现潜在的税收风险点，从而采取相应的措施进行处理。

（四）促进税收信息化建设

1. 物联网技术提升税收管理效率

物联网技术作为当今最先进的技术之一，其在税收信息化建设中的作用不可忽视。传统税收管理方式主要依赖人工操作，无论是数据采集、处理还是分析，都存在效率低下、易出错的问题。然而，物联网技术的引入，让每一个税收管理环节都能实现自动化和智能化，极大地提高了管理效率。

（1）数据采集自动化：传统的税收数据采集多依赖于纳税人的自行申报，数据的真实性、完整性都难以得到保证。而物联网技术通过传感器、RFID 等设备可以实时、自动地采集纳税人的生产、销售、库存等数据，确保数据的真实性和准确性。

（2）数据处理智能化：物联网技术可以将采集到的大量数据进行自动处理和分析，通过预设的算法和模型，快速识别出异常数据、风险点等，为税务部门提供决策支持。

（3）税收监控实时化：通过物联网技术，税务部门可以实时监控纳税人的经营活动，确保其依法纳税，防止税收流失。

2. 物联网技术助力税务部门科学决策

物联网技术不仅可以提高税收管理效率，更重要的是，它可以为税务部门提供大量、真实、准确的数据支持，助力其做出更加科学合理的决策。通过对这些数据的深度分析和挖掘，税务部门可以更加准确地了解经济运行的实际情况，预测未来的税收趋势，制定出更加符合实际的税收政策。

例如，通过对各个行业的税收数据进行分析，税务部门可以了解到哪些行业发展迅速，税收贡献大，哪些行业存在较大的税收风险，从而制定出更加有针对性的税收政策。同时，通过对纳税人的行为数据进行分析，税务部门还可以发现纳税人在税收遵从方面存在的问题和困难，进一步优化纳税服务，提高纳税人的满意度和遵从度。

（五）推动财税管理创新升级

1. 物联网技术引领财税管理进入新阶段

物联网技术的应用不仅可以提高税收管理的效率和质量，更重要的是，它可以推动财税管理的创新升级，引领财税管理进入数字化、智能化的全新阶段。传统的财税管理主要依赖于人工操作和经验判断，而物联网技术的引入使得财税管理可以实现数据驱动和智能决策。

通过对财税数据进行深度分析和挖掘，企业可以发现隐藏在数据背后的商业机会和价值点。例如，通过对消费者的购买行为进行分析，企业可以发现消费者的购买偏好和消费趋势，从而调整销售策略，推出更符合市场需求的产品。这不仅可以提高企业的销售收入，还可以增加企业的税收贡献，实现企业与税务部门的双赢。

2. 物联网技术提高企业竞争力

物联网技术的应用还可以提高企业的竞争力。通过对生产、销售、库存等各个环节进行实时监控和分析，企业可以更加准确地掌握市场动态和消费者需求，及时调整生产和销售策略，降低运营成本，提高盈利能力。同时，通过对财税数据的深度分析和挖掘，企业还可以发现自身在财务管理和税收筹划方面存在的问题和不足，及时进行改进和优化，提高企业的财务管理水平和税收遵从度。这不仅可以降低企业的税收风险，还可以提高企业的声誉和市场竞争力，实现企业的可持续发展。

总之，物联网技术在财税管理中的应用具有巨大的潜力和价值。通过与其他系统的集成和整合，税务部门实现税收管理的全面数字化和智能化，不仅可以提高税收管理的效率和质量，还可以为政府决策提供有力支持，推动财税管理的创新升级，引领财税管理进入数字化、智能化的时代。

第二节 基于物联网的财税管理优化与创新策略探讨

一、物联网技术与财税管理的融合优势

（一）实现数据的实时采集与传输

物联网技术为财税管理带来了前所未有的便利，其中最显著的特点便是数据的实时采集与传输。传统的财税数据采集方式往往依赖于人工录入，这种方式不仅效率低下，而且容易出现错误。物联网技术的应用彻底改变了这一现状。

通过部署各种传感器和智能设备，物联网技术可以实时监控企业的财务状况和税务情况，从而获取准确的数据。这些传感器和设备可以连接到互联网，将数据实时传输到云端服务器，供企业进行进一步的分析和处理。这种实时采集和传输的方式不仅提高了数据的准确性，还保证了数据的及时性，使企业能够迅速响应市场变化，做出正确的决策。

例如，一家大型制造企业可以利用物联网技术，通过在生产线上安装传感器，实时监控生产设备的运行状态和工作效率。这些数据可以被实时传输到云端服务器，通过数据分析工具进行处理和分析，从而得出设备的运行状况和生产效率。企业可以根据这些数据及时调整生产计划和设备维护计划，提高生产效率和质量。

（二）提高财税管理的自动化水平

物联网技术不仅可以实现数据的实时采集和传输，还可以提高财税管理的自动化水平。传统的财税管理方式往往需要大量的人工操作，这不仅效率低下，而且容易出现错误。物联网技术的应用可以大大减少人工操作，实现财税管理的自动化。

例如，通过智能合约技术，企业可以自动执行合同条款，实现自动扣款和收款。这种方式不仅可以降低人工操作的风险和成本，还可以提高资金的流转速度和使用效率。此外，物联网技术还可以应用于库存管理、供应链管理等领域，实现对这些领域的自动化管理。

在提高自动化水平的同时，物联网技术也可以实现财税管理的智能化。通过利用大

数据分析和人工智能等先进技术，企业可以对财税数据进行深度挖掘和分析，发现潜在的规律和趋势，为决策提供科学依据。这种智能化管理可以提高企业的运营效率和竞争力。

（三）增强财税数据的安全性和隐私性

随着财税管理数字化转型的推进，数据的安全性和隐私性成为企业需要关注的重要问题。物联网技术的应用可以增强财税数据的安全性和隐私性。

首先，物联网技术可以通过数据加密、身份验证等安全措施保护数据的传输和存储安全。例如，企业通过对传输的数据进行加密处理可以防止数据在传输过程中被窃取或篡改，同时通过对访问数据的用户进行身份验证可以防止未经授权的访问和操作。

其次，物联网技术还可以利用区块链技术实现对财税数据的分布式存储和管理。区块链技术具有去中心化、不可篡改等特点，可以保证数据的安全性和完整性。通过将财税数据存储在区块链上，企业可以确保数据不被篡改和泄露，同时实现数据的共享和协作。

（四）促进财税管理的数字化转型

物联网技术的应用可以促进财税管理的数字化转型，实现财税数据的电子化和云端化。传统的财税管理方式往往需要大量的纸质文档，这不仅增加了管理成本，还容易出现丢失和损坏的情况。物联网技术的应用可以实现财税数据的电子化，降低纸质文档管理带来的成本和风险。

同时，通过将财税数据存储在云端服务器上，企业可以实现数据的集中管理和共享，提高工作效率和数据安全性。云端存储还具有弹性可扩展的特点，可以根据企业的实际需求进行灵活的扩展和调整。这种数字化转型不仅可以提高数据处理的效率和准确性，还可以降低企业的运营成本和提高竞争力。

（五）提升财税管理的智能化水平

物联网技术的应用可以提升财税管理的智能化水平，实现对财税数据的深度挖掘和分析，发现潜在的规律和趋势，为决策提供科学依据。这种智能化管理可以帮助企业更加深入地了解自身业务运营的情况（包括设备运行状况、环境变化趋势等），从而为企业的决策提供有力支持。例如，通过对客户数据的智能分析，企业可以发现客户的需求和偏好，从而提供更加个性化的产品和服务，提高客户满意度和忠诚度。这种智能化管理不仅可以提高企业的运营效率和竞争力，还可以帮助企业更加科学地进行决策和发展规划的制定，从而使企业实现持续健康的发展。

二、基于物联网的财税管理优化策略

（一）建立完善的物联网基础设施

在企业的财税管理中，物联网基础设施的建立是实现财税管理智能化的关键。这涉及对各种物联网设备和传感器的部署，以及建立高效、稳定的通信网络。对于财税数据的实时采集和传输，完善的物联网基础设施是必不可少的。

首先，企业需要选择合适的传感器和智能设备，以便对财税数据进行实时监测和采集。这些设备应该具备高效、稳定、耐用的特点，并且能够适应各种复杂的环境。同时，为了确保数据的实时传输，企业还需要建立高速、稳定的通信网络，将各个设备连接起来，实现数据的快速传输和共享。

其次，企业还需要建立统一的数据平台，实现对财税数据的集中管理和分析。这个数据平台应该具备强大的数据处理能力，能够对大量的财税数据进行高效处理和分析。同时，数据平台还应该具备数据安全保障功能，确保数据的安全性和隐私性。

在建立完善的物联网基础设施时，企业还需要考虑与现有系统的集成和协同，例如，可以将物联网设备与 ERP、CRM 等系统进行集成，实现数据的共享和交换。这样可以提高工作效率，减少重复劳动，并且能够提高数据的一致性和准确性。

（二）提高财税管理人员的技能和素质

基于物联网的财税管理需要财税管理人员具备相关的技能和素质。传统的财税管理人员可能缺乏对物联网技术和设备的了解和掌握，因此需要加强培训和教育。

首先，企业需要对财税管理人员进行物联网技术的培训和教育，使他们了解和掌握物联网技术的原理和应用。这包括对传感器、智能设备、通信网络等的基本原理和使用方法的学习。

其次，企业需要对财税管理人员进行信息化水平的培训和教育，提高他们的信息化能力和创新能力。这包括对计算机基础、数据处理和分析、云计算、大数据等技术的学习和应用。

最后，企业需要对财税管理人员进行业务流程和操作规范的培训和教育，确保他们能够适应新的管理模式和方法。这包括对财税管理流程、操作规范、风险管理等方面的学习和掌握。

以上培训和教育措施可以提高财税管理人员的技能和素质，使他们能够更好地适应基于物联网的财税管理新模式和新方法，提高工作效率和服务质量。

（三）优化财税管理流程和制度

基于物联网的财税管理需要对传统的财税管理流程和制度进行优化和改进。通过引入物联网技术和设备，企业可以实现对财税数据的实时监测和采集，从而可以对财税管理流程进行优化和改进。

首先，企业需要建立完善的信息化管理制度和操作规范，确保各项操作都符合相关法规和规定。这包括对财税数据的采集、传输、存储、处理和分析等环节的管理制度和操作规范的制定和执行。

其次，企业需要简化审批流程和报销流程，提高工作效率和服务质量。通过引入物联网技术和设备，企业可以实现自动化审批和报销流程，减少人工干预和操作，提高工作效率和服务质量。同时，通过对财税数据的分析和管理，企业可以更好地掌握财税状况和管理风险。

此外，企业还需要建立有效的监督机制和内部风险控制机制，确保财税管理的规范化和透明化。这包括对财税管理流程的监督和控制，以及对财税数据的审核和处理。通过以上措施的实施，企业可以实现对财税管理流程的优化和改进，提高工作效率和服务质量同时也可以提高企业的管理水平和风险防范能力。

（四）加强与其他系统的集成与协同

基于物联网的财税管理需要与其他管理系统进行广泛的集成和协同。这种集成和协同不仅有助于提高工作效率，减少重复性劳动，而且还有助于提高数据的一致性和准确性。下面将详细讨论这种集成和协同的必要性及其实现方式。

1. 集成与协同的必要性

财税管理是企业运营中的重要一环，它涉及企业的各个方面，如采购、生产、销售、人力资源等。这些方面产生的数据都会对财税管理产生影响，因此，基于物联网的财税管理需要与这些方面的管理系统进行集成和协同。

例如，企业的原材料采购数据需要与财税管理系统进行集成，以便于企业能够准确计算成本并制定合理的价格策略。生产计划的制订数据也需要与财税管理系统进行集成，以便于企业能够根据市场需求和自身产能来制订生产计划。销售数据更需要与财税管理系统进行集成，以便于企业能够根据市场趋势和客户需求来制定销售策略。

除了与这些方面的管理系统进行集成外，基于物联网的财税管理还需要与云计算、大数据等技术进行集成。通过这种集成，企业可以实现对财税数据的深度挖掘和分析，从而更好地掌握企业的财务状况和市场趋势，为决策提供科学依据和支持。

2. 集成与协同的实现方式

实现与其他管理系统的集成和协同需要一定的技术和资源投入，下面将讨论这种集成和协同的实现方式：

首先，企业需要建立统一的信息化平台，这个平台应该能够容纳各个系统的数据，并能够实现数据共享和交换。这个平台还需要具备一定的数据处理能力，能够对大量的数据进行高效处理和分析。

其次，各个系统需要建立数据接口，以便于实现数据的共享和交换。这些接口应该具备标准化、规范化、安全化的特点，并且需要定期进行维护和升级。

同时，企业还需要建立完善的数据管理机制和流程，以确保数据的准确性和安全性。这包括数据采集、传输、存储、处理和分析等环节的管理制度和操作规范。

最后，企业还需要建立应急预案和响应机制，以确保在突发事件发生时能够及时应对和处理。这包括对系统故障、网络安全等问题的预案和响应机制。

通过以上措施的实施，企业可以实现对财税数据的深度挖掘和分析，提高决策的科学性和有效性，同时也可以提高企业的管理水平和风险防范能力，从而实现持续健康发展。

（五）建立风险防控机制和安全保障体系

基于物联网的财税管理面临着一系列的风险和挑战。其中最主要的风险包括数据泄露风险、网络安全风险、系统故障风险等。为了应对这些风险和挑战，企业需要建立完善的风险防控机制和安全保障体系。下面将详细讨论这种机制和体系的建立。

1.数据泄露风险防控

基于物联网的财税管理涉及大量的敏感数据，如企业的财务数据、客户信息等，这些数据一旦泄露会对企业造成严重的损失，因此，企业需要采取措施来防止数据泄露的发生。

首先，企业需要建立严格的数据管理制度和流程，确保数据的采集、传输、存储和使用都符合规范和安全要求，对于敏感数据需要进行加密处理或者采用其他安全措施来保护其机密性和完整性。

其次，企业需要加强对员工的培训和管理，提高员工的数据安全意识和操作规范性，避免因员工操作不当而导致的数据泄露风险。同时，企业还需要建立完善的数据备份和恢复机制，确保在发生数据泄露时能够及时恢复数据，减少损失。

2. 网络安全风险防控

基于物联网的财税管理离不开网络的支持，然而网络也带来了网络安全风险，如黑客攻击、病毒入侵等。为了应对这些风险，企业需要采取以下措施：首先，建立完善的网络安全防护体系，包括防火墙、入侵检测系统、病毒防护系统等，来保护系统的安全性和稳定性，避免黑客攻击和病毒入侵对系统造成破坏。其次，企业需要对网络进行定期的安全检测和评估，及时发现和修复安全漏洞，减少黑客攻击的可能性。同时，企业还需要制定完善的应急预案和响应机制，在发生网络安全事件时能够及时应对和处理，减少损失。

3. 系统故障风险防控

基于物联网的财税管理离不开各种设备和系统的支持，然而设备和系统可能会出现故障，导致财税管理工作无法正常进行。为了应对这种情况，企业需要采取以下措施：首先，企业需要选择可靠性和稳定性较高的设备和系统，避免因设备和系统故障而导致的工作中断。其次，企业需要对设备和系统进行定期的维护和保养，确保其正常运行。同时，企业还需要建立完善的应急预案和响应机制，在发生系统故障时能够及时恢复正常运行，减少损失。

通过以上措施的实施，企业可以有效地防控基于物联网的财税管理面临的风险和挑战，同时也可以提高企业的管理水平和风险防范能力，从而实现持续健康的发展。

三、基于物联网的财税管理创新方向

（一）智能合约技术的应用与推广

智能合约技术，一种基于区块链技术的自动化合约执行方式，正逐渐被企业所接受和应用。这种合约形式具有自动执行、安全可靠、透明公正等优点，能够极大地降低人工操作的风险和成本。

在财税管理中，智能合约技术可以发挥重要作用。通过智能合约，企业可以实现自动扣款、收款等功能，避免了传统方式下需要人工操作的问题。例如，在员工工资的发放中，智能合约可以依据预设的条件和算法，自动计算并扣取员工的工资，减少了人为错误的可能性。

为了更好地应用和推广智能合约技术，企业需要首先对员工进行相关技术的培训，使他们了解并掌握智能合约的基本原理和应用方法。同时，企业还需要不断优化智能合约的算法和程序，提高其执行效率和准确性。

（二）大数据分析和人工智能技术的应用与拓展

大数据分析和人工智能技术是物联网技术的核心组成部分之一，它们在财税管理中也发挥着越来越重要的作用。通过对海量财税数据进行深度挖掘和分析，企业可以发现隐藏在数据背后的规律和趋势，为决策提供科学依据。

例如，通过对销售数据的分析，企业可以预测未来的销售趋势，从而制定更加合理的生产和库存管理策略。通过对财务数据的分析，企业可以发现潜在的财务风险和机会，及时调整投资和融资策略。

为了更好地应用大数据分析和人工智能技术，企业需要建立完善的数据采集和存储机制，确保数据的准确性和完整性。同时，企业还需要不断优化算法和模型，提高数据的分析和处理效率。

（三）区块链技术在财税管理中的应用与创新

区块链技术作为一种分布式账本技术，具有数据不可篡改、透明度高等特点，为财税管理提供了新的解决方案。在财税管理中，区块链技术可以用于实现电子发票的开具、存储和查验，提高发票管理的效率和准确性。

首先，利用区块链技术开具的电子发票具有不可篡改性和可追溯性，可以有效防止虚假发票和欺诈行为的发生。同时，电子发票的开具和查验都可以通过区块链平台自动完成，极大地提高了效率。

其次，基于区块链的财税信息共享平台可以实现不同部门之间的数据共享和协同工作。通过该平台，各部门可以实时获取所需的财税信息，避免了信息不对称和沟通不畅的问题。

为了更好地应用区块链技术，企业需要建立完善的培训和管理机制，确保员工能够熟练掌握并运用该技术。同时，企业还需要不断优化区块链平台的算法和程序，提高其执行效率和安全性。

（四）物联网与财税管理的深度融合与创新

物联网技术的深入应用可以促进财税管理的深度变革和创新。例如，通过物联网技术实现对固定资产、存货等实物的实时监控和管理，企业提高资产管理的效率和准确性，同时，还可以利用物联网技术实现对税务申报、税款缴纳等业务的自动化处理，提高财税服务的便捷性和效率。

首先，通过物联网技术，企业可以对固定资产进行实时监控和管理。例如，通过安装传感器和标签对固定资产进行标识和管理，企业可以实现自动化的资产盘点和追踪。这不仅可以提高资产管理的效率和准确性，还可以及时发现资产流失和浪费的问题。

其次，通过物联网技术可以实现税务申报和税款缴纳的自动化处理。例如，通过与税务系统的对接，企业可以自动获取税务申报所需的各项数据，并自动生成申报文件完成申报流程，同时，还可以利用物联网技术实现自动化的税款缴纳，避免人为错误和延误问题。

四、基于物联网的财税管理创新实践案例分析

（一）某电商企业利用物联网技术实现财税管理的自动化和智能化

在当今的商业环境中，财税管理是企业运营的重要组成部分。对于电商企业而言，由于涉及大量的订单、支付和物流等业务，传统的财税管理方式往往存在效率低下、错误率高等问题。然而，随着物联网技术的不断发展，电商企业可以利用物联网技术实现财税管理的自动化和智能化。

首先，物联网技术可以实现对订单、支付和物流等业务的自动化处理。通过建立完善的物联网基础设施，电商企业可以与供应商、物流公司和支付平台等实现无缝对接。利用智能合约系统，企业可以自动处理订单信息、完成支付和物流配送等业务操作。这不仅可以提高工作效率，还可以降低人为错误和数据不一致的风险。

其次，物联网技术结合大数据分析和人工智能技术，可以对销售数据、客户行为等进行深度挖掘和分析。通过分析销售数据，电商企业可以了解消费者的购买偏好和消费趋势，从而制定更加精准的销售策略。通过对客户行为的监测和分析，企业可以及时发现客户需求和反馈，提供个性化的服务和产品。这些数据还可以为企业的决策提供科学依据，提高决策的准确性和有效性。

最后，基于物联网的财税管理模式还可以提高工作效率和服务质量。通过自动化和智能化的处理方式，企业可以快速响应客户需求，提高客户满意度和忠诚度。同时，利用物联网技术可以实现数据的实时采集和监控，及时发现潜在问题和风险，为决策提供更加准确的数据支持。这种管理模式还可以降低运营成本和风险，提高企业的整体竞争力。

（二）某制造企业利用物联网技术实现对固定资产的智能管理

在制造行业中，固定资产是企业的重要资产之一。由于设备数量众多、分布广泛且管理难度较大，传统的固定资产管理方式往往存在资产流失、维护不及时等问题。然而，随着物联网技术的不断发展，制造企业可以利用物联网技术实现对固定资产的智能管理。

首先，基于物联网的固定资产管理系统可以实现设备的实时监控和管理。通过在设备上安装传感器和智能设备，企业可以实时掌握设备的运行状态和维护情况。传感器可以监测设备的温度、压力、振动等参数，及时发现设备故障和异常情况。智能设备可以自动记录设备的运行和维护数据，为维修和更换提供及时的信息支持。这种实时监控和管理方式可以减少设备故障和维护成本，提高资产的使用效率和安全性。

其次，物联网技术结合大数据分析和人工智能技术，可以对固定资产数据进行深度挖掘和分析。通过对设备运行数据的分析，企业可以了解设备的性能和寿命状况，为设备的维护和更新提供科学依据。通过对设备分布和使用情况的分析，企业可以优化资产配置和提高利用率，降低资产管理成本。这些数据还可以为企业制订生产计划、预测市场趋势等提供有力支持。

最后，智能化的固定资产管理方式还可以提高企业的生产效率和产品质量。通过实时监控设备和及时维护设备，企业可以保证设备的稳定运行和减少故障停机时间。这不仅可以提高生产效率，还可以降低产品质量问题的风险和成本。同时，利用物联网技术可以实现设备的远程控制和智能化调度，提高生产线的自动化程度和产品质量水平。

（三）某物流企业利用物联网技术实现对税务申报的自动化处理

随着物联网技术的不断发展，越来越多的企业开始利用物联网技术来优化自身的运营和管理。某物流企业也不例外，他们利用物联网技术实现了对税务申报的自动化处理，极大地提高了工作效率和降低了风险。

该物流企业首先通过建立与税务系统的接口，实现了与税务系统的无缝对接。这一步非常重要，因为传统的税务申报过程中往往需要人工录入大量的数据，不仅烦琐而且容易出错。通过接口的建立，该物流企业可以实时将业务数据传输给税务系统，避免了手工录入数据的麻烦和不准确性。

接下来，该物流企业利用智能合约技术实现了自动计算税款并按时缴纳的功能。智能合约是一种自动执行合同条款的协议，可以有效地降低人为操作的风险和成本。通过智能合约技术，该物流企业可以根据业务数据自动计算出应缴纳的税款金额，并且可以按时自动缴纳税款。这样不仅提高了工作效率，而且降低了因人为操作失误而引起的税务风险。

同时，该物流企业还利用大数据分析和人工智能技术对运输数据、成本等进行深度挖掘和分析，通过对这些数据的分析，可以发现隐藏在数据背后的商业机会和市场趋势，从而为企业的决策提供科学依据。例如，通过对运输数据的分析，物流企业可以了解哪些路线最受欢迎、哪些时间段最繁忙等信息，从而更好地规划运输路线和调整资源分配。通过对成本数据的分析，企业可以了解哪些环节的成本最高、哪些地方可以优化等，从而更好地进行成本控制和优化管理流程。

这种基于物联网的财税管理模式不仅提高了税务申报的准确性和效率，而且降低了税务风险。传统的税务申报过程中往往存在数据不一致、计算错误等问题，而通过物联网技术的应用，企业可以实现对数据的实时采集和监控，确保数据的准确性和一致性。

同时，通过智能合约技术的自动执行功能，企业可以避免因人为操作失误而引起的税务风险。

该物流企业的成功实践表明，利用物联网技术可以实现财税管理的自动化和智能化。这种管理模式不仅可以提高工作效率和降低成本，而且可以降低风险和提高决策的科学性。对于其他企业来说，也可以借鉴该物流企业的经验，结合自身的业务特点和管理需求，利用物联网技术来优化自身的运营和管理。

总之，基于物联网的财税管理优化与创新是企业数字化转型的重要组成部分之一。通过建立完善的物联网基础设施、提高财税管理人员的技能和素质、优化财税管理流程和制度、加强与其他系统的集成与协同以及建立风险防控机制和安全保障体系等措施，企业可以推动财税管理的数字化转型和智能化升级，提高运营效率和竞争力。

第三节　基于物联网的财税管理应用场景分析与设计

一、生产制造领域的财税管理优化设计

（一）原材料采购与库存监控

在企业的日常运营中，原材料采购和库存监控是至关重要的环节。基于物联网技术的应用，可以实现实时追踪和监控原材料的来源、数量和质量，进而优化采购过程和提高库存管理水平。

1. 物联网连接与原材料采购

通过物联网技术，企业可以与供应商建立实时连接，实现信息共享和交互。当企业需要采购原材料时，可以通过物联网连接直接获取供应商的相关信息，如采购订单、发票和物流信息等。这种连接方式可以大大简化采购流程，提高采购效率，同时减少人为干预和错误。

2. 物联网传感器与库存监控

通过利用物联网传感器，企业可以对原材料库存进行实时监控。这些传感器可以检测库存中的原材料数量、质量等指标，并将数据传输到财税管理系统中。通过这种方式，企业可以确保库存数量与财税管理系统中的数据保持一致，进而实现库存管理的精准化和实时化。

（二）生产过程监控与成本控制

在生产过程中，基于物联网技术的应用可以帮助企业实现设备的实时监控和生产效率的精准控制，进而降低生产成本和提高产品质量。

1. 设备监控与故障预警

通过在生产设备上安装物联网传感器，企业可以实时监控设备的运行状态。当设备出现故障或异常时，系统可以自动触发报警，通知维修人员进行及时处理。这种预警机制可以避免设备损坏和生产中断，提高生产效率和产品质量。

2. 能耗与物料消耗监控

通过利用物联网技术对生产过程中的能耗、物料消耗等进行实时监控，企业可以准确核算生产成本。通过对这些数据的分析，企业可以发现生产过程中的问题和改进空间，进而优化生产流程和提高生产效率。这有助于企业在保证产品质量的同时，降低生产成本并提高市场竞争力。

（三）产品追溯与质量监控

基于物联网的产品追溯和质量监控技术可以帮助企业实现对产品的全流程追踪和管理，确保产品的质量和安全。

1. 产品追溯系统

通过在产品上贴上 RFID 标签或使用其他物联网设备，企业可以实现产品的全程追踪。从原材料采购到生产、流通和销售环节，企业都可以通过物联网技术对产品进行实时监控和数据采集。这种追溯机制有助于企业及时发现产品问题并采取相应措施，确保产品的质量和安全。

2. 质量指标监控

通过利用物联网传感器对产品的质量指标进行实时监控，企业可以确保产品符合相关标准和客户要求。通过对产品各项指标的监控和分析，企业可以及时发现产品质量问题并采取改进措施，提高客户满意度和市场竞争力。

（四）智能仓储与物流管理

随着经济的全球化和信息化的发展，传统的仓储和物流管理已经难以满足现代企业的需求。物联网技术的出现为企业提供了一种全新的解决方案，使企业可以实现仓储和物流管理的智能化和高效化。

1. 物联网传感器与实时监控

在仓库中安装物联网传感器，可以实时监控仓库的温度、湿度、光照等环境参数。这些传感器可以检测到货物的存储条件，并将数据传输到财税管理系统中。通过这种方式，企业可以确保存储条件符合产品要求，避免因环境因素导致的货物损坏或变质。同时，传感器还可以检测仓库的安全状况，及时发现安全隐患，提高仓库的安全性。

2. RFID 技术与货物管理

利用 RFID 技术对出入库的货物进行自动识别和管理，可以提高仓储和物流的准确性和效率。在货物入库时，通过 RFID 读写器对货物进行扫描和记录，可以自动识别货物的种类、数量等信息，并上传到财税管理系统中。在货物出库时，RFID 技术可以自动跟踪货物的位置和运输路径，确保货物的准确交付。此外，RFID 技术还可以对货物的库存进行实时更新，实现库存管理的动态化和精准化。

3. 智能仓储与物流优化

基于物联网技术的智能仓储和物流管理可以实现运输路径的优化、运输成本的降低以及运输效率的提高。通过实时监控货物的运输状态和位置，企业可以对运输路径进行动态调整，避免拥堵和延误。同时，根据实际需求，企业还可以选择合适的运输方式和运输工具，以降低运输成本并提高运输效率。此外，智能仓储和物流管理还可以实现与供应商、客户的实时信息共享，提高供应链的透明度和协同性。

（五）智能制造与税务优化

智能制造和税务优化的结合是未来制造业的发展趋势。通过物联网技术的应用，企业可以实现生产过程的自动化、智能化和可视化，同时优化税务核算和降低企业税负。

1. 物联网技术与生产设备监控

通过利用物联网技术对生产设备进行实时监控和数据采集，企业可以实现生产过程的自动化和智能化。通过在生产设备上安装物联网传感器，企业可以实时监测设备的运行状态、故障预警、能耗情况等参数。当设备出现异常或故障时，系统可以自动触发报警并通知维修人员及时处理，避免生产中断和设备损坏。此外，通过对设备能耗的监控和分析，企业可以采取针对性的节能措施，降低能源消耗和成本。

2.大数据分析与生产流程优化

通过利用大数据分析技术对生产设备的数据进行深入挖掘和分析，企业可以发现设备使用中的问题和改进空间，进而优化生产流程和提高生产效率。大数据分析可以帮助企业了解设备的维护需求和使用寿命预测，企业可以根据分析结果制订更加合理的维护计划和采购决策，从而降低维修成本和物料成本。同时，大数据分析还可以帮助企业改进生产工艺和提高产品质量。通过对生产数据的实时监控和分析，企业可以及时发现潜在的质量问题，并采取相应的措施，避免产品缺陷和质量损失，提高客户满意度并降低退货成本。

3. 能耗监控与税务优化

通过利用物联网技术对生产过程中的能耗、物料消耗等进行实时监控和数据采集，企业可以为税务部门提供更加准确的生产成本数据，从而优化税务核算和降低企业税负。通过对能耗数据的监控和分析，企业可以更加准确地计算出生产成本，并将其纳入税务核算中，这有助于避免因数据不准确而导致的税务纠纷，同时，也可以帮助企业合理规划税收筹划，降低税收负担并提高税务效率。此外，通过对能耗数据的监控和分析，企业还可以发现节能减排的潜力和措施，进而采取针对性的节能措施降低能源消耗和成本，提高企业的环保水平和市场竞争力。

4. 智能制造与可持续发展

智能制造不仅有助于提高企业的生产效率和降低成本，同时也有利于实现可持续发展目标。通过物联网技术的应用，企业可以实现生产过程的自动化、智能化和可视化，提高生产效率、产品质量，降低能源消耗和减少环境污染。此外，智能制造还可以促进企业与供应商、客户的实时信息共享，提高供应链的透明度和协同性，从而降低库存成本、提高物流效率。同时，智能制造还可以帮助企业实现资源的高效利用和循环利用，减少浪费和环境污染，促进可持续发展目标的实现和社会效益的提升。

二、物流配送领域的财税管理优化设计

（一）智能配送与路线规划

在当今的商业环境中，物流配送的重要性不言而喻。物联网技术的出现使得智能配送和路线规划成为可能，进一步提高了物流效率和准确性。通过在配送车辆上安装GPS或其他物联网设备，财税管理系统可以实时监控车辆的位置和行驶状态。这种监控不仅提供了实时的货物追踪信息，使得企业能够更好地掌握货物的动态，而且为异常情况的处理提供了便利。

比如，如果车辆出现故障或者货物有异常情况，物联网设备可以立即将相关信息传递给企业，使得企业能够迅速做出反应，选择最佳的替代路线或者对货物进行重新安排，从而降低因异常情况带来的损失。同时，利用智能算法对配送路线进行规划和优化，可以显著降低配送成本、提高配送效率。这种优化可能包括选择最短路线、避开高峰时段、选择最佳的交通工具等，以求在保证及时配送的同时，尽可能地减少成本。

此外，利用物联网技术对配送过程中的温度、湿度等环境参数进行实时监控和数据采集，可以确保配送过程中的产品质量和安全。例如，对于需要恒温存储的货物，物联网设备可以实时监控货物的温度，如果温度超出预设范围，就会自动触发警报，通知相

关人员进行处理，从而保证货物的质量和安全。同时，这些数据还可以用于对配送过程进行分析和优化，进一步提高物流效率。

（二）智能签收与电子发票管理

在物流配送的最后一个环节，智能签收与电子发票管理同样重要。通过物联网技术实现将智能签收和电子发票管理相结合，可以提高签收效率并降低管理成本，例如，利用 RFID 技术或其他物联网设备对货物进行自动识别和管理，实现智能签收。当配送人员将货物交付给收货人时，只需通过物联网设备扫描货物的标签，即可完成签收过程。这种方式不仅提高了签收的准确性，减少了人为错误，而且提高了签收的效率。

同时，利用电子发票管理系统对签收过程中的发票信息进行自动采集和管理，可以降低管理成本并提高管理效率。在传统的发票管理中，发票的开具、存储和查验都需要人工操作，不仅效率低下，而且容易出错。通过将物联网技术和电子发票管理系统相结合，企业可以实现发票的自动化管理。当收货人通过物联网设备签收货物时，发票信息也会被自动采集并被存储到电子发票管理系统中。这种方式不仅提高了发票管理的准确性，而且降低了管理成本。

此外，通过与税务部门的系统对接和数据共享，企业可以实现电子发票的自动查验和抵扣功能。在传统的发票查验中，企业需要将发票送到税务部门进行人工查验，不仅耗时而且成本高。通过物联网技术和税务部门的系统对接，企业可以实现发票的自动查验。当企业需要抵扣发票时，只需将发票信息传输到税务部门的系统中，系统会自动比对发票的真实性和合法性，避免了人为错误和非法抵扣的风险。这种方式不仅提高了发票管理的效率，而且降低了企业的管理成本。

三、销售流通领域的财税管理优化设计

（一）智能销售与数据分析

随着科技的不断发展，物联网技术已经成为企业优化运营和管理的重要手段。其中，智能销售和数据分析是物联网技术在企业销售环节中的重要应用。

首先，利用物联网技术对销售流通环节进行优化可以提高销售效率并降低销售成本。在传统的销售模式中，销售数据的采集和整理往往需要大量的人工操作，不仅效率低下而且容易出现错误。通过在销售终端安装物联网设备，企业可以实时监控销售数据和客户行为，实现销售数据的自动化采集和整理，提高销售效率。同时，通过对销售数据的实时监控和分析，企业可以及时了解市场需求和客户反馈，从而调整销售策略，提高销售业绩。

其次，利用大数据分析技术对销售数据进行挖掘和分析可以发现销售中的问题和改进空间。通过对销售数据的深入挖掘和分析，企业可以了解客户的购买行为和喜好，发现销售中的瓶颈和问题，从而制定更加精准的销售策略。例如，通过分析销售数据可以发现哪些产品最受欢迎、哪些时间段最繁忙等信息，从而更好地规划库存和人力资源分配。此外，通过对客户行为的深度分析，企业还可以更加了解客户的需求和反馈，提高客户满意度和忠诚度。

最后，通过物联网技术对销售过程中的库存和物流信息进行实时监控和管理，企业可以实现销售过程的自动化和智能化。在传统的销售模式中，库存管理和物流配送往往需要大量的人工操作，容易出现库存积压、配送延误等问题。通过物联网技术，企业可以实现库存和物流信息的实时监控和管理，及时调整库存和配送计划，提高销售效率和客户满意度，例如，通过物联网技术可以实时监控货物的位置和状态，及时调整配送计划，确保货物能够及时到达客户手中。

（二）智能支付与电子发票开具

随着科技的不断发展和应用领域的扩大，物联网技术在企业财务管理中发挥着越来越重要的作用。其中，智能支付和电子发票开具是物联网技术在企业财务管理中的重要应用之一。

首先，通过物联网技术实现智能支付和电子发票开具可以提高支付效率并降低财务管理成本。传统的支付方式往往需要大量的人工操作，不仅效率低下而且容易出现错误。通过利用移动支付或 NFC 等技术进行智能支付，企业可以实现支付信息的实时同步和自动化处理，从而降低财务管理成本和提高支付效率。同时，通过与财税管理系统的对接可以实现对电子发票的自动开具和管理降低财务管理，企业可以成本和提高管理效率。

其次，通过与税务部门的系统对接和数据共享，可以实现电子发票的自动查验和抵扣功能，进一步提高财务管理效率和准确性。传统的发票查验和抵扣往往需要人工操作，不仅烦琐，而且容易出现错误。通过与税务部门的系统对接，可以实现对电子发票的自动查验和抵扣功能，减少人工操作环节，降低财务管理成本，并提高管理效率。此外，通过数据共享功能，企业还可以实现与供应商之间的信息共享和协同作业，提高财务管理效率和准确性。

最后，通过将智能支付和电子发票开具相结合，企业可以有更多的商业机会，增强企业的市场竞争力，例如，通过移动支付可以实现快速、便捷的支付方式，吸引更多的客户和提高销售额；通过电子发票的自动开具，可以减少纸质发票的使用，降低成本并提高管理效率；通过与供应商之间的信息共享，可以加强协同作业，提高供应链的透明度和市场竞争力。

四、售后服务领域的财税管理优化设计

（一）智能客服与售后服务跟踪

利用物联网技术和人工智能技术实现智能客服和售后服务跟踪的结合，可以提高客户满意度和服务质量。例如，智能客服系统可以实现客户问题的自动解答和售后服务需求的自动识别和管理。同时，利用物联网技术对售后服务过程进行实时监控和数据采集可以确保服务质量和客户满意度。此外，通过大数据分析技术对客户服务数据进行挖掘和分析，企业可以发现服务中的问题和改进空间，从而优化服务策略和提高客户满意度。

（二）智能维修与资产管理

通过物联网技术实现智能维修和资产管理的结合，企业可以降低维修成本并提高资产管理效率。例如，利用物联网传感器对设备进行实时监测和故障预警实现预防性维修和降低设备故障率。同时，利用资产管理系统对设备的维修记录和使用情况进行自动记录和管理，提高资产管理效率和使用效益。

五、基于物联网的财税管理安全风险与应对策略

（一）物联网设备的安全防护

物联网设备的安全防护是财税管理安全的重要保障。为确保物联网设备的安全性，企业可以采取以下措施。

（1）对物联网设备进行定期的安全检测和更新，确保设备的固件和软件都是最新版本，并及时修复已知的安全漏洞。

（2）使用强密码和身份验证机制，防止未经授权的人员访问和控制物联网设备。

（3）对物联网设备进行物理安全防护，如安装监控摄像头、使用防拆标签等，防止设备被恶意破坏或盗窃。

（二）数据传输与存储的安全保障

物联网设备产生的数据在传输和存储过程中都存在安全风险。为确保数据的安全性，企业可以采取以下措施。

（1）使用加密技术对数据进行加密传输和存储，确保数据在传输和存储过程中不被窃取或篡改。

（2）建立数据传输和存储的安全标准和规范，对数据进行分类和分级管理，确保不同级别的数据得到不同的安全保障。

（3）对数据传输和存储过程进行实时监控和审计，及时发现和处理安全事件。

（三）财税管理系统的安全防护

财税管理系统是物联网财税管理的核心部分，其安全性直接关系到整个系统的安全。为确保财税管理系统的安全性，企业可以采取以下措施。

（1）对财税管理系统进行定期的安全检测和更新，确保系统的安全性和稳定性。

（2）使用多层次的身份验证和访问控制机制，防止未经授权的人员访问和操作财税管理系统。

（3）建立财税管理系统的安全审计机制，对系统进行实时监控和审计，及时发现并处理安全事件。

第四节　基于物联网的财税管理效果评估与优化建议

一、基于物联网的财税管理效果评估指标体系构建

（一）数据采集完整性

物联网技术在财税管理中可以确保数据采集的完整性，这一点是非常重要的。数据采集的完整性直接影响财税管理系统的准确性和可靠性。为了确保数据采集的完整性，企业需要从以下几个方面进行评估。

（1）数据采集范围：评估指标应包括系统能够采集的财税数据的类型和范围。例如，系统能否采集到所有的财务数据，如收入、支出、资产等，以及税务数据，如税额、税务申报等。

（2）数据采集频率：评估指标应包括系统采集数据的频率。例如，系统能否实现实时采集数据，或者是否需要按照固定的时间间隔进行采集。

（3）数据采集准确性：评估指标应包括系统采集数据的准确性。例如，系统能否正确地识别和读取各种类型的财税数据，以及在数据传输过程中是否会出现错误。

为了确保数据采集的完整性，企业需要在系统设计和开发过程中充分考虑以上评估指标，并采取相应的措施来提高数据采集的准确性和可靠性，例如，可以采用高精度的数据采集设备，对设备进行定期的维护和校准，以及采用先进的数据传输技术来确保数据的完整性和准确性。

（二）数据处理效率

物联网技术应用于财税管理，需要处理大量的财税数据。因此，评估指标应包括数据处理速度、处理能力、处理准确性等，以确保系统能够迅速响应业务需求，为企业提供及时、准确的财税信息。

（1）数据处理速度：评估指标应包括系统处理数据的速度。例如，系统能否快速地读取、解析和存储大量的财税数据，并在短时间内完成数据的分析和处理。

（2）数据处理能力：评估指标应包括系统能够处理的最大数据量。例如，系统能否处理多个用户同时提交的大量数据，以及在数据量较大时是否会出现系统崩溃或者响应延迟等问题。

（3）数据处理准确性：评估指标应包括系统处理数据的准确性。例如，系统能否正确地分析和处理各种类型的财税数据，以及在数据处理过程中是否会出现错误或者异常情况。

为了提高数据处理效率，系统需要在设计和开发过程中采用先进的数据处理技术和算法，例如分布式计算技术、并行处理技术等。此外，系统还需要进行优化和调整，以提高系统的处理能力和响应速度。同时，在数据处理过程中，系统需要进行数据清洗和校准，以确保数据的准确性和可靠性。

（三）数据安全性与隐私保护

物联网技术应用于财税管理，涉及大量敏感数据的存储和传输。因此，评估指标应包括数据加密算法的安全性、数据访问权限的控制、数据传输的安全性等，以确保企业财税信息的安全性和隐私性。

（1）数据加密算法的安全性：评估指标应包括系统使用的加密算法是否安全，以及加密算法是否能够抵御各种类型的攻击和破解。例如，系统是否采用了高级的加密算法和密钥管理机制来保护数据的机密性和完整性。

（2）数据访问权限的控制：评估指标应包括系统对数据访问权限的控制程度。例如，系统是否能够控制用户对财税数据的访问权限，以及在用户拥有访问权限时是否可以进行相应的管理和监控。

（3）数据传输的安全性：评估指标应包括系统在数据传输过程中的安全性。例如，系统是否采用了安全的传输协议和加密技术来保护数据的机密性和完整性，以及在数据传输过程中是否会出现被窃取或者篡改等问题。

为了提高数据的安全性和隐私保护水平，系统需要在设计和开发过程中采用先进的数据加密技术和安全协议，例如 SSL/TLS 协议、HTTPS 协议等，此外，还需要建立完善的数据管理制度和安全监管机制来加强对数据的保护和管理，同时，需要对系统进行定期的安全检测和漏洞扫描来及时发现和处理安全问题。

（四）系统稳定性与可靠性

基于物联网的财税管理系统需要保持高度稳定和可靠，以确保企业财税业务的正常运行。因此，评估指标应包括系统故障率、系统恢复时间、系统负载均衡等，以衡量系统的稳定性和可靠性。

（1）系统故障率：评估指标应包括系统在运行过程中出现故障的概率。例如，系统是否会在长时间运行后出现崩溃或者异常情况，以及在出现故障时是否会影响到财税业务的正常运行。

（2）系统恢复时间：评估指标应包括系统在出现故障后恢复所需的时间。例如，在系统出现故障时，系统是否能够在较短的时间内恢复正常运行，以及恢复正常运行所需的时间是否会影响到财税业务的正常进行。

二、基于物联网的财税管理效果评估方法与流程设计

（一）明确评估目标

在进行基于物联网的财税管理系统的效果评估时，评估者首先需要明确评估的目标和重点。评估目标可以是提高财税管理效率、降低成本、优化业务流程等。在明确评估目标时，评估者需要考虑系统的实际需求和业务特点，确定评估的重点和指标，为后续的评估工作提供指导。

（二）确定评估方法

针对评估目标，企业需要选择合适的评估方法，包括定量分析法、定性分析法、对比分析法等。定量分析法可以通过数据指标来衡量系统的性能和效果，如处理时间、错误率等；定性分析法则侧重于对系统使用体验、用户满意度等方面的评估；对比分析法则通过比较改进前后的系统性能来评估系统的效果。根据评估目标和实际情况，评估者选择合适的评估方法，并确定评估的时间节点和周期，以便对基于物联网的财税管理系统进行持续跟踪和评估。

（三）构建评估模型

评估者根据评估目标和评估方法，构建相应的评估模型。评估模型应包括数据采集、处理、安全性等方面的评估指标和权重设置。通过模型计算和分析，评估者得出基于物联网的财税管理系统在各方面的效果得分。在构建评估模型时，评估者需要考虑系统的实际情况和业务特点，确保模型的合理性和实用性。

（四）收集与分析数据

通过实地调查、问卷调查等方式，评估者收集与基于物联网的财税管理系统相关的数据和信息。这些数据和信息包括系统的使用情况、用户满意度、处理时间、错误率等。评估者利用数据分析工具和方法，对这些数据进行处理和分析，得出系统在各方面的实际表现。数据分析可以帮助用户了解系统的优点和不足之处，为后续的优化提供依据。

（五）提出优化建议

根据效果评估结果和数据分析结果，评估者提出针对基于物联网的财税管理系统的优化建议和改进措施。优化建议应包括技术升级、流程优化、安全加固等方面的内容。例如，针对数据处理速度较慢的问题，系统设计人员可以考虑优化数据处理算法或升级系统硬件；针对用户操作体验不佳的问题，系统设计人员可以优化系统界面设计或增加必要的功能模块。通过优化建议的实施，可以提高系统的整体性能和应用效果，实现更好的财税管理。

除了以上五个方面，系统设计人员还需要考虑以下几个方面。

（1）建立完善的培训体系：基于物联网的财税管理系统是一个技术含量较高的系统，需要用户具备一定的操作技能和管理能力。因此，建立完善的培训体系可以帮助用户更好地掌握系统操作和管理技能，提高系统的使用效率和效果。

（2）加强系统安全性：基于物联网的财税管理系统涉及大量的敏感信息和重要数据，因此需要加强系统的安全性。系统设计人员可以采取多种措施，如数据加密、访问控制、安全审计等，确保系统的数据安全和可靠性。

（3）持续改进和优化：基于物联网的财税管理系统是一个不断发展和优化的系统，需要持续进行改进和优化。系统设计人员可以根据效果评估结果和分析结果，不断调整和完善系统的功能和性能，提高系统的应用效果和竞争力。

（4）建立良好的沟通机制：基于物联网的财税管理系统涉及多个部门和人员之间的协作和沟通。因此，系统设计人员需要建立良好的沟通机制，确保各部门之间的信息流通畅通无阻，提高系统的整体协作效果。

（5）考虑系统的可扩展性和灵活性：基于物联网的财税管理系统需要具备可扩展性和灵活性，以适应业务需求的变化和技术发展的趋势。因此，在系统设计和开发过程中，系统设计人员需要考虑未来的扩展和升级需求，确保系统具有良好的可扩展性和灵活性。

三、基于物联网的财税管理的优化建议总结与展望

（一）加强技术研发与创新投入

针对物联网技术在财税管理中的应用需求和发展趋势，企业需要不断加强技术研发

和创新投入，以提升系统的数据处理能力、安全性、稳定性等方面的性能。

首先，企业需要关注物联网技术的最新发展动态，及时引入和应用这些新技术以提高财税管理的效率和准确性。例如，近年来，由于人工智能、区块链等技术与物联网技术的融合应用，企业可以借助这些技术实现更高效的财税管理和更安全的数据保障。

其次，企业需要不断优化现有的技术架构和系统功能，提高系统的稳定性和可靠性，例如，可以加强对数据传输、数据处理等方面的优化，提高系统的运行效率和质量。

最后，企业需要积极探索新的应用场景和业务模式，以推动物联网技术在财税管理中更广泛应用，例如，通过与智能硬件设备的结合，实现对企业资产、设备等物品的智能化管理；通过与大数据技术的结合，实现对财税数据的智能化分析和预测等。

（二）优化业务流程与协同机制设计

基于物联网的财税管理系统需要与企业的其他业务系统进行深度集成和协同工作才能实现更好的应用效果。因此，企业需要对现有的业务流程和协同机制进行优化设计，确保各个系统之间的数据共享和业务协同能够顺畅进行。

首先，企业需要对业务流程进行梳理和优化，明确各业务环节的流程和责任人，以确保财税管理与其他业务环节的协同一致。例如，在采购环节中，企业可以通过物联网技术实现对采购物品的智能化识别和管理，从而避免因为人为操作失误而引起的财税问题。

其次，企业需要建立跨部门跨系统的协同工作机制和沟通机制，以提高整体工作效率和响应速度，例如，可以建立跨部门的工作小组或专门负责财税管理的部门，以实现各部门之间的协同合作和信息共享。

最后，企业需要加强对员工的管理和培训，提高员工的业务素质和工作能力，以确保员工能够胜任基于物联网的财税管理系统的工作要求，例如，可以定期组织员工参加培训和学习活动，提高员工对财税知识和物联网技术的掌握程度和应用能力。

（三）完善安全保障体系与隐私保护策略制定

由于物联网技术涉及大量敏感数据的存储和传输，因此需要建立完善的安全保障体系来确保企业财税信息的安全性。这包括以下方面。

（1）加强数据加密算法的研究与应用：企业需要加强对数据加密算法的研究和应用，确保数据的机密性和完整性，可以采用先进的加密技术和加密算法对数据进行加密处理，以防止数据泄露和篡改。

（2）建立严格的数据访问权限控制机制：企业需要建立严格的数据访问权限控制机制，对不同的人员设置不同的访问权限，以确保只有合法的人员能够访问敏感数据；可以采用身份认证、权限控制等技术手段来实现对数据访问权限的控制和管理。

（3）实施全面的网络安全防护措施：企业需要实施全面的网络安全防护措施，以防止网络攻击和病毒入侵，可以采用防火墙、入侵检测、安全审计等技术手段来提高网络安全防护能力，确保网络系统的稳定性和安全性。

（4）制定相应的隐私保护策略：企业需要制定相应的隐私保护策略，明确数据收集和使用的范围和目的，确保个人隐私不受侵犯，可以采用匿名化处理、数据脱敏等技术手段来保护个人隐私信息，避免因数据泄露而引起的隐私纠纷问题。

（四）推广应用经验并加强培训支持

实际应用案例的宣传和推广，可以让更多的企业了解并尝试使用基于物联网的财税管理系统从而扩大其应用范围和影响力。为此，企业可以采取以下措施。

（1）加强宣传和推广：企业可以通过各种渠道加强对基于物联网的财税管理系统的宣传和推广工作，例如，通过社交媒体、专业论坛、展览会等途径向潜在客户介绍系统的优势和应用价值，同时可以制作宣传资料、案例分析等资料来帮助客户更好地了解系统的功能和应用场景。

（2）提供培训和支持服务：企业可以提供相应的培训和支持服务，帮助客户更好地理解和掌握系统的使用方法和技巧，提高其使用效果和满意度；可以采取多种形式，如线上或线下培训、技术支持热线、技术交流会等来满足客户的不同需求并提供及时的技术支持解决客户在使用过程中遇到的问题。

第二十章 基于移动互联网的财税管理应用拓展与创新

第一节 移动互联网在财税管理中的应用概述

一、移动互联网技术的定义与特点

（一）移动互联网技术的定义

移动互联网是一种通过移动设备（如智能手机、平板电脑等）访问互联网的技术。这种技术使得用户可以随时随地使用互联网服务，如浏览网页、发送邮件、在线购物、在线支付等。

（二）移动互联网技术的特点

（1）便携性：移动设备如智能手机、平板电脑等体积小，便于携带，用户可以随时随地使用互联网服务。

（2）实时性：移动设备可以实时地接收和发送信息，如邮件、短信等，使得用户可以随时了解最新的信息。

（3）多样性：移动互联网技术提供了多种服务，如社交网络、在线购物、在线支付等，满足了用户多样化的需求。

二、移动互联网技术在财税管理中的应用背景

（一）财税管理信息化趋势

随着信息技术的飞速发展，财税管理信息化已成为一种不可逆转的趋势。财税管理信息化是指利用先进的信息技术手段，对企业的财务和税务进行高效、精准的管理，从而提高管理效率和管理质量。这一趋势的出现，主要是因为信息技术在财税管理中的应用能够显著提高企业的运营效率和竞争力。

在财税管理信息化趋势下，移动互联网技术的应用成为一种必然选择。移动互联网技术能够将财税管理与移动设备相结合，使得企业可以随时随地地进行财务和税务的相

关操作。这不仅打破了时间和空间的限制，还提高了财税管理的效率和便捷性。同时，移动互联网技术还可以实现财税数据的实时更新和共享，使得企业可以更好地掌握财税管理的最新情况，及时发现和解决问题。

（二）企业对于高效财税管理的需求

在市场竞争日益激烈的环境下，企业对于财税管理的要求越来越高。他们需要更加高效、便捷的管理方式来提高企业的运营效率和管理质量。移动互联网技术的应用可以满足企业的这种需求，提高财税管理的效率和便捷性。

首先，移动互联网技术可以实现财税管理的自动化和智能化。通过移动设备，企业可以自动完成财务和税务的申报、缴纳等操作，避免了传统手动操作中的误差和烦琐流程。同时，移动互联网技术还可以实现财税数据的智能化分析和管理，帮助企业更好地了解财务状况和税务情况，从而做出更加明智的决策。

其次，移动互联网技术可以提高财税管理的透明度和公正性。通过移动设备，企业可以实时地了解财税管理的最新情况，包括财务数据的记录、税务申报的情况等，从而更好地掌握财税管理的最新情况，及时发现和解决问题。同时，移动互联网技术还可以实现财税信息的公开透明化，避免信息不对称和暗箱操作等问题，增强了财税管理的公正性和透明度。这也有利于提高企业的信誉度和公信力，为企业树立良好的形象。

最后，移动互联网技术可以帮助企业更好地掌握市场动态和政策变化。通过移动设备，企业可以及时了解最新的财税政策和技术动态，从而及时调整经营策略和财税管理方式，提高企业的竞争力和适应能力。

（三）移动互联网技术的普及

随着智能手机的普及和互联网技术的不断发展，移动互联网已经成为人们生活中不可或缺的一部分。在这种背景下，将移动互联网技术应用于财税管理成为一种可能的选择。

首先，移动互联网技术的普及为企业提供了更加便捷的财税管理方式。通过移动设备，企业可以随时随地地进行财务和税务的相关操作，避免了时间和地点的限制，提高了管理效率和质量。

其次，移动互联网技术可以帮助企业实现更加高效的沟通与协作。通过移动设备，企业内部的员工可以随时随地地进行信息的传递和共享，实现了信息的快速传递和协同工作。这不仅可以提高工作效率和质量，还可以加强员工之间的沟通和协作能力。

最后，移动互联网技术还可以为企业提供更加个性化的服务。通过移动设备，企业可以根据自身需求定制个性化的财税管理软件和应用，实现更加精细化的管理和服务。

这不仅可以提高企业的管理效率和质量，还可以为企业提供更加个性化的解决方案。

三、移动互联网技术在财税管理中的应用意义

（一）提高财税管理的效率和便捷性

移动互联网技术的应用可以极大地提高财税管理的效率和便捷性。传统的财税管理方式需要财务人员和税务人员手动处理大量的纸质文件和数据，不仅效率低下，而且容易出现错误。而通过移动互联网技术，这些纸质文件和数据转化可以为电子形式，实现自动化处理和管理，从而大大提高了效率和准确性。此外，移动互联网技术还支持随时随地进行财税管理，无论是在办公室、家中还是出差旅行，都可以通过移动设备进行财务和税务的申报、缴纳等操作，避免了时间和地点的限制，更加便捷高效。

（二）提高财税管理的透明度和公正性

移动互联网技术的应用还可以提高财税管理的透明度和公正性。通过移动互联网技术，企业可以实时地了解财税管理的最新情况，包括财务数据的记录、税务申报的情况等，从而更好地掌握财税管理的最新情况，及时发现和解决问题。同时，通过移动互联网技术，企业可以公开透明地管理财税信息，避免信息不对称和暗箱操作等问题，增强了财税管理的公正性和透明度。这也有利于提高企业的信誉度和公信力，为企业树立良好的形象。

（三）推动财税管理模式的创新

移动互联网技术的应用可以推动财税管理模式的创新。传统的财税管理模式主要依赖于人工手动处理和管理，存在着许多弊端和局限性。而通过移动互联网技术，企业可以实现财税管理的自动化、智能化和信息化，推动财税管理模式向更加高效、便捷、透明和公正的方向发展。同时，移动互联网技术还可以促进企业内部的协作和沟通，实现信息的快速传递和共享，为财税管理提供更加全面和准确的数据支持。此外，移动互联网技术还可以帮助企业更好地掌握市场动态和政策变化，及时调整经营策略和财税管理方式，提高企业的竞争力和适应能力。

（四）加强风险控制和合规性管理

移动互联网技术的应用还可以加强风险控制和合规性管理。在财税管理中，企业应用移动互联网技术可以实现对业务流程的自动化监控和管理，提高风险预警和风险应对能力，例如，通过移动互联网技术可以实现对发票的自动核验和比对，避免虚假发票和不合规发票的问题；同时也可以实现对货物的自动追踪和管理，避免虚假销售和偷税漏税等问题。此外，通过移动互联网技术，企业还可以实现对员工的在线审批和报销等业

务流程的监控和管理，避免不合规的操作和浪费等问题。这些措施可以有效地加强风险控制和合规性管理，保障企业的正常运营和发展。

（五）降低企业运营成本和提高经济效益

最后，移动互联网技术的应用还可以降低企业运营成本和提高经济效益。通过移动互联网技术，企业可以实现财税管理的自动化、智能化和信息化，从而降低了人力成本和物力成本；同时也可以提高工作效率和质量，减少不必要的浪费和损失。这些措施可以帮助企业降低运营成本，提高经济效益，提高企业的竞争力和市场占有率。

第二节　基于移动互联网的财税管理应用拓展与创新策略探讨

一、移动互联网技术与财税管理的融合优势

（一）高效便捷的操作体验

移动互联网技术使得财税管理应用得以在移动设备上实现随时随地的使用，这打破了传统财税管理应用受限于办公室电脑的限制，为用户提供了更为高效便捷的操作体验。在移动互联网的帮助下，用户可以随时随地进行财务信息的查看、报税、支付等操作，极大地提高了用户的工作效率。

首先，这种高效便捷的操作体验体现在财税管理应用的响应速度和数据处理能力上。在移动互联网的支撑下，财税管理应用可以实时响应用户的操作请求，并快速处理大量的财务数据和税务数据，从而使用户可以及时得到所需的信息。

其次，这种高效便捷的操作体验还体现在用户可以随时随地进行财税管理操作。在移动互联网的帮助下，用户可以在手机、平板电脑等移动设备上轻松登录财税管理应用，无论身处何地，都可以进行财务信息的查看、报税、支付等操作。这种灵活性使得用户可以在任何时间、任何地点获取所需的财税信息，从而更好地进行决策。

最后，这种高效便捷的操作体验还体现在用户可以通过移动设备进行实时的信息更新和共享。例如，用户可以通过手机或平板电脑及时更新公司的财务信息，并实时共享给其他相关人员，这使得信息的传递和共享变得更为便捷和高效。

（二）实时动态的数据更新

移动互联网技术可以实现数据的实时传输和处理，这为财税管理应用提供了更为准

确和及时的数据更新能力。在移动互联网的帮助下，财税管理应用可以实时更新财务数据、税务数据等信息，使用户可以随时掌握最新的财务信息，从而做出及时准确的决策。

首先，这种实时动态的数据更新能力提高了数据的准确性和及时性。在移动互联网的支撑下，财税管理应用可以实时接收和更新财务数据、税务数据等，避免了传统财税管理应用中数据更新缓慢的问题。这种准确性不仅减少了错误数据的风险，还为用户的决策提供了更为可靠的支持。

其次，这种实时动态的数据更新能力还提高了数据的共享和协同能力。在移动互联网的帮助下，用户可以在不同设备之间实时共享和更新财务信息和税务信息，使得不同部门之间的协同工作变得更为高效和流畅。这种共享和协同能力不仅提高了工作效率，还促进了团队协作和创新。

最后，这种实时动态的数据更新能力还可以帮助用户更好地掌握企业运营情况。通过实时更新财务数据和税务数据等信息，用户可以及时了解企业的经营状况和市场趋势，从而更好地制定和调整经营策略。这种能力使得用户可以更好地应对市场变化和竞争压力，提高企业的竞争力和可持续发展能力。

（三）个性化与定制化服务

基于移动互联网的财税管理应用可以根据用户的需求和偏好进行个性化定制，提供更为贴合用户需求的服务。这种个性化与定制化服务的使用，可以更直观地了解自己的财务状况和税务情况，从而更好地进行决策和管理。

首先，这种个性化与定制化服务体现在财税管理应用的界面设计上。根据用户的行业特点、经营规模等因素，财税管理应用的界面可以定制化设计，以更符合用户使用习惯和需求的方式呈现。这种个性化的界面设计可以提高用户的使用效率和操作体验。

其次，这种个性化与定制化服务还体现在财税管理应用的功能设置上。根据用户的实际需求和偏好，财税管理应用可以提供更为贴合用户需求的功能设置。例如，对于不同行业的用户，财税管理应用可以提供符合该行业特点的财务管理功能和税务管理功能等。这种个性化与定制化服务使用户可以更好地满足自身的管理需求和工作流程。

最后，这种个性化与定制化服务还可以体现在财税管理应用的数据分析和决策支持上。根据用户的实际情况和需求，财税管理应用可以利用大数据、人工智能等技术进行智能化数据分析，为用户提供更准确、更有价值的决策支持。例如，针对不同行业的用户，财税管理应用可以利用大数据分析技术对行业趋势、市场竞争等进行深入分析，帮助用户制定更为科学合理的财税策略。这种个性化与定制化服务使用户可以更好地应对市场变化和竞争压力，提高企业的竞争力和可持续发展能力。

二、基于移动互联网的财税管理创新策略探讨

（一）优化用户体验

移动互联网财税管理应用的首要任务是提供高效、便捷的用户体验。为了优化用户体验，应用开发者需要深入了解用户的需求和习惯，针对性地设计简洁、直观的操作界面和流程。

首先，应用界面设计应遵循简洁明了的原则，避免过多的信息堆砌和复杂的操作流程，通过合理的信息布局和视觉设计，突出核心功能和重要信息，使用户能够快速了解应用的主要功能和使用方法。

其次，应用操作流程应尽可能简化，减少用户的操作步骤和时间成本，例如，可以通过智能识别、自动填充等技术，减少用户输入信息的环节；通过智能推荐、预测等功能，提前为用户提供可能需要的操作选项，提高操作效率。

此外，应用还可以通过增加可视化图表、动态演示等方式，提高信息的可读性和易理解性。例如，通过图表展示财务数据的变化趋势和比例关系，帮助用户更直观地了解财务状况；通过动态演示税务申报的流程和要求，减少用户在操作过程中可能遇到的困惑和错误。

最后，用户体验优化还需要关注不同用户群体的需求和特点。例如，针对中老年用户，可以提供更大的字体、更简洁的界面和更详细的操作引导；针对企业用户，可以提供定制化的功能和服务，满足不同企业的特定需求。

（二）加强数据安全保障

移动互联网财税管理应用涉及大量敏感数据的传输和存储，因此数据安全保障至关重要。应用开发者需要采取有效的安全措施，确保用户数据的安全性和保密性。

首先，应用应采用先进的加密技术对传输和存储的数据进行加密处理，防止数据在传输过程中被截获或窃取。同时，应用还应设置严格的数据访问权限，确保只有经过授权的用户才能访问和操作相关数据。

其次，应用需要建立完善的数据备份和恢复机制，确保在意外情况下能够及时恢复数据并保障业务的正常运行。此外，应用还应定期对系统进行安全检测和漏洞修复，及时发现和处理潜在的安全风险。

除了技术层面的保障措施外，应用开发者还需要加强对用户的安全教育和培训，通过向用户普及网络安全知识、提醒用户注意个人信息安全等方式，提高用户的安全意识和自我保护能力。

（三）建立智能化风险预警机制

移动互联网财税管理应用中可能存在多种风险和问题，如财务风险、税务风险、技术风险等。为了及时发现和预警这些潜在风险和问题，应用开发者需要建立智能化风险预警机制。

智能化风险预警机制可以利用人工智能技术对大量的财务数据和税务数据进行智能分析，发现异常情况并提醒用户采取相应的措施，例如，通过对企业的财务报表进行自动分析和比对，发现异常的资金流动或财务指标变化；通过对税务申报数据进行自动审核和校验，发现申报错误或遗漏等问题。

此外，智能化风险预警机制还可以利用机器学习等技术对用户的行为和操作进行学习和预测，发现潜在的安全风险和操作失误，例如，通过对用户的登录行为、操作习惯等进行学习和分析，发现异常登录或异常操作行为并及时进行提醒和拦截。

第三节 基于移动互联网的财税管理应用平台设计与实现

一、基于移动互联网的财税管理应用平台功能实现

（一）用户登录与权限管理

在财税管理平台中，用户登录与权限管理是至关重要的安全环节。这涉及平台的安全性、数据保密性以及防止未经授权的访问等问题。为了确保这些要求得到满足，平台需要提供以下功能。

（1）支持多种登录方式：为了方便不同用户的使用，平台应支持多种登录方式，如用户名密码登录、手机验证码登录等。这些登录方式可以满足不同用户的需求，使得用户能够根据自己的习惯和需求选择最合适的登录方式。

（2）权限管理功能：平台应具备完善的权限管理功能，根据每个用户的角色和权限，严格控制其对平台功能和数据的访问。这样可以确保只有具备相应权限的用户才能访问特定的功能和数据，从而确保数据的安全性和保密性。

（3）身份验证与会话管理：平台应采用有效的身份验证机制，确保登录用户的身份真实可靠，同时，应使用会话管理功能，在用户登录后为其创建一个唯一的会话标识，用于后续的授权控制和操作记录。

（4）操作审计与日志记录：为了防止未经授权的访问和恶意行为，平台应记录所有

用户的操作历史并支持审计功能。这样可以在发生安全事件时迅速定位问题并找出责任人。

（二）财税信息查询与管理

财税信息查询与管理是财税管理平台的核心功能之一，它可以帮助用户随时随地获取所需的财税信息并进行在线管理。以下是该功能的详细说明。

（1）实时、准确的财税信息查询服务：平台应提供实时、准确的财税信息查询服务，包括最新的税收法规、政策解读、税务公告等。用户可以通过平台随时了解最新的财税政策动态，从而更好地指导自身的业务活动。

（2）在线财税信息管理：除了提供信息查询服务外，平台还应支持在线财税信息管理功能，如申报缴税、发票管理、财务报表等。这些功能可以帮助用户随时随地进行财税操作，提高管理效率并减少出错率。

（3）数据可视化与报表分析：为了更好地帮助用户理解财税数据和趋势，平台应提供数据可视化和报表分析功能。通过直观的图表和报表，用户可以快速了解财务状况和税务情况，从而做出更加明智的决策。

（4）数据导出与导入：用户有时需要将财税数据导出为特定的格式进行进一步分析或上报。因此，平台应支持数据导出功能，允许用户将数据导出为常见的文件格式（如Excel、PDF等），同时，也应支持数据导入功能，方便用户将外部的数据导入到平台中进行处理和分析。

（三）智能分析与决策支持

为了提高财税管理的效率和准确性，财税管理平台应具备智能分析与决策支持功能。以下是该功能的详细说明。

（1）智能分析与建议：通过对用户的历史数据和行业数据进行深度挖掘和分析，平台可以为用户提供个性化的财税建议和优化方案。这些建议可以包括税务优化、财务规划、风险管理等方面，帮助用户更好地管理和规划自身的财税事务。

（2）风险预警与预测：在分析用户数据和行业趋势的基础上，平台还应支持风险预警和预测功能。这些功能可以帮助用户及时发现并解决潜在的财税风险，如税务稽查、财务漏洞等。通过预测功能，平台还可以预测未来的财税趋势和风险点，帮助用户提前做好规划和应对措施。

（3）自动化流程与审批：为了提高工作效率和减少人为干预带来的错误，平台应支持自动化流程和审批功能。根据设定的规则和流程，平台可以自动完成一些常规的财税操作和审批流程，如自动生成财务报表、自动触发税务申报等。这样可以大大减少人工操作的成本和错误率。

（4）多维度分析与可视化：为了更好地帮助用户理解财税数据和趋势，平台应提供多维度的数据分析功能和数据可视化工具。用户可以从不同的维度对数据进行深入的分析和挖掘，同时，通过图表、图形等可视化手段更加直观地展示数据和趋势。这样可以帮助用户更好地理解财税状况、做出更加明智的决策以及监控风险点。

二、基于移动互联网的财税管理应用平台安全性保障

（一）数据加密与传输安全

在当今的数字化时代，数据的价值日益凸显，而数据的安全性则是用户最关心的问题之一。因此，平台应采用先进的数据加密技术来保护用户数据的安全。具体来说，平台应该采用对称加密或非对称加密算法，对用户数据进行加密处理，确保即使数据被窃取，也无法被未经授权的第三方轻易解密。

除了数据加密，数据传输安全也是保证用户数据安全的重要环节。平台应该采用安全的传输协议，如 HTTPS 等，确保数据在传输过程中不会被窃取或篡改。HTTPS 协议通过 SSL/TLS 协议对传输的数据进行加密，保证了数据在传输过程中的安全性。

（二）访问控制与审计跟踪

为了防止未经授权的访问和操作，平台应具备完善的访问控制功能。通过对用户的角色和权限进行严格控制，确保只有具备相应权限的用户才能访问和操作相关数据。例如，平台可以设定管理员、普通用户等角色，并为每个角色分配不同的权限，使得管理员能够进行更多的操作，而普通用户只能进行有限的操作。

同时，为了进一步保证数据的完整性，平台还应具备审计跟踪功能。审计跟踪功能可以记录用户的操作日志和行为轨迹，方便后期审计和追溯。通过审计跟踪功能，平台可以及时发现并解决潜在的安全问题，防止未经授权的用户对数据进行篡改或破坏。

（三）漏洞管理与应急响应

为了保证平台的稳定性和安全性，平台应建立完善的漏洞管理和应急响应机制。具体来说，平台应该定期对系统进行安全检测和评估，及时发现并修复潜在的安全漏洞。安全检测和评估可以包括但不限于漏洞扫描、渗透测试等，以确保平台在各种情况下都能保持较高的安全性和稳定性。

同时，平台还应具备应急响应能力，能够在遭受攻击或数据泄露等紧急情况下迅速响应和处理。应急响应能力包括但不限于对攻击的实时监测和预警、对数据泄露的及时处理和补救等。平台应该建立一支专业的应急响应团队，该团队应由经验丰富的安全专

家组成，以便在发生安全事件时能够迅速、准确地做出响应和处理。

三、基于移动互联网的财税管理应用平台性能优化

（一）系统架构与负载均衡

移动互联网财税管理平台的性能和扩展性对于用户体验和服务质量至关重要。为了满足大规模并发访问和高可用性需求，平台应采用先进的系统架构和技术方案。其中，微服务架构和容器化部署是当前较为流行的解决方案。

微服务架构是一种将应用程序拆分成多个小型服务的方法，每个服务都可以独立地运行和扩展。这种架构可以提高系统的可扩展性和可维护性，降低系统的复杂性和耦合度。每个服务可以使用不同的技术栈和框架，根据实际需求进行灵活选择和组合。

容器化部署是一种将应用程序和其依赖项打包成一个容器，并在容器中运行的技术。容器化部署可以提高应用程序的可移植性和可扩展性，降低环境配置和管理的复杂性。容器编排工具如 Kubernetes 可以自动化容器的部署、扩展和管理，提高系统的可用性和弹性。

负载均衡是平台性能优化的重要手段之一。平台应具备负载均衡功能，能够根据实际的业务需求和访问量进行动态调整和优化。负载均衡技术可以将访问请求分发到多个服务器或实例上，平衡服务器的负载，提高系统的吞吐量和响应时间。负载均衡器可以根据服务器的性能、地理位置、访问来源等因素进行智能调度和分配，确保用户获得最佳的服务体验。

同时，为了进一步提高平台的可靠性和容错能力，平台还应采用高可用技术和容灾方案，例如，可以采用分布式架构、数据备份、故障切换等技术手段，确保在单个服务器或实例出现故障时，整个平台仍然能够正常运行并提供服务。

（二）数据库设计与优化

数据库是移动互联网财税管理平台的核心组成部分之一，其性能和稳定性直接影响到平台的整体性能和用户体验。为了保证数据库的性能和稳定性，平台应采用合理的数据库设计和优化策略。

首先，数据库设计应遵循规范化、模块化、可扩展性的原则。合理的表结构设计、索引优化、数据分区等技术手段可以提高数据库的查询效率和数据存储能力。同时，平台应根据实际业务需求进行合理的数据建模和数据关系设计，避免数据冗余和不一致性问题。

其次，为了提高数据库的并发处理能力和数据安全性，可以采用分布式数据库、读

写分离等技术手段。分布式数据库可以将数据分散存储在多个节点上，提高数据的并发访问能力和可扩展性；读写分离可以将数据库的读写操作分离到不同的服务器上，减轻单个服务器的负载压力，提高数据库的读写性能和可用性。

此外，定期对数据库进行优化和维护也是必不可少的。例如，平台可以定期对数据库进行性能监控和分析，发现性能瓶颈并进行针对性优化；定期对数据库进行备份和恢复测试，确保在意外情况下能够及时恢复数据并保障业务的正常运行。

（三）缓存技术与压缩算法应用

缓存技术和压缩算法是提高移动互联网财税管理平台响应速度和用户体验的重要手段之一。采用先进的缓存技术和压缩算法可以显著减少数据传输的大小和时间，提高平台的性能和用户体验。

缓存技术是一种将经常访问的数据存储在高速缓存中的技术手段，可以减少对数据库的频繁访问，提高数据的访问速度和响应时间。例如，平台可以采用 Redis 等内存数据库作为缓存层，存储热点数据和计算结果，减少对数据库的访问次数和查询时间，同时，还可以采用多级缓存策略，将不同热度的数据存储在不同的缓存层级中，进一步提高缓存的命中率和效率。

压缩算法是一种对数据进行压缩以减少数据传输大小的技术手段。采用 Gzip 等压缩算法对传输的数据进行压缩可以显著减少数据传输的大小和时间，提高网络传输效率和用户体验。同时，压缩算法还可以对存储的数据进行压缩，减少存储空间的占用降低存储成本。

第四节　基于移动互联网的财税管理应用效果评估与优化建议

一、基于移动互联网的财税管理应用效果评估指标体系构建

（一）用户满意度指标

用户满意度是衡量应用效果的重要指标之一。该指标可以通过问卷调查、用户反馈等方式进行收集和分析，具体包括界面友好性、操作便捷性、功能完善性、响应速度等方面。通过对这些方面的评估，平台可以了解用户对应用的满意程度，从而为应用的优化提供参考。

（二）业务效率指标

业务效率是衡量应用效果的另一个重要指标。该指标可以通过对比应用前后的业务流程、处理时间、错误率等方面进行评估，例如，应用后是否能够减少人工操作环节、缩短处理时间、降低错误率等。通过对这些方面的评估，平台可以了解应用对业务效率的提升程度，从而为应用的优化提供依据。

（三）安全性指标

安全性是财税管理应用不可忽视的重要方面。该指标可以通过对应用的安全性设计、数据保护措施、风险防控机制等方面进行评估，例如，应用是否采用了加密技术保护用户数据、是否具备风险预警和应急处理能力等。通过对这些方面的评估，平台可以了解应用的安全性能否满足用户的需求和期望。

二、基于移动互联网的财税管理应用效果评估方法与流程设计

（一）选择合适的评估方法

针对上述构建的指标体系，平台需要选择合适的评估方法进行效果评估。常用的评估方法包括问卷调查法、专家打分法、层次分析法等。具体选择哪种方法应根据实际情况进行综合考虑，确保评估结果的客观性和准确性。

（二）制订详细的评估流程

为了确保评估工作的顺利进行，平台需要制订详细的评估流程。具体包括确定评估对象、制订评估方案、收集和分析数据、撰写评估报告等步骤。在制定流程时，平台应注重流程的规范性和可操作性，确保各个环节的有效衔接和顺利实施。

（三）实施评估并进行结果分析

平台按照制订的流程实施评估工作，收集和分析相关数据。通过对数据的处理和分析，可以得到各项指标的评估结果以及综合评估结果。在此基础上，对结果进行深入的剖析和讨论，找出应用中存在的问题和不足之处，为后续的优化工作提供依据。

三、未来研究方向及技术发展趋势分析

（一）人工智能技术在财税管理中的应用研究

随着人工智能技术的不断发展，其在财税管理领域的应用前景日益广阔。未来可以进一步探讨人工智能技术在财税信息识别、自动化处理、智能决策等方面的应用方法和实现路径，提高财税管理的智能化水平和服务质量。

（二）区块链技术在财税管理中的应用研究

区块链技术作为一种新型的数据存储和传输技术，具有去中心化、不可篡改等特点，在财税管理领域具有广泛的应用前景。未来可以深入研究区块链技术在发票管理、电子票据、税收征管等方面的应用模式和实现方法，提高财税管理的透明度和安全性。

（三）大数据技术在财税管理中的应用研究

大数据技术能够实现对海量数据的存储、分析和挖掘，为财税管理提供有力支持。未来可以进一步探讨大数据技术在财税数据分析、风险预警、政策制定等方面的应用方法和实现路径，提高财税管理的科学性和精准性。

第二十一章　基于人工智能的财税风险预测
与防范策略研究

第一节　人工智能在财税风险预测与防范中的应用概述

一、人工智能技术的定义与特点

（一）人工智能技术的定义

人工智能技术是一种模拟人类智能思维和行为的计算机技术。它通过模拟人类的感知、学习、记忆、推理和决策等过程，实现自主解决问题、学习和优化的能力。人工智能技术可以应用于各种领域，包括财税风险管理。

（二）人工智能技术的特点

（1）自主学习能力：人工智能技术可以通过自我学习不断优化自身的算法和模型，提高预测和决策的准确性。

（2）处理大量数据：人工智能技术可以快速、准确地处理大量数据，从中提取有价值的信息。

（3）实时性：人工智能技术可以实时地监测和分析数据，及时发现和预测风险。

（4）预测未来趋势：人工智能技术可以通过数据分析和机器学习等方法，预测未来的趋势和变化。

二、人工智能技术在财税风险预测与防范中的应用背景

（一）财税风险管理的重要性

财税风险管理是企业风险管理的重要组成部分，它关系到企业的财务稳健性和合法性。随着经济全球化和市场竞争的加剧，有效的财税风险管理对于企业的生存和发展至关重要。

（二）传统财税风险管理的局限性

传统的财税风险管理方法主要依靠人工操作和管理，存在以下局限性。

（1）处理效率低下：人工处理数据量大、耗时且易出错。

（2）难以发现潜在风险：人工分析难以全面覆盖数据并发现潜在的财税风险。

（3）缺乏实时监测：人工管理难以实现实时监测和预警。

（4）决策支持不足：人工分析难以提供准确、全面的数据支持，影响决策质量。

（三）人工智能技术在财税风险管理中的应用优势

（1）提高处理效率：人工智能技术可以快速、准确地处理大量数据，提高工作效率。

（2）发现潜在风险：人工智能技术可以通过数据挖掘和模式识别发现潜在的财税风险。

（3）实时监测与预警：人工智能技术可以实时监测数据变化，及时发现并预警风险。

（4）提供决策支持：人工智能技术可以提供准确、全面的数据支持，提高决策质量。

三、人工智能技术在财税风险预测与防范中的应用意义

（一）提高财税风险管理的效率和准确性

通过应用人工智能技术，企业可以快速、准确地处理大量财税数据，提高财税风险管理的效率和准确性。同时，人工智能技术可以帮助企业发现潜在的财税风险，及时采取防范措施，降低风险损失。

（二）实现实时监测和预警

人工智能技术可以实时监测企业的财税数据变化，及时发现并预警潜在风险。这有助于企业提前做好风险应对措施，减少风险对企业运营的影响。

（三）优化财税风险管理流程

人工智能技术可以帮助企业优化财税风险管理流程，提高管理效率。例如，通过机器学习和模式识别技术，企业可以自动化识别和预测财税风险，减少人工干预和错误。同时，人工智能技术还可以帮助企业实现信息共享和协作，提高团队合作效率。

（四）降低财税风险管理成本

通过应用人工智能技术，企业可以降低财税风险管理成本。首先，人工智能技术可以自动化处理大量数据，减少人力成本。其次，人工智能技术可以实现实时监测和预警，减少因风险扩大而产生的损失。最后，人工智能技术可以帮助企业优化流程、提高效率，降低管理成本。

第二节　基于人工智能的财税风险识别、评估与预警机制研究

一、基于人工智能的财税风险识别方法

（一）数据挖掘与模式识别

在财税风险识别中，数据挖掘和模式识别是两种重要的技术手段。数据挖掘是一种从海量数据中提取有用信息和知识的技术，它通过运用一系列的算法和模型，对数据进行深入的分析和挖掘，以发现隐藏在数据中的规律和模式。在财税风险识别中，数据挖掘技术的应用可以帮助人们更加深入地了解企业的财务状况和税务状况，发现潜在的财税风险。

模式识别是一种通过分析数据特征和模式进行分类和识别的技术，它通过运用各种机器学习算法和模型，对数据进行分类、聚类、特征提取等操作，以识别出数据的模式和特征。在财税风险识别中，模式识别技术的应用可以帮助人们更加准确地识别出企业的财务状况和税务状况中的异常模式和风险点。

（二）异常检测与阈值分析

异常检测是一种基于数据分布假设的财税风险识别方法。它通过运用各种统计方法和模型，对企业的财务数据和税务数据进行统计分析，以确定正常数据的分布情况和阈值。当数据偏离正常范围时，即可认为存在潜在的财税风险。例如，人们可以利用均值-标准差模型、盒形图等方法，直观地展示数据分布情况，并设定阈值进行异常检测。

阈值分析是一种通过设定阈值进行数据分类和识别的技术。它通过设定不同的阈值，将数据分成不同的类别和区间，以识别出数据的异常情况和风险点。在财税风险识别中，阈值分析技术的应用可以帮助人们更加准确地识别出企业的财务状况和税务状况中的异常情况和风险点。

（三）关联规则与因果分析

关联规则是一种基于数据间关联关系的财税风险识别方法。它通过运用各种关联规则挖掘算法和模型，对企业的财务数据和税务数据进行关联规则挖掘，以发现数据间的因果关系和潜在风险点。例如，人们可以利用 Apriori 算法、FP-Growth 算法等关联规则挖掘算法，发现企业财务数据与税务数据之间的关联规则，进而识别出潜在的财税风险。

　　因果分析是一种通过分析变量间的因果关系进行分类和识别的技术。它通过运用各种因果分析方法和模型，对数据进行因果关系分析和推断，以识别出变量间的因果关系和影响方向。在财税风险识别中，因果分析技术的应用可以帮助人们更加深入地了解企业的财务状况和税务状况之间的因果关系和影响情况，进而发现潜在的财税风险。

二、基于人工智能的财税风险评估模型构建

（一）神经网络模型

　　神经网络是一种模拟人类神经系统工作方式的计算模型，它具有强大的非线性映射能力和自主学习能力。在财税风险评估中，神经网络模型被广泛用于对企业财务数据和税务数据进行学习和预测，以识别和评估潜在的财税风险。

　　神经网络模型的学习过程是通过调整神经网络中的权重和偏置来实现的。在训练过程中，神经网络通过学习样本数据中的特征和标签之间的关系，逐渐调整权重和偏置，使得预测结果越来越接近真实值。在财税风险评估中，神经网络模型可以用于对企业财务数据和税务数据进行分类、回归等任务，以评估企业的财税风险程度。

　　例如，利用多层感知器（MLP）这种常见的神经网络模型，可以对企业的财务数据进行分类和预测。首先，人们需要对企业的财务数据进行特征提取和预处理，然后将数据输入到多层感知器中进行训练。通过调整权重和偏置，多层感知器逐渐学习到财务数据中的特征和分类标签之间的关系，从而能够对企业财务数据进行分类和预测。

　　此外，卷积神经网络（CNN）也是一种常用的神经网络模型，它可以对图像数据进行处理。在财税风险评估中，CNN可以对企业的财务报表等图像数据进行处理和分析，以识别其中的异常情况和潜在风险。

（二）决策树模型

　　决策树是一种基于树形结构的分类和回归模型，它能够通过对特征的选择和划分来建立一棵决策树，从而实现对数据的分类和预测。在财税风险评估中，决策树模型被广泛应用于对企业财务数据和税务数据进行分类和预测，以识别不同类别的财税风险。

　　决策树模型的构建过程是通过递归地选择最优特征来进行划分的。在构建决策树时，首先需要选择最优特征进行数据的划分，然后根据划分的结果分别进行分支和叶子节点的创建。不断地重复这个过程可以构建出一棵决策树，从而实现对数据的分类和预测。

　　例如，利用CART算法构建决策树模型，可以将企业财务数据和税务数据进行分类。首先，需要对数据进行特征提取和选择，然后利用CART算法构建决策树模型。不断地调整决策树的参数和结构可以使决策树模型越来越接近真实数据集，从而实现对数据的

准确分类。

（三）支持向量机模型

支持向量机（SVM）是一种基于统计学习理论的分类和回归模型，它能够通过对特征的映射来实现数据的分类和预测。在财税风险评估中，支持向量机模型被广泛应用于对企业财务数据和税务数据进行分类和预测，以识别不同类别的财税风险。

支持向量机模型的学习过程是通过最小化结构风险来实现的。在训练过程中，支持向量机通过学习样本数据中的特征和标签之间的关系，逐渐调整权重和偏置，使得预测结果越来越接近真实值。同时，支持向量机模型还会考虑数据的复杂性和泛化能力，以避免过拟合和欠拟合的问题。

在财税风险评估中，支持向量机模型可以对企业财务数据和税务数据进行分类和预测。例如，利用线性 SVM 模型可以对企业财务数据进行分类和预测。首先需要对数据进行特征提取和选择，然后利用线性 SVM 模型进行训练和预测。通过调整模型的参数和核函数类型，可以使得线性 SVM 模型越来越接近真实数据集，从而实现对数据的准确分类。

三、基于人工智能的财税风险预警机制设计

（一）预警指标体系构建

预警指标体系是财税风险预警机制的核心组成部分。构建预警指标体系需要考虑多种因素，如企业财务状况、税务状况、行业特点等，同时，还需要结合历史数据和实际情况，确定各指标的阈值和权重。例如，设计者可以构建包含财务比率、税收征管比率、行业指标等多维度的预警指标体系，以全面评估企业的财税风险情况。

（二）预警模型构建与优化

预警模型是实现财税风险预警的关键所在。在构建预警模型时，设计者需要综合考虑多种因素，如时间序列分析、机器学习算法等，同时，还需要结合实际情况进行模型的优化和调整，例如，可以利用时间序列分析方法对企业的财务数据进行预测和分析，并结合机器学习算法进行模型的优化和调整，以提高预警模型的准确性和稳定性。

（三）预警机制实施与监控

预警机制的实施需要结合实际情况进行具体操作和监控。在实施预警机制时，实施者需要明确责任人和流程，并严格按照流程进行操作，同时，还需要对预警机制进行实时监控和调整，例如，可以建立包含监控指标、阈值、处理流程等在内的监控体系，对预警机制进行实时监控和调整，以提高预警机制的有效性和可靠性。

综上所述，基于人工智能的财税风险识别、评估与预警机制研究对于提高企业财税管理水平、降低财税风险具有重要意义。在实际应用中，人们需要结合实际情况进行具体操作和调整以提高研究的有效性和实用性。未来随着人工智能技术的不断发展完善，基于人工智能的财税风险管理将成为重要的发展趋势和研究热点。因此，人们需要不断加强相关研究和应用实践，以推动财税风险管理水平的提升，降低企业面临的财税风险，提高企业的经济效益和社会效益。

第三节　基于人工智能的财税风险防范策略制定与实践

一、基于人工智能的财税风险防范策略制定

（一）深度了解财税业务与风险点

在财税领域，风险点多种多样，涉及税收政策、发票管理、报税流程等各个方面。为了制定有效的基于人工智能的财税风险防范策略，企业必须首先对这些风险点有深入的了解。

税收政策变化是企业财税管理中的重要风险点之一。税收政策的调整可能导致企业税负的增加或减少，进而影响企业的经营成本和利润。此外，税收政策的变化还可能引发企业对税务规划的调整，以适应新的税收环境。因此，在制定财税风险防范策略时，企业必须密切关注税收政策的动态，确保企业能够及时应对政策变化带来的风险。

发票管理不当也是财税风险的一个重要来源。例如，虚假发票、重复报销、无效发票等问题都可能导致企业面临税务处罚和财务风险。为了解决这些问题，企业需要建立完善的发票管理制度，并运用人工智能技术对发票进行自动识别和验证，以确保发票的真实性和合规性。

虚假报税是另一个需要重点关注的财税风险点。一些企业为了逃避税款，可能会采取虚假报税的手段，如虚报收入、隐瞒支出等。这种行为不仅违反了税收法规，还可能导致企业面临严重的法律后果。因此，在制定财税风险防范策略时，平台设计者必须充分考虑如何运用人工智能技术来识别和防范虚假报税行为。

通过对这些风险点的细致分析，平台设计者可以为后续的策略制定提供有力的依据。具体来说，平台设计者可以根据风险点的特点和影响程度，选择合适的人工智能技术和方法来进行风险防范。例如，对于税收政策变化的风险，平台设计者可以利用自然语言

处理技术来自动获取和分析相关的政策信息；对于发票管理不当的风险，人们可以采用图像识别和自然语言处理技术来自动识别和验证发票的真伪；对于虚假报税的风险，人们可以运用机器学习和大数据分析技术来识别和预测异常报税行为。

（二）选择合适的人工智能技术

针对财税风险防范，有多种人工智能技术可供选择。在制定策略时，我们应根据具体的风险点和业务需求，选择合适的技术手段。具体来说，以下是一些常用的人工智能技术及其在财税风险防范中的应用。

（1）自然语言处理（NLP）：NLP技术可以用于识别和分析大量的财税文本数据，如税收政策、合同条款等。通过自动提取和分析文本中的关键信息，NLP可以帮助企业及时了解和应对税收政策的变化，降低因政策调整带来的风险。

（2）机器学习（Machine Learning）：机器学习技术可以用于预测和识别异常交易行为，如虚假报税、偷税漏税等。通过对历史财税数据进行训练和学习，机器学习模型可以自动发现异常模式和行为，并发出预警信号。这有助于企业及时发现和纠正潜在的财税风险。

（3）深度学习（Deep Learning）：深度学习技术可以用于构建更复杂的预测和分析模型。例如，通过深度神经网络对财税数据进行训练和预测，可以进一步提高模型的准确性和泛化能力。这对于识别复杂的财税风险和制定针对性的防范策略具有重要意义。

（4）智能审计：智能审计是基于人工智能技术的自动化审计工具。通过对企业的财税数据进行自动分析和审核，智能审计可以识别出潜在的错误和不合规行为，并生成审计报告。这有助于企业及时发现和纠正财税问题，降低潜在风险。

（三）构建风险识别与预警模型

基于所选的人工智能技术，构建风险识别与预警模型是关键步骤。该模型应能够自动分析企业的财税数据，识别出异常和可疑行为，并发出预警。为了提高模型的准确性，可以采用多种算法进行组合和优化，同时结合专家知识进行不断完善。具体来说，构建风险识别与预警模型应遵循以下步骤。

（1）数据准备：收集并整理企业的历史财税数据和其他相关信息。这些数据应包括申报表、财务报表、交易记录等。确保数据的准确性和完整性是进行后续分析的前提。

（2）特征提取：从数据中提取出与财税风险相关的特征。这些特征可以是数值型的（如收入、支出、税负等），也可以是文本型的（如政策条款、合同条款等）。特征提取的好坏直接影响到模型的性能。

（3）模型选择：根据具体的应用场景和风险类型选择合适的算法来构建模型。例如，对于异常检测任务可以选择无监督学习算法，如 K-means 聚类或异常检测算法；对于分类任务可以选择有监督学习算法，如决策树或神经网络等。

（4）模型训练：使用历史数据对模型进行训练和优化，通过调整模型的参数和结构来提高模型的性能和泛化能力，同时，可以采用交叉验证等技术来评估模型的性能并进行优化。

（5）预警机制：当模型识别到潜在的财税风险时，应及时发出预警信号并给出相应的建议或措施。预警机制可以包括邮件通知、短信提醒或其他形式，以便相关人员能够及时处理和应对风险事件。

（6）模型评估与更新：定期对模型进行评估和调整以适应新的数据和业务环境，通过与实际情况的对比和分析来评估模型的准确性和有效性并根据需要进行更新和改进。

（四）确保数据安全与隐私保护

在使用人工智能技术进行财税风险防范时，企业必须高度重视数据安全和隐私保护，应采取加密、匿名化等技术手段确保数据的机密性和完整性，防止数据泄露和滥用，同时应遵守相关法律法规确保用户隐私得到充分保护。以下是一些建议。

（1）数据加密：对敏感数据进行加密处理以确保数据在传输和存储过程中的安全性，可以使用对称加密或非对称加密算法来保护数据的机密性。

（2）匿名化处理：对于涉及个人隐私的数据应进行匿名化处理以去除或隐藏个人身份信息。这可以通过数据脱敏、k-匿名等技术来实现。

（3）访问控制：建立严格的访问控制机制，确保只有授权人员能够访问和处理敏感数据，可以采用角色访问控制（RBAC）或属性访问控制（ABAC）等方法来管理用户的权限和角色。

（4）日志监控与审计：建立日志监控和审计机制，记录数据的访问和使用情况，以便及时发现和处理潜在的安全事件或违规行为。

（5）合规性检查：定期对数据处理过程进行合规性检查，以确保符合相关的法律法规和标准要求，如《通用数据保护条例》（GDPR）、《健康保险可携性和责任法案》（HIPAA）等。这包括数据的收集、使用、共享和销毁等方面。

二、基于人工智能的财税风险防范实践案例分析

（一）智能识别虚假发票案例

在某大型企业中，虚假发票的问题一直困扰着财务部门。为了解决这个问题，该企业决定采用基于深度学习的人工智能技术，构建一个智能识别虚假发票的系统。这个系

统不仅能够自动分析发票的图像信息，还能够对文本信息进行深度学习，从而识别出虚假发票的各种特征。

在构建这个系统的过程中，系统构建者首先需要收集大量的真实发票和虚假发票作为训练数据。通过对这些数据的深度学习，系统能够学习到真实发票和虚假发票之间的差异，并形成分类的能力。在训练完成后，系统就能够自动对新的发票进行分类，判断其是否为虚假发票。

该系统的应用取得了显著的成果。在实际应用中，该系统成功识别出了大量的虚假发票，为企业挽回了巨大的经济损失。同时，该系统的运行也大大提高了财务部门的工作效率，减轻了人工审核发票的负担。

（二）自动检测税收违规行为案例

税务部门一直面临着如何有效监管企业税收申报的问题。为了解决这个问题，税务部门决定利用机器学习和自然语言处理技术，构建一个自动检测税收违规行为的系统。这个系统能够自动分析企业的申报数据、财务报表等信息，检测出各种违规行为，如偷税漏税、虚假报税等。

在构建这个系统的过程中，系统构建者首先需要收集大量的企业申报数据和财务报表作为训练数据。通过对这些数据的机器学习和自然语言处理，系统能够学习到企业申报数据和财务报表中的模式和特征，并形成检测违规行为的能力。在训练完成后，系统就能够自动对新的企业申报数据和财务报表进行分类，判断其是否存在违规行为。

该系统的应用取得了显著的成果。在实际应用中，该系统成功检测出了大量的税收违规行为，为税务部门提供了有力的监管工具。同时，该系统的运行也大大提高了税务部门的监管效率，降低了税收违规行为的发生率。

（三）智能预测税收风险案例

对于很多企业来说，如何预测和管理税收风险是一个重要的问题。为了解决这个问题，某咨询公司决定采用基于机器学习的人工智能技术，构建一个智能预测税收风险的模型。这个模型能够根据企业的历史财税数据、行业趋势等信息，预测出企业未来可能面临的税收风险。

在构建这个模型的过程中，系统构建者首先需要收集大量的企业历史财税数据、行业趋势等数据作为训练数据。通过对这些数据的机器学习，系统能够学习到历史财税数据、行业趋势等数据中的模式和特征，并形成预测税收风险的能力。在训练完成后，系统就能够自动对新的企业历史财税数据、行业趋势等数据进行分类，判断其是否存在潜在的税收风险。

该模型的应用取得了显著的成果。在实际应用中，该模型成功预测出了很多企业的税收风险，为企业提供了有价值的参考信息。通过提前制定应对策略，企业能够降企业的税收风险，提高经济效益。

（四）智能优化税收筹划案例

对于跨国企业来说，如何优化全球的税收筹划是一个重要的问题。为了解决这个问题，一家跨国企业决定利用基于深度学习的人工智能技术，构建一个智能优化税收筹划的系统。这个系统能够根据企业的全球业务分布、税收政策差异等信息，自动优化企业的税收筹划方案，降低企业的整体税负。

在构建这个系统的过程中，系统构建者首先需要收集大量的全球业务分布、税收政策差异等数据作为训练数据。通过对这些数据的深度学习，系统能够学习到全球业务分布、税收政策差异等数据中的模式和特征，并形成优化税收筹划的能力。在训练完成后，系统就能够自动对新的全球业务分布、税收政策差异等数据进行分类，判断其是否存在潜在的税收筹划方案。

该系统的应用取得了显著的成果。在实际应用中，该系统成功优化了企业的税收筹划方案，为企业节省了大量的税款支出。同时，该系统的运行也大大提高了企业的经济效益和管理效率。

第四节　基于人工智能的财税风险预测与防范效果评估与优化建议

一、基于人工智能的财税风险预测与防范效果的评估指标体系构建

（一）评估指标体系的构建原则

（1）科学性原则：评估指标应科学、客观地反映财税风险预测与防范的效果，避免主观臆断和片面性。

（2）全面性原则：评估指标应涵盖财税风险预测与防范的各个方面，包括数据质量、模型准确性、预警及时性等。

（3）可操作性原则：评估指标应具有可操作性，能够在实际评估中得到应用和验证。

（4）动态性原则：评估指标应随着企业环境和风险状况的变化进行动态调整，以保持评估的有效性。

（二）评估指标体系的构建内容

（1）数据质量：评估数据来源应可靠、数据清洗应有效，且数据质量应稳定。

（2）模型准确性：评估模型的预测能力和误差范围，通过实际应用中的准确率、召回率等指标进行衡量。

（3）预警及时性：指评估预警系统是否能够在风险发生前及时发出警报，以及警报的准确率。

（4）管理效率：指评估风险管理流程的简化程度、处理速度及智能化程度。

（5）成本效益：指评估风险管理策略的实际效益与成本之间的关系，以衡量策略的经济性。

（6）用户体验：评估用户对风险预测与防范策略的满意度、易用性和灵活性等方面的体验。

（三）评估指标体系的构建步骤

（1）明确评估目标：明确评估基于人工智能的财税风险预测与防范效果的目标和目的。

（2）确定评估对象：确定评估的对象和范围，包括数据质量、模型准确性等各个方面的内容。

（3）筛选评估指标：根据构建原则和内容，筛选出具有代表性的评估指标。

（4）设计评估方法：根据筛选出的评估指标，设计具体的评估方法和流程。

（5）实施评估：按照设计好的评估方法和流程，对基于人工智能的财税风险预测与防范效果进行实际评估。

（6）分析评估结果：根据评估结果，分析基于人工智能的财税风险预测与防范效果的优势和不足之处。

（7）制定优化建议：根据分析结果，制定优化基于人工智能的财税风险预测与防范效果的建议和措施。

二、基于人工智能的财税风险预测与防范效果的评估方法与流程设计

（一）评估方法设计

（1）定量评估方法：采用数学模型和统计分析等方法，对财税风险预测与防范的效果进行定量评估，例如，利用回归分析、时间序列分析等统计方法评估模型的预测效果。

（2）定性评估方法：采用专家评审、案例分析等方法，对财税风险预测与防范的效果进行定性评估，例如，邀请财税专家对预警系统的准确性和实用性进行评审。

（3）综合评估方法：将定量评估和定性评估相结合，综合评价财税风险预测与防范的效果，例如，采用加权平均法或模糊综合评价法等综合评价方法。

（二）评估流程设计

（1）数据收集：收集相关的财税数据、风险事件等资料，确保数据的准确性和完整性。

（2）数据清洗：对收集到的数据进行清洗和处理，去除无效和错误数据，提高数据质量。

（3）模型训练：利用训练集数据对模型进行训练，提高模型的准确性和泛化能力。

（4）模型测试：使用测试集数据对训练好的模型进行测试，评估模型的预测能力和误差范围。

（5）风险预警：根据模型预测结果和实际数据监测，及时发现并预警潜在的财税风险。

（6）效果评估：按照设计的评估方法和指标体系，对财税风险预测与防范的效果进行综合评估。

（7）结果反馈：将评估结果及时反馈给相关部门和管理者，以便采取相应的优化措施和管理决策。

第二十二章 基于区块链技术的税收征管模式创新与实践

第一节 区块链技术在税收征管中的应用概述

一、区块链技术的定义与特点

区块链技术是一种分布式数据库,通过多节点共识机制和加密算法保证数据的安全性和可信度。它具有去中心化、不可篡改、匿名性等特点,为传统行业带来了巨大的创新和变革。

二、区块链技术在税收征管中的应用意义

(1)提高征管效率:传统的税收征管模式需要大量的人力物力,并且容易出现人为错误。区块链技术的应用可以自动化记录和存储交易信息,减少税务部门的工作量,提高征管效率。

(2)增强透明度:区块链技术的公开透明性可以防止偷税漏税行为,所有交易记录都可以被查询和追溯。这有助于增强税收征管的透明度,减少不法行为。

(3)降低成本:区块链技术的去中心化特性可以降低税务部门的运营成本,减少人工干预和错误。同时,也可以降低企业的纳税成本,减少烦琐的申报流程。

(4)促进诚信纳税:区块链技术的不可篡改性可以保证交易记录的真实性和可信度,有助于增强企业和个人的诚信意识。这不仅可以提高税收征管效率,还可以促进社会诚信体系建设。

第二节　基于区块链技术的税收征管模式构建与创新策略探讨

一、区块链技术与税收征管的融合优势

（一）提高征管效率与数据安全性

传统的税收征管模式在处理涉税数据时，往往面临着数据安全性与处理效率的挑战。而区块链技术可以提供一个不可篡改、透明且分布式的数据库，使得涉税数据的处理更加安全、高效。通过区块链技术，税务部门可以降低数据管理的成本，减少人为错误和欺诈的可能性，同时提高数据的准确性和实时性。

（二）优化税收服务与加强纳税人权益保护

通过区块链技术，税务部门可以实现与纳税人之间的实时互动，提高税收服务的效率和质量。纳税人可以在链上获取更加准确和及时的税务信息，进行自我税收管理，降低纳税成本。此外，区块链的透明性还可以帮助纳税人更好地理解和解决涉税问题，加强纳税人的权益保护。

（三）强化国际税收合作与信息共享

在全球化的背景下，各国之间的税收合作和信息共享对于解决跨国税收问题至关重要。区块链技术可以提供一个开放、透明的平台，方便各国税务部门之间的信息共享和合作。通过区块链技术，各国可以共同构建一个更加公平、有效的国际税收体系，促进全球经济的健康发展。

（四）推动税收监管与合规技术创新

随着数字化和智能化的发展，传统的税收监管和合规模式已经无法满足现代税收管理的需求。而区块链技术可以为税务部门提供一种全新的监管和合规手段。通过区块链的智能合约功能，可以自动化执行涉税条款和协议，减少人为干预和错误，提高监管的

准确性和效率。同时，区块链技术还可以为税务部门提供更加全面和准确的数据分析能力，帮助其更好地掌握纳税人的合规情况和税收风险。

二、基于区块链技术的税收征管模式构建

（一）构建分布式、透明的涉税信息管理平台

基于区块链技术的税收征管模式首先要构建一个分布式、透明的涉税信息管理平台。该平台应具备以下特点：一是数据的不可篡改性和透明性，确保涉税信息的真实性和完整性；二是数据的分布式存储和冗余备份，保证数据的安全性和可靠性；三是支持智能合约的执行，实现自动化监管和合规操作；四是提供灵活的数据接口和扩展能力，方便与其他系统进行集成和交互。

通过这个平台，税务部门可以实现对涉税信息的全面掌控和管理。例如，在纳税申报环节，纳税人可以将申报信息上传至平台，经过智能合约的校验和计算后，自动生成税务部门的接收文件和纳税人证明文件。同时，税务部门还可以根据平台的数据分析结果，对纳税人的申报情况进行审核和分析，提高监管的准确性和效率。

（二）实现涉税信息的实时监控与异常处理

基于区块链技术的税收征管模式还需要实现涉税信息的实时监控与异常处理。在传统的税收征管模式下，对涉税信息的监控往往存在滞后和不全面的问题。而通过区块链技术，税务部门可以实时获取并监控涉税信息的变化情况，及时发现异常情况并进行处理。例如，当发现某纳税人的销售额与申报信息存在较大差异时，可以立即启动异常处理流程，进行调查和处理。

此外，通过区块链技术的智能合约功能，企业可以实现对涉税信息的自动化监管和合规操作。例如，在跨国交易中，智能合约可以根据预定的税收条款和协议自动计算税款，并将税款划拨到指定账户，减少人为干预和错误的可能性。当出现违规行为时，智能合约还可以自动触发惩罚机制并进行记录，保证合规执行的准确性和公正性。

（三）优化纳税服务与提高纳税人参与度

基于区块链技术的税收征管模式还需要优化纳税服务与提高纳税人参与度。通过区块链技术的去中心化特性和智能合约功能，可以简化纳税流程并提高纳税服务的效率和质量。例如，纳税人可以通过智能合约自主选择缴税方式、时间、金额等参数，并由系统自动执行缴税操作。此外，纳税人还可以通过区块链平台获取更加全面和及时的税务信息和服务支持。这些优化措施可以提高纳税人的参与度和满意度，降低纳税成本和社会负担。

（四）加强国际税收合作与信息共享

基于区块链技术的税收征管模式还需要加强国际税收合作与信息共享。通过区块链技术的去中心化特性和透明性，各国之间可以打破信息壁垒和信任障碍，以促进国际间的税收合作与信息共享。例如，各国税务部门可以通过共同建立基于区块链技术的国际税收信息平台实现信息共享和协同监管；企业可以在平台上进行跨国交易的报税和缴税操作并获得相应的证明文件；个人可以在平台上进行个人所得税申报和缴纳等操作。这些措施可以加强各国之间的税收合作与信息共享机制建设，提供技术支持和发展机遇，进一步推动全球经济的健康稳定发展。

第三节　基于区块链技术的税收征管平台设计与实现

一、基于区块链技术的税收征管平台架构设计

（一）数据层设计

在数据层，平台需要确保所有税收相关的数据都能够被完整、准确地记录并存储。这包括纳税人信息、交易记录、税收法规等。通过采用区块链技术，这些数据可以被分布式地存储在网络中的各个节点，确保数据的安全性和可追溯性。

（二）网络层设计

网络层负责各个节点之间的通信和数据传输。为了确保数据传输的安全性和效率，平台需要采用合适的通信协议和加密算法。此外，网络层还需要考虑如何扩展节点数量，以满足更多纳税人和税务机构的需求。

（三）共识层设计

共识层是区块链技术的核心，它负责确保所有节点上的数据的一致性和准确性。平台需要选择合适的共识算法，如工作证明（PoW）、权益证明（PoS）等，以确保数据在分布式环境中的一致性和安全性。

（四）应用层设计

应用层负责提供用户界面和应用程序接口（API），以便纳税人和税务机构能够方便地使用平台。这包括用户注册、登录、报税、查询等功能。此外，应用层还需要提供与其他系统的集成接口，以实现数据的共享和交换。

二、基于区块链技术的税收征管平台功能实现

（一）纳税人注册与身份验证

平台需要提供纳税人注册和身份验证功能，以确保只有合法的纳税人能够使用平台。这可以通过与政府机构的数据库进行对接、验证纳税人的身份信息来实现。

（二）电子发票与交易记录管理

平台需要提供电子发票和交易记录管理功能，以便纳税人和税务机构能够方便地跟踪和管理交易数据。这可以通过采用智能合约技术来实现自动化的发票开具和交易记录更新。

（三）税收计算与申报

平台需要提供税收计算和申报功能，以帮助纳税人准确地计算税款并提交申报表。这可以通过与税务机构的数据库进行对接、获取最新的税收法规和政策来实现。

（四）税款征收与退还

平台需要提供税款征收和退还功能，以确保税款能够准确地从纳税人的账户中扣除或退还。这可以通过与金融机构的支付系统进行对接来实现自动化的扣款和退款操作。

三、基于区块链技术的税收征管平台安全性保障

（一）数据加密与访问控制

平台需要对所有敏感数据进行加密处理，并设置访问控制机制，以确保只有授权的用户能够访问和操作这些数据。这可以通过采用对称或非对称加密算法以及基于角色的访问控制（RBAC）技术来实现。

（二）智能合约安全性审计

平台需要对智能合约进行安全性审计，以确保它们不存在任何漏洞或错误。这可以通过邀请专业的安全团队或使用自动化审计工具来完成。

（三）网络攻击防御与应急响应计划制定

平台需要建立网络攻击防御机制和应急响应计划，以应对可能出现的各种网络攻击和安全事件。这包括部署防火墙、入侵检测系统（IDS/IPS）、安全事件信息管理（SIEM）系统等以及制订详细的应急响应流程和预案。

四、基于区块链技术的税收征管平台性能优化

（一）扩展性与可伸缩性提升策略制定

为了满足更多纳税人和税务机构的需求，平台需要具备良好的扩展性和可伸缩性。这可以通过采用分片技术、侧链技术或跨链技术等来实现。此外，平台还可以考虑使用云计算资源来动态扩展平台的处理能力。

（二）数据处理效率提升方法探讨与实践

为了提高数据处理效率，平台可以采用一些优化方法，如使用高效的数据结构、缓存技术、异步处理等。此外，还可以考虑引入分布式数据库和大数据处理技术来提高数据处理能力。

（三）用户体验优化措施研究与实施效果评估

为了提升用户体验，平台需要关注界面设计、操作流程简化以及性能优化等方面。平台可以通过用户调研、A/B 测试等方法来收集用户反馈并持续改进产品，同时，还需要建立用户满意度评估体系来量化评估实施效果。

第四节 基于区块链技术的税收征管应用效果评估与优化建议

一、基于区块链技术的税收征管应用效果的评估指标体系构建

（一）数据安全性指标

数据安全性是评估区块链技术在税收征管中应用效果的重要指标之一，具体指标包括数据加密技术的使用、访问控制策略的实施、防止数据篡改和泄露的措施等。评估需要考察数据的完整性、保密性和可用性，以及是否存在被非法访问或篡改的风险。

（二）业务处理效率指标

业务处理效率是衡量基于区块链技术的税收征管平台性能的重要指标，具体指标包括报税流程的简化程度、交易处理速度、系统响应时间等。评估需要关注平台是否能够满足大量并发请求，并在高负载情况下保持稳定的性能。

（三）用户体验满意度指标

用户体验满意度是评价税收征管平台质量的重要依据，具体指标包括界面设计、操作流程的简便性、系统稳定性等。评估过程中需要收集用户的反馈意见，了解他们对平台使用的感受和需求，以便持续改进。

二、基于区块链技术的税收征管应用效果的评估方法与流程设计

（一）确定评估目标与范围

在进行应用效果评估之前，平台需要明确评估的目标和范围。这包括确定要评估的

具体业务场景、平台功能模块以及相关的性能指标等，通过明确评估目标，可以确保评估结果具有针对性和实际意义。

（二）选择合适的评估方法

根据评估目标和范围，平台选择合适的评估方法。常用的评估方法包括问卷调查、用户访谈、性能测试等。通过综合运用多种方法，平台可以全面、客观地评估基于区块链技术的税收征管平台的应用效果。

（三）制订详细的评估流程

为了确保评估工作的顺利进行，需要制订详细的评估流程。这包括确定评估的时间节点、参与人员、数据收集和分析方法等。通过制订明确的流程，可以确保评估工作的规范性和准确性。

（四）分析与解读评估结果

在收集到评估数据后，平台需要对数据进行分析和解读。这包括使用统计分析方法对数据进行处理，识别出存在的问题和改进点，以及提出具体的优化建议。通过深入分析评估结果，平台可以持续改进。

三、未来的研究方向及技术发展的趋势分析

（一）跨链技术与数据共享研究

随着区块链技术的发展，跨链技术将成为研究的热点之一。通过实现不同区块链之间的互操作性，可以打破信息孤岛，实现数据的共享与交换。这对于提高税收征管的效率和准确性具有重要意义。未来可以进一步探索跨链技术在税收征管领域的应用场景和实现方式。

（二）隐私保护与合规性研究

随着数据安全和隐私保护意识的提高，如何在保证数据安全性的同时实现合规性成为亟待解决的问题。未来可以研究基于区块链技术的隐私保护算法和合规性检查机制，以确保税收征管平台在处理敏感数据时符合相关法律法规的要求。

（三）智能合约与自动化审计技术研究

智能合约是区块链技术的重要组成部分，可以实现自动化的业务处理和执行。未来可以进一步研究智能合约在税收征管领域的应用场景和优化方法，以提高业务处理的效率和准确性。同时，还可以研究基于智能合约的自动化审计技术，实现对税收征管平台的实时监控和风险评估。

参考文献

[1]姜凤薇. 财税政策视域下小微企业财务会计管理工作探究 [J]. 企业改革与管理, 2023, (12): 131-133.

[2]刘艳青. 财税信息化下的企业财税风险管理与内部控制 [J]. 财富生活, 2023, (12): 178-180.

[3]李金红. 事业单位财税信息化管理的应用思路 [J]. 今日财富(中国知识产权), 2023, (07): 95-97.

[4]朱婕. 管理会计视角下的企业财税管理策略 [J]. 今日财富(中国知识产权), 2023, (09): 23-25.

[5]胡蓉. 加强事业单位财税信息化管理的思路分析 [J]. 今日财富(中国知识产权), 2023, (10): 149-151.

[6]刘子楠. 论如何推进企业财务管理的业财税融合 [J]. 大众投资指南, 2023, (22): 50-52.

[7]曾海惠. 财税信息化背景下企业财税风险管理与内部控制探讨 [J]. 纳税, 2023, 17 (13): 22-24.

[8]陈沐汐. 财税大数据在企业风险管理中的应用探讨 [J]. 现代营销(上旬刊), 2023, (05): 28-30.

[9]杨波. 建筑企业业财税一体化面临的问题与对策 [J]. 财会学习, 2023, (19): 131-133.

[10]马馨蕾. 财税信息化下的企业财税风险管理及内部控制 [J]. 行政事业资产与财务, 2023, (14): 111-113.

[11]陈玉桥. 财税信息化下的企业财税风险管理与内部控制研究 [J]. 商讯, 2023, (12): 99-102.

[12]杨眉. 新时代如何有效提升企业财税管理能力与管理水平 [J]. 中国集体经济, 2023, (23): 157-160.

[13]魏朝辉. 财税信息化下的企业财税风险管理与内部控制 [J]. 商业2.0, 2023, (21): 6-8.

[14]徒蔼嫣, 罗思旭. 财税信息化下企业财税风险管理与内部控制探讨 [J]. 投资与创业, 2023, 34 (15): 107-109.

[15]魏鸿. 新形势下企业财税管理现代化路径探究 [J]. 中国集体经济, 2023, (25): 67-70.

[16]刘萍芬. 大数据背景下企业财税管理问题及对策分析 [J]. 财经界, 2023, (25): 156-158.

[17]郑书仪. 基于个税管理的数字化赋能财税管理的策略研究 [J]. 湖北经济学院学报(人文社会科学版), 2023, 20 (09): 51-54.

[18]黄文亮. 企业财税管理现状及解决措施研究 [J]. 上海商业, 2023, (09): 136-138.

[19]易丹. 管理会计视角下的企业财税管理研究 [J]. 商业 2.0, 2023, (17): 40-42.

[20]孙广霞. 财税政策下财务会计管理工作的研究 [J]. 财讯, 2023, (14): 4-6.

[21]李莎莎. 财税政策下财务会计管理工作的优化策略 [J]. 商业观察, 2023, 9 (30): 113-116.

[22]王彬. 大数据背景下的企业财税管理措施 [J]. 中国集体经济, 2023, (31): 81-84.

[23]贾振廷. 新财税体制下的事业单位财务管理 [J]. 纳税, 2023, 17 (31): 97-99.

[24]夏彬. 浅析财税信息化下的企业财税风险管理与内部控制 [J]. 商讯, 2023, (21): 125-128.

[25]姜凤薇. 财税政策视域下小微企业财务会计管理工作探究 [J]. 企业改革与管理, 2023, (12): 131-133.